"十三五"国家重点出版物出版规划项目
重大工程的动力灾变学术著作丛书

交通基础设施服役性能大数据分析

李顺龙 孙朝云 陈 军 郭亚朋 李忠龙 著

科学出版社

北 京

内容简介

本书系统总结和阐述了交通基础设施时空域多源异构大数据分析理论、方法和应用的研究成果,主要介绍了交通基础设施大数据质量提升方法以及车辆荷载时空辨识与跟踪;针对桥梁,介绍了数据驱动和模型驱动的桥梁服役性能评估方法;针对道路,给出了道路病害识别与服役性能评估方法;针对网络,介绍了基于无向图和有向图的交通基础设施网络评估方法。

本书可供土木工程、交通运输工程、力学等专业领域从事研究、设计和管理的科技人员参考,也可作为高等院校相关专业研究生和高年级本科生的学习参考书。

图书在版编目(CIP)数据

交通基础设施服役性能大数据分析 / 李顺龙等著. -- 北京:科学出版社,2024.11. -- (重大工程的动力灾变学术著作丛书). -- ISBN 978-7-03-079083-5

Ⅰ.F512.3

中国国家版本馆 CIP 数据核字第 20241QV068 号

责任编辑:刘宝莉　乔丽维 / 责任校对:任苗苗
责任印制:肖　兴 / 封面设计:图阅社

科 学 出 版 社 出版
北京东黄城根北街 16 号
邮政编码:100717
http://www.sciencep.com

涿州市般润文化传播有限公司印刷
科学出版社发行　各地新华书店经销

*

2024 年 11 月第　一　版　开本:720×1000 1/16
2024 年 11 月第一次印刷　印张:20
字数:400 000

定价:180.00 元
(如有印装质量问题,我社负责调换)

前　言

　　交通基础设施智能感知是实现"未来交通"的重要支撑技术之一，其中"感"是通过多种方式布设的多种类型的传感设备实时监测交通基础设施结构服役状态和车路交互信息，"知"则是根据传感设备采集到的多源异构大数据对交通基础设施结构特点进行服役状态评估以及管养决策支持。交通基础设施服役性能大数据分析就是交通基础设施智能"知"的重要研究范畴，是力学、材料学、应用数学、信息科学与技术、计算机科学与技术、人工智能等与交通运输工程的交叉融合，是具有挑战性的科学研究方向。

　　目前世界上已有上千座桥梁、隧道、道路等交通基础设施安装了结构健康监测系统，同时采取形式多样的结构检测技术和其他先进技术，为交通基础设施服役性能大数据的获取提供了重要基础。分析和挖掘交通基础设施服役性能大数据中蕴含的结构荷载与环境作用、结构响应与服役状态等的模式和规律对认识交通基础设施的行为机制、真实服役性能演化规律以及制定管养维护决策具有重要意义，也是实现"智能交通"的关键一环。

　　作者长期从事交通基础设施数据分析与服役性能评估工作。本书系统总结和阐述了近年来国内外交通基础设施服役性能大数据分析领域的主要研究成果，以及作者及其合作者的相关研究成果。全书共 10 章，第 1 章为绪论，介绍交通基础设施服役性能大数据分析研究与应用的主要进展和发展趋势。第 2 章为交通基础设施多源异构大数据质量提升方法，介绍数值数据和图像数据的异常检测与智能修复方法。第 3 章为桥梁结构健康监测系统的不良数据重构方法，介绍时空注意力网络的总体结构和时空注意力机制以及针对真实缺失的监测数据的恢复应用。第 4 章为车辆荷载时空辨识与跟踪方法，介绍车辆荷载空间辨识的深度学习模型以及车辆荷载时空跟踪的架构。第 5 章为模型驱动的单体桥梁服役性能评估方法，应用非线性有限元模型，通过蒙特卡罗抽样的方法求出结构体系的极限状态参数信息，建立极限状态方程，进行结构体系的时变可靠度的计算和预测。第 6 章为基于数据时空关联的桥梁结构状态评估方法，介绍结构监测数据的空间关系图表征建模方法、桥梁的多车叠加结构响应解耦异常诊断策略。第 7 章为基于注意力机制增强卷积神经网络(CNN)的路面裂缝检测评估方法，介绍 AttentionCrackNetCNN 的结构和训练算法以及沥青道路裂缝检测数据集和量化评估方法。第 8 章为基于长短期记忆模型的路面服役性能评价方法，介绍路面技术参数与影响变量的相关关系、路面技术参数预测模型以及使用性能综合评价模型。第 9 章为交通基础设施无向网络建模与评估方法，介绍无向网络的建模方法、基于脆弱性分析的评估方法以及基于多级 k 路划分的网络可靠度快速计算算法。第 10 章为交通基础设施有向城市桥梁网络建模与评估方法，介绍有向桥梁网络的建模方法以及有向桥梁网络的连通概率分析方法。

交通基础设施服役性能大数据分析涉及多学科的交叉融合，交通基础设施的安全、舒适和智能等问题的探索促进了交通运输工程学科的发展，还将对交通运输工程其他领域的多学科融合交叉产生积极影响。本书虽然主要以交通基础设施服役性能大数据为研究对象展开，但是其中大部分的理论和方法也适用于其他学科领域的大数据分析。

裴莉莉、牛津、王杰、邴皓楠等参与了本书的撰写，作者有幸与他们合作共事，在交通基础设施服役性能大数据集成分析这一富有挑战性和创新性的学科领域进行合作研究。

本书的相关研究工作先后得到国家自然科学基金优秀青年科学基金项目 (51922034)、国家重点研发计划课题 (2021YFB1600205、2018YFB1600202)、国家自然科学基金联合基金项目 (U22A20230)、国家自然科学基金面上项目 (52278299、52178407、51978027、51678204) 的大力资助，在此表示衷心的感谢！

李惠院士是桥梁安全诊断物理机器学习理论的创建者和引领者，沙爱民教授是国家重点研发计划项目"交通基础设施智能感知理论与方法"的首席科学家。作者有幸在李惠院士和沙爱民教授指导下，开展交通基础设施服役性能大数据集成分析的前沿学术方向研究，在此向两位老师表示由衷的感谢！

由于作者水平有限，书中难免存在不足之处，恳请广大专家和读者批评指正。

目 录

前言

第1章 绪论 ·· 1
1.1 交通基础设施时空域多源异构大数据预处理 ·· 1
1.1.1 大数据异常检测 ··· 1
1.1.2 异常大数据修复 ··· 3
1.2 交通基础设施动荷载及病害识别与服役性能评估 ·· 6
1.2.1 车辆荷载辨识与跟踪 ··· 7
1.2.2 道路关键病害识别 ·· 8
1.2.3 道路服役性能评估 ··· 12
1.2.4 桥梁服役性能评估 ··· 15
1.3 路网级交通基础设施服役性能评估 ··· 19
1.3.1 网络级桥梁服役管理概况 ·· 19
1.3.2 路网级交通基础设施服役性能评估方法 ··· 20
参考文献 ··· 24

第2章 交通基础设施多源异构大数据质量提升方法 ·· 37
2.1 数值数据异常检测与智能修复 ··· 37
2.1.1 基于 DS-LOF 与 GA-XGBoost 的路域环境感知数据智能检测与修复算法 ·· 37
2.1.2 基于 SSC 与 XGBoost 的高速公路异常收费数据修复算法 ·························· 46
2.2 图像数据质量提升 ··· 55
2.2.1 基于超分重建和数据增广的二维图像质量提升 ··· 55
2.2.2 基于断点插值和参考平面滤波的三维感知图像缺失及异常修复 ················· 65
参考文献 ··· 74

第3章 桥梁结构健康监测系统的不良数据重构方法 ·· 75
3.1 基于时空图注意力网络的不良趋势项数据重构 ··· 75
3.1.1 基于多源数据关联的不良监测数据重构 ··· 75
3.1.2 基于时空图注意力网络的数据重构方法 ··· 77
3.1.3 斜拉桥索力趋势项数据重构实例 ··· 83
3.2 基于降噪自编码器的不良车致项数据鲁棒重构 ··· 90
3.2.1 基于降噪自编码器的车致项数据的鲁棒重构与特征降维 ···························· 90

3.2.2　铁路钢桁梁桥不良车致应力数据鲁棒重构实例·······················95
　参考文献···108

第4章　车辆荷载时空辨识与跟踪方法···110
　4.1　车辆荷载空间辨识方法···110
　　　4.1.1　车辆荷载空间辨识网络架构···112
　　　4.1.2　车辆荷载空间辨识网络训练策略·····································115
　　　4.1.3　车辆荷载空间辨识网络评估指标及实施细节························117
　　　4.1.4　车辆荷载空间辨识应用实例···119
　4.2　车辆荷载时空跟踪方法···122
　　　4.2.1　车辆荷载时空跟踪算法具体架构·····································124
　　　4.2.2　车辆荷载时空跟踪评估指标及实施细节·····························126
　　　4.2.3　车辆荷载时空跟踪应用实例···128
　参考文献···129

第5章　模型驱动的单体桥梁服役性能评估方法···································131
　5.1　考虑冻融循环与除冰盐作用的氯离子侵蚀模型·····························131
　　　5.1.1　钢筋初始锈蚀时间··132
　　　5.1.2　锈蚀钢筋剩余面积与强度时变模型····································133
　　　5.1.3　混凝土强度时变模型···135
　5.2　寒区桥梁荷载模型···136
　　　5.2.1　桥梁结构恒载模型··136
　　　5.2.2　车辆荷载模型···136
　5.3　寒区桥梁时变可靠度分析实例···137
　　　5.3.1　桥梁概况···137
　　　5.3.2　基于检测信息的桥梁构件可靠度贝叶斯更新·······················137
　　　5.3.3　多重指标下的桥梁结构整体时变可靠度······························140
　参考文献···148

第6章　基于数据时空关联的桥梁结构状态评估方法·····························150
　6.1　基于趋势项数据空间关系图表征的桥梁结构状态评估·····················150
　　　6.1.1　基于空间关系图表征的局部和全局数据异常模式区分···············151
　　　6.1.2　趋势项数据的空间关系图表征建模方法······························152
　　　6.1.3　结合回归残差与边权重的异常诊断策略······························157
　　　6.1.4　基于斜拉桥索力趋势项数据的评估方法验证························161
　6.2　基于时空互补车致项数据解耦的桥梁结构状态评估······················168
　　　6.2.1　桥梁车致项数据的单一车辆响应提取································168
　　　6.2.2　基于时空互补信息的多车叠加响应解耦方法························171

　　　　6.2.3　桥梁多车叠加响应解耦实例 ·· 177
　　　　6.2.4　基于车致项数据解耦的结构状态评估 ··· 189
　　6.3　基于趋势项和车致项数据降维特征的桥梁结构状态融合评估 ····························· 194
　　　　6.3.1　桥梁趋势项和车致项数据的降维特征学习 ··· 194
　　　　6.3.2　基于降维特征的单分类异常诊断方法 ··· 199
　　　　6.3.3　基于监测数据降维特征的结构状态评估方法验证 ···································· 200
　　参考文献 ··· 208

第7章　基于注意力机制增强CNN的路面裂缝检测评估方法 ·································· 210
　　7.1　AttentionCrackNetCNN模型 ·· 211
　　　　7.1.1　AttentionCrackNet网络结构 ·· 211
　　　　7.1.2　编码器-解码器框架 ··· 218
　　　　7.1.3　跳跃连接和注意力门 ··· 219
　　　　7.1.4　快速并行细化算法 ·· 221
　　7.2　沥青道路裂缝像素级检测 ·· 222
　　　　7.2.1　沥青道路数据的采集 ··· 222
　　　　7.2.2　沥青道路裂缝的检测结果与分析 ··· 223
　　　　7.2.3　AttentionCrackNet模型评价标准和网络设置 ·· 225
　　　　7.2.4　AttentionCrackNet模型对比研究 ··· 229
　　7.3　裂缝量化评估 ·· 232
　　参考文献 ··· 237

第8章　基于长短期记忆模型的路面服役性能评价方法 ··· 238
　　8.1　数据收集与整理 ··· 239
　　　　8.1.1　路面技术参数数据收集 ·· 239
　　　　8.1.2　影响变量数据收集 ·· 240
　　　　8.1.3　相关性分析 ··· 242
　　8.2　沥青路面技术参数预测模型 ··· 243
　　　　8.2.1　小波降噪 ··· 243
　　　　8.2.2　构建沥青路面技术参数预测模型 ··· 246
　　　　8.2.3　沥青路面技术参数预测结果 ·· 249
　　8.3　沥青路面使用性能综合评价模型 ·· 258
　　　　8.3.1　沥青路面使用性能评价方法 ·· 259
　　　　8.3.2　构建沥青路面使用性能综合评价模型 ·· 262
　　参考文献 ··· 267

第9章　交通基础设施无向网络建模与评估方法 ··· 268
　　9.1　无向网络建模 ··· 268

  9.1.1 网络中桥梁检测情况 269
  9.1.2 无向网络建模方法 270
 9.2 基于贝叶斯网络的无向网络脆弱性分析 276
  9.2.1 无向网络全端连通概率分析 277
  9.2.2 无向网络脆弱性分析 283
 9.3 基于网络分解的无向网络连通概率快速评估算法 284
  9.3.1 递归多级 k 路网络分解算法 286
  9.3.2 子网评估 288
  9.3.3 简化网络评估 292
 参考文献 294

第10章 交通基础设施有向网络建模与评估方法 296
 10.1 有向网络建模 297
  10.1.1 有向网络拓扑图的建立 298
  10.1.2 有向网络边权赋值 299
 10.2 有向桥梁网络连通概率分析 303
  10.2.1 有向桥梁网络的状态枚举算法 304
  10.2.2 有向边的重要性指标 305
 10.3 实例分析：有向城市桥梁网络模型 306
  10.3.1 有向城市桥梁网络建模 307
  10.3.2 有向相关桥梁网络评估 309
 参考文献 310

第1章 绪 论

交通基础设施在设计、建造和运营阶段产生了海量的检/监测数据，这些时空域多源大数据中蕴含着交通基础设施荷载与环境作用、行为机制和安全性及其演化规律，但其具有强不完备性、强不确定性、复杂多源异构等特点[1]。

传统数据分析方法只能获得交通基础设施安全浅层信息，人工智能、机器学习和深度学习等大数据技术的快速发展为交通基础设施数据分析和服役性能评估提供了崭新的解决途径，对揭示多源信息中蕴含的交通基础设施内在物理本质与演化规律、准确把握交通基础设施服役安全水平、支撑交通基础设施全寿命科学管养具有重要意义。

1.1 交通基础设施时空域多源异构大数据预处理

交通基础设施感知数据属于典型的多源异构数据，其涉及的数据类型众多，如动态低频感知数据与动态高频感知数据、单维度时间序列数据与多维度时空数据等，单一的数据检测与异常修复方法难以对其进行处理。针对交通基础设施性能开展的研究工作仅重视工程拟合方法，却忽略了多源感知数据质量提升的问题。目前关于多特征多维度数据的异常检测与修复研究大多基于特定数据集和研究对象，这使得其他应用领域或特征分布不一致的数据难以直接应用这些已提出的方法，提出适用于交通基础设施时空域多源异构大数据的异常检测与智能修复算法是亟待解决的问题。

1.1.1 大数据异常检测

智能感知科技的蓬勃发展为研究交通基础设施服役性能演变规律提供了基础，大量智能感知设备在各类研究中得到广泛应用。但复杂的路域环境和其他各类信号干扰往往会导致感知元件发生异常，对各类多源路域感知数据进行异常检测和修复能够提升数据质量，从而提高后续有效信息挖掘及关键数据建模分析的精度，为交通基础设施服役性能评估及养护决策研究奠定良好的数据基础。

对数据进行异常检测，通常需要根据原始数据集类型以及异常数据特点，使用特定的异常检测手段。一般来说，按数据异常分布特点，可以将数据异常分为三类，分别是点异常、内容异常、聚集型异常，每种异常按照出现频次、异常程度、是否具有连续性等特点，能够细分为数十种不同的异常情况。

传统基于统计方法的异常值检测对样本数据质量要求比较高，通常要求被检测的样本数据服从特定的分布或概率模型[2,3]，虽然可基于数据分布快速找到异常数据，但是如果数据不符合要求，检测结果毫无意义，而且随着数据维度和数据量的增加，这类方法的准确率逐渐降低。人工智能技术的快速发展为交通基础设施服役性能感知异常数据检测和修复提供了有效的解决途径。

在动态低频感知数据异常检测方面，对于已知数据类别的异常检测，常采用监督学习方法，需要提前为样本数据打上标签，才能够正常分类。然而，在多源感知数据的分析中一般无法提前得知样本数据的类别，例如，单维度的路域环境感知数据需要构建相应的分析模型，根据时间序列相邻时刻数据的整体波动情况，判断是否出现异常。为处理这种情况，一些研究采用无监督聚类算法对异常数据进行检测。Boukela 等[4]提出一种改进的局部异常因子聚类算法对物联网异常值进行表征。陆秋琴等[5]针对环境监测系统中的异常数据，提出一种基于滑动窗口和局部异常因子的异常数据检测算法。上述研究表明，采用无监督聚类算法对路域环境感知数据中的异常进行智能检测更为合理。

在多维度尤其是各个维度之间具有较强关联性的数据异常检测方面，如果直接采用不考虑各维度间关联的异常数据检测方法，会对异常数据产生误判，导致后续分析可用的有效信息减少。为解决上述问题，Gümüş 等[6]将扩展支持向量机与无监督多层神经网络相结合，用来完成高鲁棒性的多维数据异常检测任务。该模型需要结合无监督特征提取器和异常检测器，同时多层神经网络结构能够识别底层属性，在提取过程中可以提升效率，并能够使模型具备一定的可扩展性。Pei 等[7]利用快速峰值聚类算法对高速公路收费数据进行检测，算法自动完成不同类别数据聚类，并基于该聚类结果进行高速异常事件的识别。裴莉莉等[8]通过考虑各维度间的关联性，采用计算各数据分布间的相似系数和算法，完成对多维度的高速公路收费数据的异常检测。

在动态高频数据整体异常检测方面，大量动态高频感知元件布置在道路集成设施上，及时对此类感知元件数据进行智能异常检测能够更准确地通过数据分析荷载作用下交通基础设施服役性能的变化，从而分析整个路段的受力情况。此前，高频传感器数据分类和异常检测都是人工进行的，数据筛选效率极低，而且易受主观因素影响，无法快速有效地对数据进行客观准确的分析，从而导致随后的路面服役性能分析出现偏差。Leigh 等[9]和 Rodriguez-Perez 等[10]分别针对高频水质数据集提出了不同的基于神经网络的自动异常检测方法。上述方法是根据研究数据的数值波动或分布类型直接处理数据，且大多基于特定的数据集和研究对象，无法转移到本书研究的应用场景中。这主要是因为在地下结构层的道路监测数据中，一个完整的加载情况至少包含 8000 个数据点，一般的数据检测方法难以综合判断由大量数据组成整个加载过程的异常情况。因此，迫切需要提出一种动态高频传感器数据的自动检测方法。

为了解决高频数据中的异常检测问题，研究者尝试将数值数据转换为图像数据进行分析。Bao 等[11]提出了一种基于计算机视觉和深度学习的异常结构健康监测数据检测方法，使用快速傅里叶变换将时间序列数据转换为频域图像，并设计训练了一种深度神经网络模型，在几类异常数据的检测中表现良好。同时，Tang 等[12]提出了一种基于卷积神经网络(convolutional neural network，CNN)的异常数据检测方法，将时间序列数据转换为图像向量，并训练深度 CNN 对具有良好检测结果的图像数据进行分类，用于路面结构健康监测数据。Cheng 等[13]提出了一种使用 CNN 对数值数据进行分类的方法，将 n 维数值数据先转换成雷达图，再将雷达图输入 CNN 模型进行训练和测试。他们还基于试验结果提出了两种改进算法，以进一步研究特征尺度和序列对性能的影响。研究结果表明，所提出的 CNN 及其改进算法在对变换后的雷达图进行分类方面表现出良好的性能。这些研究为足尺路面试验环道测试场中大量复杂传感器数据的检测和分类提供了有效的解决方案。然而，在这些方法中将时间序列数据转换为频域图像的过程既复杂又耗时，并且所提出的网络对交通基础设施服役性能评估所考虑的数据缺乏足够的针对性。因此，基于上述对研究现状的分析，开发有针对性的模型用于交通基础设施高频数据的快速分类和异常检测十分必要。

1.1.2 异常大数据修复

在数据修复方面，主要依据历史数据的分布规律对异常数据进行修复，包括针对不同修复目标构建的传统数学修复模型以及基于人工智能的数据修复模型，有时还会使用两种或两种以上的组合方法对数据进行处理。在构建数学模型的异常修复方面，Viotti 等[14]针对钻孔残余测量中异常应变数据修复问题，分别采用线性函数和抛物线函数拟合应变数据，当出现应变点不可用等问题时，采用一次或者二次拟合有效的应变值对异常点进行二次插值，达到很好的修复效果。Chen 等[15]针对三差法对卫星周期滑动检测和修复精度低的问题，对卫星载波相位进行观测，提出基于最小残差平方和的原理结合组合搜索法对循环偏移进行修复。Ottosen 等[16]针对空缺值，利用线性插值进行填补，为数据清洗提供了一种高效、可靠的方法。陆秋琴等[5]针对大气环境监测数据检测出的异常值，采用多项式拟合的方式对其进行修复，同时还基于多变量自回归滑动平均模型的方式恢复数据。当某一感知数据出现缺失等异常情况时，可以通过与其高度相关的另一组传感器数据进行修复。

在基于人工智能预测方法的数据修复方面，Aydilek 等[17]提出一种结合 k 近邻(k-nearest neighbor，KNN)算法与神经网络的组合方法来估计数据库中的缺失值，使用四个不同的特征数据集对缺失值进行估计，均得到了良好的结果。Liu 等[18]

根据监测数据中缺失值的特点,按照先易后难的原则,建立了三层次插补模型的缺失数据修复方法,逐步顺序使用一维插值、多元回归分析和基于长短期记忆(long short-term memory,LSTM)网络插补缺失值。结果表明,三层次插补模型在复杂场景中的数据修复性能优于单一数据插补方法。这些研究证明了使用机器学习方法对数据进行预测从而完成异常修复是具有先进性和可行性的。

在环境感知类典型单维时序数据预测方面,徐磊等[19]针对交通流量调查数据,提出了基于相邻数据间差分求和特征的异常情况辨识方法,并基于贝叶斯优化的极致梯度提升模型对异常数据进行了预测。Xu等[20]基于高斯扩散和门递归单元提出了一种用于大气环境质量数据的修复模型,对长序列缺失数据进行修复,结果表明,所提方法能够模拟扩散和传输来计算环境质量指数极值。随着单维时间序列数据异常检测研究的逐渐深入,研究者开始将关注点聚焦于多维时间序列数据上。

相较于单维度数据,随着数据维度(变量特征)的增加,异常模式的出现形式和严重程度也更加复杂。例如,数据的多源异构以及时空粒度不对齐等使得数据间异常修复更加困难。针对这一问题,Ding等[21]提出时效性与一致性联合编辑距离修复算法,将时效特征融合到基于贝叶斯模型的缺失值填充过程中。同时,还研究了多维时间序列数据的序列错位存放修复问题,提出了一个两阶段的修复方法,通过区间融合与划分算法,确保对错列区间的准确定位,并计算出准确的修复方案。利用真实工业数据集验证了该策略设计的合理性,以及具体算法对错列检测和修复的有效性。

对于多维度数据集中各维度间具有一定相关性的情况,俞娜燕等[22]建立了基于高斯回归和粒子滤波融合的发电站异常数据修复模型,利用高斯回归过程对电厂数据进行监测建模,建立状态转移函数,然后利用粒子滤波算法构建光伏电站数据预测模型对异常值进行修复。Park等[23]首先使用变分自编码器检测异常,然后提出一种基于随机森林的异常修复算法,最后基于滑动窗口的鲁棒LightGBM模型,完成基于异常检测和修复的短期负荷预测。裴莉莉等[8]通过考虑不同数据维度间的相关性,采用XGBoost算法完成对多维度高速公路收费数据的异常修复,与仅考虑单一维度数据修复算法相比,其修复准确度得到明显提升。

对于二维图像数据的数据量不足或图像质量较差(分辨率低)的情况,生成式模型能按照所要求的目标数据分布生成结果。Kataoka等[24]提出了基于注意力机制的生成式对抗网络(generative adversarial network,GAN),该网络能够学习到样本的特征分布,最终生成高质量逼真图像。在交通基础设施感知图像方面,Li等[25]针对桥梁上宽度很小的裂缝分割难度大的问题,将分割网络结构加入GAN的判别器中,形成了一个同时具有超分辨率重建和分割的综合性模型。Zhang等[26]基于生成式对抗网络学习裂缝特征,将裂缝和较大尺寸的裂纹共同输入网络进行背景图像转换，克服了图像生成过程中的"全黑"问题。从以上研究可以看出，GAN能够生成特定属性的图像，这对受损图像的恢复和小样本数据集的增广都具有重要的研究意义和应用价值。

三维图像数据在采集过程中，断点和其他噪声频繁出现，导致出现缺失异常等情况。Sun 等[27]提出了一种基于稀疏表示的人行道裂纹特征检测方法。Zalama 等[28]使用基于近似平面约束理论的 Gabor 滤波器的平方积分估计和多尺度窗口迭代分析方法进行路面数据过滤。Liu 等[29]提出了一种基于车载激光器的高速公路路面数据提取方法。随着路面结构的变化，传统的图像滤波方法在很大程度上不能满足三维路面数据的本质要求。

结构健康监测系统中广泛存在的传感器测点不良数据问题破坏了监测信息的完整性，也对结构健康监测系统功能的正常发挥产生影响。不良监测数据包括信号的异常和缺失问题，受不良监测数据的影响，一些健康诊断算法提取的结构损伤/变异敏感特征和构建的数据关联映射模型无法正常工作，对算法的长期有效性造成影响。因此，解决缺失和异常问题对提高算法的鲁棒性至关重要。恢复缺失或已识别的不良数据，令基于相关性的分析模型继续发挥作用，可在预处理层面提高健康诊断和状态评估方法的鲁棒性。

缺失数据的重构通常是基于监测数据的冗余信息实现的，采取有效方法最大限度地提取监测数据的关联特征，对缺失信号的恢复至关重要。对于该问题，研究者开展了基于压缩采样、数据相关性和数据底层分布的缺失数据修复与重构研究。压缩采样方法适用于稀疏信号重构，以解决数据传输中的丢包问题。Bao 等[30]将压缩采样技术引入无线传感器系统丢失数据的重构中，利用随机矩阵将待传输的信号进行线性变换后再传输到基站，这样即使传输过程中出现数据包的随机或连续丢失，在信号稀疏的情况下仍可以实现数据在时域、频域和相位域的准确恢复。基于数据相关性的缺失值修复方法通过统计或机器学习手段挖掘数据的关联性，利用监测系统内部的冗余信息重构缺失的监测数据。Lu 等[31]提出了一种基于重构数据与响应变量相关性的缺失数据重构模型。Zhang 等[32]提出了基于相关分析的数据丢失恢复方法，根据施工阶段和运营阶段结构响应变化的相关性对缺失数据进行插值。Tang 等[33]用矩阵补全的优化问题描述数据恢复任务，提出了具有群稀疏性的 CNN，实现多通道数据的同时恢复。

各类机器学习和深度方法在构建数据高精度关联映射方面具有突出优势，因此已被广泛应用于数据恢复中。Chen 等[34,35]提出了基于分布扭曲变换理论的监测数据空间测点间分布回归预测建模方法修复丢失监测数据的概率分布，并在模型中引入对数分位密度变换和再生核希尔伯特空间理论，提高了分布的恢复精度。Fan 等[36]提出了一种基于全卷积网络(fully convolutional network, FCN)的丢失监测数据恢复架构，在一座人行桥的无线加速度传感器数据重构任务中验证其有效性。Oh 等[37]提出了一种基于 CNN 的丢失数据恢复方法，将有效数据的时间序列编码为数据矩阵并利用 CNN 建立恢复模型。

数据概率分布在评估结构性能中起到重要作用，恢复数据的概率分布也是数据重构领域重要的研究方向。由于基于深度学习的生成模型具备学习数据分布特征的能力，Lei 等[38]利用 GAN 重构缺失的监测数据，实现了丢失数据在时域和频域的良好恢复。Zhang 等[39]提出了一种基于贝叶斯动态回归的缺失结构健康监测数据重建方法，并采用卡尔曼滤波和期望极大值算法对状态变量和参数进行估计。

在异常监测数据的恢复方面还面临两方面问题：①在布设有足量传感器的结构健康监测系统中，冗余信息通常足以对丢失数据进行恢复，但在样本数量有限的条件下，过多的特征参与计算容易导致过拟合问题。一些做法通过先验分析选取高度相关的传感器进行数据重构，但某些相关性指标较低的传感器之间也可能存在特定的关联冗余信息，这些冗余信息对进一步提高回归精度很有意义，而特征选择等方法会带来较高的人工分析成本，因此需要合理的建模方法挖掘传感器的时空关联以提取有价值的信息。②与缺失数据相关的不同类监测项目也有助于提高数据重构的准确性，但不同类型的监测数据之间存在本质差异，因此应分层次地利用同类监测数据和异类监测数据，实现既有监测信息利用的最大化。

对实时性要求较高的任务需要健康诊断算法具有适应异常数据的能力，即在建立数据挖掘模型阶段关注方法的鲁棒性。这就要求算法对异常有敏感性，能识别与结构状态相关的异常模式；对异常数据有鲁棒性，能处理信号缺失和噪声等问题而不产生结构状态异常的误报。目前结构健康诊断算法研究一般通过添加额外噪声、设置随机缺失的方式提高算法对异常数据的处理能力。但是，如何在交通基础设施无监督异常诊断与状态评估问题中兼顾结构状态异常识别的准确性和异常数据处理的鲁棒性，仍是一项有挑战的工作。

1.2 交通基础设施动荷载及病害识别与服役性能评估

进入 21 世纪以来，我国持续加大对基础设施建设的投资力度，基础设施的建设数量迅速增长。公路交通是经济发展的一项重要基础设施，道路将各个城市之间的联系变得更加紧密，对经济的高质量发展发挥了不可磨灭的重大作用。目前我国的公路网已经遍布全国各个城市、乡镇甚至农村。随着新时代的到来，我国交通基础设施进入建设与养护并举的阶段，对交通基础设施动荷载和病害进行识别并评估其服役性能，对保障交通基础设施服役安全具有重大意义。

1.2.1 车辆荷载辨识与跟踪

随着交通运输业的快速发展，研究者开始利用结构健康监测和智能交通系统来确定交通基础设施的车辆荷载。间接辨识技术主要依赖结构健康监测系统的数据对车辆荷载进行反演，直接辨识技术则主要依赖于动态称重（weight-in-motion，WIM）系统，WIM系统一般利用应变信号获取车辆的运动速度、轴距、重量等信息。O'Brien等[40]结合WIM监测数据和蒙特卡罗模拟结果评估了交通流密度对桥梁结构的不同影响，并利用WIM传感器测得的剪应变信号检测轴距和轴重信息。为了提升WIM系统对车辆荷载的识别精度，Zhao等[41]利用现场试验结果标定的桥梁影响线开发了识别算法。He等[42]提出了基于虚拟简支梁法通过WIM传感器直接识别车辆的运动速度和轴距。Lydon等[43]提出利用光纤传感器数据对车辆进行辨识。然而，由于硬件设施昂贵，大量使用WIM系统并不可行，而且传感器的运行和维护一般需要完全或部分封闭交通，因此有必要探索一种无须WIM系统支持的高效车辆荷载辨识技术。同时许多研究集中在从交通基础设施结构响应中识别车辆荷载，但是这些方法大多基于基本梁理论，其应用一直局限于一维荷载识别信息。为了识别二维路面中的动荷载信息，需要开发一种有效的技术来获取车辆荷载在空间分布上的信息。

因WIM系统优越的密集传感特性，计算机视觉技术提供了一种直接监测作用在交通基础设施车辆荷载的方法。Zaurin等[44]通过接触式传感器计算得出桥梁结构的影响线和影响面后，利用结构健康监测系统的监测视频提出了车辆的分类、检测和跟踪方法，并实现了结构的损伤检测和定位。Ojio等[45]从摄像头监控视频中确定实际车辆的位置和轴距，并基于Lukas-Kanade方法通过计算机视觉技术成功跟踪运动状态。Chen等[46]提出了一种区分大跨度桥梁车辆荷载时空信息的识别方法，通过WIM系统获取车辆的重量，通过背景减除和粒子滤波技术跟踪实时运动轨迹。Dan等[47]提出了一种基于WIM系统和监控摄像头的运动车辆信息识别方法，实现了对车辆重量、位置和运动轨迹实时识别的有效辨识。上述研究采用计算机视觉技术作为WIM系统的辅助进行车重识别，提升了车辆荷载辨识与跟踪的准确性和效率。

基于计算机视觉的车辆荷载辨识方法的重点在于车辆荷载的鲁棒准确检测与跟踪。Azar等[48,49]提出了一种利用视频识别路面车辆的方法，并评估了现有的车辆识别算法。为了支持管理者的决策，Memarzadeh等[50]开发了一种算法来识别车辆荷载的单个动作，他们还提出了一种从现场视频中检测车辆位置的方法。为了构建车辆检测的基准，Tajeen等[51]创建了一个真实车辆图像数据集来衡量当前车辆检测方法的性能。Li等[52]使用多尺度与或图模型（即包含三类节点的图模型：AND、OR和终端节点），基于时变的车辆特征检测多个尺寸的车辆，具有处理部分车辆遮挡和各种车辆形状等情况的能力。Kuang等[53]提出了一种利用基于车灯的感兴趣区域提取和目标推荐方法，结合夜间图像增强技术来检测夜间车辆的方法。为了自动检测视频监控中的车辆，Noh 等[54]提出了一种自适应滑动窗口方法，可为给定的场景生成有用的尺寸模板，并通过使用获得的模板自适应地变形滑动窗口。Zhu 等[55]利用视觉跟踪技术提出了一种车辆检测框架，在保持准确率的同时提高了召回率。

深度学习的发展将计算机视觉领域带入一个全新的阶段，基于深度学习的车辆检测方法取得了很好的效果。Fang 等[56]开发了一种基于深度学习的方法，称为基于 Faster 区域的 CNN，用于实时自动检测车辆位置和尺寸。Xiang 等[57]提出了一种基于改进的 Faster R-CNN 的车辆智能监控算法。然而，这些方法主要有两个局限性：一是它们几乎都是基于车载或固定位置相机，导致存在若干不可避免的问题，如安装困难、遮挡严重、大面积检测效率低等；二是它们有一个固有的缺点，无法获取车辆的朝向信息。

第一个问题随着航空摄影的出现逐渐得到解决，随着无人机的发展，航空摄影在车辆检测中的应用越来越广泛。Chen 等[58]提出了一种针对高分辨率航空影像的分割方法来控制分割效果。Razakarivony 等[59]提出了在非约束环境下基于航拍图像的自动目标识别算法的基准。Wang 等[60]利用无人机的图像序列开发了一种车辆检测和跟踪系统。Xu 等[61]利用低空无人机图像，结合 Viola-Jones 方法和具有梯度特征直方图的线性支持向量机分类器，提出了一种用于车辆检测的混合方案。Cao 等[62]利用高速公路卫星图像开发了一种车辆检测器，该检测器从航空图像数据集迁移到卫星数据集。Audebert 等[63]在高分辨率遥感图像中提出了一种基于深度学习的检测前分割方法来分割并检测和分类几种轮式车辆。Yoon 等[64]开发了基于无人机系统的方法，用于结构位移测量和模态分析。

第二个问题由旋转目标检测领域的研究者解决，他们旨在检测图像中任意方向的目标。利用旋转检测框，可有效对物体朝向进行表征，如高分辨率卫星图像中的舰船检测，使用当前最先进的基于水平检测框的目标检测算法却很难得到令人满意的结果。为了解决这个问题，Liu 等[65]将基于旋转检测框的 CNN 引入船舶检测领域，实现了旋转区域特征的准确提取和船舶朝向检测。同样，在航拍图像中车辆的朝向也是任意的，Zhou 等[66]使用图像局部方向检测为每个像素提供一个合适的搜索方向。Li 等[67]还提出了一种基于深度学习的多尺度旋转检测框检测器，用于检测复杂背景下的目标舰船，获取目标舰船的方向和位置。因此，研究基于旋转检测框的车辆位置、尺寸、朝向检测的深度学习网络，以及构建上述参数的时变模型具有重要的意义。

1.2.2 道路关键病害识别

路面裂缝、车辙、沉陷、水损害等道路病害会影响到道路的正常通行，严重的甚至引发交通事故，造成生命财产损失。其中，路面裂缝是最常见的道路病害，如果不采取适当措施及时处理，会引发严重的结构损坏并缩短路面的使用寿命，从而导致道路的大修或重建。因此，定期的裂缝检测和评估被认为是沥青路面运营和维护的重要组成部分，从而使得如何针对路面裂缝进行有效且高效的检测成为研究热点，受到越来越多的关注。

传统的人工路面裂缝检测方法需要工作人员对待测路面进行逐一检查、标记、测量，并记录检测结果。但是，辅助检测设备需要与粗糙的路面进行物理接触，检测精度取决于检测人员的专业知识和经验，具有较大的主观性，在大多数情况下也很耗时且劳动密集、危险性较大。因此，缓慢而主观的传统方法已经逐渐被自动裂缝检测所取代。

随着图像处理技术的迅速发展，越来越多的研究者逐步开始研究基于数字图像识别技术的检测方法，图像处理技术也开始被应用于各种场景。随着图像处理技术取得了长足的发展，其在裂纹检测的应用中也展现出巨大的潜力，研究者已经开始研究基于图像处理技术的结构裂缝检测，并且初步获得了可观的检测结果。图像处理其实就是先对裂缝图像进行一定的操作处理，再经过提取裂缝特征相关信息和骨架分析，最后经过图像恢复，从而实现对图像中裂缝的自动化检测标识。这种方法相比人工检测方法，检测速度更快，检测结果也更为客观。

边缘检测算法是最早被应用于裂缝识别的图像处理技术，主要包括Otsu边缘检测[68]、Canny边缘检测[69]和Sobel边缘检测[70]。Tillotson等[71]应用边缘检测技术和局部二值化检测裂缝，这种方法的检测效率和客观性显著提高，但是上述技术只能应用于与这些研究中考虑的图像相似的图像，不能用于精确检测路面结构表面图像中各种类型的裂缝。Yamaguchi等[72]将渗透模型与局部图像处理相结合，以检测裂缝和噪声，所提出的方法能够可靠地检测出长裂纹，但是对裂纹形状很敏感。Nishikawa等[73]提出了一种用于检测混凝土结构表面裂缝的新型自动图像处理方法，包括两个步骤：①开发用于基于遗传编程的裂缝检测图像过滤器；②通过将图像过滤器迭代应用于局部来消除过滤后的残留噪声。所提方法可以准确地检测出结构表面的大裂缝，但容易受到不断变化的光照强度以及图像失真等环境条件的影响。Lee等[74]提出了一种图像处理技术，利用形态学方法对图像的不均匀背景做出相应的校正，并且采用二值化增强技术结合形状分析手段来提高裂缝检测精度，但这种方法会产生较多的噪声，影响裂缝检测质量。Yeum等[75]开发了一种基于机器视觉的裂缝检测技术，可以仅使用航空图像自动检测大型桥梁结构，但检测结果受到钢梁表面锈迹的影响。虽然研究者提出了很多结构表面裂缝检测算法，但其仍然是一个极具挑战性的研究方向。在实际环境中，裂缝图像的采集往往受到太阳光照、阴影和路面复杂度等多种因素影响，从而影响研究者所提算法的检测效果和检测精度。

深度学习算法在图像识别领域表现出的性能远远好于图像处理技术，且其应用场景不断扩充，该算法也逐渐应用于土木工程领域，其中，CNN因其出色的精确提取图像信息能力而成为最受欢迎的一种算法，广泛应用于图像分类、目标检测和像素分割等图像识别领域。

早期基于CNN的裂缝检测方法基于目标检测原理，仅识别图像中目标裂缝的最小边界矩形，主要包括两个任务：定位检测目标的边界框和识别目标的类别。目标检测方法目前主要有两种类型，一种是早期的基于滑动窗口的检测方法，另一种是基于生成候选区域的检测方法。基于滑动窗口的检测方法使用一定尺寸的滑动窗口从左到右、从上到下在图片上进行扫描，然后用分类器对每一次滑动窗口内的区域做分类判断。Cha等[76]采用基于滑动窗口的深度神经网络检测表面裂缝，结果表明，相比传统的边缘检测方法，此方法能够更准确地获取裂缝信息，但其检测精度受窗口宽度和长度的影响。当滑动窗口尺寸过大时，检测区域内过多的无关信息会阻碍检测精度的提高。相反，如果滑动窗口尺寸过小，滑动窗口区域包含的裂缝信息太少，无法判断是否存在裂纹，同样会导致检测精度下降。基于生成候选区域的检测方法首先生成候选区域，然后在区域里进行特征提取，这种方法可以使网络锁定目标区域，避免不必要的计算成本，从而提取到更多的裂缝特征。基于Faster R-CNN的结构视觉检测方法同样在混凝土表面裂缝的检测中表现出出色的检测能力[77]。Maeda等[78]采用目标检测方法Inception V2和MobileNet对道路损坏情况进行检测，通过安装在汽车上的智能手机获取了9053张裂缝图片，将这些图片进行训练，最终证明了所提出的目标检测方法可以将损坏分为8种类型。在Attard等[79]的研究中，另一种典型的CNN称为Mask R-CNN，也被用于检测结构表面裂纹并取得了令人满意的结果。但上述方法检测精度有限，只能对路面裂缝进行定位，而对于裂缝的形状和尺寸等信息却无法获取，无法实现像素级检测。

目标检测法只能定位裂缝的位置，不能获得裂缝的几何尺寸和形状，也不能对裂缝进行像素级检测，因此有必要在像素级分割任务中引入语义分割。语义分割是一种提取边界的技术并能够从认知的角度将图像分成有意义的单元，其实质就是判断像素属于前景像素还是背景像素，目前已被广泛应用于医学图像与无人驾驶等领域。将语义分割应用到裂缝检测领域就是判断当前像素是裂缝像素还是背景像素，这种目标检测方法更为准确。Zhang等[80]采用改进的深度CNN方法获得了比传统方法更好的检测结果。Zhang等[81]提出了一种基于CNN的高效体系结构CrackNet用于在三维沥青表面自动检测路面裂缝。王丽苹等[82]提出了一种基于AlexNet改进的网络结构，将该网络模型应用于路面裂缝检测可以提高检测效率与精度。由于CNN在图像精细分割上存在一定的局限性，研究者开始对FCN进行研究，要解决的核心问题就是图像像素级别的分类，与CNN相比，FCN没有全连接层，它可以接受任意大小的输入，实现了端到端的检测，可以保证输入和输出的类型相同，从而实现对每个像素的预测，FCN 逐渐开始应用于检测混凝土表面裂缝。

随着对更高检测精度的追求，越来越多的语义分割模型框架应用于 CNN。在概率自动编码器的启发下，FCN 演变为深度卷积编码器-解码器网络，编码器是用于提取输入特征的分类网络，而解码器是用于逐步恢复特征信息的网络。Bang 等[83]提出了一种使用深度卷积编码器-解码器网络来识别道路裂缝的像素级检测方法。该网络的编码器由残差网络的卷积层组成，结果显示使用带有迁移学习的 ResNet-152 作为编码器的网络表现出最佳的性能。Ji 等[84]采用基于 DeepLabv3+的集成方法进行裂纹量化和裂纹检测。Liu 等[85]和 Chun 等[86]使用两步卷积网络首先识别和定位裂缝，然后利用分割模型实现对裂缝的像素级分割。

在编码器-解码器网络结构中最典型的 CNN 是 Ronneberger 等[87]提出的 U-Net 网络，其在医学图像分割领域表现优异。由于医学细胞与路面裂缝都具有形状和大小不同的特点，土木工程领域的研究者开始尝试应用 U-Net 网络来检测结构表面的裂缝。Liu 等[88]首次将 U-Net 网络应用于混凝土表面裂缝检测，研究共采用了 84 张图片，其中 57 张用于训练，27 张用于测试，达到 Precision 为 90%、Recall 为 91%以及 F1 分数为 90%的检测效果，证明了 U-Net 网络检测混凝土表面裂缝的可行性。

U-Net 网络在裂缝检测方面表现出优异的性能之后，越来越多的 U 型网络被应用于土木工程领域。Li 等[89]提出了一种基于 U-Net 和具有交替更新派系的 CNN 的深度学习算法，称为 U-CliqueNet，采用所提网络模型对隧道裂缝数据集进行了训练和测试。Bhowmick 等[90]将 U-Net 网络用于无人机拍摄图像的裂缝检测，从而实现对混凝土表面裂缝的像素级分类，达到交占比(intersection over union, IOU)为 68%的检测效果。Li 等[91]提出了一种基于 FCN 的混凝土结构多重损伤检测方法，在训练过程中使用迁移学习对网络结构的参数进行初始化。考虑到未来裂纹检测有望实现实时全自动化，数据量将显著增加，而上述 U 型网络虽然在裂纹检测领域表现出良好的性能，但具有计算成本高、训练过程耗时等缺点，阻碍了进一步的实时应用。

由于在一张裂缝图片中，裂缝像素所占的比例非常小，使用 CNN 进行特征提取时，如果过多关注不相关的背景信息，会引发很多不必要的计算，导致训练时间加长。因此，研究者开始模拟人类视觉的注意力机制去探索如何更多地关注裂缝信息而不是无关的背景信息，注意力机制就是使神经网络关注有用的信息而抑制无用的信息。Pan 等[92]开发了一种新型的计算机视觉方法，称为空间通道层次网络，该网络使用 VGG19 作为基础网络，同时采用一种自注意力机制，试验结果证明，采用三种自注意力机制可以将 IOU 分别提高 1.62、5.15 和 5.67 个百分点。Chen 等[93]将注意力块集成到 U-Net 网络的特征提取部分，明显提高了图像质量。Wu 等[94]将残差块和注意力机制引入 U-Net 网络并提出了 RAU-Net 网络，其具有比其他网络更好的检测性能。这些研究中采用的通道注意力机制和空间注意力机制使得网络能够有效地捕获局部信息。

裂缝宽度等几何尺寸信息是混凝土结构耐久性的重要指标，此类形态信息对评估现有路面很有价值。Tong 等[95]讨论了深度 CNN 在批量识别路面裂缝长度中的应用，将原始的彩色图像转换为灰度图像后提取裂缝的信息，研究结果表明，此方法在裂纹长度为 6~8cm 时错误率比其他范围大。Ni 等[96]提出了一种基于 ZMs 运算符的解决方案来估算裂缝宽度，但是对于 5 个像素左右宽度的裂缝，相对误差较大。李良福等[97]提出了一种 DBCC 分类模型，并根据分类结果提出了一种裂缝量化的评价机制。

1.2.3 道路服役性能评估

采用沥青路面性能评价方法对道路结构服役状态进行准确的分析和评估，并对沥青路面的使用性能进行预测，进而为沥青道路制定养护维修策略提供科学依据，具有非常重要的经济和社会效益。对沥青路面的使用性能进行评价是路面管理系统的基础，只有对沥青路面的使用性能进行严格的评估，才能指导沥青路面养护或重建措施的执行，进而降低养护成本。因此，世界上许多国家都详细研究了沥青路面的评价理论并建立了符合各国国情的评价体系。

《公路技术状况评定标准》(JTG 5210—2018)[98]中将路面损坏状况指数、路面行驶质量指数、路面车辙深度指数、路面跳车指数、路面磨耗指数、路面抗滑性能指数和路面结构强度指数作为分项指标，路面技术状况指数按照规定的权重由上述指标加权求和得到。然而，规范是在专家评分的基础上建立起评价指标和路面使用性能的多元线性回归模型，尽管评价过程简洁明了，但也有一些不能忽视的缺点。路面并不是一个单一的系统，同时受外部环境的影响，所以很多时候评价结果和实测结果有较大差距。

为了解决这个问题，研究者开始采用以层次分析和模糊数学为代表的系统分析法。陆亚兴等[99]最早在我国利用计算机进行层次排序，得出各单项指标权重，进而对路面总体使用性能进行评价，但是这种方法的人为因素过重，客观性不强，路况难以被客观评价。因而，研究者基于路面是一个有部分信息未知的不确定系统的假定提出了灰色系统理论。Wong 等[100]针对路面系统的灰色特性，提出了一套将混凝土的单项指标与综合指标有机结合的综合评价方法。Wang 等[101]利用长期路面性能数据库中的数据提出了一种基于灰色聚类的方法来综合评价现有的路面结构。陈悦新等[102]为进一步规范沥青路面评价指标，在传统沥青路面性能评价方法的基础上，提出使用灰色聚类模型来评价路面使用性能。然而，灰色理论的白化权函数、阈值及灰聚类系数都由经验来确定，具体情况因人而异，不够客观。而且，当评价结果的各个聚类相差不大时，常常会难以取舍。

随着科技的不断发展，许多新方法被引入路面使用性能评价中。李巧茹等[103]在主成分分析法和向量分类机原理的基础上，构建了用于高速公路半刚性基层沥青路面使用性能评价的主成分分析-支持向量分类机模型。Jing 等[104]为解决半刚性基层沥青路面综合性能评价不准确的问题，对北京市某半刚性基层沥青路面进行了广泛的调查和现场试验，选择包括功能和结构性能在内的七个指标建立了沥青路面综合性能评价体系，并通过主成分分析对路面的综合性能进行分析和评价。

预测路面使用性能的模型大多基于多元线性回归技术，多元线性回归模型一直用于预测路面横向力系数的季节性变化。Szatkowski 等[105]提出了第一个用于预测路面横向力系数的线性回归模型，该模型表明由于车辆对路面集料的抛光作用，交通量是影响路面横向力系数的重要因素。Turki 等[106]基于迪拜的 440 个路面观测数据，针对快车道和慢车道提出了两种用来预测国际平整度指数的回归模型。这两个回归模型具有相似的结构，都是将路面年龄作为自变量，推导出其与路面国际平整度指数之间的关系，进而将路面年龄与国际平整度指数之间的关系用固定的数学公式表示出来，相关系数 R^2 分别达到 0.80 和 0.61。Albuquerque 等[107]基于从巴西东北部的道路上提取的交通量——等效单轴荷载、结构指数和降雨量等数据，利用回归分析技术预测国际平整度指数值。第一个模型的相关系数 R^2 达到 0.87，而第二个模型的相关系数 R^2 达到 0.94，虽然这两种模型的精度都很高，但它们只使用了几十个数据，模型能否推广到涉及更大数据量的情况值得怀疑。Owolabi 等[108]基于连接拉各斯与伊巴丹的高速公路的案例研究，开发出了一种预测国际平整度指数的多元线性回归模型。与之前模型不同的是，该模型考虑的自变量是路面损坏状况指数和路面车辙深度指数，最终相关系数 R^2 达到 0.78。传统的线性或非线性统计回归模型虽然形式简单，并且易于建立和修改，但是过于依赖数据，并且模型本身缺乏具体的物理意义。

因此，生存分析模型被用于研究路面使用寿命或路面性能某个指标达到特定阈值时的使用寿命与其影响因素之间的关系。Meegoda 等[109]利用长期路面性能数据库中的 GPS1 和 SPS1 数据，构建了一个沥青路面的国际平整度指数模型，参考威布尔分布，建立了一条劣化曲线，通过收集路面的环境因素、交通状况、结构指数等数据，最终得出路面的国际平整度指数，随后按照国际平整度指数的大小将其划分为 5 个级别，并规定了不同级别的养护维修处理方式。但是，这种方法只考虑特殊事件的发生时间(如路面达到使用寿命或路面病害达到指定阈值)，而没有考虑路面性能随时间的衰减过程。

随着人工智能的发展，人们开始利用神经网络模型代替传统的回归模型预测路面的平整度。Choi 等[110]提出了一种人工神经网络模型，并将其用于国际平整度指数的预测,选择路面结构指数、沥青空隙率、顶部沥青厚度、交通量、路龄等 7 个变量作为影响变量,从数据库中的粒装基层沥青混凝土柔性路面中筛选出 117 个数据,其中 92 个数据作为训练集、25 个数据作为测试集,分别创建了多元线性回归模型和 BP 神经网络模型,最终结果表明多元线性回归模型的相关系数 R^2 为 0.46,而 BP 神经网络模型的相关系数 R^2 达到 0.87。这说明相对于传统的回归模型,BP 神经网络模型更能有效地精确预测沥青路面的国际平整度指数。Gong 等[111]将深层神经网络引入路面的车辙深度预测中,建立了两种深度学习神经网络模型,相关系数 R^2 分别达到 0.472 和 0.899,相对于原来使用的多元线性回归模型,深度学习神经网络模型大幅度提高了车辙深度的预测精度。Yao 等[112]采用神经网络建立模型,并采用主成分分析对交通变量进行降维,建立了关于车辙深度、粗糙度、抗滑性、横向裂缝和路面破损等路面技术参数的预测模型,平均相关系数 R^2 为 0.8692。结果表明,所提出的神经网络模型在准确预测路面状况方面具有巨大潜力。Zeiada 等[113]采用一种基于前向序列特征选择算法的人工神经网络来识别温暖气候地区最重要的设计因素,并且从长期路面性能数据库中提取相应数据,还利用回归树、支持向量机、组合、高斯过程回归以及人工神经网络这五种机器学习技术对其路面性能进行建模。此外,采用传统的回归模型进行比较评估,以此来探讨路面设计因素对温暖气候地区路面性能的意义,并将其与以往确定的一组冷区因素进行比较,研究结果表明,影响温暖气候地区沥青路面性能的因素主要有初始粗糙度、相对湿度、平均风速、平均反照率、平均发射率、交通量和路面结构能力,且相对于寒冷地区,温暖气候地区的路面性能受不同环境因素的影响。除此之外,相对于其他机器学习的方法,人工神经网络建模技术产生了最精确的沥青路面性能模型,相关系数 R^2 达到 0.86。然而,这些神经网络仅将数据视为时域上的孤立点,忽略了过去数据与未来数据之间的因果关系。

为了将过去数据与未来数据建立起时间维度上的联系,研究者建立了时间序列模型作为一种路面性能预测模型。Li 等[114]开发了一种基于模糊趋势时间序列预测和粒子群优化技术的创新国际平整度指数预测模型。首先,平整度值被划分为不同的粒度空间,然后根据自动聚类技术的原理,提出了多因子区间划分方法。其次,提出了二阶模糊趋势模型和模糊趋势关系分类方法来预测各因素的模糊趋势。再次,在充分考虑各种不确定性的情况下,生成多个粒度空间的模糊趋势状态。最后,使用粒子群优化技术优化性能模型,同时进行未来国际平整度指数预测。他们使用来自不同地区的 20000 多个数据进行对比试验,以验证所提出方法的有效性。结果表明,所提出方法的均方根误差和相对误差分别为 0.191m/km 和 6.37%,优于多项式拟合方法、自回归积分移动平均方法和反向传播神经网络方法。Dong 等[115]为了更好地捕捉时间序列特征之间的潜在关系,提出了一种特征融合 LSTM-BPNN 模型。该模型首先用两个神经网络分别学习横截面和时间序列特征,然后通过注意力机制融合这两个特征，相关系数 R^2 达到 0.867。Fang 等[116]为了减少频繁养护对研究沥青路面车辙规律的影响，提出了通过建立小波-时间序列预测模型，对沥青路面车辙深度进行分析。Choi 等[117]研究利用韩国国家公路路面管理系统的监测数据和一种循环神经网络算法——LSTM 预测道路路面的恶化。他们利用 2007~2016 年这 10 年的时间序列数据作为学习数据，构造了预测路面各技术参数（裂缝、车辙深度和国际平整度指数）的算法，分析的自变量为年平均日交通量、年平均温度、年总降水量、年最高温度、年最低温度和除冰剂使用量，路面状况检测设备被设置为虚拟变量，得到相关系数 R^2 为 0.71~0.87，表明该模型的路面劣化预测性能较高。Marcelino 等[118]基于长期路面性能数据库，使用随机森林算法开发了 5 年和 10 年后国际平整度指数预测的时间序列模型，使用的数据集包括以前的国际平整度指数测量、结构、气候和交通数据。结果表明，他们所开发的模型达到了合理的预测效果，表现最好的模型的平均均方误差为 0.064（5 年预测模型）和 0.104（10 年预测模型）。Kaloop 等[119]设计了一种将最优修剪极限学习机与小波分析相结合的新型混合小波模型对路面国际平整度指数进行预测，预测精度高达 93.6%。

沥青路面使用性能评价和预测的研究现状表明，基于人工智能技术的深度神经网络在沥青路面使用性能评价和预测方面的应用前景非常广泛，但是目前的研究主要局限于对路面某种特定技术参数的预测，如裂缝、国际平整度指数或车辙深度，无法全面掌握未来一段时间路面的状况，并对其进行综合评价。

1.2.4 桥梁服役性能评估

通过对桥梁等结构进行长期监测，收集结构振动、位移、应力、应变等响应，基于监测数据的结构健康诊断与状态评估方法是在结构响应分析的基础上判断结构健康状况，及时发现结构的变形、破坏、裂缝等问题，为结构的维护和管理提供科学依据。基于监测数据的结构健康诊断与状态评估方法主要包括数据驱动和基于模型两类方法。其中，数据驱动的状态评估方法通过分析荷载与响应之间的关联或响应之间的关联，挖掘其中的数据统计模式，根据数据统计模式判断结构状态是否发生改变；基于模型的状态评估方法本质上是根据监测数据反演结构参数的过程，根据模态参数或修正有限元模型推断结构状态变化。

1. 数据驱动的单体桥梁结构健康诊断与状态评估

近几十年来，基于结构响应统计模式的健康诊断与状态评估方法迅速发展，并在大跨度桥梁、地标建筑和大坝等重要结构的损伤识别和状态评估中得到广泛应用。Worden 等[120]总结了基于机器学习的结构异常检测、损伤定位和评估方法的通用框架。Figueiredo 等[121]比较了四种机器学习算法（自联想神经网络、因子分析、马氏距离和奇异值分解)在不同运营和环境条件下的性能,证实了机器学习算法能够成功区分运营荷载、环境影响与结构破坏的效应。Catbas等[122]提出了一种基于历史应变监测数据互相关分析的非参数方法用于损伤检测和定位。Kromanis等[123]采用支持向量回归模型预测桥梁在温度荷载作用下的响应,并利用移动快速傅里叶变换分析预测误差时间序列用于诊断数据异常。Cha等[124]提出了一种无监督的基于密度峰值的快速聚类算法的结构损伤定位方法,利用高斯半径核函数计算局部密度,提高了损伤定位算法的性能。Eltouny等[125]提出在无监督学习方法中利用累积强度度量提取损伤敏感特征,基于核密度最大熵和贝叶斯优化构建统计模型过程,用于检测和定位极端事件造成的损伤。无论作为解释变量还是隐变量,基于结构响应关联分析和统计模式的健康诊断方法都应考虑环境和运行荷载的影响,使得数据统计特征和关联模型对结构损伤和异常敏感,且尽量避免其受服役环境变化的影响。

　　结构健康监测数据是一种时间序列信号,因此统计时间序列模型常被用于结构响应的数据建模和特征提取,在结构异常诊断和评估中发挥重要作用。线性的统计时间序列模型包括自回归模型、移动平均模型、自回归移动平均模型、差分整合自回归移动平均模型、向量自回归模型、带外部输入的自回归模型等。Fugate等[126]利用加速度时间序列建立自回归模型,并使用模型残差作为损伤敏感特征进行损伤检测。Omenzetter等[127]使用差分整合自回归移动平均模型进行应变数据建模,利用自适应的卡尔曼滤波辨识出的模型系数检测结构变化。Gul等[128,129]应用自回归模型和基于马氏距离的离群点检测识别结构变异,并针对不同的传感器簇建立了带外部输入的自回归模型,用于检测、定位和估计结构损伤。Stefanou等[130]提出了无监督的多模型自回归方法及利用PCA改进方法,基于自回归模型的参数向量检测结构损伤。其他时间序列建模与分析方法,如高斯过程回归,也在结构健康监测的数据建模和损伤识别问题中得到应用。

　　近年来,深度学习技术在结构健康监测领域得到大范围推广,在结构健康诊断和状态评估问题中,成为数据挖掘和模式识别的有力工具。深度学习技术的发展提供了更准确高效的数据挖掘模型构建方法,相比一般的机器学习统计分析方法,深度学习技术能够提取更深层次的特征,构建更高精度、更复杂的数据关联映射。通常来说,提取的诊断指标对结构的异常变化也更加敏感。循环神经网络、CNN、注意力机制、自编码器等方法在监测数据建模和特征提取工作中取得了良好的效果。Lin等[131]提出了一种基于CNN的损伤检测方法,利用CNN自动从时域信号中提取特征对异常工况进行分类,并与基于小波包能量作为输入的方法进行对比,证实了此方法的有效性。Pathirage等[132]提出了一种用于学习模态信息(如频率和模态振型)与结构刚度参数之间关系的深度稀疏自编码器框架,利用深度神经网络提取特征,用于结构的损伤识别与定位,并在数值模型和试验测试模型上进行验证。Duan 等[133]提出了一种基于 CNN 的桥梁损伤检测方法,利用原始加速度测量数据的傅里叶幅度谱,通过模拟不同损伤条件下系杆拱桥的加速度响应验证模型的表现。Zhang 等[134]利用 1D-CNN 检测结构局部微小的刚度和质量变化,并在 T 形钢梁、短钢梁桥和在役长钢梁桥三种不同结构上使用原始加速度数据验证损伤识别效果。Khodabandehlou 等[135]利用 2D-CNN 对结构振动响应进行特征提取和损伤状态分类,在大幅度的数据维度压缩基础上,利用加速度数据预测某钢筋混凝土公路桥 1/4 比例模型的损伤状态。Wang 等[136]提出了一种基于无监督深度学习的损伤检测方法,利用深层自编码器提取加速度数据的损伤敏感特征,并利用单分类支持向量机对结构损伤进行辨识,在包括缩尺钢桥模型在内的多个案例中应用。Silva 等[137]利用堆叠自编码器,将模态参数压缩成更小的高信息量特征集,改进了传统损伤检测分类器的性能。

数据驱动的结构健康诊断方法可分为基于有监督学习和基于无监督学习的方法。基于有监督学习的方法在实验室缩尺模型和有限元模型上可通过修改边界条件、结构形状和材料参数等模拟结构的损伤和变异,再根据不同结构状态下的传感器信号,利用机器学习和深度学习领域的常用方法提取损伤敏感特征,实现正常和异常状态的数据模式区分以及不同异常状态之间的分类。此方法在桥梁模型等结构试验上表现良好,但是实际服役过程中的结构异常是难以预料的,模型试验对损伤的标定在实桥上一般是不可行的,因此一般的有监督学习方法往往难以推广到结构健康诊断的实际应用场景。而基于无监督学习的方法只利用结构处于正常状态的数据进行训练,通过异常(新颖性)检测判断与正常状态有差别的数据模型,识别任何可能出现的系统变化。此方法在实桥结构健康监测的应用中有待进一步挖掘,即利用结构建成初期处于正常状态的监测数据作为参考,构建与结构服役状态有关的数据挖掘模型,再识别结构运行过程中的数据模式异常,从而达到结构健康诊断的目的。

充分使用桥梁健康监测系统中大量不同位置的传感器测点并挖掘其固有的时空关联,从全局视角发挥健康监测系统的作用,建立更加准确高效的数据挖掘模型,对不同服役状态下监测数据模式的异常辨识很有意义,可以为结构健康诊断提供更加合理的依据。因此,需要寻找有效的方法对海量监测数据进行时空建模,对时空关联特征进行表征和挖掘,尤其是对涉及大量传感器的空间关联描述。同时,大数据分析也提高了数据异常测点干扰状态评估的可能性,这也是数据驱动的桥梁结构健康诊断与状态评估方法需要解决的问题之一。

2. 基于模型的单体桥梁结构健康诊断与状态评估

基于模型的桥梁结构健康诊断与状态评估方法需要解决从结构响应到系统参数的反演问题,可以利用模态参数识别或模型修正方法获取结构的系统参数。

基于模态参数识别的方法认为，结构的损伤和变异会给模态参数带来可观测的变化，可以根据加速度、位移、应变等结构动力响应识别自振频率、阻尼比、振型等反映结构固有特性的模态参数，通过对比分析结构模态参数的变化对结构健康状况进行诊断。常用于结构损伤与异常识别的主要模态参数包括固有频率、振型、模态应变能等。固有频率作为结构的固有特性，与结构的材料特性、几何形状、连接条件和边界条件密切相关，可结合频率的变化判断结构是否出现损伤或变异。这类基于固有频率识别异常的方法较为简便，但固有频率在一般的损伤下不会发生明显变化，又在很大程度上受温湿度等环境因素的影响，在实际结构应用中存在诸多限制。此外，在某些特定形式的损伤下，即使损伤程度严重，固有频率也几乎不发生改变。基于振型的结构异常识别方法考虑了损伤可能引起的振型变化，通过定义模态置信度准则等指标识别结构异常。对振型的一阶差分和二阶差分有助于提高灵敏度结构损伤检测的灵敏度，如根据振型曲率提取损伤敏感特征。基于模态应变能的方法可通过应变能的变化或变化率识别损伤。此外，研究者还发展了基于柔度和基于动态残余向量等识别结构损伤与异常的方法。

模态参数的识别方法主要包括频域分析法、时域分析法、时频域分析法三类。其中，频域分析法将荷载与响应之间的关系用频响函数表示，以此为基础发展了各类模态分析理论。时域分析法通过随机子空间法、特征系统实现算法等方法实现模态参数识别。时频域分析法通过小波变换等方法将信号同时变换到时域和频域上再进一步识别模态参数。

基于有限元模型修正的方法考虑到模型与实桥之间存在的差距，通过模型修正获取更符合真实结构的有限元模型，以此推断结构变异。有限元模型修正是指根据试验数据或其他可靠的信息对现有有限元模型进行调整，使之更准确地描述实际工程系统的行为。通常情况下，有限元分析模型都是基于一些预设的假设和理论分析得到的，因此难免存在误差或不足之处。通过与结构健康监测数据等实测数据进行比较，可以看出哪些方面存在偏差，并对有限元模型进行修改，从而提高其精度和可靠性。当结构发生损伤或变异，导致刚度等结构参数发生变化时，可以使用有限元模型修正方法识别损伤前后结构参数的变化，并根据这些变化的位置及程度定位和定量化损伤。

基于模型的桥梁结构健康诊断方法物理意义明确，计算方法具有良好的可解释性，但这类方法对模型可信度和结构响应观测结果的数据质量要求很高，在复杂桥梁结构上的使用效果不甚理想。

1.3 路网级交通基础设施服役性能评估

从区域交通基础设施网络整体的角度出发,网络中桥梁由于所处位置、交通流量与连接城市(地点)等的不同,具有不同的重要程度。因此,面对区域内道路、桥梁、隧道等交通基础设施结构性能的不断退化与维护维修成本逐年增加的现状,从区域交通基础设施网络整体出发,评估网络性能与制定维护策略优化新方法,能突破目前单体结构检测、评估与维护方案制定之间形成的"信息孤岛",从宏观角度深度挖掘单体结构与交通基础设施网络在时间与空间上的相关性,建立单体结构与交通基础设施网络整体服役性能的演化退变性能与退化规律之间的关系,从宏观角度全面评估区域交通基础设施网络上的道路、桥梁、隧道等单体结构,建立面向交通基础设施网络整体的状态分级评估系统,制定综合考虑养护成本的经济性、网络中单体结构服役的安全性、交通基础设施网络整体的连通可靠性的交通基础设施网络运营维护策略。有利于全面深入掌握区域内基础设施桥梁网络状况,实现资源在网络级水平下的合理分配,为基础设施系统网络的规划建设、维护保养、运营管理提供理论依据,对提高交通基础设施网络的智能化、一体化程度和高效、连续、协同、联动的管理水平具有重要的推动作用,这将是传统交通管理产业技术发展的必然趋势,也是关系交通运输行业质量安全的百年大计。目前,研究者开始从单体结构的服役性能评估延伸至群体基础设施网络的服役状态评估。

1.3.1 网络级桥梁服役管理概况

桥梁作为交通基础设施的重要组成部分,桥梁结构服役安全是保证交通快捷畅通的必要条件,对保证整个路网运营乃至一个地区的经济与社会发展都有着重要意义,其重要程度得到社会的广泛关注。在桥梁全寿命周期中,建设期仅占全桥寿命的不足10%,其他均为养护期。桥梁自投入使用之日起,就开始受荷载作用和环境因素影响,并且随着桥梁养护期增加、运输量逐渐增大和设计标准的演变,尤其是超载超限车日益增多,大量桥梁结构的服役性能退化。因此,如何对有限的养护与运行管理支出进行合理有效的分配,保证区域安全运营,对桥梁管养部门具有重要意义。

然而,现有的交通基础设施检测、评估与维护多以单座桥梁为单位,限制了各桥梁之间在空间上的互联互通,没有针对区域内所有桥梁结构的统一管理模式,导致在多座桥梁出现安全警告时,无法快速准确地排除安全隐患。《公路桥涵养护规范》(JTG 5120—2021)[138]规定,桥梁定期检查周期最长不得超过 3 年。因此,全国各省市每年都会产生针对桥梁结构的海量检测信息,而无章法的维护管理决策不仅不能从根本上解决问题，还会使网络级桥梁维修陷入一个持续退化的循环，给桥梁管养部门带来沉重的负担。

为了处理网络规模桥梁定期检测、评估和维护大数据，桥梁管养部门开始构建桥梁管理系统(bridge maintenance system，BMS)。桥梁管理系统建立在存储并跟踪所有桥梁基础信息数据及定期检测大数据集的基础上，同时可以依据检测结果对桥梁进行评估，并实现有限的维护资金的合理分配。桥梁管理系统起始于1968年美国联邦公路局研发的国家桥梁数据库，可实现对桥梁信息的查询，并进行简单的决策制定。随着经济以及硬件条件的发展，20世纪80年代，美国在国家桥梁数据库的基础上根据实际需求增加了评价、预测、费用分析及排序等功能。截至目前，大部分发达国家都研发了适配于本国国情的桥梁管理系统，如美国的PONTIS系统和BRIDGE系统、丹麦DANBRO系统、法国的Edouard系统、英国的NATS系统、挪威的Brutus系统、芬兰的国家公路署管理系统等。桥梁管理系统的功能是促进桥梁的日常管理，已被用作改善桥梁整体状况的工具，并防止结构过度恶化。

我国桥梁管理系统的研究以及开发开始于20世纪80年代末，最早由交通部公路研究所与北京公路处联合开发了以北京为试点的"公路桥梁省级信息管理系统"第一期工程，其主要内容包括由桥梁基础数据库、病害程度及维修历史等九个数据库和一个系统主文档组成的数据库系统，这是我国第一个桥梁管理系统。在此基础上，1992年开发了中国公路桥梁管理系统。交通运输部又先后组织完成了中国公路桥梁管理系统的升级改进工作，将计算机的多媒体技术与地理信息系统引入桥梁管理数据库，丰富了桥梁管理数据库的内容，并提供对桥梁信息的查询以及根据桥梁普查和外观检查结果对桥梁状况打分评级的功能，还在全国各省市进行推广，如四川省桥梁数据库管理系统、广东省桥梁管理系统、北京市公路桥梁管理系统和河南省桥梁管理系统等。为适应现代化城市桥梁管理的要求，桥梁管理系统逐渐接入了包括档案管理、技术监测、评价与决策、统计查询、重车过桥、报表输出、桥梁基本病害信息的综合管理、多级状态评估方法、桥梁性能预测及桥梁维修决策的算法和相应的模块，形成了国内第一代、第二代以及第三代城市桥梁管理系统。

总体来说，国内桥梁管理系统相关研究及应用只能考虑单座桥梁的维护加固，无法综合考虑桥梁网络服役的各方面。目前，由于缺乏有效的城市桥梁管理运行机制及足够的资金再投入，以及数据分析处理的积累，还难以为桥梁管养部门提供可靠的决策咨询。

1.3.2 路网级交通基础设施服役性能评估方法

交通基础设施网络性能评价包括网络建模和网络评价两个步骤，一般认为，桥梁结构是交通基础设施网络中易损且失效后果最严重的单元，交通基础设施网络可以简化为桥梁网络。

1. 网络拓扑结构研究

网络拓扑结构是桥梁网络性能评估研究的基础，一般方法是结合基础设施的空间关系将道路、桥梁、OD(origin-destination)集组成的集群系统构建为复杂网络(或图)模型，并研究其拓扑结构。在实际操作中，一个具体的网络可以抽象为一个由点集 V 和边集 E 组成的图 $G=\{V, E\}$。其中，E 中每条边都有 V 中一对节点 (i,j) 与之相对应。交通基础设施网络建模方法主要有无向网络和有向网络两类。其中，无向网络模型中的边是没有特定方向的(也可以说是双向的)，指的是任意节点对 (i,j) 之间对应同一条边 e_{ij}；而有向网络模型中的边是有指向的，换句话说，当存在一条由节点 i 指向节点 j 的边 $e_{i \to j}$ 时，并不一定存在一条由节点 j 指向节点 i 的边 $e_{j \to i}$。同时，对于有向边 $e_{i \to j}$，顶点 i 称为起点(origin)，顶点 j 称为终点(destination)。

Porta 等[139,140]提出了道路网络的两种表示方法：原始方法和对偶方法。原始网络模型将道路和道路交叉口分别视为网络中的边和节点，而对偶网络模型将道路和道路交叉口分别视为网络中的节点和边。在桥梁网络的例子中，Liu 等[141]认为桥梁网络是节点、点和边的集合，其中节点是城市或购物中心，桥梁是节点之间的边，点是其他不相关的节点。据此，他们构建了一个由 14 座桥梁、1 个起点节点和 1 个终点节点组成的桥梁网络，并对桥梁网络的可靠性进行了评估。王晓明等[142]在对既有桥梁网络进行管养对策优化时，建立了浙江省温州某地涵盖 8 座桥梁的桥梁网络。岳焱超等[143]建立了一个含有 40 座桥梁、16 个节点的模拟桥梁网络，用以研究桥梁网络的可靠性。成仲鹏[144]在进行桥梁网络可靠性评估时，就应用了 14 座桥梁组成的桥梁网络。Zhang 等[145]利用不同的建模概念，将北京道路交通网络模型简化为抽象网络模型、以道路长度为权的静态网络模型和以出行时间为权重的动态网络模型，并对复杂网络特性进行分析。Yan[146]介绍了描述道路网络的三类方法，即基于图论的方法、基于轨迹的方法、基于信息理论的方法。

2. 网络行程时间可靠性和网络连通可靠性研究

一般来说，功能性和安全性是评估交通基础设施网络服役状态最重要的两个方面。其中，功能性强调其能否完成规定的客户需求，包括现有网络容量能否容纳所需的交通流量、现有交通网络能否全面覆盖区域内所有地方以及能否在可接受的通行成本内实现 OD 间人员流动等，其完善与否直接决定着用户满意度，并主导着网络结构的优化设计。安全性关注的是网络内所有硬件的安全状态，包括由在正常使用和极端气候条件下结构的服役性能直接决定的网络整体的安全服役性能，安全性能高低直接影响着人们的生命财产安全，并指导着维护决策的制定以及维护资金的分配。

交通基础设施网络中单个结构的可靠性是对结构安全性、适用性和耐久性的概率度量，是指结构在规定的时间内、规定的条件下完成指定功能的概率。在规划和评估包含易损单元的网络性能时，最受关注的是网络行程时间可靠性和网络连通可靠性。网络行程时间可靠性主要关注网络的服役性能，主要指考虑网络的交通流量及容量时，假设网络中的硬件设施完备的情况下，用户在规定时长内成功从起点行驶到终点的概率。Chen 等[147]基于美国夏洛特市一条高速公路上的车辆信息，研究了多种因素影响下的旅行时间可靠度的变化，并对未来的交通状况进行预测。基于复杂网络理论，Wang 等[148]提出了一个在多种失效模式下计算道路网络行程时间可靠性的优化算法。显然，网络行程时间可靠性是非常重要的，特别是对出行者来说。张铭航等[149]以北京和上海地铁网络为例研究了统一 OD 对之间不同路径旅行时间可靠性的评估方法。但网络行程时间可靠性评价过程中对网络中硬件设施安全性能的考虑却很少，因此网络行程时间可靠性也可以称为网络的"软连通性能"。

网络连通概率不仅可以考虑到硬件设施的安全性，还可以指导维护资金的分配，它是指网络的节点对在硬件设施(单座或几座桥梁)退化或失效情况下仍然保持连通的概率，因此也可以称为"硬连通性能"。Liu 等[150]从网络中关键桥梁的网络连通性、用户满意度和结构可靠性方面来评估基于概率的桥梁网络服役性能。

桥梁网络与所有公共交通基础设施网络一样，不是单起点-终点问题(2-terminal 可靠性问题)，而是多个起点-终点问题(k-terminal 可靠性问题)。Dijkstra 算法可以通过确定图中最短路径来求解单起点-终点问题[151]，也可以使用更常见的变体来查找源节点与其他节点之间的最短路径，这是确定最短路径的一种传统而有效的方法。目前 GPS 道路导航主要采用 Dijkstra 算法推荐的最短路径。Coupeté 等[152]在对技术手势进行在线识别时，使用 Dijkstra 算法计算上半身与头顶对应的每个像素之间的测地线距离。Guidotti 等[153]使用 Dijkstra 算法获得了平均路径长度和节点效率，并进行了网络可靠性分析。

然而，网络连通概率求解是一类 NP-hard 问题，它比所有的 NP-complete 问题(世界七大数学难题之一)的时间复杂度更高而更难以解决[154]，其计算时间随可失效元素数量的增长呈指数规模增长，常用的计算方法可分为精确法和近似法两种。精确法主要指枚举法，可分为基于状态的枚举法和基于割集/路径集的枚举法。然而，对于一个具有 m 个易损单元(仅有安全和失效两种状态)、n 个节点和 s 条边的网络，它总共包含 2^m 种状态、2^{n-2} 种割集以及 2^{s-n+2} 种不同的路径[155]。因此，这样的计算量使得将精确的方法直接应用于具有数百或数千个易损单元的实际的大规模网络变得不经济甚至不切实际。

针对枚举法在大规模网络中的枚举数量爆炸式增长问题，研究者提出了几种近似方法，主要包括改进枚举法、仿真算法、机器学习等。与列举所有可能的网络状态的传统枚举法相比，ORDER 算法和 ORDER-Ⅱ 算法没有列举所有可能的网络状态，而是通过列举网络中最可能的状态近似求解网络的连通概率。Edrissi 等[156]提出了一种精确的转换 ORDER 算法，用于交通网络应急响应可靠性分析。Gomes 等[157]对 ORDER-Ⅱ 算法进行了改进，从可靠性上下文中执行虚拟网络分配。

蒙特卡罗模拟方法由于程序简单并且易于操作，是网络连通性概率估计中被普遍接受的算法之一。蒙特卡罗模拟方法的局限性在于，当元素可靠度很高时，需要进行大量的模拟才能达到可接受的收敛程度。Goharshady 等[158]应用树分解将原网络收缩为较小的图，进而计算网络的连通概率。基于机器学习算法的桥梁网络评估是近年来机器学习与传统复杂网络相结合的成果，研究者也尝试用有向无环的贝叶斯网络图清楚地表示变量之间的概率关系，进行近似计算。Cai 等[159]对用于网络连通性概率评估的贝叶斯网络进行了回顾，荷兰钢桥网络的连通概率退化模型也是基于贝叶斯网络和马尔可夫链构建的。Gehl 等[160]提出了一种利用系统网络连通性概率方法和贝叶斯网络推导多灾害脆弱性分析方法。Qin[161]基于贝叶斯更新和贝叶斯网络评估了在地震灾害下桥梁网络的连通概率。

桥梁网络连通概率分析一直是桥梁网络评估的重点和难点。但是，几乎所有桥梁网络连通概率研究都是针对两端连通性问题，桥梁网络实际的全端连通概率研究比较困难，特别是对于同时考虑边的运行方向性、失效相关性的实际大规模桥梁网络全端连通概率评估。本书涉及的网络连通概率考虑的是全端连通概率，只有网络中所有节点之间都互相连通才认为网络整体是连通的。然而，网络的全端连通概率问题已被证明是 NP-hard 问题，其求解是极其困难的。

3. 网络脆弱性评估方法研究

脆弱性分析是评估网络中各单元相对重要性的主要途径。网络中单元的重要程度评级方法一般分为两种：以复杂网络理论为主的正向思维方法和以易损性理论为主的逆向思维方法。正向思维方法通常不"破坏"网络基本结构，而是直接通过定义的各种指标(如间隔度和程度)进行研究，逆向思维方法则应用"破坏性等价于重要性"原则来评估各部分的重要性。复杂网络理论是目前最流行和有效的方法之一，此方法利用主特征向量的局部化来理解网络拓扑结构和动态过程。Zhang 等[162]在复杂网络理论中，基于度和介数的概念，提出了用相邻节点 m 的阶作为评价网络边重要性的新指标。基于鲁棒性分配模型，Cats 等[163]结合阿姆斯特丹的城市铁路网络指出，边的临界值可用于确定网络中最重要的边。Lee 等[164]应用网络中心性指标(介数、效率等)量化韩国城市街道网络中节点和边的重要性。Yang 等[165]评估了气候变化和人口增长的不确定性条件下交通网络的社会风险。虽然正向思维方法随着复杂网络的流行广泛应用,但是针对众多指标和不同网络,它并没有一个统一的合理和通用的评级表来评估网络性能。因此,亟须发展一种快速、有效的基于网络可靠度的桥梁网络评估方法。

逆向思维方法有效地解决了上述困境,它应用"破坏性等价于重要性"原则,通过破坏网络的一部分元素,对比"破坏"前后的指标变化进行网络评估,能准确评估网络各部件的相对重要性,其中代表性的领域就是易损性分析。Wei 等[166]应用球覆盖法,基于局部信息解决复杂网络节点重要度识别问题。为了定位网络中的关键边,Ouyang 等[167]评估了交通网络的拓扑易损性。为了预防大规模级联失效的发生,王正武等[168]提出改进双层网络级联失效模型,对城市道路交通网络的关键节点进行识别。在脆弱性分析方面,研究者多构造相关评估指标对网络进行评估,Lee 等[164]采用网络效率作为指标,对虚拟直线路线偏离度进行评价。

在不确定条件下桥梁网络性能评估与时空演化跟踪分析的关键是网络中复杂的相互作用关系,目前有关网络相关性的研究所采用的网络一般较简单,并且缺乏数据,许多模型基于假设而非实际数据,利用检/监测大数据来研究桥梁网络的研究还很少。因此,通过大数据深度挖掘、人工智能与土木工程学科的深度融合交叉,揭示桥梁网络结构性能的时空演化规律是需要深入研究的重要方向。

参 考 文 献

[1] 李惠, 鲍跃全, 李顺龙, 等. 结构健康监测数据科学与工程[J]. 工程力学, 2015, 32(8): 1-7.

[2] Kang B, Kim D, Kang S H. Real-time business process monitoring method for prediction of abnormal termination using KNNI-based LOF prediction[J]. Expert Systems with Applications, 2012, 39(5): 6061-6068.

[3] Park J, Min K, Kim H, et al. Road surface classification using a deep ensemble network with sensor feature selection[J]. Sensors, 2018, 18(12): 4342.

[4] Boukela L, Zhang G X, Yacoub M, et al. A modified LOF-based approach for outlier characterization in IoT[J]. Annals of Telecommunications, 2021, 76(3): 145-153.

[5] 陆秋琴, 魏巍, 黄光球. 环境监测系统中异常数据的识别和修复方法[J]. 安全与环境学报, 2021, 21(3): 1300-1310.

[6] Gümüş İ, Şirin Y. High-dimensional and wide-scale anomaly detection using enhancing support vector machine[C]//The 26th Signal Processing and Communications Applications Conference, Izmir, 2018: 1-4.

[7] Pei L L, Sun Z Y, Han Y X, et al. Highway event detection algorithm based on improved fast peak clustering[J]. Mathematical Problems in Engineering, 2021, 21: 1-13.

[8] 裴莉莉, 孙朝云, 韩雨希, 等. 基于 SSC 与 XGBoost 的高速公路异常收费数据修复算法[J]. 吉林大学学报(工学版), 2022, 52(10): 2325-2332.

[9] Leigh C, Alsibai O, Hyndman R J, et al. A framework for automated anomaly detection in high frequency water-quality data from in situ sensors[J]. Science of the Total Environment, 2019, 664: 885-898.

[10] Rodriguez-Perez J, Leigh C, Liquet B, et al. Detecting technical anomalies in high-frequency water-quality data using artificial neural networks[J]. Environmental Science & Technology, 2020, 54(21): 13719-13730.

[11] Bao Y Q, Tang Z Y, Li H, et al. Computer vision and deep learning-based data anomaly detection method for structural health monitoring[J]. Structural Health Monitoring, 2019, 18(2): 401-421.

[12] Tang Z Y, Chen Z C, Bao Y Q, et al. Convolutional neural network-based data anomaly detection method using multiple information for structural health monitoring[J]. Structural Control and Health Monitoring, 2019, 26(1): e2296.

[13] Cheng C, Ren J. A classification method of CNN for numerical data based on radar chart representation[J]. Information and Control, 2019, 48(4): 429-436.

[14] Viotti M R, Albertazzi A. Approximated repair methods for outlier strain data from hole-drilling residual measurements[J]. Experimental Mechanics, 2013, 53(3): 393-403.

[15] Chen Y, Yi Z. A new method to detect and repair cycle-slip based on a double-differenced model for receivers and epochs[J]. Geomatics & Information Science of Wuhan University, 2017, 42(6): 845-850.

[16] Ottosen T B, Kumar P. Outlier detection and gap filling methodologies for low-cost air quality measurements[J]. Environmental Science: Processes & Impacts, 2019, 21(4): 701-713.

[17] Aydilek I B, Arslan A. A novel hybrid approach to estimating missing values in databases using K-nearest neighbors and neural networks[J]. International Journal of Innovative Computing, Information and Control, 2012, 7(8): 4705-4717.

[18] Liu H, Wang Y Y, Chen W. Three-step imputation of missing values in condition monitoring datasets[J]. IET Generation, Transmission & Distribution, 2020, 14(16): 3288-3300.

[19] 徐磊, 孙朝云, 李伟, 等. 基于 SSA-LightGBM 的交通流量调查数据趋势预测[J]. 计算机系统应用, 2021, 30(1): 243-249.

[20] Xu R, Deng X L, Wan H, et al. A deep learning method to repair atmospheric environmental quality data based on Gaussian diffusion[J]. Journal of Cleaner Production, 2021, 308: 127446.

[21] Ding X O, Wang H Z, Su J X, et al. Leveraging currency for repairing inconsistent and incomplete data[J]. IEEE Transactions on Knowledge Data Engineering, 2022, 34(3): 1288-1302.

[22] 俞娜燕, 李向超, 费科, 等. 基于改进高斯过程回归的光伏电站监测数据修复研究[J]. 自动化与仪器仪表, 2020, (5): 56-58, 62.

[23] Park S, Jung S, Jung S, et al. Sliding window-based LightGBM model for electric load forecasting using anomaly repair[J]. The Journal of Supercomputing, 2021, 77(11): 12857-12878.

[24] Kataoka Y, Matsubara T, Uehara K. Image generation using generative adversarial networks and attention mechanism[C]//The 15th International Conference on Computer & Information Science, Okayama, 2016: 1-6.

[25] Li L F, Hu M. Method for small-bridge-crack segmentation based on generative adversarial network[J]. Laser & Optoelectronics Progress, 2019, 56(10): 101004.

[26] Zhang K G, Zhang Y T, Cheng H D. CrackGAN: Pavement crack detection using partially accurate ground truths based on generative adversarial learning[J]. IEEE Transactions on Intelligent Transportation Systems, 2020, 22(2): 1306-1319.

[27] Sun X M, Huang J P, Liu W Y, et al. Pavement crack characteristic detection based on sparse representation[J]. EURASIP Journal on Advances in Signal Processing, 2012, 2012(1): 1-11.

[28] Zalama E, Gómez-Garcia-Bermejo J, Medina R, et al. Road crack detection using visual features extracted by Gabor filters[J]. Computer-Aided Civil and Infrastructure Engineering, 2014, 29(5): 342-358.

[29] Liu R, Tian M, Xu J. Expressway road surface point filtering for mobile laser scanning data[J]. Geomatics & Information Science of Wuhan University, 2015, 40(6): 751-755.

[30] Bao Y Q, Li H, Sun X D, et al. Compressive sampling-based data loss recovery for wireless sensor networks used in civil structural health monitoring[J]. Structural Health Monitoring, 2013, 12(1): 78-95.

[31] Lu W, Teng J, Li C, et al. Reconstruction to sensor measurements based on a correlation model of monitoring data[J]. Applied Sciences, 2017, 7(3): 243.

[32] Zhang Z Y, Luo Y Z. Restoring method for missing data of spatial structural stress monitoring based on correlation[J]. Mechanical Systems and Signal Processing, 2017, 91: 266-277.

[33] Tang Z Y, Bao Y Q, Li H. Group sparsity-aware convolutional neural network for continuous missing data recovery of structural health monitoring[J]. Structural Health Monitoring, 2021, 20(4): 1738-1759.

[34] Chen Z C, Bao Y Q, Li H, et al. A novel distribution regression approach for data loss compensation in structural health monitoring[J]. Structural Health Monitoring, 2018, 17(6): 1473-1490.

[35] Chen Z C, Bao Y Q, Li H, et al. LQD-RKHS-based distribution-to-distribution regression methodology for restoring the probability distributions of missing SHM data[J]. Mechanical

Systems and Signal Processing, 2019, 121: 655-674.

[36] Fan G, Li J, Hao H. Lost data recovery for structural health monitoring based on convolutional neural networks[J]. Structural Control and Health Monitoring, 2019, 26(10): e2433.

[37] Oh B K, Glisic B, Kim Y, et al. Convolutional neural network-based data recovery method for structural health monitoring[J]. Structural Health Monitoring, 2020, 19(6): 1821-1838.

[38] Lei X M, Sun L M, Xia Y. Lost data reconstruction for structural health monitoring using deep convolutional generative adversarial networks[J]. Structural Health Monitoring, 2021, 20(4): 2069-2087.

[39] Zhang Y M, Wang H, Bai Y, et al. Bayesian dynamic regression for reconstructing missing data in structural health monitoring[J]. Structural Health Monitoring, 2022, 21(5): 2097-2115.

[40] O'Brien E J, Enright B. Using weigh-in-motion data to determine aggressiveness of traffic for bridge loading[J]. Journal of Bridge Engineering, 2013, 18(3): 232-239.

[41] Zhao H, Uddin N, Shao X D, et al. Field-calibrated influence lines for improved axle weight identification with a bridge weigh-in-motion system[J]. Structure and Infrastructure Engineering, 2015, 11(6): 721-743.

[42] He W, Deng L, Shi H, et al. Novel virtual simply supported beam method for detecting the speed and axles of moving vehicles on bridges[J]. Journal of Bridge Engineering, 2017, 22(4): 04016141.

[43] Lydon M, Robinson D, Taylor S E, et al. Improved axle detection for bridge weigh-in-motion systems using fiber optic sensors[J]. Journal of Civil Structural Health Monitoring, 2017, 7(3): 325-332.

[44] Zaurin R, Catbas F N. Integration of computer imaging and sensor data for structural health monitoring of bridges[J]. Smart Materials and Structures, 2010, 19(1): 015019.

[45] Ojio T, Carey C H, O'Brien E J, et al. Contactless bridge weigh-in-motion[J]. Journal of Bridge Engineering, 2016, 21(7): 04016032.

[46] Chen Z C, Li H, Bao Y, et al. Identification of spatio-temporal distribution of vehicle loads on long-span bridges using computer vision technology[J]. Structural Control and Health Monitoring, 2016, 23(3): 517-534.

[47] Dan D H, Ge L F, Yan X F. Identification of moving loads based on the information fusion of weigh-in-motion system and multiple camera machine vision[J]. Measurement, 2019, 144: 155-166.

[48] Azar E R, McCabe B. Automated visual recognition of dump trucks in construction videos[J]. Journal of Computing in Civil Engineering, 2012, 26(6): 769-781.

[49] Azar E R, McCabe B. Part based model and spatial-temporal reasoning to recognize hydraulic excavators in construction images and videos[J]. Automation in Construction, 2012, 24(7):

194-202.

[50] Memarzadeh M, Golparvar-Fard M, Niebles J C. Automated 2D detection of construction equipment and workers from site video streams using histograms of oriented gradients and colors[J]. Automation in Construction, 2013, 32: 24-37.

[51] Tajeen H, Zhu Z H. Image dataset development for measuring construction equipment recognition performance[J]. Automation in Construction, 2014, 48: 1-10.

[52] Li Y, Er M J, Shen D Y. A novel approach for vehicle detection using an and-or-graph-based multiscale model[J]. IEEE Transactions on Intelligent Transportation Systems, 2015, 16(4): 2284-2289.

[53] Kuang H, Chen L, Gu F, et al. Combining region-of-interest extraction and image enhancement for nighttime vehicle detection[J]. IEEE Intelligent Systems, 2016, 31(3): 57-65.

[54] Noh S, Shim D, Jeon M. Adaptive sliding-window strategy for vehicle detection in highway environments[J]. IEEE Transactions on Intelligent Transportation Systems, 2016, 17(2): 323-335.

[55] Zhu Z H, Ren X N, Chen Z. Integrated detection and tracking of workforce and equipment from construction jobsite videos[J]. Automation in Construction, 2017, 81: 161-171.

[56] Fang W L, Ding L Y, Zhong B T, et al. Automated detection of workers and heavy equipment on construction sites: A convolutional neural network approach[J]. Advanced Engineering Informatics, 2018, 37: 139-149.

[57] Xiang X Z, Lv N, Guo X L, et al. Engineering vehicles detection based on modified Faster R-CNN for power grid surveillance[J]. Sensors, 2018, 18(7): 2258.

[58] Chen Z Y, Wang C, Wen C L, et al. Vehicle detection in high-resolution aerial images via sparse representation and superpixels[J]. IEEE Transactions on Geoscience and Remote Sensing, 2016, 54(1): 103-116.

[59] Razakarivony S, Jurie F. Vehicle detection in aerial imagery: A small target detection benchmark[J]. Journal of Visual Communication and Image Representation, 2016, 34: 187-203.

[60] Wang L, Chen F L, Yin H M. Detecting and tracking vehicles in traffic by unmanned aerial vehicles[J]. Automation in Construction, 2016, 72: 294-308.

[61] Xu Y Z, Yu G Z, Wang Y P, et al. A hybrid vehicle detection method based on Viola-Jones and HOG+SVM from UAV images[J]. Sensors, 2016, 16(8): 1325.

[62] Cao L J, Wang C, Li J. Vehicle detection from highway satellite images via transfer learning[J]. Information Sciences, 2016, 366: 177-187.

[63] Audebert N, Le Saux B, Lefèvre S. Segment-before-detect: Vehicle detection and classification through semantic segmentation of aerial images[J]. Remote Sensing, 2017, 9(4): 368.

[64] Yoon H, Shin J, Spencer B F. Structural displacement measurement using an unmanned aerial

system[J]. Computer-Aided Civil and Infrastructure Engineering, 2018, 33(3): 183-192.

[65] Liu Z, Hu J, Weng L, et al. Rotated region based CNN for ship detection[C]//IEEE International Conference on Image Processing, Beijing, 2017: 900-904.

[66] Zhou H, Wei L, Creighton D, et al. Orientation aware vehicle detection in aerial images[J]. Electronics Letters, 2017, 53(21): 1406-1408.

[67] Li S X, Zhang Z L, Li B, et al. Multiscale rotated bounding box-based deep learning method for detecting ship targets in remote sensing images[J]. Sensors, 2018, 18(8): 2702.

[68] Otsu N. A threshold selection method from gray-level histograms[J]. IEEE Transactions on Systems, Man and Cybernetics, 1979, 9(1): 62-66.

[69] Canny J. A computational approach to edge detection[J]. IEEE Transactions on Pattern Analysis and Machine Intelligence, 1986, 8(6): 679-698.

[70] Robinson G S. Edge detection by compass gradient masks[J]. Computer graphics and Image Processing, 1997, 6(5): 492-501.

[71] Tillotson H T, Snaith M S, Huang Y. Detecting cracks by image analysis on a parallel computer[C]//International Computing Congress, Boston, 1988: 11-23.

[72] Yamaguchi T, Hashimoto S. Practical image measurement of crack width for real concrete structure[J]. Electronics and Communications in Japan, 2009, 92(10): 1-12.

[73] Nishikawa T, Yoshida J, Sugiyama T, et al. Concrete crack detection by multiple sequential image filtering[J]. Computer-Aided Civil and Infrastructure Engineering, 2012, 27(1): 29-47.

[74] Lee B Y, Kim Y Y, Yi S T, et al. Automated image processing technique for detecting and analysing concrete surface cracks[J]. Structure and Infrastructure Engineering, 2013, 9(6): 567-577.

[75] Yeum C M, Dyke S J. Vision-based automated crack detection for bridge inspection[J]. Computer-Aided Civil and Infrastructure Engineering, 2015, 30(10): 759-770.

[76] Cha Y J, Choi W, Büyüköztürk O. Deep learning-based crack damage detection using convolutional neural networks[J]. Computer-Aided Civil and Infrastructure Engineering, 2017, 32(5): 361-378.

[77] Cha Y J, Choi W, Suh G, et al. Autonomous structural visual inspection using region-based deep learning for detecting multiple damage types[J]. Computer-Aided Civil and Infrastructure Engineering, 2018, 33(9): 731-747.

[78] Maeda H, Sekimoto Y, Seto T, et al. Road damage detection and classification using deep neural networks with smartphone images[J]. Computer-Aided Civil and Infrastructure Engineering, 2018, 33(12): 1127-1141.

[79] Attard L, Debono C J, Valentino G, et al. Automatic crack detection using Mask R-CNN[C]// The 11th International Symposium on Image and Signal Processing and Analysis, Dubrovnik,

2019: 152-157.

[80] Zhang L, Yang F, Zhang Y D, et al. Road crack detection using deep convolutional neural network[C]//The 23rd IEEE International Conference on Image Processing, Phoenix, 2016: 3708-3712.

[81] Zhang A, Wang K C P, Li B X, et al. Automated pixel-level pavement crack detection on 3D asphalt surfaces using a deep-learning network[J]. Computer-Aided Civil and Infrastructure Engineering, 2017, 32(10): 805-819.

[82] 王丽苹, 高瑞贞, 张京军, 等. 基于卷积神经网络的混凝土路面裂缝检测[J]. 计算机科学, 2019, 46(S2): 584-589.

[83] Bang S, Park S, Kim H, et al. Encoder-decoder network for pixel-level road crack detection in black-box images[J]. Computer-Aided Civil and Infrastructure Engineering, 2019, 34(8): 713-727.

[84] Ji A K, Xue X L, Wang Y N, et al. An integrated approach to automatic pixel-level crack detection and quantification of asphalt pavement[J]. Automation in Construction, 2020, 114: 103176.

[85] Liu J W, Yang X, Lau S, et al. Automated pavement crack detection and segmentation based on two-step convolutional neural network[J]. Computer-Aided Civil and Infrastructure Engineering, 2020, 35(11): 1291-1305.

[86] Chun P J, Izumi S, Yamane T. Automatic detection method of cracks from concrete surface imagery using two-step light gradient boosting machine[J]. Computer-Aided Civil and Infrastructure Engineering, 2021, 36(1): 61-72.

[87] Ronneberger O, Fischer P, Brox T. U-Net: Convolutional networks for biomedical image segmentation[C]//The 18th International Conference on Medical Image Computing and Computer-Assisted Intervention, Munich, 2015: 234-241.

[88] Liu Z Q, Cao Y W, Wang Y Z, et al. Computer vision-based concrete crack detection using U-net fully convolutional networks[J]. Automation in Construction, 2019, 104: 129-139.

[89] Li G, Ma B, He S H, et al. Automatic tunnel crack detection based on U-net and a convolutional neural network with alternately updated clique[J]. Sensors, 2020, 20(3): 717.

[90] Bhowmick S, Nagarajaiah S, Veeraraghavan A. Vision and deep learning-based algorithms to detect and quantify cracks on concrete surfaces from UAV videos[J]. Sensors, 2020, 20(21): 6299.

[91] Li S Y, Zhao X F, Zhou G Y. Automatic pixel-level multiple damage detection of concrete structure using fully convolutional network[J]. Computer-Aided Civil and Infrastructure Engineering, 2019, 34(7): 616-634.

[92] Pan Y, Zhang G W, Zhang L M. A spatial-channel hierarchical deep learning network for

pixel-level automated crack detection[J]. Automation in Construction, 2020, 119: 103357.

[93] Chen P P, Liu C C, Feng T, et al. Improved photoacoustic imaging of numerical bone model based on attention block U-Net deep learning network[J]. Applied Sciences, 2020, 10(22): 8089.

[94] Wu Z H, Lu T, Zhang Y D, et al. Crack detecting by recursive attention U-net[C]//The 3rd International Conference on Robotics, Control and Automation Engineering, Chongqing, 2020: 103-107.

[95] Tong Z, Gao J, Han Z Q, et al. Recognition of asphalt pavement crack length using deep convolutional neural networks[J]. Road Materials and Pavement Design, 2018, 19(6): 1334-1349.

[96] Ni F T, Zhang J, Chen Z Q. Zernike-moment measurement of thin-crack width in images enabled by dual-scale deep learning[J]. Computer-Aided Civil and Infrastructure Engineering, 2019, 34(5): 367-384.

[97] 李良福, 马卫飞, 李丽, 等. 基于深度学习的桥梁裂缝检测算法研究[J]. 自动化学报, 2019, 45(9): 1727-1742.

[98] 中华人民共和国交通运输部. 公路技术状况评定标准(JTG 5210—2018)[S]. 北京: 人民交通出版社, 2018.

[99] 陆亚兴, 张席洲. 柔性路面损坏状况评价与养护决策的系统方法[J]. 系统工程理论与实践, 1994, 14(3): 53-59.

[100] Wong W G, He G P. Gray evaluation method of concrete pavement comprehensive condition[J]. Journal of Transportation Engineering, 1999, 125(6): 547-551.

[101] Wang K C P, Li Q. Gray Clustering-based pavement performance evaluation[J]. Journal of Transportation Engineering, 2010, 136(1): 38-44.

[102] 陈悦新, 吕兴琴, 曹伟. 灰色聚类法在省道沥青路面使用性能评价中的应用[J]. 山西建筑, 2019, 45(18): 110-111.

[103] 李巧茹, 郭知洋, 王耀军, 等. 基于PCA-SVM的高速公路沥青路面使用性能评价[J]. 北京工业大学学报, 2018, 44(2): 283-288.

[104] Jing C, Zhang J X, Song B. An innovative evaluation method for performance of in-service asphalt pavement with semi-rigid base[J]. Construction and Building Materials, 2020, 235: 117376.

[105] Szatkowski W, Hosking J. The Effect of Traffic and Aggregate on the Skidding Resistance of Bituminous Surfacings[R]. Crowthorne: Transport and Road Research Laboratory, 1972.

[106] Turki I A, Adnan M S. Prediction of pavement remaining service life using roughness data-case study in Dubai[J]. International Journal of Pavement Engineering, 2003, 4(2): 121-129.

[107] Albuquerque F S, Núñez W P. Development of roughness prediction models for low-volume

road networks in northeast Brazil[J]. Transportation Research Record, 2011, 2205(1): 198-205.

[108] Owolabi A O, Sadiq O M, Abiola O S. Development of performance models for a typical flexible road pavement in Nigeria[J]. International Journal for Traffic and Transport Engineering, 2012, 2(3): 178-184.

[109] Meegoda J N, Gao S Y. Roughness progression model for asphalt pavements using long-term pavement performance data[J]. Journal of Transportation Engineering, 2014, 140(8): 04014037.

[110] Choi J H, Adams T M, Bahia H U. Pavement roughness modeling using back-propagation neural networks[J]. Computer-Aided Civil and Infrastructure Engineering, 2004, 19(4): 295-303.

[111] Gong H R, Sun Y R, Mei Z J, et al. Improving accuracy of rutting prediction for mechanistic-empirical pavement design guide with deep neural networks[J]. Construction and Building Materials, 2018, 190: 710-718.

[112] Yao L Y, Dong Q, Jiang J W, et al. Establishment of prediction models of asphalt pavement performance based on a novel data calibration method and neural network[J]. Transportation Research Record, 2019, 2673(1): 66-82.

[113] Zeiada W, Abu Dabous S, Hamad K, et al. Machine learning for pavement performance modelling in warm climate regions[J]. Arabian Journal for Science and Engineering, 2020, 45(5): 4091-4109.

[114] Li W, Ju H Y, Xiao L Y, et al. International roughness index prediction based on multigranularity fuzzy time series and particle swarm optimization[J]. Expert Systems with Applications: X, 2019, 2: 100006.

[115] Dong Y S, Shao Y X, Li X T, et al. Forecasting pavement performance with a feature fusion LSTM-BPNN model[C]//The 28th ACM International Conference on Information and Knowledge Management, Beijing, 2019: 1953-1962.

[116] Fang M J, Han C J, Xiao Y, et al. Prediction modelling of rutting depth index for asphalt pavement using de-noising method[J]. International Journal of Pavement Engineering, 2020, 21(7): 895-907.

[117] Choi S, Do M. Development of the road pavement deterioration model based on the deep learning method[J]. Electronics, 2019, 9(1): 9010003.

[118] Marcelino P, Antunes M D L, Fortunato E, et al. Machine learning approach for pavement performance prediction[J]. International Journal of Pavement Engineering, 2021, 22(3): 341-354.

[119] Kaloop M R, El-Badawy S M, Ahn J, et al. A hybrid wavelet-optimally-pruned extreme

learning machine model for the estimation of international roughness index of rigid pavements[J]. International Journal of Pavement Engineering, 2022, 23(3): 862-876.

[120] Worden K, Manson G. The application of machine learning to structural health monitoring[J]. Philosophical Transactions of the Royal Society A—Mathematical Physical and Engineering Sciences, 2007, 365(1851): 515-537.

[121] Figueiredo E, Park G, Farrar C R, et al. Machine learning algorithms for damage detection under operational and environmental variability[J]. Structural Health Monitoring, 2011, 10(6): 559-572.

[122] Catbas F N, Gokce H B, Gul M. Nonparametric analysis of structural health monitoring data for identification and localization of changes: Concept, lab, and real-life studies[J]. Structural Health Monitoring, 2012, 11(5): 613-626.

[123] Kromanis R, Kripakaran P. Support vector regression for anomaly detection from measurement histories[J]. Advanced Engineering Informatics, 2013, 27(4): 486-495.

[124] Cha Y J, Wang Z L. Unsupervised novelty detection-based structural damage localization using a density peaks-based fast clustering algorithm[J]. Structural Health Monitoring, 2018, 17(2): 313-324.

[125] Eltouny K A, Liang X. Bayesian-optimized unsupervised learning approach for structural damage detection[J]. Computer-Aided Civil and Infrastructure Engineering, 2021, 36(10): 1249-1269.

[126] Fugate M L, Sohn H, Farrar C R. Vibration-based damage detection using statistical process control[J]. Mechanical Systems and Signal Processing, 2001, 15(4): 707-721.

[127] Omenzetter P, Brownjohn J M W. Application of time series analysis for bridge monitoring[J]. Smart Materials and Structures, 2006, 15(1): 129-138.

[128] Gul M, Catbas F N. Statistical pattern recognition for Structural Health Monitoring using time series modeling: Theory and experimental verifications[J]. Mechanical Systems and Signal Processing, 2009, 23(7): 2192-2204.

[129] Gul M, Catbas F N. Structural health monitoring and damage assessment using a novel time series analysis methodology with sensor clustering[J]. Journal of Sound and Vibration, 2011, 330(6): 1196-1210.

[130] Stefanou K J, Sakellariou J S, Fassois S D. Vibration-based damage detection for a population of nominally identical structures: Unsupervised Multiple Model (MM) statistical time series type methods[J]. Mechanical Systems and Signal Processing, 2018, 111: 149-171.

[131] Lin Y Z, Nie Z H, Ma H W. Structural damage detection with automatic feature-extraction through deep learning[J]. Computer-Aided Civil and Infrastructure Engineering, 2017, 32(12): 1025-1046.

[132] Pathirage C S N, Li J, Li L, et al. Structural damage identification based on autoencoder neural networks and deep learning[J]. Engineering Structures, 2018, 172: 13-28.

[133] Duan Y Y, Chen Q Y, Zhang H M, et al. CNN-based damage identification method of tied-arch bridge using spatial-spectral information[J]. Smart Structures and Systems, 2019, 23(5): 507-520.

[134] Zhang Y Q, Miyamori Y, Mikami S, et al. Vibration-based structural state identification by a 1-dimensional convolutional neural network[J]. Computer-Aided Civil and Infrastructure Engineering, 2019, 34(9): 822-839.

[135] Khodabandehlou H, Pekcan G, Fadali M S. Vibration-based structural condition assessment using convolution neural networks[J]. Structural Control and Health Monitoring, 2019, 26(2): e2308.

[136] Wang Z L, Cha Y J. Unsupervised deep learning approach using a deep auto-encoder with an one-class support vector machine to detect damage[J]. Structural Health Monitoring, 2021, 20(1): 406-425.

[137] Silva M F, Santos A, Santos R, et al. Damage-sensitive feature extraction with stacked autoencoders for unsupervised damage detection[J]. Structural Control and Health Monitoring, 2021, 28(5): e2714.

[138] 中华人民共和国交通运输部. 公路桥涵养护规范(JTG 5120—2021)[S]. 北京：人民交通出版社, 2021.

[139] Porta S, Crucitti P, Latora V. The network analysis of urban streets: A primal approach[J]. Environment and Planning B: Planning and Design, 2006, 33(5): 705-725.

[140] Porta S, Crucitti P, Latora V. The network analysis of urban streets: A dual approach[J]. Physica A: Statistical Mechanics and its Applications, 2006, 369(2): 853-866.

[141] Liu M, Frangopol D M. Probability-based bridge network performance evaluation[J]. Journal of Bridge Engineering, 2006, 11(5): 633-641.

[142] 王晓明, 贺耀北, 李瑜, 等. 基于并行 NSGA-Ⅱ算法的桥梁网络养护策略优化[J]. 土木工程学报, 2012, 45(1): 86-91.

[143] 岳焱超, 马建勋, 张硕英, 等. 地震灾害下的桥梁网络可靠性分析[J]. 土木工程学报, 2012, 45(s1): 223-226, 237.

[144] 成仲鹏. 大规模桥梁网的可靠性评估模型及应用[J]. 兰州理工大学学报, 2016, 42(5): 133-136.

[145] Zhang Z D, Xu X Y, Zhang Z R, et al. Impact analysis of two kinds of failure strategies in Beijing road transportation network[J]. International Journal of Modern Physics C, 2018, 29(1): 1850005.

[146] Yan H W. Description Approaches and Automated Generalization Agorithms for Groups of

Map Objects[M]. Singapore: Springer, 2019.

[147] Chen Z, Fan W. Data analytics approach for travel time reliability pattern analysis and prediction[J]. Journal of Modern Transportation, 2019, 27(4): 250-265.

[148] Wang W X, Guo R J. Travel time reliability of highway network under multiple failure modes[J]. Sustainability, 2022, 14(12): 7256.

[149] 张铭航, 韦锦, 范伟莉, 等. 城市轨道交通网络OD间路径旅行时间可靠性研究[J]. 城市交通, 2023, 21(2): 109-117, 72.

[150] Liu M, Frangopol D M. Optimizing bridge network maintenance management under uncertainty with conflicting criteria: Life-cycle maintenance, failure, and user costs[J]. Journal of Structural Engineering, 2006, 132(11): 1835-1845.

[151] Dijkstra E W. A note on two problems in connexion with graphs[J]. Numerische Mathematik, 1959, 1(1): 269-271.

[152] Coupeté E, Moutarde F, Manitsaris S. Multi-users online recognition of technical gestures for natural human-robot collaboration in manufacturing[J]. Autonomous Robots, 2019, 43(6): 1309-1325.

[153] Guidotti R, Gardoni P, Chen Y G. Network reliability analysis with link and nodal weights and auxiliary nodes[J]. Structural Safety, 2017, 65: 12-26.

[154] Rosenthal A. Computing the reliability of complex networks[J]. SIAM Journal on Applied Mathematics, 1977, 32(2): 384-393.

[155] de Mercado J, Spyratos N, Bowen B A. A method for calculation of network reliability[J]. IEEE Transactions on Reliability, 2009, 25(2): 71-76.

[156] Edrissi A, Nourinejad M, Roorda M J. Transportation network reliability in emergency response[J]. Transportation Research Part E: Logistics, 2015, 80: 56-73.

[157] Gomes R L, Bittencourt L F, Madeira E R M. FUZA: An algorithm for definition of reliable virtual networks to the edge as a service paradigm[J]. Journal of Network and Systems Management, 2019, 27(2): 388-408.

[158] Goharshady A K, Mohammadi F. An efficient algorithm for computing network reliability in small treewidth[J]. Reliability Engineering & System Safety, 2020, 193: 106665.

[159] Cai B P, Kong X D, Liu Y H, et al. Application of Bayesian networks in reliability evaluation[J]. IEEE Transactions on Industrial Informatics, 2019, 15(4): 2146-2157.

[160] Gehl P, D'Ayala D. Development of Bayesian networks for the multi-hazard fragility assessment of bridge systems[J]. Structural Safety, 2016, 60: 37-46.

[161] Qin J J. Information-dependent seismic reliability assessment of bridge networks based on a correlation model[J]. Engineering Structures, 2018, 176: 314-323.

[162] Zhang X, Li Y, Gang L, et al. A node importance evaluation method for complex networks

based on M-order neighbour importance contribution[J]. International Journal of Applied Mathematics & Statistics, 2013, 47(17): 213-221.

[163] Cats O, Koppenol G J, Warnier M. Robustness assessment of link capacity reduction for complex networks: Application for public transport systems[J]. Reliability Engineering & System Safety, 2017, 167: 544-553.

[164] Lee B H, Jung W S. Analysis on the urban street network of Korea: Connections between topology and meta-information[J]. Physica A: Statistical Mechanics and Its Applications, 2018, 497: 15-25.

[165] Yang D Y, Frangopol D M. Societal risk assessment of transportation networks under uncertainties due to climate change and population growth[J]. Structural Safety, 2019, 78: 33-47.

[166] Wei D J, Deng X Y, Zhang X G, et al. Identifying influential nodes in weighted networks based on evidence theory[J]. Physica A: Statistical Mechanics and its Applications, 2013, 392(10): 2564-2575.

[167] Ouyang M, Pan Z Z, Hong L, et al. Vulnerability analysis of complementary transportation systems with applications to railway and airline systems in China[J]. Reliability Engineering & System Safety, 2015, 142(3): 248-257.

[168] 王正武, 王杰, 黄中祥. 控制城市道路交通网络级联失效的关闭策略[J]. 系统工程, 2016, 34(2): 103-108.

第 2 章 交通基础设施多源异构大数据质量提升方法

交通基础设施时空域多源大数据中蕴含着交通基础设施荷载与环境作用、行为机制和安全性及其演化规律，大数据技术的快速发展为交通基础设施服役性能数据分析和评估提供了崭新的解决途径。然而，受限于当前感知系统对复杂因素影响的鲁棒性不足，交通基础设施服役性能大数据的原始获取会出现部分异常，从而对后续数据分析产生不可忽视的影响。因此，本章以常见的数据结构和数据异常模式为基础，研究交通基础设施服役性能大数据质量的提升方法。

2.1 数值数据异常检测与智能修复

2.1.1 基于 DS-LOF 与 GA-XGBoost 的路域环境感知数据智能检测与修复算法

针对目前路域环境感知系统易受路面结构和气候等众多因素影响造成感知数据出现异常的现象，对路域环境异常感知数据智能检测与修复问题展开研究，提出一种基于分布式局部离群因子(difference and summation-local outlier factor, DS-LOF)算法与基于遗传算法的极限梯度提升(genetic algorithm-extreme gradient boosting, GA-XGBoost)的路域环境异常感知数据智能检测与修复方法[1]。以沥青路面温湿度感知数据为实例，首先，对感知数据进行一阶差分与线性求和计算，构建原始感知数据 DS 特征向量；其次，提出基于 DS-LOF 算法对感知数据进行异常值检测，并与 K-means 聚类和单类支持向量机算法进行对比分析；再次，以原始感知数据集为基础，结合异常检测结果构建路域环境异常感知数据修复数据集；最后，基于 GA-XGBoost 模型进行数据修复。结果表明，GA-XGBoost 模型对路域环境异常感知数据修复有较高的精度。

1. 基于 DS-LOF 的路域环境感知数据异常检测算法

大部分路域环境感知数据前后相邻采样点之间的数值变化具有一定的连续性，当感知数据存在单个突变或缺失异常类型时，通过前后项的差值，即差分运算，描述前后 2 个相邻感知数据的变化，可以快速对异常环境感知数据点进行定位。然而，一旦发生 2 个或者多个感知数据均为非正常值且异常类型一致，如同步增大、同步减小或者同步缺失的情形，此时前后项感知数据差分值就不会发生显著的改变,也无法利用差分特性精确地检出异常,这时就需要根据前项求和特性,直观地反映各个连续数据的异常变动情形。

由于夏季和冬季的数值差异较大,对 DS 特征是否异常的判断不能仅通过设置上下阈值的简单方法来解决。研究通过对比常用聚类算法对异常数据的检测效果,决定采用 LOF 聚类方法自动快速识别异常 DS 特征向量点,并通过 LOF 给出该点为异常点的可能性。基于 DS-LOF 的路域环境感知数据异常检测流程如图 2.1 所示。

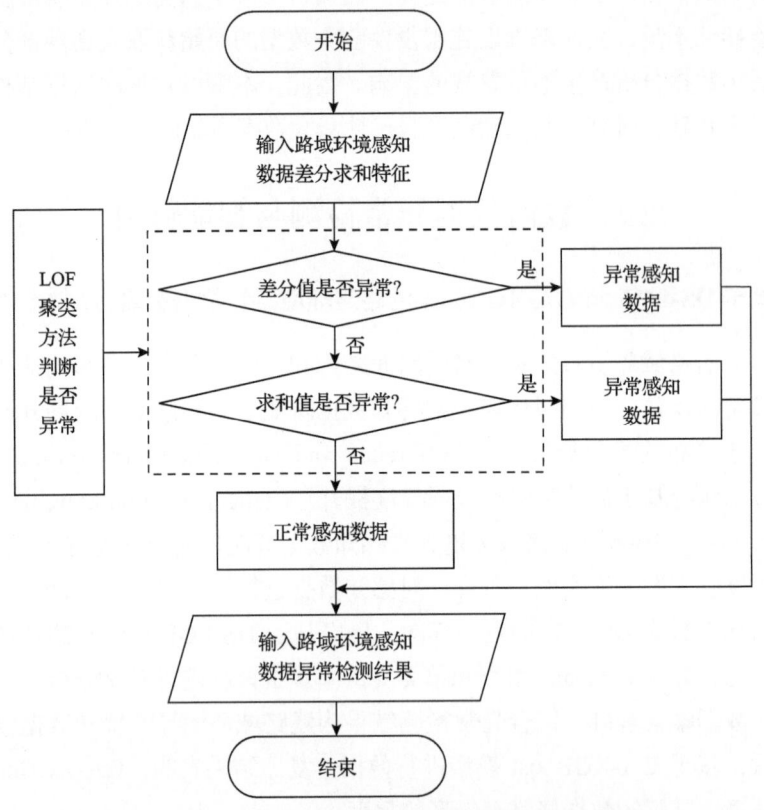

图 2.1 基于 DS-LOF 的路域环境感知数据异常检测流程

1) DS 特征向量构建

为直观体现一维时间序列前后项数据值的变化,采用一阶前向减法差分。因为除法主要体现后一项数据依据前一项数据的变化比例,没有减法做前后向差值那样直观,同时一阶减法差分在完成检测任务的同时,相比除法或更高阶的方法,还可降低计算复杂度。

分别基于一阶前向减法差分与相邻 2 项求和的原则对单维度路域环境感知

数据进行处理，设数据集 $Y=\{y_1,\cdots,y_i,\cdots,y_n\}$，其中 y_i 表示数据集中第 i 个样本的数值。利用差分与求和构建的二维 DS 特征向量，如果路域环境感知数据点 y_i 是异常感知样本点，这时就会在该点构建的二维 DS 特征向量附近发现两个离群点，即 (D_{i-1}, S_{i-1}) 和 (D_i, S_i)，计算过程为

$$\begin{cases} D_{i-1} = y_i - y_{i-1} \\ D_i = y_{i+1} - y_i \\ S_{i-1} = y_i + y_{i-1} \\ S_i = y_{i+1} + y_i \end{cases} \quad (2.1)$$

式中，D_i 为样本 y_i 的差分特征值；S_i 为样本 y_i 的求和特征值。

通过式(2.1)可以得到任一点 y_i 的差分与求和特征值，即 (D_i, S_i)，以所有数据的差分特征值为横坐标、求和特征值为纵坐标绘制二维散点图，图中每个点的坐标为 (D_i, S_i)，即感知数据的 DS 特征点。

2) LOF 算法

将原始感知数据构建为二维特征后，利用 LOF 无监督学习算法对其进行异常检测。

LOF 算法首先需要计算样本全部数据点对应的 LOF，然后再根据 LOF 与 1 的距离进行判断，如果 LOF≫1，那么该点发生异常。具体判断过程如下：

首先定义样本之间的距离，假设待检测感知数据集中有 n 个样本，然后定义第 k 距离，记 $d_k(O)$ 为 O 点的第 k 距离，$d_k(O) = d(O, P')$，如果满足样本数据中最少存在 k 个点 $P' \in D\{O\}$，它们满足条件 $d_k(O,P) \le d(O,P')$，同时样本数据中最多存在 $k-1$ 个点 $P' \in D\{O\}$，它们满足条件 $d_k(O,P) \le d(O,P')$，那么 P 点就是与 O 点距离最小的第 k 个点。O 点第 5 距离如图 2.2(a)所示，因为图中 $d_5(O)$ 满足上述条件，因此 $d_5(O)$ 就是 O 点的第 5 距离。

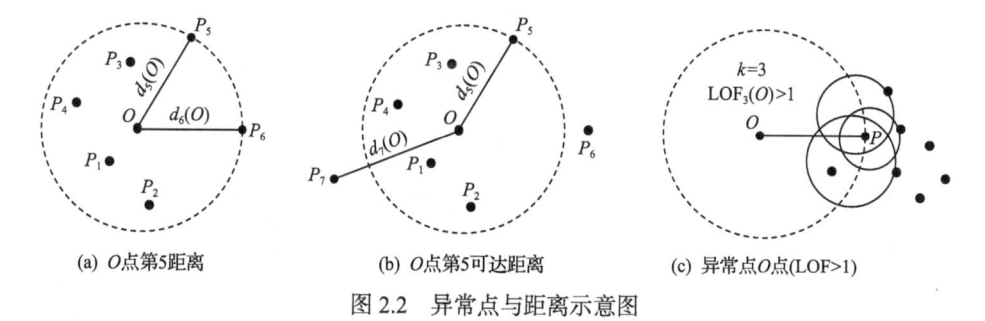

(a) O 点第5距离

(b) O 点第5可达距离

(c) 异常点 O 点(LOF>1)

图 2.2 异常点与距离示意图

如图 2.2(b)所示，P_5 点到 O 点之间的长度称为第 5 可达距离。如果出现不止一个点位于边界圆上，那么它们也要被计算在圆圈里。

从图 2.2(c)可以看出，当 $k=3$ 时，计算得到 $\text{LOF}_3(O) > 1$，这说明 O 点为 $k=3$ 时的局部异常点，从图中可以看出 O 点距离其他点相对较远。

异常点的主要判断依据为：如果 LOF 大于 1 越多，说明该点偏离其他簇的情况越严重，那么该点为异常点的概率越大；如果 LOF 小于 1 越多，那么该点是密集点的概率越大；如果 LOF 越接近 1，那么该点与邻域内其他点属于同一类的概率越大。

2. 基于 XGBoost 的路域环境异常感知数据修复算法

基于 GA-XGBoost 的路域环境异常感知数据修复模型优化流程如图 2.3 所示，具体步骤如下。

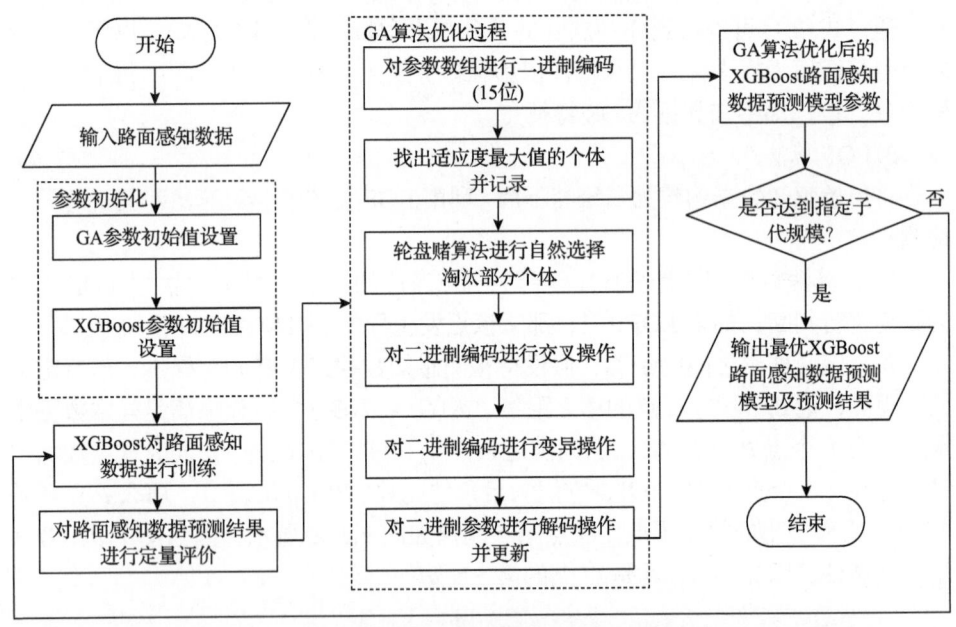

图 2.3 基于 GA-XGBoost 的路域环境异常感知数据修复模型优化流程

(1) 设定 GA 算法的主要参数，如表 2.1 所示。

表 2.1 GA 算法主要参数

参数	取值范围	取值
种群中包含的个体数量 M	10~100	50
最终迭代次数 T	100~500	100
交叉概率 P_c	0.4~0.99	0.6
变异概率 P_m	0.0001~0.1	0.01

(2) 确定在 XGBoost 模型中，learning_rate、max_depth、min_child_weight、n_estimators 为需要优化的参数，并初始化这些参数。

(3) 对需要调优的参数使用二进制编码表示，最终所需二进制位数决定 GA 算法染色体长度为 17，XGBoost 参数的调整范围如表 2.2 所示。

表 2.2　XGBoost 参数的调整范围

参数	取值间隔	取值范围	所需二进制位数
max_depth	1	1～10	4
learning_rate	0.01	0.01～0.30	5
min_child_weight	1	1～11	4
n_estimators	100	100～1500	4

(4) 无规则定义 50 个携带初始模型参数的个体，由这些个体组成模型参数总种群 pop(t)，t=1。

(5) 对种群中所有个体的目标函数进行解析计算，由于使用 XGBoost 模型对异常感知数据进行修复，选择通过计算相关系数 R^2 来评估 t 次迭代后该种群的个体适应度。

(6) 利用算法中的选择算子对待优化 XGBoost 模型参数种群进行更新，获得更新后的种群 newpop(t)。

(7) 对于轮盘赌算子更新后的模型参数种群 newpop(t)，采用个体基因交叉概率 P_c 为 0.6 的两点交叉算子产生新的参数种群 crosspop(t)。

(8) 对于个体基因交叉产生的新模型参数种群 crosspop(t)，采用个体基因变异概率为 0.01 的位翻转突变（二进制数值求补）方式产生新的参数种群 mutpop(t)。

(9) 由种群代数 t 决定模型参数种群优化的进程。当 t<T 时（T 为最大迭代次数，取 100），继续迭代优化模型，更新后的模型参数种群 pop(t)=mutpop(t–1)，回到步骤(5)，评估更新后模型的适应度；当 t>T 时，种群迭代优化结束，进行步骤(10)。

(10) 对迭代优化得到的模型参数种群 mutpop(t) 中的每个个体都计算相关系数 R^2，并通过计算结果对比得到该种群中适应度最优的个体。最后对最优个体基因染色体序列进行二进制解码，得到该个体携带的模型参数即为最终 XGBoost 模型的最优参数。

3. 北京足尺环道试验场算例分析

原始数据来源于北京足尺环道试验场，该试验场能够模拟真实环境下不同结构路面的性能变化情况。以温湿度感知数据为例，数据采集时间为 2018 年 1 月 1

日 1:00～2019 年 1 月 29 日 14:00，采集区域为结构 14(STR14)试验段，对应桩号为 ZK1+868.306～ZK1+933.306，面层混合料类型为 SBS1-AC13(65%)，采集的数据类型为温度感知器件和湿度感知器件得到的动态数据，感知器件采样间隔为 10min。经过对数据特点的分析，发现温湿度感知数据均具有按小时尺度变化的特征，尤其是温度感知数据，每 10min 的数据变化并不明显，但按小时划分数据时，可以明显发现数据的波动规律。因此，对温湿度感知数据统一按小时进行尺度对齐，将路面温湿度感知数据按小时取平均得到感知数据的小时尺度采样值，按此处理后得到温湿度感知数据各 9446 条。

环境感知数据具有一定的年变化规律，2018 年路面温湿度感知数据分布箱形图如图 2.4 所示。从图 2.4(a)可以看出，北京足尺环道试验场的路面结构温度在 7～9 月最高，基本保持在 30℃以上，从 10 月开始大致以每月 10℃的速度持续下降，到第 2 年 1 月降到最低，75%的温度采样值在 0℃以下，从 2 月开始逐步升温；从图 2.4(b)可以看出，路面多孔介质下的湿度在 6 月最低，形成一个波谷，在 10 月最大，平均湿度可达到 70%。图 2.4(b)中圆圈表示箱形图异常检测到的偏离正常分布的孤立点，从这些孤立点可以初步判断每类感知数据都存在不同程度的异常。

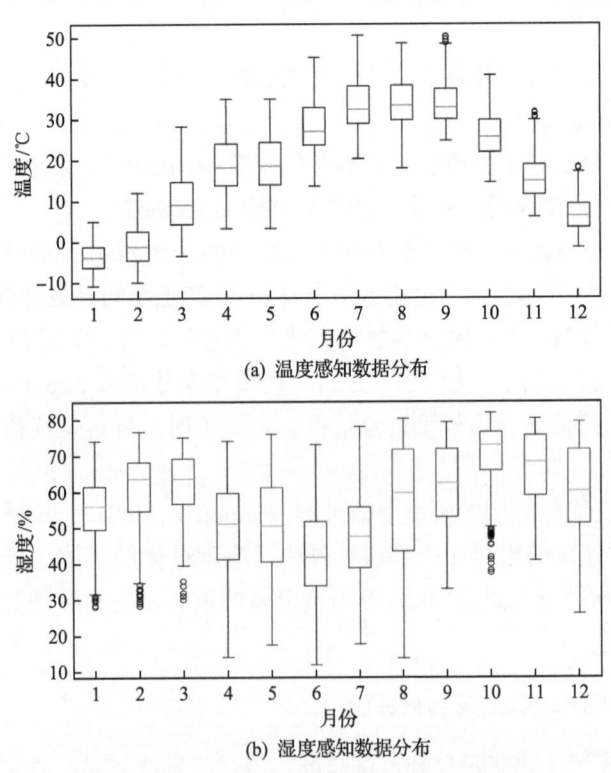

(a) 温度感知数据分布

(b) 湿度感知数据分布

图 2.4 2018 年路面温湿度感知数据分布箱形图

1)基于 DS-LOF 的路域环境感知数据异常检测结果分析
(1)不同 K 值条件下异常检测结果对比分析。

保持异常值占比恒定,通过调整不同邻域点数 K 得到多个异常值检测结果,并计算它们对应的聚类算法评价指标(Davies-Bouldin index, DBI),结果如图 2.5 所示。可以看出,当 K=6 时,温度感知数据异常检测的 DBI 为 10.983,达到最低;当 K=5 时,湿度感知数据异常检测的 DBI 为 9.052,达到最低。说明在这两种 K 取值情况下,无监督聚类的效果比较好。

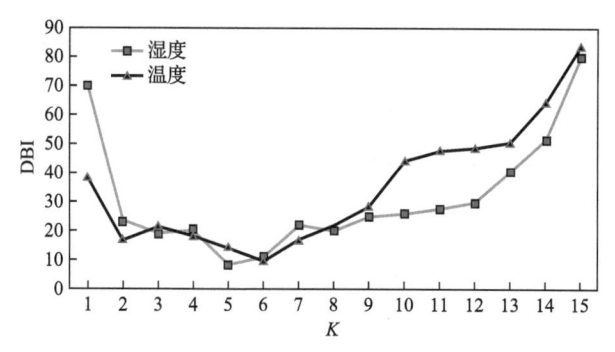

图 2.5　不同 K 值条件下温湿度 DBI 指标变化

(2)不同检测方法异常检测结果对比分析。

为验证本章提出的异常检测算法的准确性,分别选择 K-means 聚类算法和 One-class-SVM 算法对路域环境感知数据集进行异常值检测,同时计算不同模型的 DBI 指标,如表 2.3 所示。可以看出,K-means 聚类算法的平均温湿度数据检测的 DBI 仅为 2.1135,是检测效果最好的,但由于它是无监督聚类,还需要结合实际检测情况进行讨论。

表 2.3　不同模型的 DBI 指标

模型	温度	湿度	平均值
One-class-SVM	27.051	46.595	36.823
K-means	1.544	2.683	2.1135
DS-LOF(K=5)	14.771	9.052	11.9115
DS-LOF(K=6)	10.983	10.982	10.9825

2)基于 GA-XGBoost 的路域环境感知数据异常检测结果分析
(1)路域环境感知数据修复样本集。

采用 DS-LOF(K=6)和 DS-LOF(K=5)算法对温湿度感知数据进行检测,得到共 16 个异常值(温度异常数据 9 个,湿度异常数据 7 个)。因为之前对原始数据进行了按小时平均,所以数据集中每 24 个数据为一个周期。在输入修复模型之前,以 24 为窗口长度对数据进行序列重构。具体来说,将原始单一维度路域环境感知数据 $Y(T)=\{y_1,y_2,\cdots,y_T\}$ 转换为多维度数据 $X=[X_1 \quad X_2 \quad \cdots \quad X_n]$,转换后的多维数据为

$$X=[X_1 \; X_2 \; \cdots \; X_m]=(x_{ij})_{i,j=1}^{n,m}=\begin{bmatrix} y_1 & y_2 & \cdots & y_m \\ y_2 & y_3 & \cdots & y_{m+1} \\ \vdots & \vdots & & \vdots \\ y_n & y_{n+1} & \cdots & y_T \end{bmatrix} \quad (2.2)$$

式中,m 为窗口大小,$m=24$;T 为原始一维数据的数量;$n=T/m$。

经过上述变换后,需要把数据中的异常值剔除,得到只有正常数据的修复数据集。

为了验证本章提出的两种异常修复算法的准确性,引入均方根误差(root mean squared error,RMSE)和相关系数 R^2 作为准确度评价指标,其定义分别为

$$\text{RMSE}=\sqrt{\frac{1}{n}\sum_{i=1}^{n}(x_i-x_p)^2} \quad (2.3)$$

$$R^2=1-\frac{\text{RSS}}{\text{TSS}}=1-\frac{\sum_{i=1}^{n}(x_i-x_p)^2}{\sum_{i=1}^{n}(x_i-\bar{x}_i)^2} \quad (2.4)$$

式中,n 为缺失值的个数;x_i 为原始值;$\bar{x}_i$ 为原始数据的平均值;x_p 为修复后的值;RSS 为剩余平方和;TSS 为总变差。

(2) 不同预测模型性能对比分析。

以 8∶2 的比例划分训练集和测试集,分别选择分类与回归树(classification and regression tree,CART)算法、长短时记忆网络(long short-term memory,LSTM)算法、轻量级梯度提升机(light gradient boosting machine,LightGBM)算法、随机森林(random forest)算法、极限梯度提升(extreme gradient boosting,XGBoost)算法与本章提出的基于遗传算法优化的极限梯度提升算法(genetic algorithm-extreme gradient boosting,GA-XGBoost)进行对比,上述 5 个对比模型的参数优化均基于网格搜索法实现。分别计算不同模型在测试集上的误差及精度,将平均绝对误差(mean absolute error,MAE)、均方误差(mean squared error,MSE)和均方根误差(root mean squared error,RMSE)作为评价指标。不同模型评价指标对比如表 2.4

所示。可以看出，GA-XGBoost 模型的预测误差低于其他模型，预测精度高于其他模型。

表 2.4 不同模型评价指标对比

模型	温度 MAE	温度 RMSE	温度 R^2	湿度 MAE	湿度 RMSE	湿度 R^2	温湿度平均 R^2
CART	0.6741	0.9671	0.9441	3.0702	4.5283	0.8357	0.8899
LSTM	0.5325	0.7655	0.9502	2.4013	4.1447	0.8740	0.9121
LightGBM	0.4361	0.6638	0.9633	2.1784	3.3562	0.9106	0.9370
XGBoost	0.4297	0.6472	0.9683	2.1165	3.2199	0.9178	0.9431
RandomForest	0.4578	0.6810	0.9663	2.2503	3.3454	0.9113	0.9388
GA-XGBoost	0.4216	0.6356	0.9691	2.0859	3.1578	0.9204	0.9448

在最终网络参数的确定和运行时间方面，网格搜索法在参数优化过程中和遗传算法还是有一定差异，主要表现在 learning_rate 最终值略有差异，其他参数基本相同。同时网格搜索法因遍历每种参数组合而导致耗时过长，因此温湿度感知数据预测模型运行时间分别长达 1109s 和 1271s，遗传算法优化的预测模型用时则明显降低，仅为 216s 和 223s。这是因为遗传算法能够避免对大量无效参数组合进行精度的评估，从而有效地提升了网络的效率。

(3) 路域环境感知数据修复结果分析。

利用 GA-XGBoost 模型对 DS-LOF 算法检测得到的异常环境感知数据进行修复，路域环境感知数据的 GA-XGBoost 异常修复结果如图 2.6 所示。图 2.6 中灰色曲线为包含异常值的原始数据，曲线上的点为异常发生点；黑色曲线为 GA-XGBoost 算法对异常值进行修复后的数据，曲线上的点为修复后的数值。

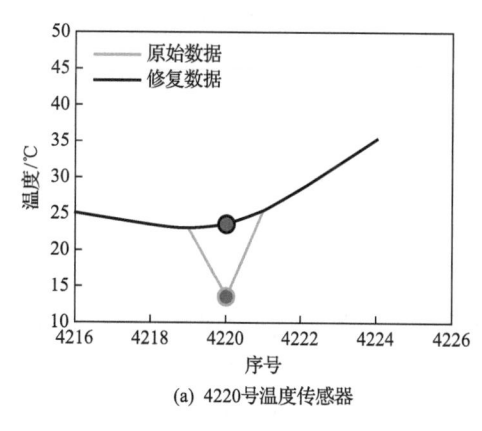

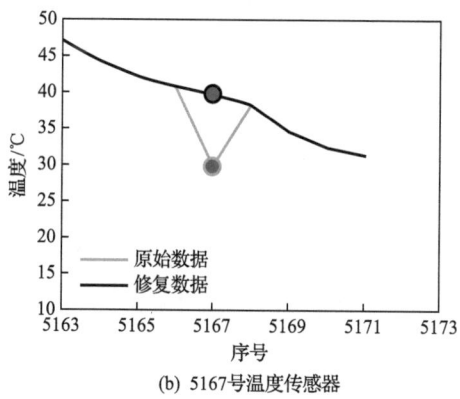

(a) 4220号温度传感器

(b) 5167号温度传感器

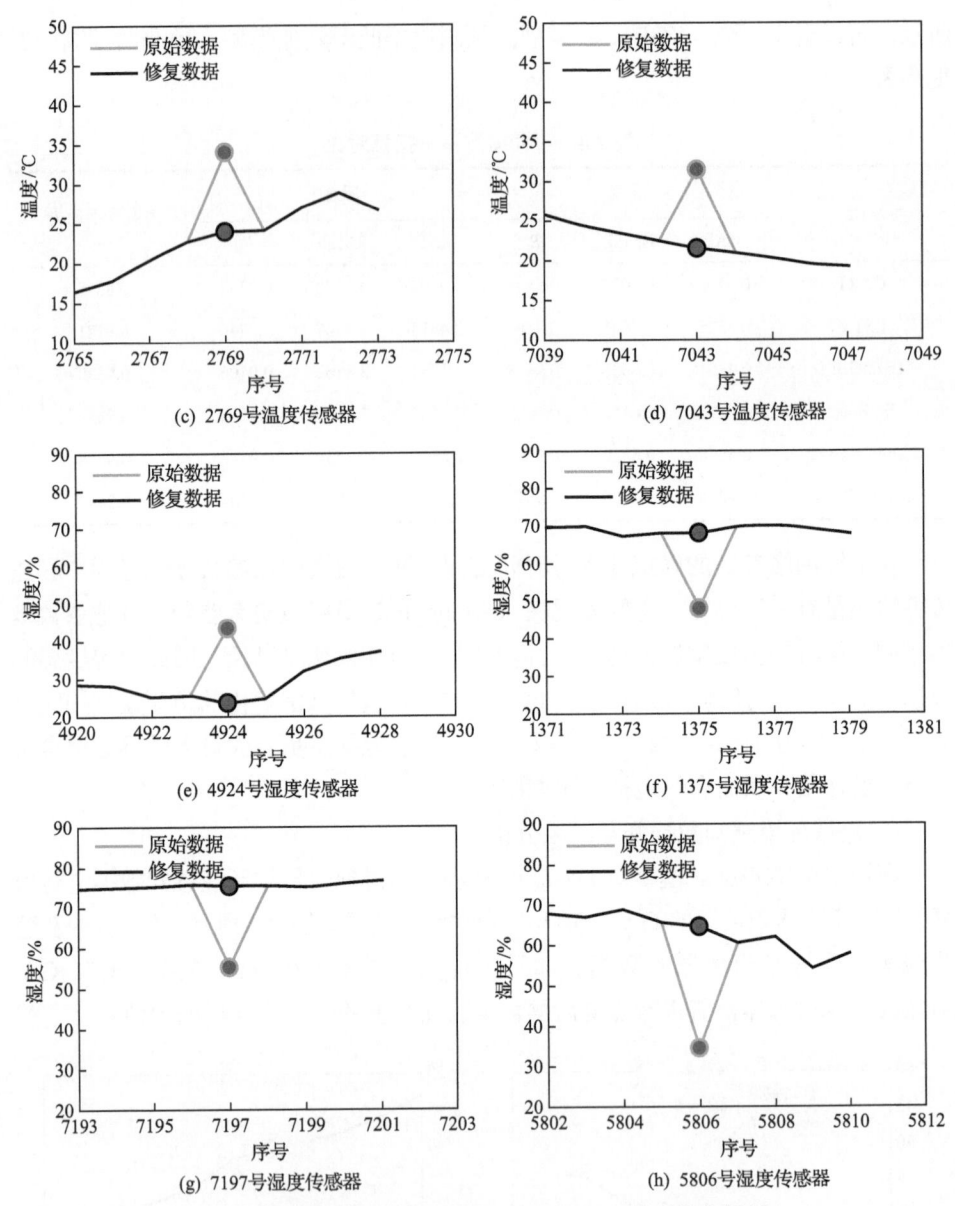

图 2.6 路域环境感知数据的 GA-XGBoost 异常修复结果

2.1.2 基于 SSC 与 XGBoost 的高速公路异常收费数据修复算法

针对高速公路收费数据中的异常检测和修复问题,分别提出基于相似系数和 (sum of similar coefficients, SSC) 的异常检测算法以及基于 XGBoost 的多维数据修复算法,并使用这两种算法对实际收费数据进行异常检测和修复处理[2]。结果表明，基于 SSC 的异常检测算法能够考虑到数据维度之间的相关性，准确地对多维数据进行异常检测；基于 XGBoost 的多维数据修复算法可准确地对多维数据的缺失进行修复。

1. 异常数据检测方法

异常检测的目的是找出数据中存在的异常值，即与正常值有较大偏差或不符合一般规律的数据。本节针对多维高速公路收费数据的特点，分别提出基于欧氏距离的异常检测算法和基于 SSC 的异常检测算法。

1) 基于欧氏距离的异常检测算法

当数据集属性较多时，采用传统的统计学方法对数据集进行异常检测存在很大的限制。而不同于统计学方法，基于距离的异常检测算法无须复杂的统计模型，只需根据某点与数据集中其他点的距离判断是否为异常值，对于检测全局数据中的异常值有较好的效果。研究选择欧氏距离作为异常检测算法的距离衡量标准，对检测全局的异常值具有较高的敏感性。

欧氏距离描述的是在 m 维空间中任意两个点之间的空间距离。设 $\boldsymbol{a} = [x_{11}\ x_{12}\ \cdots\ x_{1n}]$ 与 $\boldsymbol{b} = [x_{21}\ x_{22}\ \cdots\ x_{2n}]$ 为两个 n 维向量，则两者间的欧氏距离为

$$d = \sqrt{\sum_{k=1}^{n}(x_{1k} - x_{2k})^2} \tag{2.5}$$

2) 基于 SSC 的异常检测算法

基于欧氏距离的异常检测算法是对数据的各个属性逐一进行单维度清洗，未考虑对象与对象之间的关联性，在处理多维数据时误差较大。收费数据不仅具有多维性，而且不同维度特征之间的相关性较强，基于欧氏距离的异常检测算法可能把原本正确的数据清洗掉，或是漏掉基于多维度判断的异常数据。为此提出了一种基于 SSC 的异常检测算法来进行多维数据异常检测，其算法实现过程如下。

设数据集 $\boldsymbol{X} = \{\boldsymbol{x}_1, \boldsymbol{x}_2, \cdots, \boldsymbol{x}_n\}$ 为需检测的数据，其中每条数据具有 m 个属性，为

$$\boldsymbol{x}_i = \{x_{i1}, x_{i2}, \cdots, x_{im}\} \tag{2.6}$$

(1) 对原始数据集进行规范化。通过比较各类规范化方法，选用其中性能较好的 z-score 方法，计算公式为

$$x' = \frac{x - \mu}{\sigma} \tag{2.7}$$

式中，μ 为均值；σ 为标准差。

将数据规范化后的数据集记作 X'，表示为

$$X' = \begin{bmatrix} x'_{11} & x'_{12} & \cdots & x'_{1m} \\ x'_{21} & x'_{22} & \cdots & x'_{2m} \\ \vdots & \vdots & & \vdots \\ x'_{n1} & x'_{n2} & \cdots & x'_{nm} \end{bmatrix} \tag{2.8}$$

(2) 计算数据间的相似系数 r_{ij}，其定义为

$$r_{ij} = \sqrt{\frac{1}{m}\sum_{k=1}^{m}(x'_{ik} - x'_{jk})^2} \tag{2.9}$$

通过计算 r_{ij}，可以确定其离散程度。将各条数据间的相似系数构造为相似度矩阵，表示为

$$R = \begin{bmatrix} r_{11} & r_{12} & \cdots & r_{1m} \\ r_{21} & r_{22} & \cdots & r_{2m} \\ \vdots & \vdots & & \vdots \\ r_{n1} & r_{n2} & \cdots & r_{nm} \end{bmatrix} \tag{2.10}$$

(3) 计算每条数据的相似系数之和 P_i，即计算相似度矩阵中每行之和，其定义为

$$P_i = \sum_{j=1}^{m} r_{ij} \tag{2.11}$$

P_i 值越大说明此条数据与其他数据的距离越远，即越有可能是异常值。因此，下面提出 λ_k 作为判别依据，来衡量 P_i 的相对大小。

(4) 判断数据 k 是否为异常值。设 λ_k 为判别值，其定义为

$$\lambda_k = \frac{P_{\max} - P_k}{P_{\max}} \times 100\% \tag{2.12}$$

式中，$P_{\max}$ 为所有数据的相似系数之和中的最大值。

当 $\lambda_k > \lambda$ 时，即可认为对象 k 是一个异常值。阈值 λ 是一个经验值，需要根据实际情况进行调整。

通过以上算法步骤，可以相对准确地找到数据集中的异常点。基于 SSC 的异

常检测算法流程如图 2.7 所示。

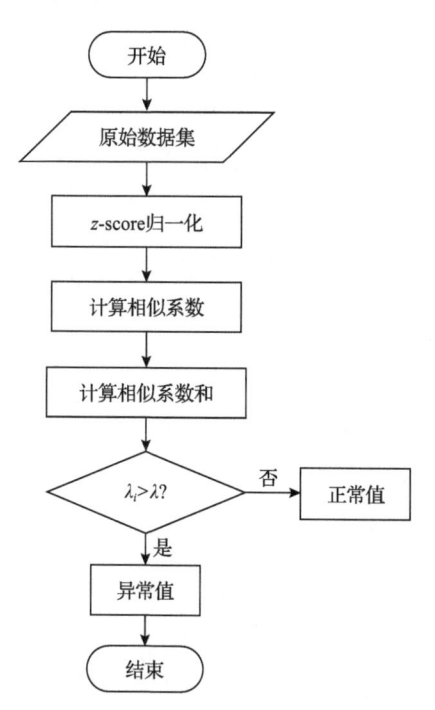

图 2.7 基于 SSC 的异常检测算法流程

2. 异常数据修复方法

1) 基于 K-means 改进的拉格朗日插值异常修复算法

针对收费数据中每条数据前后较独立的特点，结合多维聚类方法对拉格朗日插值法进行了改进，提出了基于 K-means 改进的拉格朗日插值异常修复算法。提出的算法使数据前后的参数变化幅度变小，插值的效果获得了明显的提升。算法的步骤如下：

(1) 使用 K-means 聚类算法对数据聚类。设原始数据集为 $\boldsymbol{X}=\{x_1,x_2,\cdots,x_n\}$，其中 n 为数据量。选取 k 个初始聚类中心 $\boldsymbol{C}=\{c_1,c_2,\cdots,c_k\}$，对每个 $x_i \in \boldsymbol{X}$，计算其到每个初始聚类中心 $c_j \in \boldsymbol{C}$ 的距离 $d(x_i,c_j)$，即

$$d(x_i,c_j)=\sqrt{\sum_{p=1}^{h}(x_{i_p}-c_{j_p})^2} \tag{2.13}$$

式中，h 为数据的属性数；x_{i_p} 为数据 x_i 中属性 p 的值。

由式 (2.13) 计算出最小的距离 $d(x_i,c_q)$，并据此将 x_i 划分至聚类 q 中。在所

有点均划分完毕后,对每个聚类计算新的聚类中心。设聚类 $x_j = \{x_{j1}, x_{j2}, \cdots, x_{jn_j}\}$,其中 n_j 为聚类中点的个数,聚类中心的计算公式为

$$c_j = \frac{\sum_{p=1}^{n_j} x_{jp}}{n_j} \tag{2.14}$$

不断对所有点进行重新划分,直到聚类结果不再变化为止。

(2)使用拉格朗日插值法对上一步得到的每一个类别分别进行异常修复,原理如下:

对 $n+1$ 个互不相同的已知取值点 $(x_0, y_0), (x_1, y_1), \cdots, (x_n, y_n)$,可以构造出次数不超过 n 的插值基函数,其满足在缺失值处的函数值为 0。插值基函数定义为

$$l_i(x) = a(x - x_0)(x - x_1) \cdots (x - x_{i-1})(x - x_{i+1}) \cdots (x - x_n) \tag{2.15}$$

式中,

$$a = \frac{1}{(x_i - x_0)(x_i - x_1) \cdots (x_i - x_{i-1})(x_i - x_{i+1}) \cdots (x_i - x_n)} \tag{2.16}$$

由插值基函数可以构造出拉格朗日插值多项式,其定义为

$$L(x) = \sum_{i=0}^{k} y_i l_i(x) \tag{2.17}$$

进行缺失值填充时,按照上述算法构造出插值多项式并代入所求点进行计算,就得到了缺失值。

2)基于 XGBoost 预测的异常修复算法

由于高速公路收费数据的多维度特征,基于多元回归方法,充分利用各维度之间的关联性对缺失或异常数据进行预测,提出了基于 XGBoost 预测的异常修复算法,从而达到修复效果。

目前在机器学习预测领域中表现较优异的算法为 XGBoost,即不断添加通过特征分解生成的新树,每棵新树又学习新功能以适应上一轮预测的残差。训练完成后,根据样本的特征,每棵树将包含一个叶节点,并且每个叶节点都对应一个分数,最后将每棵树的相应分数相加以获得样本的预测值。XGBoost 的预测模型为

$$\bar{y}_i = \sum_{k=1}^{K} f_k(x_i) \tag{2.18}$$

式中，K 代表树的总个数；f_k 代表第 k 棵树；$\bar{y}_i$ 代表样本 x_i 的预测结果。

目标函数主要由损失函数和正则项两部分组成，即

$$J(f_k) = \sum_{i=1}^{n} L(y_i, \bar{y}_i) + \sum_{k=1}^{K} Z(f_k) \tag{2.19}$$

式中，$\sum_{i=1}^{n} L(y_i, \bar{y}_i)$ 为损失函数，用来描述模型拟合数据的程度；$\sum_{k=1}^{K} Z(f_k)$ 为正则项，用来控制模型的复杂度。

在目标函数的参数学习过程中，先学习第一棵树，之后在此基础上学习第二棵树，第 k 次学习的目标函数为

$$J(f_k) = \sum_{i=1}^{n} L\left(y_i, \bar{y}_i^{k-1} + f_k(x_i)\right) + \sum_{k=1}^{K} Z(f_k) \tag{2.20}$$

此时，任务是寻找一棵能使目标函数最小的树 f_k，然后迭代 k 次就可以训练得到 k 个学习器，XGBoost 通过对损失函数进行泰勒展开来寻找 f_k。

一棵树可以用叶子节点来表达，也可以对叶子节点值进行 L_2 正则化，正则项为

$$\Omega(f_k) = \frac{1}{2}\lambda \sum_{j=1}^{T} \omega_j^2 + \gamma T \tag{2.21}$$

式中，T 为叶子节点的个数；ω_j 为第 j 个叶子节点的取值；γ 为控制叶子节点的个数；λ 为控制叶子节点的分数。

为了得到最小的目标函数，正则项也要尽可能小，即叶子节点的个数 T 要小。最后通过遍历特征所有取值，逐个尝试得到左右子节点的样本集合。

为了使 XGBoost 模型能够更准确地修复多维异常数据，以异常特征为目标，其他已知特征为输入训练数据，同时应用网格搜索法调整参数以提升 XGBoost 模型预测的准确度。XGBoost 模型参数如表 2.5 所示。

表 2.5　XGBoost 模型参数

参数名称	含义
n_estimation	最佳迭代次数
max_depth	最大深度
min_child_weight	最小叶子节点样本权重和
subsample	随机采样数
colsample_bytree	每棵随机采样列数占比

3. 某高速公路收费数据异常检测与修复结果

多维数据是区别于单一维度数据(如时间序列数据)的一类数据集,通常包括多个维度和多项特征。对于高速公路收费数据,多维主要是指时间、地点(进出站点)、荷载(进出站重量)这三个维度。不同的多维数据难以找到一种通用的算法对数据进行异常检测与修复,因此有必要首先对数据的特征进行分析,然后根据多维数据的特点提出相应的改进算法。

本章使用的数据为某省高速公路在 2016～2017 年的原始收费数据,数据经脱敏处理,各站点位置信息均采用编号表示。原始数据共包含 20 余项车辆指标,且每条数据都有唯一 ID 与之对应,原始收费数据部分特征因子如表 2.6 所示。

表 2.6 原始收费数据部分特征因子

特征因子	含义	单位	样例数据
ID	数据序号	—	50968476
InTime	进站口时间	—	2016/10/26 09:46:50
OutTime	出站口时间	—	6:28
InStationName	进站名称	—	15
OutStationName	出站名称	—	16
InLoad	进站车辆总重(进站荷载)	kg	4000
OutLoad	出站车辆总重(出站荷载)	kg	4000
Credit	消费金额	元	555.75
Last Balance	消费后余额	元	2345.5

选取收费数据中进站名称、出站名称、进站车辆总重、出站车辆总重这四项重要指标来进行数据参数的特征统计性分析,结果如表 2.7 所示。

表 2.7 收费数据各参数特征统计分析

参数	OutLoad/kg	OutStationName	InLoad/kg	InStationName
总数	86600	879.00	86900	879.00
平均值	3949.42	4.76	3933	4.54
标准差	2156.62	3.90	2163	3.73
最小值	1000.00	1.00	100	0.00
25%分位值	2500.00	2.00	2500	2.00
50%分位值	3500.00	3.00	3500	3.00
75%分位值	4600.00	7.00	4600	6.00
最大值	100000.00	16.00	8300	20.00

高速通过的相邻车辆之间的关联较小，各条数据较为独立，这导致收费数据各项数据记录间的差别较大，因此仅从同一维度进行插值会产生较大误差。收费数据的多个特征具有较强的关联性，如 OutLoad（出站荷载属性）与 InLoad（进站荷载属性），两者存在实际意义上的关联性，可用于判断车辆是否具有超载、逃费等行为。

在对数据进行审查之后，发现收费数据中存在以下四类问题：

(1)错误数据。即不符合常理的突变数据，通常由设备故障、线路故障、传输出错或未遵守行车规范等引起，也包含了格式不合规范导致的数据错误。

(2)缺失数据。在本应采集到数据的时刻却无相应数据，通常由于车辆密集、人员操作失误以及设备故障等原因遗漏了某些信息，这类问题在这四类数据中出现最多。

(3)冗余数据。完全相同的收费记录，通常是由于网络、系统故障或软件漏洞，车道机将已上传至省(分)中心的数据再次重复上传。

(4)异常数据。这里异常数据并不全是错误数据，通常是由异常事件引起的，具有一定的随机性。例如，在某一时间段，高速公路出现了交通事故、设备故障等，该情况下的数据记录能够反映特殊交通事件下的真实通行情况，对分析和挖掘高速异常事件具有重要意义。

1)高速公路收费数据异常检测与分析

抽取数据中连续的 100 条数据，通过分析各项属性的统计学指标和相互关联性可以看出存在 4 处异常，其中 ID 为 50968483 的数据在 OutLoad 属性下存在异常值 1000，ID 为 49169820 的数据在 OutStationName 属性下存在异常值 0，ID 为 49169825 的数据在 InLoad 属性下存在异常值 1，ID 为 50968480 的数据在 InStationName 属性下存在异常值 20。

使用基于欧氏距离的异常检测算法对收费数据进行异常检测，成功地检测出了上述 4 处异常值，但却错误地将 ID 为 50968478 的正常数据检测为含有异常值的异常数据。而使用基于 SSC 的异常检测算法对收费数据进行异常检测，不仅成功地检测出了上述 4 处异常值，而且正确识别了被基于欧氏距离的异常检测算法误认为含有异常值的数据。

为了进一步对两种算法进行对比，选取 2000 条原始收费数据，分别使用基于欧氏距离的异常检测算法和基于 SSC 的异常检测算法进行处理，最后对得到的结果按照 OutStationName、OutLoad 和 Credit 列进行聚类操作。可以看出，由于考虑到了数据维度间的关联性，使用基于 SSC 的异常检测算法处理后的数据比采用基于欧氏距离的异常检测算法处理后的数据更加合理，且基于 SSC 的异常检测算法具有更低的时间复杂度与更高的准确率。

在原始收费数据较多无法人为观察出所有异常的情况下，使用提出的异常检测算法可以直接定位出存在异常的具体车辆、站点和车道等。检测的异常通常对应以下异常事件：通行时间过短、通行时间过长、车辆超载、少费漏费等。

2) 高速公路收费数据异常修复结果与分析

本章从 879 条原始数据中选取部分数据作为试验样本数据，同时将样本数据中的 5 个进站荷载和出站荷载随机设置为缺失值或孤立点，使用均值插值、中值插值、拉格朗日插值算法和本章提出的两种异常修复算法分别对收费数据进行修复。高速公路收费数据异常修复结果对比如图 2.8 所示。

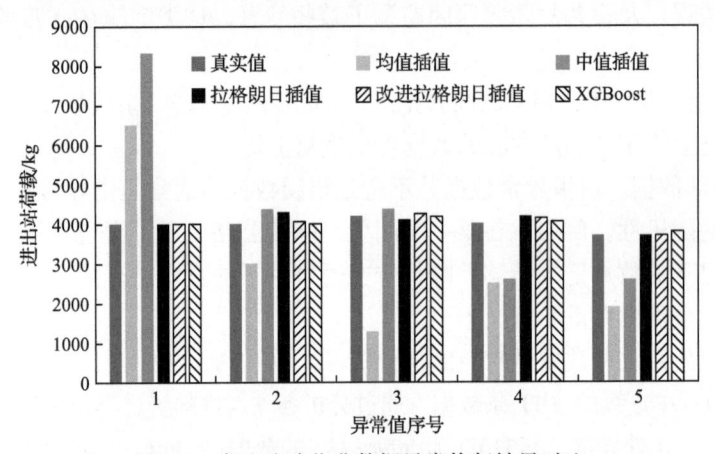

图 2.8　高速公路收费数据异常修复结果对比

从图 2.8 可以看出，从单一维度对数据进行插值的结果具有较大误差，这是因为前后通过收费站的车辆具有较大差异。本章提出的异常检测算法首先对多维数据进行聚类，接着使用拉格朗日插值法进行插值，有效解决了数据前后无关联导致的差异大的问题。本章提出的修复算法使用 XGBoost 对多维数据进行建模回归分析，接着对异常数据进行修复。为了说明不同算法间的修复效果，以 5 条异常数据为例，使用上述算法进行了修复，高精度高速公路收费数据异常修复结果对比如图 2.9 所示，可以看出，本章提出的算法具有优异的修复效果。

RMSE 越小，说明算法的准确率越高；R^2 越接近 1，说明模型的准确率越高。高速公路收费数据异常修复评价指标对比如图 2.10 所示。可以看出，XGBoost 修复的精度明显优于两种插值算法，RMSE 仅为 0.5389，R^2 高达 0.9896。同时还可以看出，提出的两种算法的修复精度均比原始拉格朗日插值算法大幅提高，R^2 均达到 0.9 以上，且 RMSE＜1，能够达到大多数工程对数据修复的精度要求。

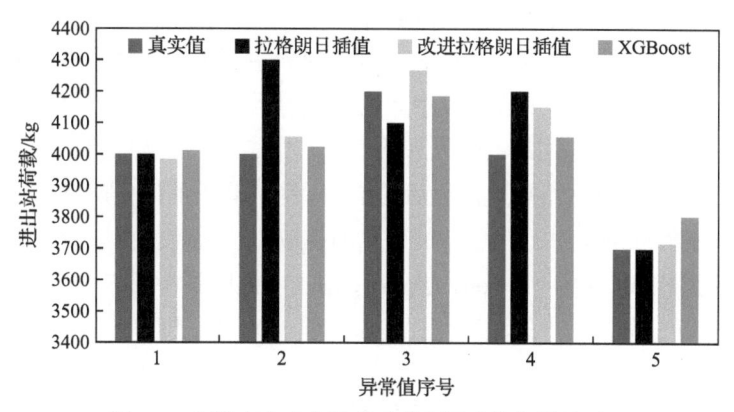

图 2.9 高精度高速公路收费数据异常修复结果对比

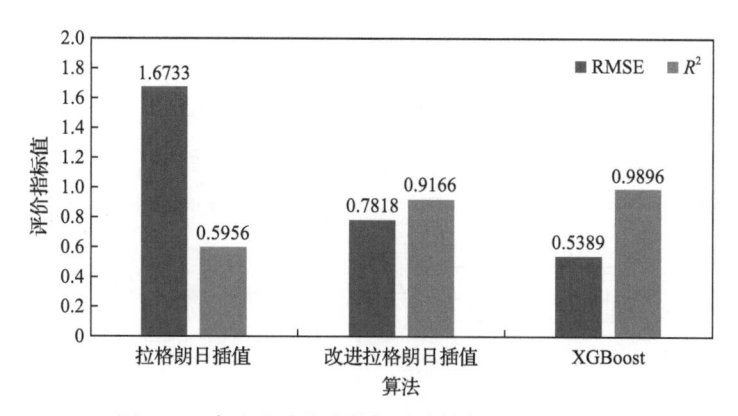

图 2.10 高速公路收费数据异常修复评价指标对比

2.2 图像数据质量提升

2.2.1 基于超分重建和数据增广的二维图像质量提升

1. 超分重建的网络架构

本节引入了注意力机制与递归网络，重新设计了生成对抗网络中的各个组件，使得超分辨率重建模型融合了注意力机制视觉表现上的优点和递归网络共享参数的特点[3,4]。最终所设计的模型结构中，生成器的输入为低分辨率图像，输出为超分辨率重建图像，网络结构主要由浅层特征提取网络、注意力递归网络和上采样网络组成。判别器的输入为超分辨率重建图像，输出为真或者假，网络结构主要由特征提取和全连接层构成。

1)注意力生成对抗网络的生成器设计

生成器结构如图 2.11 所示。所设计的生成器主要由浅层特征提取网络、非线性映射网络和上采样网络组成,其中非线性映射网络就是注意力递归网络,分别使用符号 I_{LR} 和 I_{SR} 代替网络的输入和输出,其中 I_{LR} 表示经过缩小后的低分辨率图像,而 I_{SR} 表示经过网络重建恢复后的结果。网络输入的低分辨率图像首先需要通过浅层特征提取网络进行浅层特征信息的提取。浅层特征提取网络主要由两个卷积(Conv)层构成。第一个 Conv 层从 I_{LR} 输入中提取到特征 F_{-1},然后利用第二个 Conv 层对 F_{-1} 做进一步的浅层特征提取,输出为 F_0,即

$$F_{-1} = H_{\text{SFE1}}(I_{LR}) \tag{2.22}$$

$$F_0 = H_{\text{SFE2}}(F_{-1}) \tag{2.23}$$

式中,$H_{\text{SFE1}}(\cdot)$ 和 $H_{\text{SFE2}}(\cdot)$ 为浅层特征提取网络中的卷积运算。

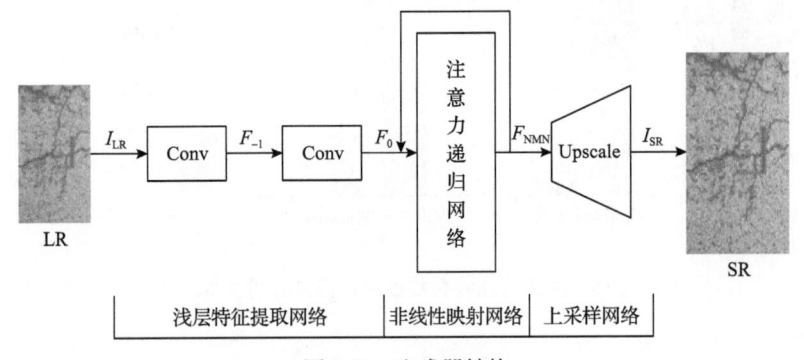

图 2.11 生成器结构

在对原始输入 I_{LR} 进行浅层特征提取后,其输出 F_0 作为新的输入被送入注意力递归网络中,详细的注意力递归网络结构如图 2.12 所示。注意力递归网络的主要目的是在输入的图像中提取出需要恢复的纹理细节,这些纹理细节将会被之后的非线性映射所增强并用于高分辨率图像的生成。因此,能否重建出逼真自然的图像取决于注意力递归网络纹理细节提取的质量。

如图 2.12 所示,每层递归网络都会生成视觉注意力。每层递归网络中均包含 3 个密集残差块(residual dense block,RDB)、1 个循环门控单元(gated recurrent unit,GRU)和 1 个 Conv 层,以此用来生成二维注意力图。每层递归网络所学习到的注意力图都是一个取值介于 0~1 的矩阵,其中每个矩阵中的元素值越大,表示注意力越大。注意力图如图 2.13 所示,其中,$A_n(n=1\sim4)$ 为注意力学习过程生成的可

视化注意力图，n 代表递归操作的层数。随着递归次数的增加，训练出的注意力图更能凸显纹理细节和边缘。

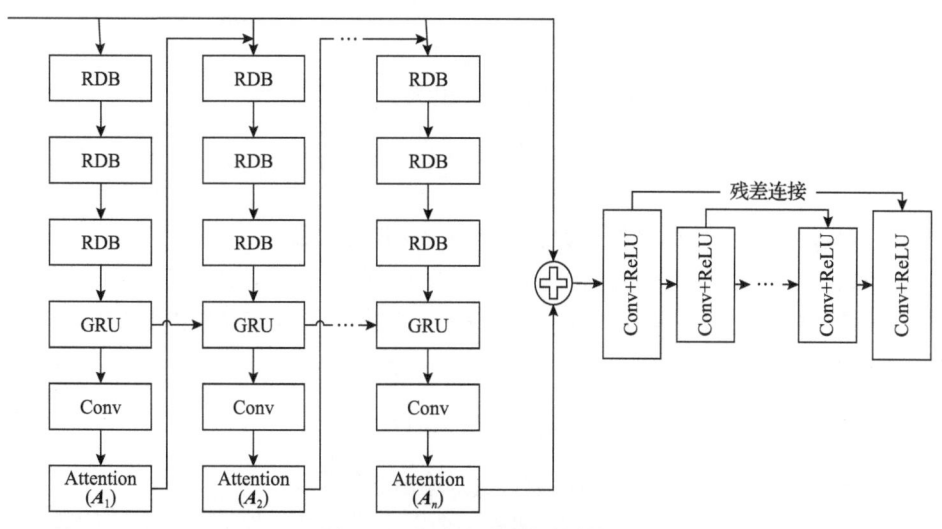

图 2.12 注意力递归网络结构

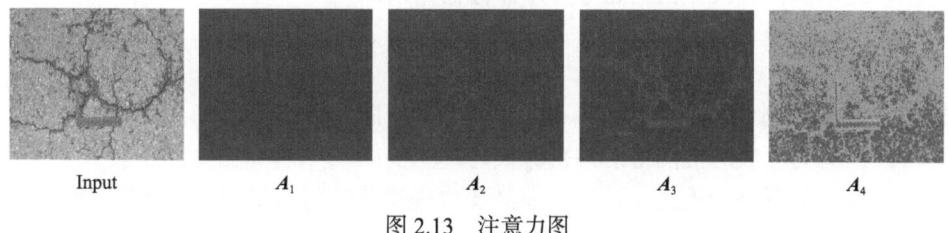

图 2.13 注意力图

注意力递归网络中用到的 GRU 内部是由多个结构组合而成的，最为重要的结构就是门结构，分别为一个重置门 r_t 和一个更新门 z_t。

GRU 被定义为

$$z_t = \sigma\left(W_z\left[h_{t-1}, x_t\right]\right) \tag{2.24}$$

$$r_t = \sigma\left(W_r\left[h_{t-1}, x_t\right]\right) \tag{2.25}$$

$$\hat{h}_t = \tanh\left(W\left[r_t * h_{t-1}, x_t\right]\right) \tag{2.26}$$

$$h_t = (1 - z_t) * h_{t-1} + z_t * \hat{h}_t \tag{2.27}$$

式中，h_{t-1} 为先前时刻的状态；h_t 为当前时刻的状态；$\hat{h}_t$ 为当前时刻的更新状态；

W_z 为更新状态下的权重矩阵；W_r 为重置状态下的权重矩阵；*为哈达玛积运算。

将 GRU 的输出特征送入其后的卷积层中，即可生成二维注意力图。在训练过程中，每个时间步长内输入的图像均与生成的注意力图相连，同时它们会作为新的输入被送到注意力递归网络的下一层中。

假设通过 n 层注意力递归网络后的输出为 F_n，即

$$F_n = H_{\text{ATT},n}(F_{n-1}) = H_{\text{ATT},n}\left(H_{\text{ATT},n-1}\left(\cdots\left(H_{\text{ATT},1}(F_0)\right)\cdots\right)\right) \quad (2.28)$$

式中，H_{ATT} 为注意力网络的函数；n 为递归操作的层数。

在经过注意力递归网络进行纹理细节特征提取后，要对这些特征进行映射。所设计的特征映射网络具有 8 层 Conv+ReLU 结构，并添加了跳跃连接以提升网络训练的稳定性。特征映射网络可以被函数代替为

$$F_{\text{NMN}} = H_{\text{NMN}}(F_n) \quad (2.29)$$

式中，F_{NMN} 为利用非线性网络函数 H_{NMN} 输出的结果。

最后，在生成高分辨率图像前加入一个上采样网络，其是由一个卷积层构成的，以此来获得放大 4 倍的超分辨率图像输出，即

$$I_{\text{SR}} = H_{\text{UPN}}(F_{\text{NMN}}) \quad (2.30)$$

式中，H_{UPN} 为上采样网络函数；I_{SR} 为超分辨率图像输出。

2）注意力生成对抗网络的判别器设计

在对生成器进行重新设计后，还需要改进先前的判别器结构才能与之匹配，如图 2.14 所示，主要对先前结构中的网络层数与其相应的参数进行重新设计，使判别器与先前结构相比形成全新的状态。具体来说，输入待判别的高分辨率图像，先经过 7 层卷积层抽取图像特征，再将图像数据的维度压平，最后经全连接层和 Sigmoid 函数输出判别结果。生成对抗网络经判别器输出对真实图像与生成图像的判别，反馈到生成器中，使得权重参数变化更加灵敏，以此解决了网络退化的问题。原始 GAN 生成器 G 在初始训练时的性能远不如判别器 D，这样便会产生模型崩溃问题。为此，还需要对原始 GAN 的损失函数进行改进。改进的损失函数是基于 L_1 范数设计的，同时包含了判别器的重构误差。判别器使用该损失函数在提升图像质量的同时还提升了生成器 G 的学习能力。

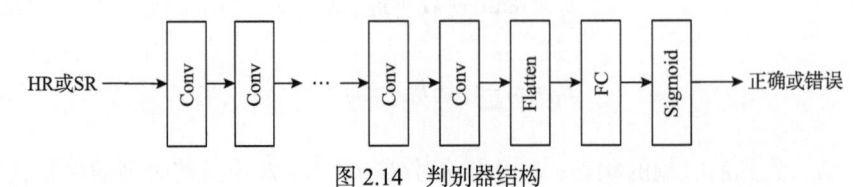

图 2.14 判别器结构

首先可以认为图像像素级误差服从高斯分布，基于 L_1 范数的损失函数定义为

$$L(I) = \left| I_{\mathrm{HR}} - G(I_{\mathrm{LR}}) \right| \tag{2.31}$$

式中，I_{HR} 表示高分辨率图像；I_{LR} 表示低分辨率图像。

需要迭代的生成器和判别器损失函数的优化方法为

$$\begin{cases} L_D = L_{D_r} - k_t L_{D_f} \\ L_G = L(G(z) - x) \\ k_{t+1} = k_t + \lambda_k \left(\gamma L_{D_r} - L_G \right) \end{cases} \tag{2.32}$$

式中，

$$L_{D_r} = L\left(D(x;\theta_D) - x\right) \tag{2.33}$$

$$L_{D_f} = L\left(D(y;\theta_D) - y\right) = L\left(\left(D(G(z;\theta_G)) - G(z;\theta_G)\right);\theta_D\right) \tag{2.34}$$

$$y = G(x;\theta_D) \tag{2.35}$$

$$\gamma = \frac{E[L(G(z))]}{E[L(x)]} \tag{2.36}$$

式中，x 为高分辨率图像；z 为低分辨率图像；y 为超分辨率图像；L_{D_r} 为高分辨率图像的损失；L_{D_f} 为低分辨率图像的损失；λ_k 为 k 的增量；k_t 为 k 的第 t 次迭代结果，k 值的改变可以用来提升生成器的学习能力；γ 为超分辨率图像误差的期望与高分辨率图像误差的期望之比，该参数可以提升生成图像的质量。

3) 路面裂缝图像超分重建结果

图 2.15 比较了改进方法、超分辨率生成对抗网络(super-resolution generative adversarial network, SRGAN)、超分算法(deeply-recursive convolutional network, DRCN)、超分辨率卷积神经网络(super-resolution convolutional neural network, SRCNN)和双三次插值方法在训练过程中不同时期结果的峰值信噪比(peak signal-to-noise ratio, PSNR)。改进方法提供了最快的收敛时间和最高的最终 PSNR 值，表明改进方法具有更好的训练稳定性。

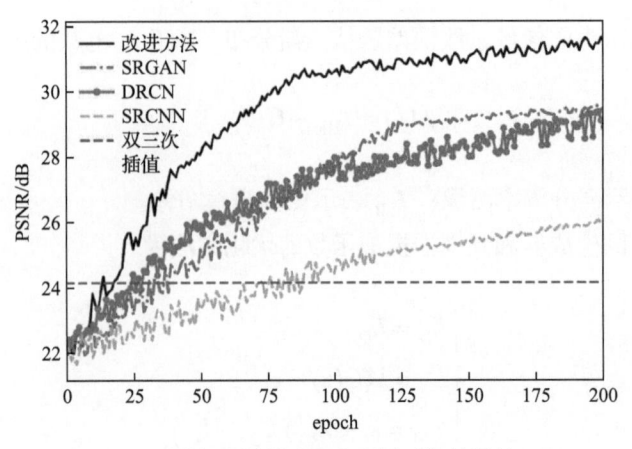

图 2.15　不同方法训练过程中不同时期结果的 PSNR

图 2.16 为网络参数数量和方法性能的对比。可以看出，改进方法重建的图像的 PSNR 比 SRGAN 高 2.01dB。与 SRCNN 和 DRCN 方法相比，改进方法具有更多的网络参数，同时也增加了网络层数，这也使得最终 PSNR 与浅层网络相比大大提高。

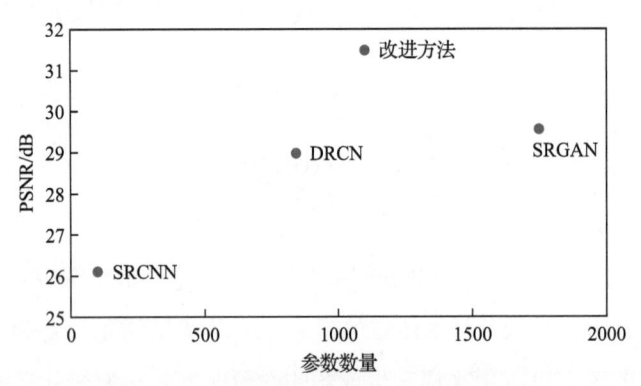

图 2.16　网络参数数量和方法性能的对比

超分辨率重建结果如图 2.17 所示。可以看出，改进方法的 PSNR 为 27.47dB，结构相似性为 0.865，分别比 SRGAN 方法高 0.54dB 和 0.018，表明改进方法可更好地恢复路面的纹理特征，路面裂缝也更加尖锐和清晰。

2. 二维图像增广

1) DCGAN 网络模型结构设计

分别对生成器网络和判别器网络进行建模，DCGAN 网络结构如图 2.18 所示。从图 2.18(a)可以看出，研究采用的生成器网络总共有 5 层，其中卷积层为 4 层，全连接层为 1 层。将一个 100 维且服从 (0,1) 均匀分布的随机变量作为生成器

第 2 章　交通基础设施多源异构大数据质量提升方法　　·61·

图 2.17　超分辨率重建结果

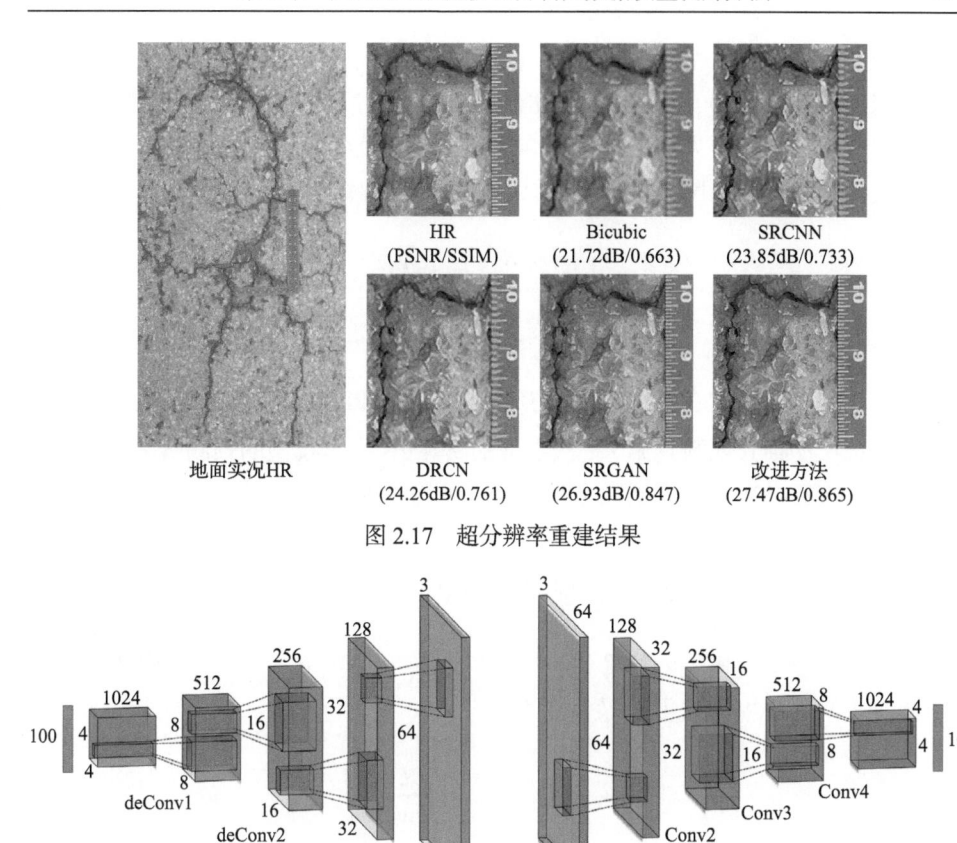

图 2.18　DCGAN 网络结构

的输入，首先，该图像通过一个全连接层得到一个 4×4×1024 的图像；其次，经过 4 个反卷积层，不断扩大图像；最后，得到生成器输出的裂缝图像。

判别器的输入为生成的裂缝图像和真实裂缝图像，输出是一个判断真伪的概率。从图 2.18(b)可以看出，输入图像首先通过 4 次连续采样，这样可以逐渐缩小图像，最后经过全连接层得到 1 个代表输入图像真伪的概率。

该模型对原始生成式对抗网络模型的改进主要体现在以下方面：

(1) 生成器和判别器结构都没有继续采用 CNN 的池化层，但判别器延续了 CNN 的整体架构，而生成器是用反卷积层来代替卷积层。

(2) 将批量标准化层应用在判别器和生成器的每一层。

(3) 利用 1×1 卷积层替换所有的全连接层。

(4) 在生成器最后一层使用 Tanh 函数，其他层均使用 ReLU 函数。

(5) 在判别器最后一层使用 Sigmoid 函数，其他层均使用 LeakyReLU 函数。

2) DCGAN 网络参数优化过程

在深度学习网络中，复杂网络输出结果的优劣与网络参数设置有很强的相关性，这些参数及其组合方式的评估标准是损失函数最小化，具体过程如下。

假设有 n 个样本，网络真实输出结果和理想输出结果为

$$y = (y_1, y_2, \cdots, y_n) \tag{2.37}$$

$$\hat{y} = (\hat{y}_1, \hat{y}_2, \cdots, \hat{y}_n) \tag{2.38}$$

网络的训练过程即寻找能够使损失函数 $L(y, \hat{y})$ 降到最低的网络参数的过程。每个训练批次的损失函数是第 j 批次数据的实际值，y_j 是模型的预测概率。模型的损失函数是将每批次的损失函数求和后再取平均，得到

$$L(y_j, \hat{y}_j) = -\frac{1}{N}\left[y_j \ln \hat{y}_j + (1-y_j)\ln(1-\hat{y}_j) \right] \tag{2.39}$$

为了找到能够使损失函数降到最小的权重 w 和偏置 b，一般采用梯度下降法来更新每个网络层中的权重 w 及偏置 b。

$$\begin{aligned} w_l \to w_l' &= w_l - \eta \frac{\partial L}{\partial w_l} \\ b_l \to b_l' &= b_l - \eta \frac{\partial L}{\partial b_l} \end{aligned} \tag{2.40}$$

式中，η 为学习率。

由于同一类训练样本一般是类似的，每个小批次的梯度会近似等于整个训练数据的梯度。在对每个小批次的梯度进行计算时，每步过程中都随机抽取一些数据进行计算，而不是利用式(2.40)计算所有训练样本的梯度。把整个训练数据随机划分为若干小批次样本输入网络进行训练，可以有效缩短模型训练的收敛时间。小批次梯度的选取也存在着最优解，梯度值越小，模型的收敛速度越低；反之，梯度越大，计算每个批次梯度所需要的时间越长。因此，需要分析训练样本中的目标和背景特征以及图像尺寸来确定小批次样本能够包括的最合适的图像数量。在每次完全训练结束时，通过计算并对比验证集的损失函数，确定能够最小化损失函数的网络为最优网络。

3) 参数设置及优化器选择

对预处理之后的裂缝图像进行分割，得到效果较好的 1159 张横缝和 1159 张纵缝作为网络的输入，按照表 2.8 的参数对裂缝图像生成模型进行训练。

表 2.8 改进后 DCGAN 网络模型参数设置

参数名称	含义	数值
batch_size	一个批次的大小	64
learning_rate	学习率	0.0002
gf_size	反卷积输出通道数量	64
df_size	卷积输出通道数量	64
beta1	优化指数衰减率	0.5

结合数据集的特点和模型的训练时间选择合适的优化器，从而不断更新网络参数，使得输出结果在一定程度上尽可能达到最优。选择常用的随机梯度下降(stochastic gradient descent, SGD)、自适应矩估计(adaptive moment estimation, Adam)和均方根传递(root mean square propagation, RMSprop)这三种优化器对模型进行优化，发现对参数进行一次更新，SGD、Adam 和 RMSprop 所需的训练时间分别为 45s、32s 和 37s。Adam 是以 RMSprop 为基础的优化器，增加了纠偏和动量机制，在梯度逐渐稀疏时，Adam 的优化效果更佳。因此，选用 Adam 作为模型的优化器。

4）二维路面裂缝图像增广结果

图 2.19 为 DCGAN 生成路面裂缝图像效果图。可以看出，模型在迭代 100 次时能够生成裂缝图像，但此时生成的裂缝图像网格化程度深且严重失真；在迭代 200 次时生成的裂缝图像网格化已经得到了很好的改善；在迭代 300 次时生成的裂缝轮廓已经开始显现，但清晰度不够；在迭代 400 次时生成的裂缝图像背景略微模糊，但裂缝轮廓已经非常接近真实图像；在迭代 500 次和 600 次时生成的裂缝图像已经十分接近真实图像。

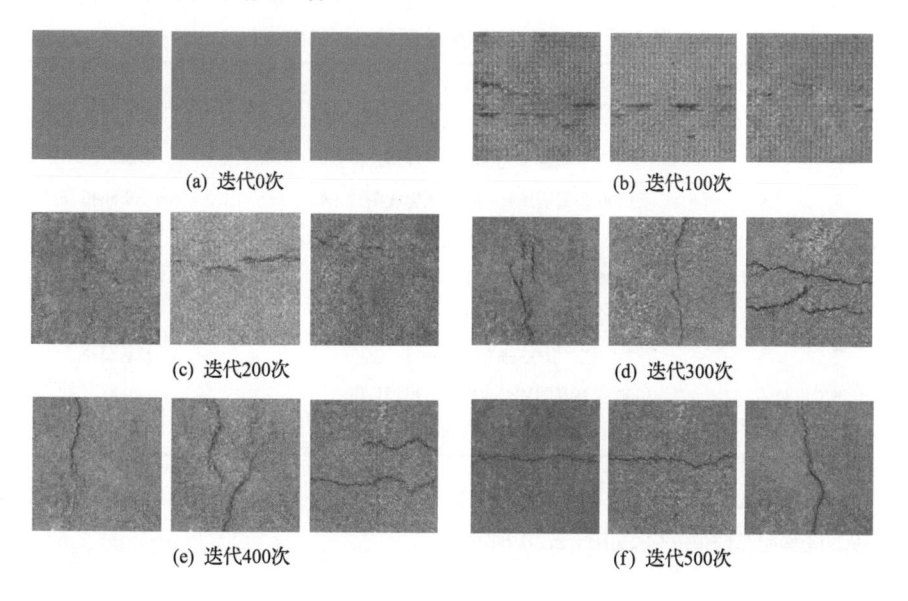

(a) 迭代0次　　　　　　　　　(b) 迭代100次

(c) 迭代200次　　　　　　　　(d) 迭代300次

(e) 迭代400次　　　　　　　　(f) 迭代500次

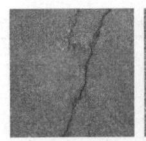

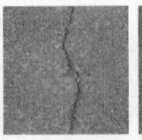

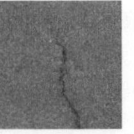

(g) 迭代600次

图 2.19　DCGAN 生成路面裂缝图像效果图

为了客观评价模型的生成效果，本次研究选用 Inception Score 评价指标对 CIFAR-10 公共数据集和研究采用的裂缝数据集进行测试，并对生成路面裂缝图像的质量进行定量评价。Inception Score 得分越高，或者越接近真实训练数据集的得分，说明生成模型训练得越好。

经过计算，发现 CIFAR-10 公共数据集真实图像的 Inception Score 得分为 11.24 ± 0.12，生成图像的 Inception Score 得分为 6.64 ± 0.14；裂缝数据集真实图像的 Inception Score 得分为 10.56 ± 0.09，生成图像的 Inception Score 得分为 5.34 ± 0.15。可见生成图像的 Inception Score 与真实数据集有一定的区别但相差不大，可以一定程度上表明生成的裂缝图像与真实图像集之间具有良好的相似性和多样性。

为了更加直观地验证该研究的有效性和意义，选择 Faster R-CNN 检测模型作为生成式对抗网络生成的路面裂缝图像质量的评价模型，设计不同训练集来验证所提方法对裂缝检测的实际意义，采用常规数据增广技术与所提方法进行对比，包括图像翻转、平移和镜像。

平均精度（average precision, AP）是评价深度学习网络对目标检测效果最常用的量化指标。Faster R-CNN 验证试验训练集设计如表 2.9 所示。基于 DCGAN 增广的裂缝图像与常规图像增广方法得到的裂缝图像相比，其扩充的数据集质量更好。

表 2.9　Faster R-CNN 验证试验训练集设计

试验编号	训练集组成	AP
1	1000 张真实图片	0.6825
2	1000 张真实图片+3000 张常规增广图片	0.8487
3	1000 张真实图片+3000 张生成图片	0.8646
4	2000 张真实图片	0.7938
5	2000 张真实图片+3000 张常规增广图片	0.8807
6	2000 张真实图片+3000 张生成图片	0.8863
7	3000 张真实图片	0.8538
8	3000 张真实图片+3000 张常规增广图片	0.8929
9	3000 张真实图片+3000 张生成图片	0.9024

利用 DCGAN 增广后路面裂缝图像数据集训练的 Faster R-CNN 模型对横向裂缝和纵向裂缝的检测效果如图 2.20 所示。

(a) 横向裂缝　　　　　(b) 纵向裂缝

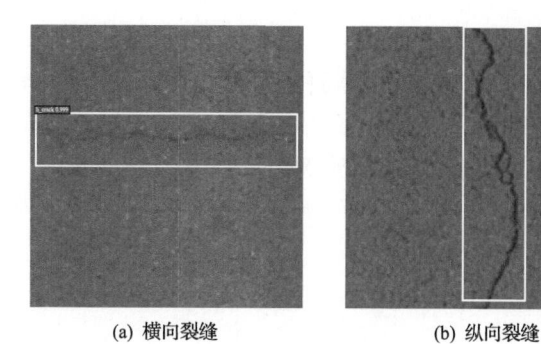

图 2.20　裂缝检测效果图

2.2.2　基于断点插值和参考平面滤波的三维感知图像缺失及异常修复

为满足当前路面智能检测和特征参数提取的需求，提出一种基于断点插值和参考平面滤波的三维路面数据去噪方法，并利用激光三维成像系统获取的三维路面数据进行验证[5]。首先，分析三维路面数据的主要结构和主要特征；其次，提出考虑纵坐标与坡度关系的断点插值方法，对原始路面数据中的缺失值进行补全；再次，基于水平参考平面和纵向参考平面实现参考平面滤波以克服路面的不均匀性；最后，将所提方法的滤波效果与标准差滤波和中值滤波方法进行比较。结果表明，该滤波方法考虑了断点和路面不平等因素，可以在更复杂的条件下提供更精确的三维路面数据。该算法在保留有效路面形态描述数据的同时，具有良好的去噪效果，为使用断点插值-参考平面滤波（breakpoint interpolation-reference plane filtering，BI-RPF）算法进行路面三维重建奠定了基础。

图 2.21 为带有断点的三维路面数据集及其采用断点插值（breakpoint interpolation，BI）处理后的结果。x_1 和 x_n 之间的虚线表示断点之间的路面轮廓。一般来说，相邻的路面高度是逐渐变化的，包括与断点相邻的点，这意味着斜率在点与点之间的导数非常接近于零。基于这一原则，断点 x_1 和 x_n 周围的有效数据

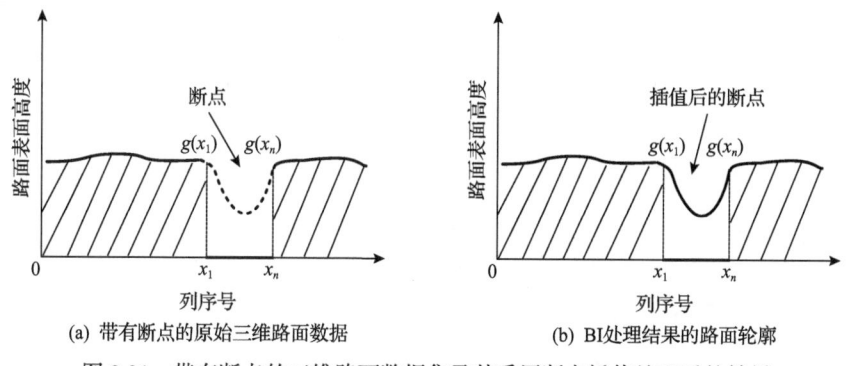

(a) 带有断点的原始三维路面数据　　　　(b) BI处理结果的路面轮廓

图 2.21　带有断点的三维路面数据集及其采用断点插值处理后的结果

可用于估计断点数据值 $g(x_1)$ 和 $g(x_n)$。

为了估计图 2.21(a) 中断点之间的路面轮廓，对断点周围的纵坐标数据进行求导，以获得路面高度的斜率，如图 2.22 所示。可以看出 A 点到 C 点的斜率逐渐减小，C 点到 B 点的斜率逐渐增大，该变化对应于图 2.21(a) 中点 x_1 和点 x_n 之间斜率的变化趋势。

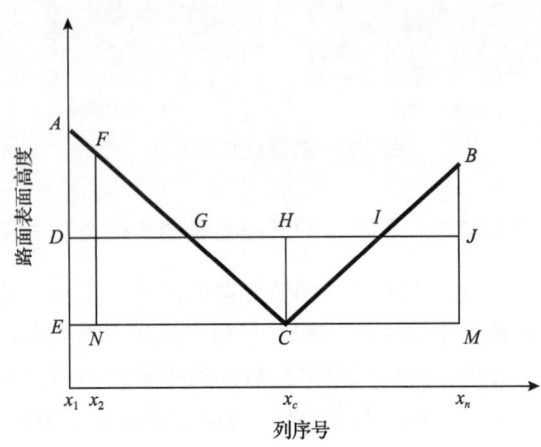

图 2.22 BI-RPF 的相似三角形算法示意图

用已知的点 x_1 每条边的数据得到点 x_1 的斜率，命名为 $g'(x_1)$，用已知的点 x_n 每条边的数据得到点 x_n 的斜率，命名为 $g'(x_n)$。利用 x_1、x_n 的值及其各自的坐标，得到 x_1 与 x_n 之间的平均斜率 $g'(x)$，计算出 $g'(x_1)$ 与 $g'(x)$ 之差，记为 d'_x，同时计算出 $g'(x_n)$ 与 $g'(x)$ 之差，记为 t'_x。计算方法为

$$\begin{cases} g'(x) = \dfrac{g(x_n) - g(x_1)}{x_n - x_1} \\ d'_x = g'(x_1) - g'(x) \\ t'_x = g'(x_n) - g'(x) \end{cases} \tag{2.41}$$

在图 2.22 中，直线 DJ 表示由直线连接的断点图 2.21(a) 中从点 x_1 到点 x_n 之间的剖面斜率。根据相似三角形的性质，沿这段距离的斜率变化量等于线段 AC 和线段 CB 的斜率变化量，因此 $\triangle AEC$ 和 $\triangle BMC$ 的面积之和必须等于矩形 $DEMJ$ 的面积，即

$$S_{\triangle AEC} + S_{\triangle BMC} = S_{DEMJ} \tag{2.42}$$

由于 S_{DECG} 和 S_{CMJI} 共存，可以推导出

$$S_{\triangle ADG} + S_{\triangle JBI} = S_{\triangle CHG} + S_{\triangle HCI} \tag{2.43}$$

由 $\triangle ADG \backsim \triangle CHG$ 和 $\triangle HCI \backsim \triangle JBI$ 可得

$$\begin{cases} \dfrac{S_{\triangle ADG}}{S_{\triangle CHG}} = \dfrac{\overline{AD}^2}{\overline{CH}^2} = \dfrac{d_x'^2}{\overline{CH}^2} \\ \dfrac{S_{\triangle HCI}}{S_{\triangle JBI}} = \dfrac{\overline{CH}^2}{\overline{BJ}^2} = \dfrac{\overline{CH}_x^2}{t_x'^2} \end{cases} \tag{2.44}$$

$$\begin{cases} \dfrac{\overline{AD}}{\overline{CH}} = \dfrac{\overline{DG}}{\overline{HG}} \\ \dfrac{\overline{CH}}{\overline{BJ}} = \dfrac{\overline{HI}}{\overline{JI}} \\ \overline{DH} = \overline{DG} + \overline{GH} \\ x_c = \overline{DH} + x_1 \end{cases} \tag{2.45}$$

式中，x_c 为拐点 C 处像素的列号。

由式(2.44)和式(2.45)可得

$$\overline{CH}^2 = \sqrt{\dfrac{d_x'^2 + t_x'^2}{2}} \tag{2.46}$$

因此，有

$$x_c = \dfrac{x_n d_x' + x_1\left(t_x' + \sqrt{\dfrac{d_x'^2 + t_x'^2}{2}}\right)}{d_x' + t_x' + 2\sqrt{\dfrac{d_x'^2 + t_x'^2}{2}}} \tag{2.47}$$

式中，x_1 表示第一个插入点。

由 $\triangle AEC \backsim \triangle FNC$ 可得

$$\dfrac{\overline{AD} + \overline{DE}}{\overline{FN}} = \dfrac{\overline{EC}}{\overline{NC}} = \dfrac{d_x' + \overline{CH}}{h_x' + \overline{CH}} = \dfrac{x_c - x_1}{x_c - x_2} \cdots \Rightarrow \cdots h_x'$$
$$= \dfrac{d_x'(x_c - x_2) - \overline{CH}(x_2 - x_1)}{x_c - x_1} \tag{2.48}$$

x_2 的纵坐标值为 $g(x_2)$，设 $g'(x_2)$ 为点 x_2 的斜率，h_x' 为 $g'(x_2)$ 与 $g'(x)$ 之差，则 $g(x_2)$ 为

$$g(x_2) = g(x_1) + g'(x_2) = g(x_1) + g'(x) + h_x' \tag{2.49}$$

同样地，可以按相同的顺序计算其他断点的纵坐标值。

对于采集到的三维路面数据，断点插值过程的具体实现如下：

(1) 逐行处理三维路面数据。

(2) 对于每一个断点区间，定位区间两侧的坐标，分别命名为 x_a 和 x_b，计算这两点处的斜率 $g'(x_a)$ 和 $g'(x_b)$，以及平均斜率 $g'(x)$。

(3) 计算第一个断点 x_{a+1} 的坐标 $g(x_{a+1})$。

(4) 计算本行数据的算术平均值，记为 $\bar{R}_l$，根据式 (2.50) 确定 $g(x_2)$ 值的可接受性：

$$0 < g(x_{a+1}) \leq \bar{R}_l \tag{2.50}$$

(5) 以 x_{a+1} 为起点，计算其后点的数据值。重复此过程，直到计算出点 x_{b-1} 的值为止，完成路面数据的断点插值。

(6) 对原始三维路面数据的每一行进行同样的处理，得到 BI 处理后的整个三维路面数据集。

BI 算法流程图如图 2.23 所示。

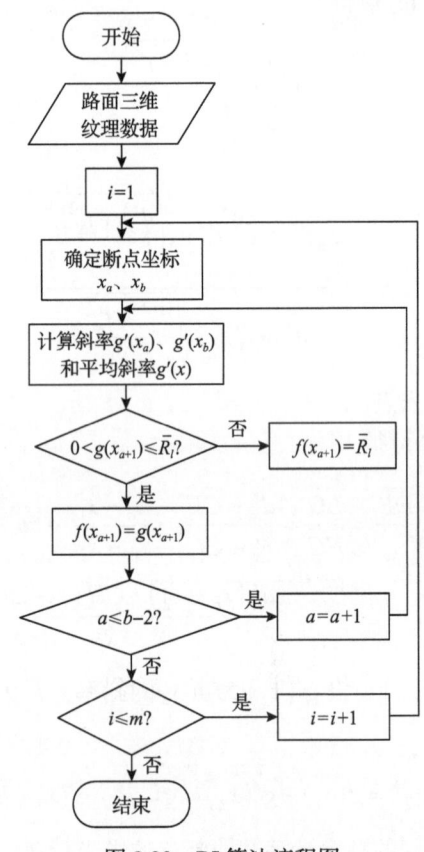

图 2.23　BI 算法流程图

应用 BI 算法后,将 RPF 算法按行或列对三维路面数据进行处理,以获得相应行或列的总体轮廓。将拟合值作为参考值并与原始数据进行比较,可以确定给定点是否为噪声。本节避免了标准差法在处理描述不平坦路面数据时的缺点,即避免在滤波过程中引入新的噪声。

如果存在过多的噪声点或噪声点与正常点之间的差异过大,在应用 RPF 算法期间会出现偏差,因此无法准确捕捉实际路面轮廓。图 2.24 为倾斜路面数据的曲线拟合图。从图 2.24(a)可以看出,传统曲线拟合值不能反映路面参考平面,由于可能会引入偏差和误差,不能用作参考值。因此,在应用 RPF 算法之前,应识别与正常点有较大偏差的噪声点,在本节研究中,利用基于标准差的滤波方法来识别这些噪声点。随后,剩余的正常路面数据可用 RPF 算法以确定路面的参考值。从图 2.24(b)可以看出,所提方法正确反映了路面轮廓,因此可用作路面参考值。

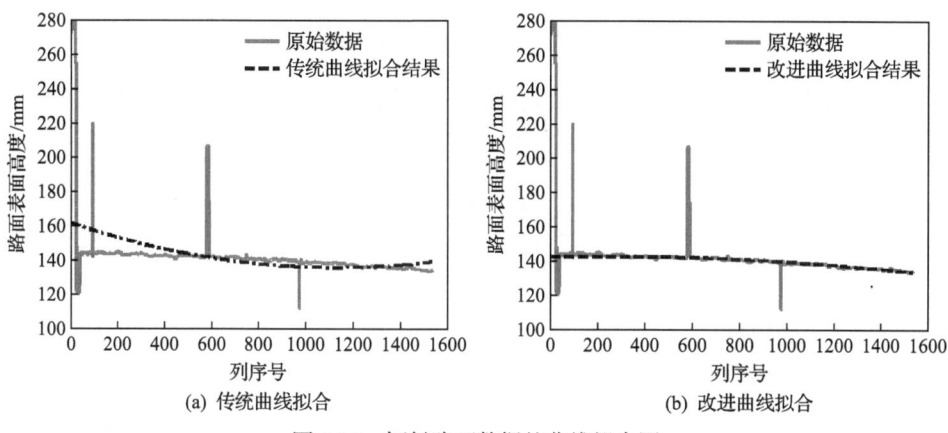

图 2.24 倾斜路面数据的曲线拟合图

应用基于三维路面数据的水平和纵向参考平面的 BI-RPF 算法可以去除噪声,同时保留描述路面形态特征的有效数据。

本章提出的 BI-RPF 算法使用标准差法识别正态点获得拟合值,并利用拟合值测量每个数据点与其原始数据值的偏差,偏差超过指定阈值的数据点被认为是噪声点,其值应由拟合值代替。本节的实现描述如下:

(1)从上到下逐行取三维路面图像数据矩阵 $\boldsymbol{O}$ 中的数据。例如,第 i 行路面数据可表示为

$$\boldsymbol{O}_i = [O_{i1} \quad O_{i2} \quad \cdots \quad O_{in}], \quad i = 1, 2, \cdots, m \tag{2.51}$$

第 i 行路面数据 $\boldsymbol{O}_i$ 的平均值 $\overline{O}_i$ 和标准差 S_i' 分别为

$$\overline{O}_i = \frac{1}{n} \sum_{j=1}^{n} O_{ij} \tag{2.52}$$

$$S_i' = \sqrt{\frac{1}{n}\sum_{j=1}^{n}\left(O_{ij} - \bar{O}_i\right)^2} \tag{2.53}$$

(2) 依次对对应线路的路面数据的各个数据点 O_{ij} 进行识别和评估，即

$$\frac{\left|O_{ij} - \bar{O}_i\right|}{S_i'} \leqslant k_0 \tag{2.54}$$

式中，k_0 为偏差容许系数，一般取 3～5。

如果数据点满足式(2.54)的条件，将数据点 O_{ij} 记录为初始法向点。

(3) 使用 BI-RPF 算法处理对应线路的所有初始法向点，直线上的拟合值可表示为

$$\boldsymbol{O}_i' = \begin{bmatrix} O_{i1}' & O_{i2}' & \cdots & O_{in}' \end{bmatrix}, \quad i = 1, 2, \cdots, m \tag{2.55}$$

所确定的拟合值是描述相应线路的路面数据的参考值。$\boldsymbol{O}_i$ 与 $\boldsymbol{O}_i'$ 之间的标准差误差 T_i 为

$$T_i = \sqrt{\frac{1}{n}\sum_{j=1}^{n}\left(O_{ij} - O_{ij}'\right)^2} \tag{2.56}$$

(4) 逐一评价 O_{ij} 中的数据点，即

$$\frac{\left|O_{ij} - O_{ij}'\right|}{T_i} > k_1 \tag{2.57}$$

式中，k_1 为滤波系数，通常取 3～8。

如果数据点满足式(2.57)的条件，该数据点与参考值偏差较大，应视为噪声点，将 O_{ij} 替换为参考值 O_{ij}'。

(5) 逐行评价结束后，对矩阵逐列进行同样的运算，得到去噪后的完整三维路面数据。

RPF 算法流程图如图 2.25 所示。

本节使用的三维路面数据是由自主设计并实现的基于激光扫描的三维数据采集系统获取的。该三维路面数据采集系统示意图如图 2.26 所示。

将激光器和 CCD 摄像机固定安装在一个位置，与被测物体形成一个三角形闭环。在数据采集过程中，线阵列激光器发射的线激光垂直照射到被探测物体表面，由激光器内部的探针元件拍摄图像。由于被检测物体表面凹凸不平，成像点移位，被检测物体表面纹理发生轻微变化，CCD 摄像机被用来捕捉检测对象横截面轮廓

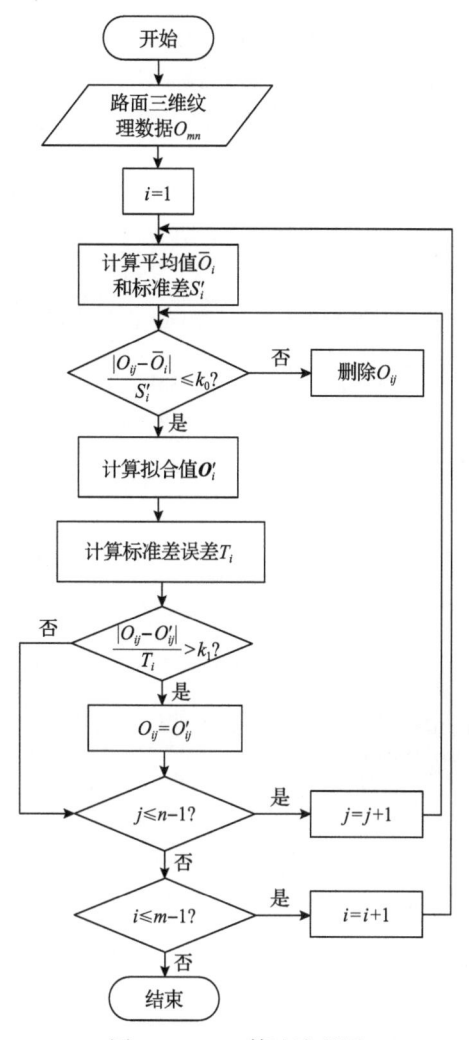

图 2.25　RPF 算法流程图

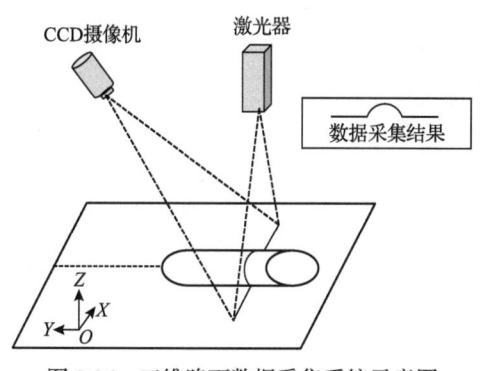

图 2.26　三维路面数据采集系统示意图

的变化形式。根据激光三角测量法计算描述截面的三维数据，再通过稳步推进采集系统获得描述被检测物体整个表面(路面表面)的三维数据。

收集 20 组道路三维数据，每组数据以.dat 和.xls 格式保存为文件。图 2.27 为

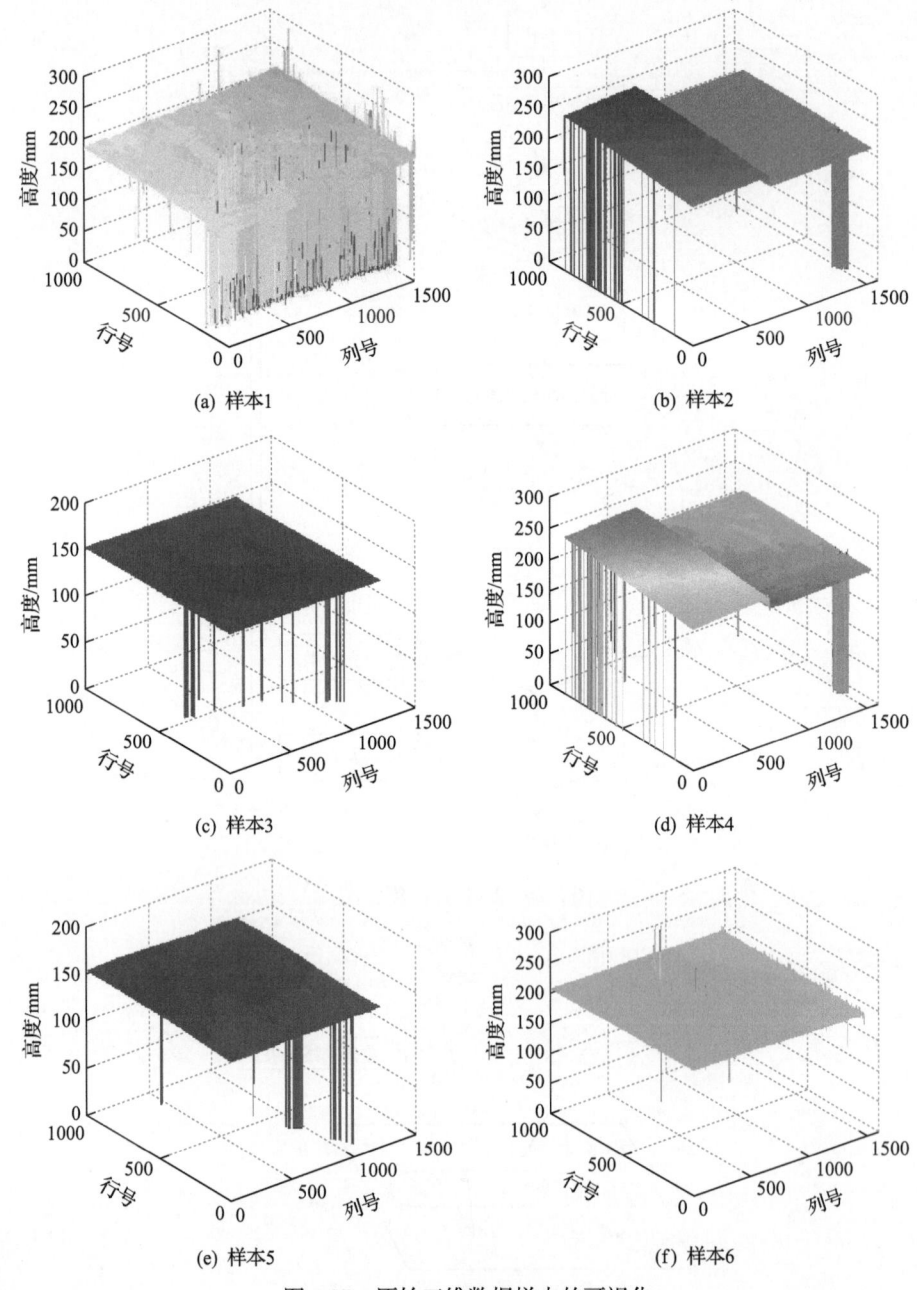

(a) 样本1

(b) 样本2

(c) 样本3

(d) 样本4

(e) 样本5

(f) 样本6

图 2.27 原始三维数据样本的可视化

原始三维数据样本的可视化。

为了确定所提出的 BI-RPF 算法的有效性，这里进行了两种定量分析，一种是根据偏差系数来评估路面形态特征是否得到保护，另一种是评估降噪滤波的有效性。

整个矩阵三维路面数据的偏差系数表示为

$$\delta^2 = \frac{1}{mn}\sum_{i=1}^{m}\sum_{j=1}^{n}|f(i,j)-g(i,j)|^2 \tag{2.58}$$

式中，m 和 n 分别为三维路面数据的长度和宽度；$f(i,j)$ 为原始三维路面数据在 (i,j) 坐标处的值；$g(i,j)$ 为滤波后路面数据在同一坐标处的值。

为了准确分析所提出的 BI-RPF 算法的相关效果，从采集的三维路面数据中随机选取 10 组故障数据，并根据式(2.58)计算原始数据集与滤波后数据集之间的偏差系数。采用所提出的 BI-RPF 算法、双相标准差滤波算法和中值滤波算法的去噪后三维节理断层铺装数据偏差系数进行对比，如表 2.10 所示。

表 2.10 去噪后三维节理断层铺装数据偏差系数对比

分类	BI-RPF 算法	双相标准差滤波算法	中值滤波算法
整幅图像	19.3744	121.6675	3.7796
79 行	19.6957	94.3900	18.030
131 行	73.5222	160.9223	22.591
174 行	67.1409	182.9789	7.4265
209 行	90.4043	313.1831	7.2610
266 行	44.9999	125.0732	9.4605
380 行	32.8684	133.7054	0.0015
439 行	34.2839	140.3012	25.140
559 行	21.6620	119.7486	18.607
827 行	32.2461	130.0752	24.491
883 行	34.4136	138.5622	0.3732

从表 2.10 可以看出，本章提出的 BI-RPF 算法处理的数据偏差小于双相标准差滤波算法，但大于中值滤波算法，这说明双相标准差滤波算法可能会将一些非噪声背景路面数据误算为噪声，因此处理后的数据偏差较大。中值滤波算法处理的数据偏差小且平滑，从而过滤掉了原始数据中的有用信息，滤波效果较差，不适用于三维路面数据。因此，本章提出的 BI-RPF 算法在不改变有效路面数据的情况下，可以有效地保证在双相标准差滤波算法和中值滤波算法产生的数据之间存在合理的偏差，同时提供较好的滤波效果。

参 考 文 献

[1] 孙朝云, 裴莉莉, 徐磊, 等. 基于 DS-LOF 与 GA-XGBoost 的路域环境感知数据智能检测与修复[J]. 中国公路学报, 2023, 36(4): 15-26.

[2] 裴莉莉, 孙朝云, 韩雨希, 等. 基于 SSC 与 XGBoost 的高速公路异常收费数据修复算法[J]. 吉林大学学报(工学版), 2022, 52(10): 2325-2332.

[3] Pei L, Sun Z, Xiao L, et al. Virtual generation of pavement crack images based on improved deep convolutional generative adversarial network[J]. Engineering Applications of Artificial Intelligence, 2021, 104: 104376.

[4] 裴莉莉, 孙朝云, 孙静, 等. 基于 DCGAN 的路面裂缝图像生成方法[J]. 中南大学学报(自然科学版), 2021, 52(11): 3899-3906.

[5] Hao X, Sun Z, Pei L, et al. A denoising method for pavement 3d data based on breakpoint interpolation and reference plane filtering[J]. Multimedia Tools and Applications, 2021, 80(14): 20803-20819.

第3章　桥梁结构健康监测系统的不良数据重构方法

传感器作为结构健康监测系统中的基本仪器，在长期使用过程中经常会发生设备故障、电源中断以及数据传输错误等问题，从而导致数据丢失或出现异常，给结构健康诊断和状态评估工作带来不利影响。一方面，由于替换难度和成本较高，许多传感器不能轻易更换，包括一些嵌入在结构内部的故障传感器，而这些传感器原本包含着重要的监测信息，涉及评估结构性能的关键参数；另一方面，对于基于多传感器关联性的异常诊断方法，测点数据的完整性是非常重要的，即使某些传感器发生故障，如果能准确重构或修正不良数据，这些方法仍然可以正常运行，并发挥其在结构状态评估中的重要作用，这也是在预处理层面提高数据挖掘算法鲁棒性的手段。因此，本章针对趋势项数据和车致项数据的特点，从为结构状态评估提供必要预处理的目的出发，介绍基于时空图注意力网络的不良趋势项数据重构方法和基于降噪自编码器的不良车致项数据鲁棒重构方法。

3.1　基于时空图注意力网络的不良趋势项数据重构

针对结构健康监测数据的趋势项，本节提出了一种用于重构不良趋势项数据的时空图注意力网络[1]。本节利用空间域的信息传递和时空域的注意力机制，挖掘监测数据的时空关联特征，并重构不良传感器信号。此外，本节还将相关异类监测数据引入空间注意力系数的计算中，并且讨论时空注意力机制和多源数据融合对趋势项数据重构精度的影响。大跨度斜拉桥索力趋势项数据重构实例验证表明，时空注意力机制和温度数据的引入可以有效提高不良数据的重构精度，并适用于具有大量传感器的结构健康监测系统。

3.1.1　基于多源数据关联的不良监测数据重构

结构健康监测系统中测点的不良数据问题可能由以下原因导致：①传感器故障。因使用时间过长或所处环境等问题而使得传感器性能下降，导致数据丢失或不准确。②数据传输中断。传感器采集到的数据需要通过线路或网络传输到监测系统中进行处理和分析，如果在传输过程中出现中断或网络故障，就会导致数据丢失。③系统故障。监测系统本身可能存在故障或错误，导致无法准确接收或处理传感器采集到的数据。

为了保证数据的完整性，可以基于测点间关联信息对不良健康监测数据进行重构，该数据重构问题如图 3.1 所示。在一个结构健康监测系统中，某一监测项目包含 N 个传感器和 L 个时间点，如果其中 N_0 个传感器的信号在 L_0 个时间点缺失或被识别出异常，这些不良数据表示为 $\boldsymbol{Z}_0 \in \Re^{N_0 \times L_0}$，而剩余的 $N-N_0$ 个传感器处于正常状态，这些正常数据表示为 $\boldsymbol{Z}_1 \in \Re^{(N-N_0) \times L}$，这 $N-N_0$ 个同类传感器的信号及某些不同类别传感器的信号 $\boldsymbol{H} \in \Re^{M \times L}$ 可能与不良数据存在关联性，它们对数据重构都具有重要意义，可利用同时段的正常数据 $\boldsymbol{Z}_1$ 和 $\boldsymbol{H}$ 对不良数据 $\boldsymbol{Z}_0$ 进行重构。

图 3.1　不良监测数据的重构问题

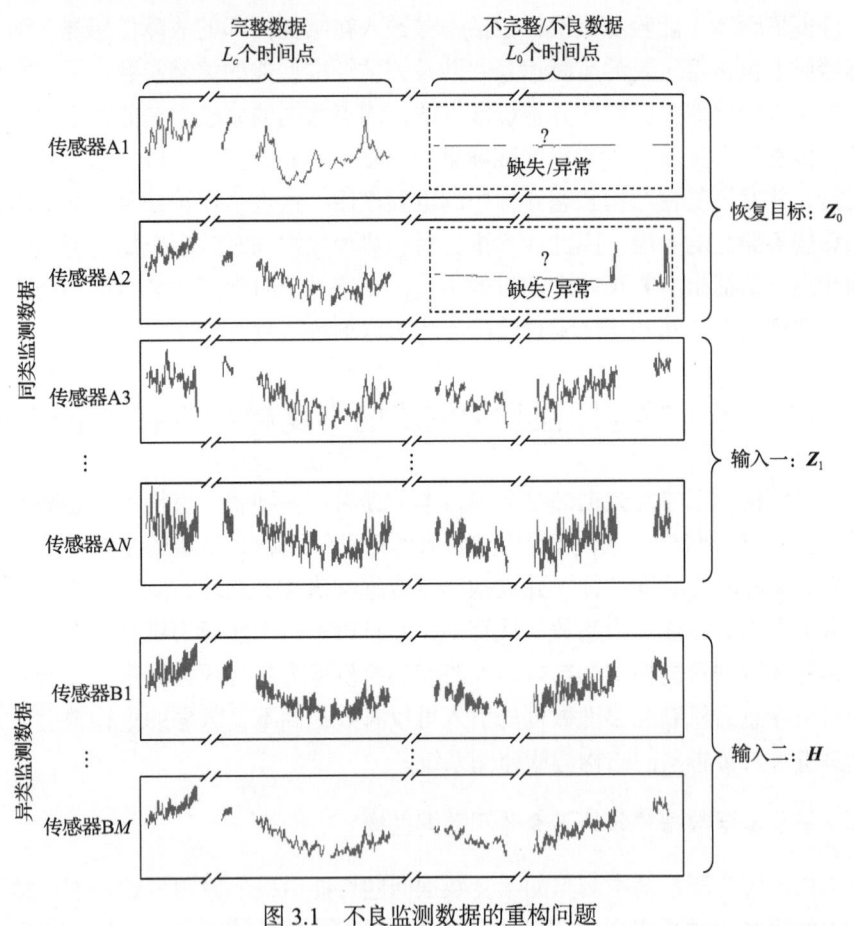

为了提高不良数据重构的准确性，可利用与不良数据存在关联的同类及非同类传感器数据，通过时空关联建模和多源数据融合方法，挖掘多源监测数据之间隐含的时空相关性。对于本节涉及的结构响应趋势项数据重构问题，可以引入与之存在高相关性的温度数据，提高回归精度。

3.1.2 基于时空图注意力网络的数据重构方法

1. 时空图注意力网络总体结构

在本节中,传感器测点的空间关系和不同时间点的时间关联都可以表示为有向图,从而利用时空图神经网络建立数据关联挖掘模型。本节采用的时空图注意力网络的结构如图 3.2 所示,该网络由一个图卷积层、多个时空注意力单元和一个全连接层组成。

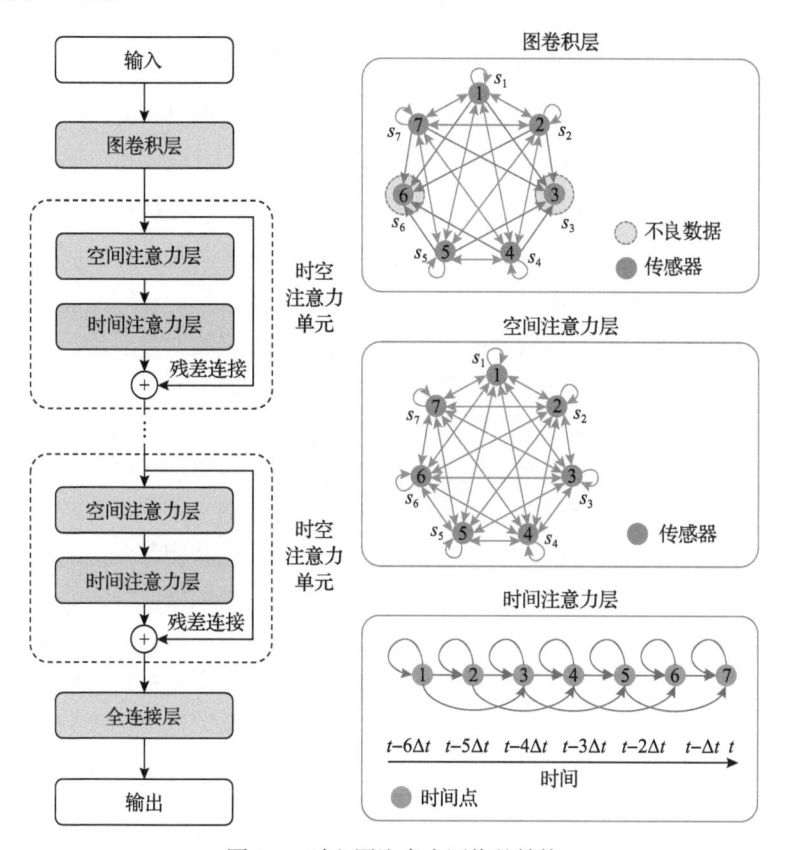

图 3.2 时空图注意力网络的结构

在图卷积层和空间注意力层中,每个顶点对应一个传感器测点,而在时间注意力层中,每个顶点对应一个时间点。图 3.2 右侧表示各计算层中顶点输入特征的加权聚集方向,其中图卷积层的边权值在训练后是固定的,而时空注意力层的边权值是根据注意力机制计算的。图卷积层和空间注意力层之间不涉及不同时间点数据之间的交互计算,在每个时间点,只针对空间关系进行建模;而时间注意力层也不涉及不同传感器测点之间的交互计算,对于每个测点,只对不同时间关系进行建模。

在该网络结构的第一层中，表示有不良数据的传感器测点将被视为有向图的汇。边和自环表示该层传感器测点数据的特征聚合方向。由于注意力机制的计算依赖于成对顶点的特征，而不良数据的输入特征是空缺的，在第一层中使用带可学习邻接矩阵的图卷积层将数据正常的传感器测点特征映射到包括不良数据测点在内的其他顶点[2]。计算方法表示为

$$X' = AXW \tag{3.1}$$

式中，$A \in \Re^{N \times N}$ 为可学习的邻接矩阵，$A_{ij} \in A$ 为从传感器 s_j 到 s_i 的边权重，如果传感器 s_j 的信号异常，它将不会参与计算，即对应边权重 $A_{ij}=0$；$W \in \Re^{F \times F'}$ 为可学习的图卷积层权重，其中 F 为每个顶点输入的维度，通常来说，各时间点的传感器数据维度为 1，即 $F=1$，F' 为每个顶点的输出维度；$X \in \Re^{N \times F}$ 为图卷积层的输入，其中 N 个顶点中有 N_0 个传感器的信号存在缺失或异常，用零值替代；$X' \in \Re^{N \times F'}$ 为图卷积层的输出。

这个过程相当于给不良数据的传感器分配了可学习的向量表示，用以替代缺失值或异常值，为后续时空注意力层的计算提供了基础。

空间注意力层和时间注意力层构成了时空注意力单元，在网络中对多个单元进行堆叠，并采用带残差连接。注意力机制是一种自适应加权融合方法，加权系数由共享的注意机制计算得出，即由成对顶点的输入确定重要性分数，并根据各顶点总体重要性分数进行归一化。根据注意力系数，融合相邻顶点的输入，建立时空依赖关系。此方法还在空间注意力层中讨论了异类数据的引入，由于异类数据与同类不良数据存在本质上的差异，不适宜直接在回归计算中使用，因此本节对常用的基本注意力系数计算公式进行改进，在空间注意力系数计算中引入异类数据。本节针对趋势项数据重构，引入与之存在高度相关性的温度数据。在深度学习模型中，多个非线性层可能无法逼近恒等映射，很难保留从浅层到深层的关键信息，导致性能下降，因此深度网络的性能可能低于浅层网络。残差连接是非相邻层之间的捷径，使用残差连接可以直接将浅层信息传递到深层，有助于避免性能下降问题并加快模型训练的收敛速度[3]，因此在该网络的时空注意力单元之间采用了残差连接。

在各时空注意力层计算之后，最终由一个全连接层将每个测点在每个时间步的特征聚合为网络输出。全连接层仅起到特征聚合的作用，并不涉及测点之间或时间点之间的计算。

本节的重点在于时空注意力机制在数据建模中的使用，因此下一部分重点介绍网络中的时空注意力机制。

2. 基于时空注意力机制的数据关联建模

注意力机制是深度学习中常用的技术，用于在输入中选择关键信息并加权。它通过利用查询(query)向量和键(key)向量计算重要程度，为不同的输入赋予不同的权重，然后将所有输入的值(value)向量加权求和，得到注意力向量。这个过程可以看成一种对输入的"关注度"，可以使模型更加关注重要的部分，从而提高模型的性能。

注意力机制的计算过程一般包括三个步骤：首先，计算查询向量和键向量之间的相似系数，得到一个相似度矩阵，表示查询向量和每个键向量之间的相似程度；然后，对相似度矩阵进行归一化处理，得到注意力权重，表示每个键向量在计算输出向量时的重要程度；最后，将注意力权重与值向量进行加权求和，得到注意力向量，表示对所有输入向量的加权总和。在实际应用中，注意力机制常用于序列建模、机器翻译和语音识别等任务中，可以提高模型的效果和可解释性。自注意力机制与注意力机制的公式相同，不同的是自注意力机制中的查询、键和值来自相同的输入，它可以帮助模型关注输入中的不同部分，从而提高模型的表现力。本节采用的注意力机制均为自注意力机制。

1) 空间注意力层

空间注意力机制被用于传感器测点数据的空间关联建模。在每个空间注意力层中，传感器顶点的数据作为输入，所有传感器的自适应加权聚合值作为输出。

在每个时间步，空间注意力层的输入和输出分别表示为

$$\begin{cases} \boldsymbol{X} = [\boldsymbol{x}_1 \ \boldsymbol{x}_2 \ \cdots \ \boldsymbol{x}_N] \in \Re^{F \times N}, & \boldsymbol{x}_n \in \Re^F, \quad n = 1, 2, \cdots, N \\ \boldsymbol{X}' = [\boldsymbol{x}'_1 \ \boldsymbol{x}'_2 \ \cdots \ \boldsymbol{x}'_N] \in \Re^{F' \times N}, & \boldsymbol{x}'_n \in \Re^{F'}, \quad n = 1, 2, \cdots, N \end{cases} \quad (3.2)$$

式中，F 和 F' 分别表示输入和输出的维度；$\boldsymbol{x}_n$ 和 $\boldsymbol{x}'_n$ ($n=1,2,\cdots,N$) 分别表示第 n 个顶点的输入和输出。

空间注意力层采用空间注意力层的多头并行计算[4]，如图 3.3 所示，每层都有 K (K 可以被 F' 整除) 个平行的单头注意力，每个单头的特征数为 F'/K。各单头都有独立的线性映射，将该层输入映射到不同的子空间分别计算，这些平行的计算使得模型拥有更强的特征提取能力。其中，第 k 个单头的线性映射表示为 $f_{s,1}^{(k)}(\cdot)$、$f_{s,2}^{(k)}(\cdot)$ 和 $f_{s,3}^{(k)}(\cdot)$，分别对应注意力机制中的查询向量、键向量和值向量，下面用 $f_s^{(k)}(\cdot)$ 总体表示这三种线性映射。

对于任意单头注意力，空间注意力层的单头注意力计算如图 3.4 所示。首先，根据传感器 s_i 的查询向量和传感器 s_j 的键向量，利用兼容函数计算传感器 s_j 对 s_i 的重要性程度；然后，考虑所有相关传感器对 s_i 的重要性程度，通过激活函数

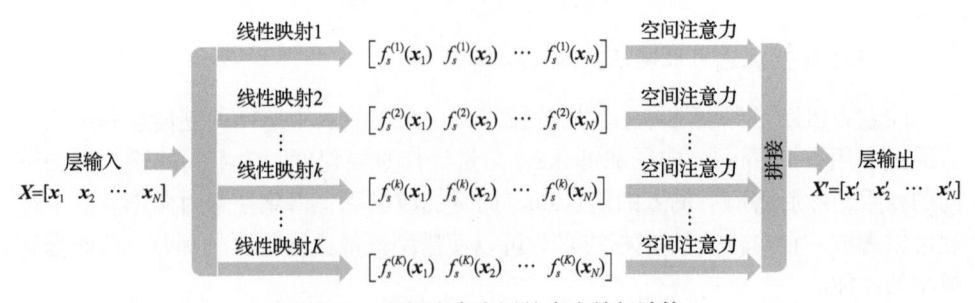

图 3.3 空间注意力层的多头并行计算

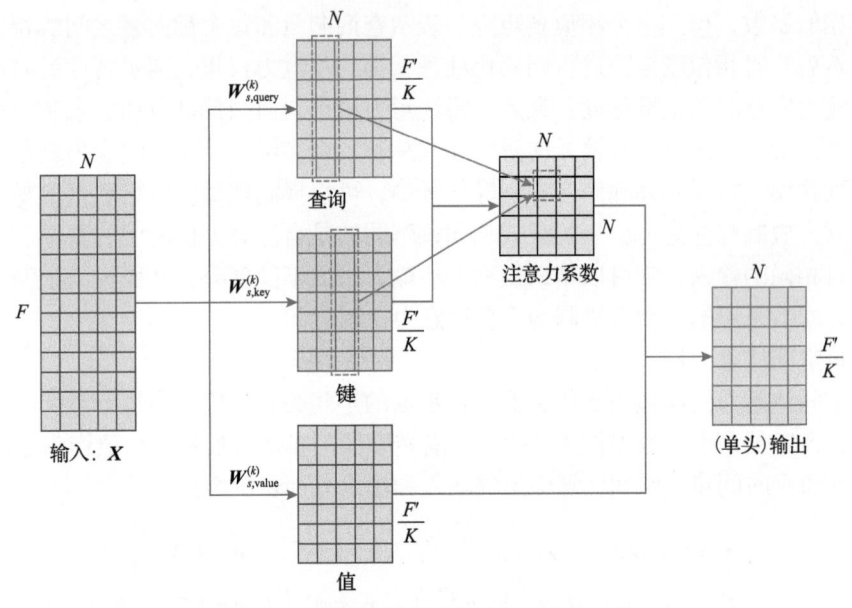

图 3.4 空间注意力层的单头注意力计算

SoftMax 将其归一化获取注意力系数；最后，将所有与 s_i 相关的传感器注意力系数与值向量相乘获得单头输出。由于采用了多头注意力机制，该层输出是将各平行的单头输出并联起来获得的。

下面同样以第 k 个单头为例介绍空间注意力层的计算方法，这里有两种计算注意力系数的方法，第一种只涉及同类监测数据的顶点特征，第二种则在第一种方法的基础上引入相关的异类数据。

（1）只考虑同类数据。

采用加法注意力计算传感器 s_j 对传感器 s_i 的重要性程度，表示为

$$e_{s,ij}^{(k)} = \left(\boldsymbol{v}_s^{(k)}\right)^{\mathrm{T}} \sigma\left(f_{s,1}^{(k)}(\boldsymbol{x}_i) + f_{s,2}^{(k)}(\boldsymbol{x}_j)\right) \tag{3.3}$$

式中，$e_{s,ij}^{(k)}$ 为传感器 s_j 对于传感器 s_i 的重要性分数；$f_{s,1}^{(k)}(\boldsymbol{x}_i) \in \Re^{\frac{F'}{K}}$ 为对目标传感器 s_i 的特征 $\boldsymbol{x}_i$ 的线性映射，$f_{s,1}^{(k)}(\boldsymbol{x}_i) = \boldsymbol{W}_{s,\text{query}}^{(k)} \boldsymbol{x}_i$ 为权重矩阵 $\boldsymbol{W}_{s,\text{query}}^{(k)} \in \Re^{\frac{F'}{K} \times F}$ 与输入特征的计算结果；$f_{s,2}^{(k)}(\boldsymbol{x}_j) \in \Re^{\frac{F'}{K}}$ 为对源传感器 s_j 的特征 $\boldsymbol{x}_j$ 的线性映射，$f_{s,2}^{(k)}(\boldsymbol{x}_j) = \boldsymbol{W}_{s,\text{key}}^{(k)} \boldsymbol{x}_j$ 为权重矩阵 $\boldsymbol{W}_{s,\text{key}}^{(k)} \in \Re^{\frac{F'}{K} \times F}$ 与输入特征的计算结果；$\boldsymbol{v}_s^{(k)} \in \Re^{\frac{F'}{K}}$ 为待训练的权重；$\sigma(\cdot)$ 为激活函数 Tanh；$\boldsymbol{x}_i \in \Re^F$ 为传感器 s_i 的输入特征。

(2) 考虑同类和异类数据。

由于异类监测数据与不良监测数据具有本质上的差异，不宜和同类监测数据以相同形式直接参与回归，可令异类监测数据参与空间注意力系数的计算，融合多源数据。对于不良结构响应趋势项数据的重构问题，温度等环境信息可参与注意力系数的计算，并将其引入权重矩阵的计算中。重要性分数的计算方法表示为

$$e_{s,ij}^{(k)} = \left(\boldsymbol{W}_s^{(k)} \boldsymbol{h} + \boldsymbol{b}_s^{(k)}\right)^{\text{T}} \sigma\left(f_{s,1}^{(k)}(\boldsymbol{x}_i) + f_{s,2}^{(k)}(\boldsymbol{x}_j)\right) \tag{3.4}$$

式中，$\boldsymbol{h} \in \Re^M$ 为异类监测数据的输入特征；$\boldsymbol{b}_s^{(k)} \in \Re^{\frac{F'}{K}}$ 为待训练的权重向量；$\boldsymbol{W}_s^{(k)} \in \Re^{\frac{F'}{K} \times M}$ 为待训练的权重矩阵，与异类监测数据做计算。

这种方法使得注意力系数由同类监测数据和异类监测数据共同确定。异类数据直接引入注意力系数的计算中很容易造成过拟合问题，因此使用异类数据的方式不应过于复杂，这里仅采用单层前馈网络。各单头注意力计算权重 $\boldsymbol{W}_s^{(k)}$ 和 $\boldsymbol{b}_s^{(k)}$ 的随机初始化是不同的，进一步提高了多头机制中各单头注意力的区分度。

第 k 个单头注意力系数 $\alpha_{s,ij}^{(k)}$ 需要通过激活函数 SoftMax 将重要性分数 $e_{s,ij}^{(k)}$ 进行归一化计算获取，计算公式为

$$\alpha_{s,ij}^{(k)} = \frac{\exp\left(e_{s,ij}^{(k)}\right)}{\sum_{n=1}^{N} \exp\left(e_{s,in}^{(k)}\right)} \tag{3.5}$$

空间注意力层的输出是 K 个平行单头的拼接，表示为

$$\boldsymbol{x}_i' = \underset{k=1}{\overset{K}{\|}} \sigma\left(\sum_{n=1}^{N} \alpha_{s,in}^{(k)} f_{s,3}^{(k)}(\boldsymbol{x}_n)\right) \tag{3.6}$$

式中，$\boldsymbol{x}_i' \in \Re^{F'}$ 为传感器 s_i 的层输出；$\|$ 表示拼接；$f_{s,3}^{(k)}(\boldsymbol{x}_n) \in \Re^{\frac{F'}{K}}$ 为对层输入 $\boldsymbol{x}_n$ 进

行线性映射获得的值向量，$f_{s,3}^{(k)}(\bm{x}_i) = \bm{W}_{s,\text{value}}^{(k)} \bm{x}_i$ 为权重矩阵 $\bm{W}_{s,\text{value}}^{(k)} \in \Re^{\frac{F'}{K} \times F}$ 与输入特征的计算结果；$\sigma(\cdot)$ 为激活函数 ELU，计算公式为

$$\sigma(x) = \begin{cases} x, & x \geqslant 0 \\ e^x - 1, & x < 0 \end{cases} \tag{3.7}$$

最后，连接平行的 K 头注意力获取层输出。

2) 时间注意力层

传感器的数据通常在不同的时间点上具有相关性，对于桥梁结构响应的趋势项数据，其变化主要与温度相关，不同测点的温度荷载效应具有时间滞后效应，挖掘数据的时间关联对不良数据的重构具有重要意义。

注意力机制在处理信息时主要关注的是输入数据的特征，而不是它们的位置，输入数据被表示为向量，通过计算其与其他输入数据之间的相似性来确定哪些数据应该接收更多的注意力。这种相似性计算通常只考虑输入数据之间的特征相似性，而忽略了它们的位置信息。因此，在时间序列建模等需要考虑位置关系的问题中，可以通过引入位置编码，令模型理解时间序列的结构和顺序。在时间注意力层中，多个连续时间点的输入被聚合到最靠后的一个时间点中，同时令基于注意力机制的特征提取考虑了时序上的先后关系。

对于每个传感器，时间注意力层的输入和输出分别表示为

$$\begin{cases} \bm{Y} = [\bm{y}_1 \ \bm{y}_2 \ \cdots \ \bm{y}_N] \in \Re^{C \times N}, & \bm{y}_l \in \Re^C, \quad l = 1, 2, \cdots, N \\ \bm{Y}' = [\bm{y}'_1 \ \bm{y}'_2 \ \cdots \ \bm{y}'_N] \in \Re^{C' \times N}, & \bm{y}'_l \in \Re^{C'}, \quad l = 1, 2, \cdots, N \end{cases} \tag{3.8}$$

式中，C 和 C' 分别为输入和输出的维度；$\bm{y}_l$ 和 $\bm{y}'_l$（$l = 1, 2, \cdots, N$）分别为第 l 个时间点的输入和输出。

时间注意力层的多头并行计算如图 3.5 所示。类似地，第 k 个单头的线性映

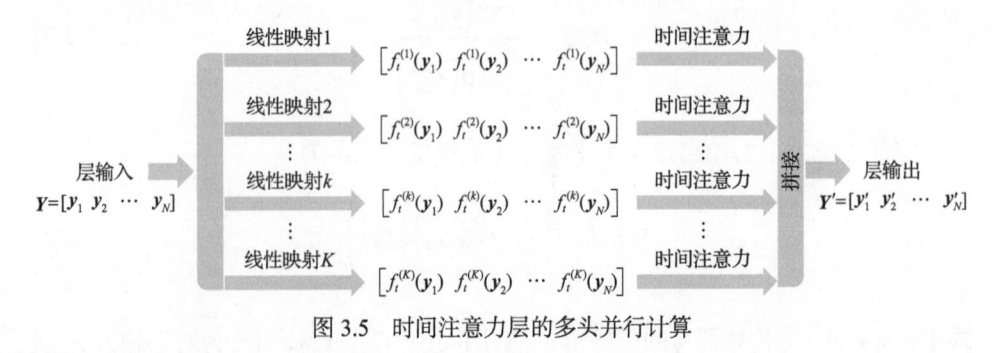

图 3.5 时间注意力层的多头并行计算

射表示为 $f_{t,1}^{(k)}(\cdot)$、$f_{t,2}^{(k)}(\cdot)$ 和 $f_{t,3}^{(k)}(\cdot)$，分别对应注意力机制中的查询向量、键向量和值向量，用 $f_t^{(k)}(\cdot)$ 总体表示这三种线性映射。

对于第 k 个单头，利用点乘计算时间点 t_j 对时间点 t_i 的重要性分数 $e_{t,ij}^{(k)}$，计算公式为[5]

$$e_{t,ij}^{(k)} = \left(f_{t,1}^{(k)}(\mathbf{y}_i)\right)^{\mathrm{T}} f_{t,2}^{(k)}(\mathbf{y}_j) \tag{3.9}$$

式中，$\mathbf{y}_i \in \Re^C$ 为时间注意力层中时间点 t_i 的输入特征；$f_{t,1}^{(k)}(\mathbf{y}_i) \in \Re^{\frac{C'}{K}}$ 为对目标时间点 t_i 的特征 $\mathbf{y}_i$ 的线性映射；$f_{t,2}^{(k)}(\mathbf{y}_j) \in \Re^{\frac{C'}{K}}$ 为对源时间点 t_j 的特征 $\mathbf{y}_j$ 的线性映射。

注意力系数 $\alpha_{t,ij}^{(k)}$ 同样通过激活函数 SoftMax 将重要性分数 $e_{t,ij}^{(k)}$ 进行归一化计算获得，计算公式为

$$\alpha_{t,ij}^{(k)} = \frac{\exp\left(e_{t,ij}^{(k)}\right)}{\sum_{l=1}^{L}\exp\left(e_{t,il}^{(k)}\right)} \tag{3.10}$$

最终时间注意力层的输出是 K 个平行单头的拼接，表示为

$$\mathbf{y}_i' = \bigg\|_{k=1}^{K} \sigma\left(\sum_{l=1}^{L} \alpha_{t,il}^{(k)} f_{t,3}^{(k)}(\mathbf{y}_l)\right) \tag{3.11}$$

式中，$\mathbf{y}_i' \in \Re^{C'}$ 为时间点 t_i 的层输出；$\|$ 表示拼接；$f_{t,3}^{(k)}(\mathbf{y}_l) \in \Re^{\frac{F'}{K}}$ 为对层输入 $\mathbf{y}_l$ 进行线性映射获得的值向量；$\sigma(\cdot)$ 为激活函数 ELU。

在每个时空注意力单元中，可以使用多个时间注意力层，以更好地捕捉时间相关性。

3.1.3 斜拉桥索力趋势项数据重构实例

1. 实际工程数据来源

以某双塔斜拉桥为例，如图 3.6 所示，结构监测系统于 2006 年建成，监测项目主要包括环境（温度、湿度和风）、车辆载荷、结构整体响应（桥面、索塔的位移和加速度）和结构局部响应（应变、索力和支承反力）。该斜拉桥包含 168 根斜拉索，上下游对称布置，每根斜拉索均配备了锚索计，采样频率为 2Hz。

○ 索力传感器　　○ 温度传感器

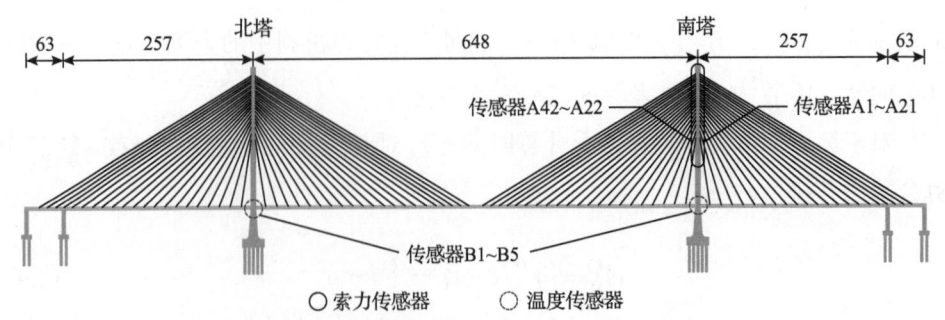

图 3.6　斜拉桥索力及温度传感器测点布置（单位：m）

为从实测结构响应中分离出趋势项和车致项数据，可采用基于高斯核密度估计（Gaussian kernel density estimation，GKDE）的结构响应分解方法。高斯核密度估计是一种基于核函数的非参数概率密度估计方法，常用于从有限样本中推断数据分布的形态，通常使用多个高斯核函数的加权平均来逼近未知分布。给定一个由 n 个独立同分布样本构成的数据集 $x_1, x_2, \cdots, x_n$，高斯核密度估计公式为

$$\hat{f}(x) = \frac{1}{n} \sum_{i=1}^{n} K_h(x - x_i) = \frac{1}{nh} \sum_{i=1}^{n} K\left(\frac{x - x_i}{h}\right) \quad (3.12)$$

式中，n 为样本量；$x_1, x_2, \cdots, x_n$ 为样本点；$K_h(x)$ 为带宽为 h 的高斯核密度函数，定义为

$$K_h(x) = \frac{1}{\sqrt{2\pi}h} \exp\left(-\frac{x^2}{2h^2}\right) \quad (3.13)$$

式中，h 为带宽，控制着核函数的宽度。

高斯核密度估计 $\hat{f}(x)$ 表示在位置 x 处的密度值的估计，通常被视为未知分布 $f(x)$ 的一个良好近似。结构响应趋势项变化主要受温度影响，变化速度缓慢，可以假定一段时间内的响应趋势项为恒定值。取一段监测数据，利用高斯核密度估计方法可以对结构响应数据的概率分布进行统计和拟合。以典型的索力监测数据为例，结构响应趋势项和车致项数据的解耦如图 3.7 所示，其中，车致项数据主要是围绕趋势项数据的某一侧波动，上下两侧的波动幅度不均匀，在这种情况下直接使用滑动平均等方法容易造成趋势项数据的错估。如图 3.7(a)所示，取一段时间内的索力监测数据，可以利用高斯核密度估计方法对索力概率分布进行拟合，根据概率密度峰值的横坐标计算结构响应的趋势项数据。对于一些特殊时段，如出现堵车问题时，缓慢甚至停止运行的车辆成为静态荷载，难以准确提取趋势项数据，可结合中值滤波算法和滑动平均滤波算法，剔除这些时段的离群值，获取

第 3 章 桥梁结构健康监测系统的不良数据重构方法

平滑估计。

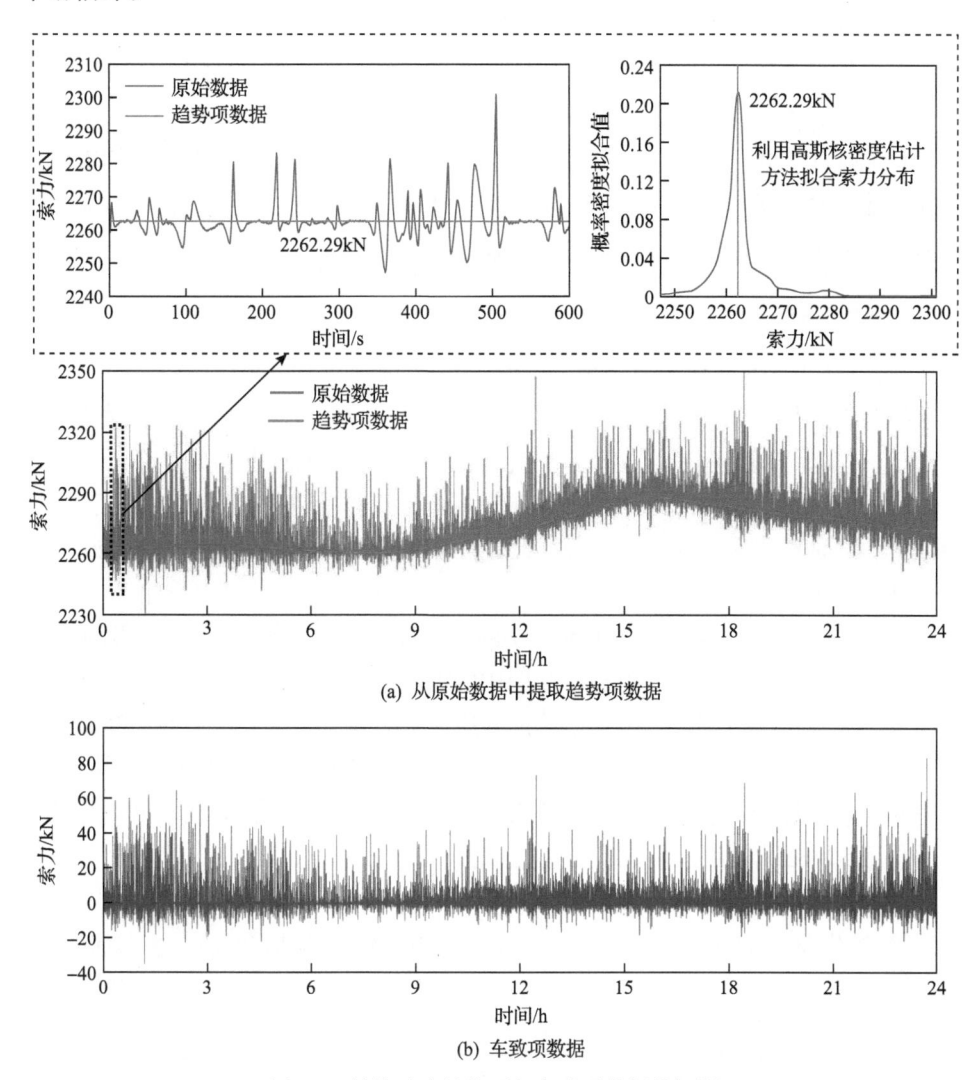

(a) 从原始数据中提取趋势项数据

(b) 车致项数据

图 3.7 结构响应趋势项与车致项数据的解耦

本节实例分析了 2006 年 5 月~2008 年 6 月的监测数据,考虑到后期南塔趋势项数据缺失和失效问题较为严重,选择南塔的 42 根索的索力趋势项数据作为研究对象,每 10min 取 1 个数据点表示趋势项。该监测系统在使用过程中出现不良数据的传感器逐渐增多,在使用五年后,大量传感器出现故障,而这些传感器的更换成本高且耗时。由于该索力监测系统具有很高的冗余性,可以利用传感器的空间关联重构缺失或异常的索力。索力趋势项数据在一定程度上反映了恒荷载和外部环境的变化状况,尤其与温度密切相关,因此除可用的同类索力监测数据外,温度也可以作为索力趋势重构中的相关异类数据。

监测数据在第一年处于正常状态，但是在 2007 年底发现了异常情况。传感器 A20 存在信号漂移，而传感器 A4 和 A39 的信号变化幅度在 2007 年 11 月后变得非常小，将这些传感器作为重构目标，正常传感器 A42 也作为重构目标，检验模型的长期性能。最后，使用 38 个索力传感器和 5 个温度传感器的监测数据重建上述 4 个索力传感器的趋势项数据。在模型训练中，考虑到数据变化幅度较大，已将索力趋势项和温度数据进行了标准化处理，有助于方法性能的评估。

2. 趋势项数据重构结果

以 2007 年 2 月之前的监测数据为参考数据，其中，以 2007 年 1 月 19 日之前的数据为训练集，以 2007 年 1 月 20 日～2007 年 2 月 28 日的数据为测试集，验证模型性能。训练过程中，使用 k 折交叉验证方法，将训练集分成 k 个子集，每次 $k-1$ 个子集被用作训练集，而其余 1 个子集被用作验证集；每个子集轮流充当验证集，共训练了 k 个模型。k 折交叉验证方法可以充分利用数据，更好地评价模型性能，本实例中 k 为 5。

由于传感器 A4、A20、A39 和 A42 的信号被视为缺失数据，在时空图注意力网络的第一层中，相应的顶点被视为图中的汇。本实例中，考虑到计算精度和计算成本，经过超参数调整，网络结构的时空注意力单元数为 2，而空间注意力层和时间注意力层的多头注意力机制选取参数 $K=4$，即 4 个平行的单头拼接计算。在空间注意力层中，利用温度数据和索力数据计算注意力系数。在模型训练过程中，采用 RMSE 作为损失函数。

索力趋势项数据重构结果如图 3.8 所示。传感器 A4、A20、A39 和 A42 的相关系数 R^2 分别为 0.9416、0.8898、0.9845 和 0.9763，平均拟合优度达到 0.9481。由于训练集包含了近一年的训练数据并涵盖了广泛的温度范围，只要结构与系统特性保持稳定，重构精度就能得到保证。而传感器 A42 作为正常传感器，其重构信号与实测信号相比长期保持很高的精度，证明了方法的有效性。传感器 A4、A20 和 A39 的重构索力趋势与第一年的变化趋势类似，由于传感器 A20 出现了信号漂移，如果忽略数据的长期漂移，重构值与监测值的短期变化是一致的。

3. 趋势项数据重构精度对比

本小节对利用时空注意力机制和异类监测数据融合方法的有效性进行评估，对比几种常用注意力系数计算公式的在模型中的使用效果，并讨论温度监测数据对提高重构精度的影响。

(1) 方法 1。基准模型，利用全连接网络建立数据的时空关联。

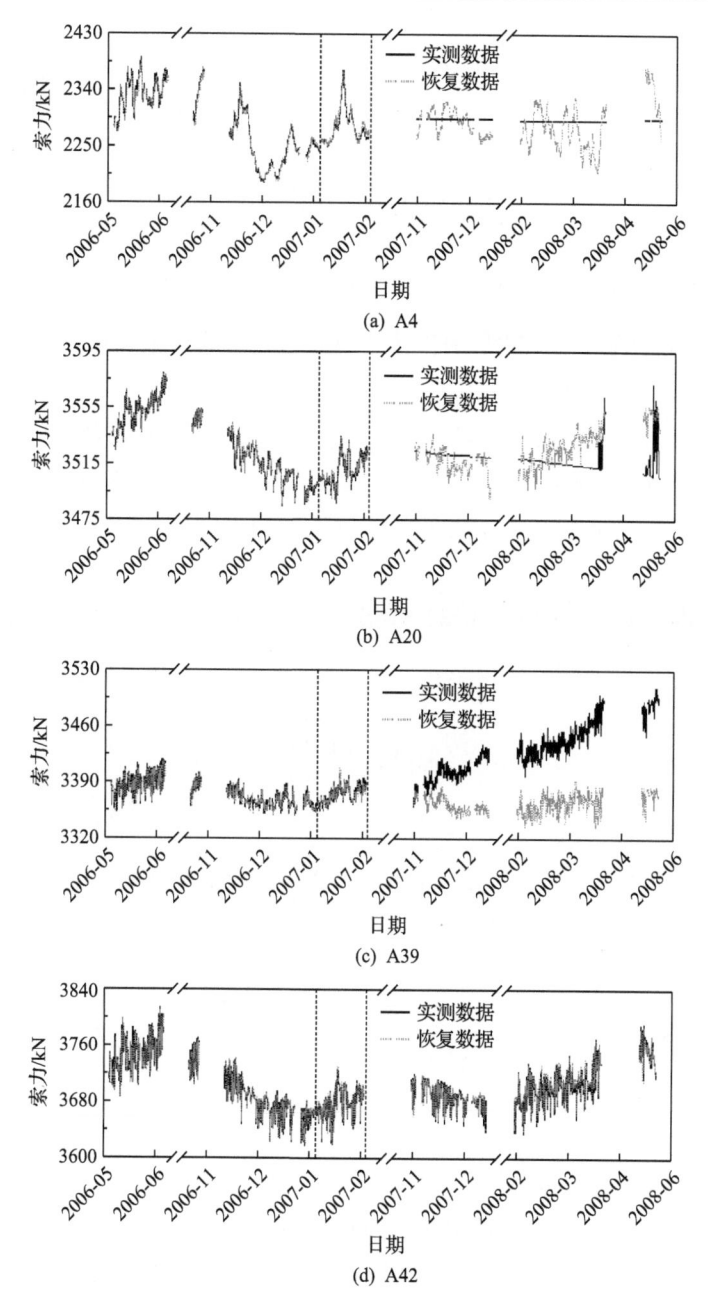

图 3.8 索力趋势项数据重构结果

(2)方法 2。数据时空关联采用注意力机制建模。为了验证不同注意力机制计算公式的表现，在空间注意力层中比较了常用的三种注意力系数计算方法，包括点积注意力工况、拼接注意力工况和加法注意力工况，计算公式为

$$e_{ij} = \begin{cases} (f_1(\boldsymbol{x}_i))^{\mathrm{T}} f_2(\boldsymbol{x}_j), & \text{点积} \\ \boldsymbol{a}^{\mathrm{T}} \left[f_1(\boldsymbol{x}_i) \| f_2(\boldsymbol{x}_j) \right], & \text{拼接} \\ \boldsymbol{v}^{\mathrm{T}} \sigma \left(f_1(\boldsymbol{x}_i) + f_2(\boldsymbol{x}_j) \right), & \text{加法} \end{cases} \quad (3.14)$$

式中，e_{ij} 为重要性分数；$f_1(\boldsymbol{x}_i) \in \Re^{F'}$ 为 $\boldsymbol{x}_i \in \Re^F$ 的线性映射；$f_2(\boldsymbol{x}_j) \in \Re^{F'}$ 为 $\boldsymbol{x}_j \in \Re^F$ 的线性映射；$\boldsymbol{a} \in \Re^{2F'}$ 为拼接注意力公式中的权重向量；$\boldsymbol{v} \in \Re^{F'}$ 为加法注意力公式中的权重向量。

拼接注意力公式和加法注意力公式方法是相似的，其中拼接注意力公式的参数量是加法注意力公式的 2 倍。时间注意力层都采用点积计算方法。

(3)方法 3。相比方法 2，将异类监测数据引入空间注意力系数的计算，如式(3.4)所示。

采用标准化索力趋势项数据的 RMSE、MAE 和 R^2 作为评价指标，计算公式分别为

$$\mathrm{RMSE}(\boldsymbol{y}, \hat{\boldsymbol{y}}) = \sqrt{\frac{1}{N} \sum_{i=1}^{N} (y_i - \hat{y}_i)^2} \quad (3.15)$$

$$\mathrm{MAE}(\boldsymbol{y}, \hat{\boldsymbol{y}}) = \frac{1}{N} \sum_{i=1}^{N} |y_i - \hat{y}_i| \quad (3.16)$$

$$R^2(\boldsymbol{y}, \hat{\boldsymbol{y}}) = 1 - \frac{\sum_{i=1}^{N} (y_i - \hat{y}_i)^2}{\sum_{i=1}^{N} (y_i - \bar{y})^2} \quad (3.17)$$

式中，$\boldsymbol{y}$ 和 $\hat{\boldsymbol{y}}$ 为实测数据和预测数据；$\bar{y}$ 为实测数据的平均值。

各数据重构方法计算的评价指标对比如表 3.1 所示。可以看出，采用注意力机制建立时空依赖关系的方法在准确性上实现了明显的改进。点积注意力工况、拼接注意力工况和加法注意力工况的表现相似，表明这些注意力机制对结构健康监测数据的关联建模效果均较为良好。在本节中，选择加法注意力公式计算空间注意力层中的注意力系数，因为这种方法更便于在计算公式的权重向量中引入异类数据。

第 3 章　桥梁结构健康监测系统的不良数据重构方法　　　　　　　　　　·89·

表 3.1　各数据重构方法计算的评价指标对比

方法	RMSE	MAE	R^2
1	0.1765	0.1192	0.9143
2-1	0.1484	0.1000	0.9470
2-2	0.1486	0.0991	0.9474
2-3	0.1480	0.0996	0.9477
3	0.1459	0.0980	0.9481

对比方法 2 和方法 3，可以看出，将温度引入空间注意机制中能给索力趋势项的重构精度带来一定程度的提升，表明了这种多源数据融合方式的有效性，但在该实例中，精度提升的幅度较小，RMSE 仅从 0.1480 提升到 0.1459 左右，而拟合度的提升相比方法 2-3 更是微乎其微。

各数据相关性分析结果如图 3.9 所示，可以看出，索力趋势项和温度数据之间高度相关（相关系数在 0.9 以上），正常传感器的索力中已经包含了与温度的高相关数据信息。因此，引入温度数据并不能显著提高索力趋势项的重构精度。

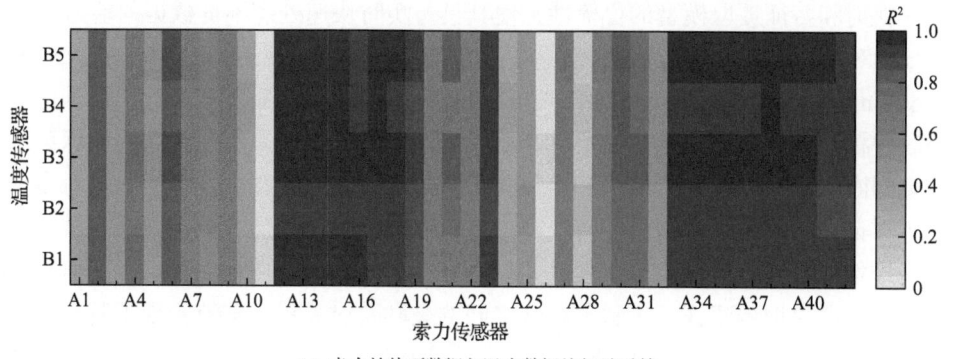

(a) 索力趋势项数据与温度数据的相关系数

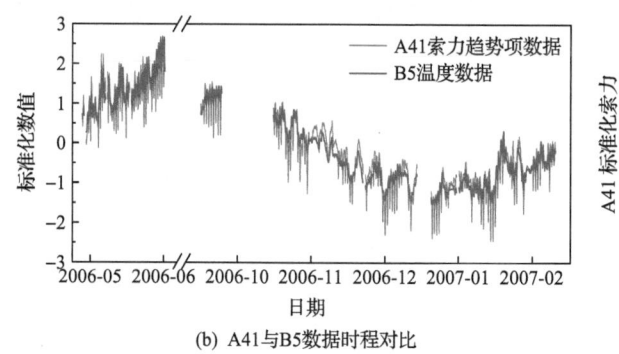

(b) A41与B5数据时程对比

(c) A41与B5的相关性

图 3.9　各数据相关性分析结果

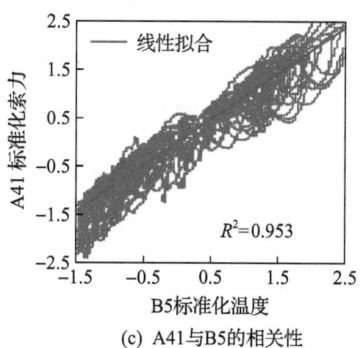

3.2 基于降噪自编码器的不良车致项数据鲁棒重构

无论对于公路桥梁还是铁路桥梁，从结构健康监测系统中获取的车辆荷载响应数据都非常有价值。一方面，车辆荷载是桥梁在服役期间最重要的外部荷载之一，与结构的安全息息相关；另一方面，由车辆荷载引起的结构响应是一种快速变化的活载效应，可在短时间内进行识别与分析，适用于注重实时性的状态评估。在车辆荷载作用下，桥上不同传感器测点记录了反映桥梁构件局部力学特性的结构响应，这些监测数据之间具有时空相关性。建立车致结构响应的映射关系，提取车致项数据的关联特征，有助于识别车致项模式，为结构健康诊断与状态评估提供基础。与趋势项数据一样，车致项数据的关联映射和特征提取在很大程度上也依赖于数据的完整性，而在结构健康监测系统中普遍存在采集模块缺陷、传感器故障和信号传输中断等因素造成的数据缺失与间断问题，一些测点也存在信噪比过低等信号质量问题，这些不良信号影响了数据驱动结构健康诊断方法的适用性。相比趋势项数据的缓变特点，为了发挥车致项数据分析的实时性，需要提升关联映射和特征提取模型的鲁棒性，使其具备实时快速处理不良数据的能力。

针对上述问题，本节利用一维卷积降噪自编码器(one-dimensional convolutional denoising autoencoder，1D-CDAE)，通过数据重构的形式对不良车致项数据进行关联建模，并提取原始数据的鲁棒压缩特征表示[6]。本节采用针对性的训练策略处理间断信号、连续缺失信号和离散缺失信号等不良监测数据，令编码器对多个传感器记录的车致项数据进行特征降维，获取鲁棒的瓶颈层特征，并通过解码器将降维特征重构到原始输入空间，实现不完整、带噪声数据到完整、干净信号的重构，自适应地构建任意传感器组合之间的关联映射关系。本节实现了基于不完整监测数据的关联建模和特征降维，为结构状态评估提供良好的基础并可以用于评估各类传感器组合对特定监测项目的重要性，为传感器网络的维护工作提供依据。

3.2.1 基于降噪自编码器的车致项数据的鲁棒重构与特征降维

1. 自编码器与降噪自编码器

自编码器是一种无监督学习的数据压缩和特征降维方法，它由一个编码器和一个解码器组成，如图3.10(a)所示，编码器和解码器通常都由神经网络层构成，其中编码器将输入数据压缩成一个低维度的表示，解码器将该表示解压缩为原始数据。自编码器的目标是最小化重建误差，即输入数据和重建数据之间的差异，这可以通过最小化重建损失函数来实现，如数值的均方误差或类别的交叉熵损失

函数。自编码器的计算可以表示为

$$h = \text{encoder}(x) \tag{3.18}$$

$$\hat{x} = \text{decoder}(h) \tag{3.19}$$

式中，x 和 $\hat{x}$ 分别为自编码器的输入和输出；h 为瓶颈层的压缩特征。

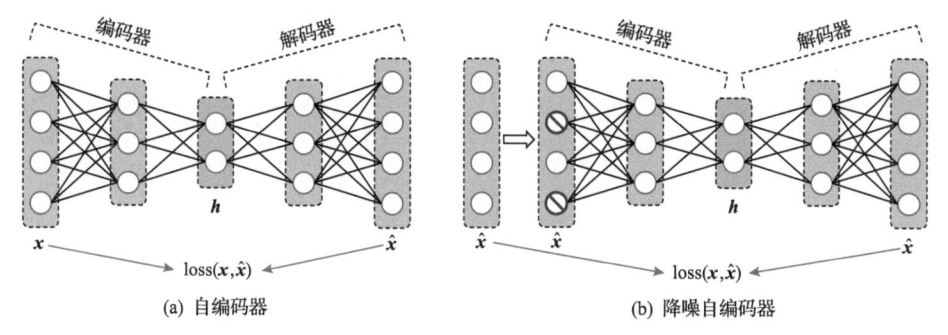

(a) 自编码器

(b) 降噪自编码器

图 3.10　自编码器和降噪自编码器的网络结构

自编码器的瓶颈层是指编码器和解码器之间的中间层，也就是低维度的表示，它是自编码器的核心部分。瓶颈层的维度通常比输入数据的维度低，这意味着自编码器必须学习到一种压缩表示，以保留输入数据的关键信息。如果瓶颈层的维度太高，自编码器就会失去其压缩数据的能力，而如果瓶颈层的维度太低，自编码器就会丢失过多的信息，导致重建数据的质量下降。瓶颈层的大小取决于输入数据的复杂性和任务的要求，在训练自编码器时，通常需要进行调整和优化，以找到最佳的瓶颈层大小。卷积自编码器则以 CNN 作为编码器和解码器，常用于二维图像和一维信号的特征提取。

降噪自编码器是一种特殊的自编码器，"降噪"的学习目标是去除输入数据中的缺失和噪声，并生成干净的数据。如图 3.10(b)所示，它通过在输入数据中添加噪声或对部分输入进行破坏，将其作为训练数据，以学习一种压缩表示，并在解码器中生成干净、完整的数据。其训练过程包括：向输入数据中添加噪声，如高斯噪声或均匀噪声，或者是将部分输入进行破坏；将添加噪声或部分被破坏的数据输入自编码器中，并使用重建损失函数来最小化输入数据和重建数据之间的差异；调整自编码器的参数，以最小化重建损失函数。通过这种训练方式，降噪自编码器在测试阶段可以用于去除输入数据的噪声，从而生成干净的数据。

2. 一维卷积降噪自编码器

车致响应涉及结构健康监测系统中多个传感器测点数据，是一个多通道时序问题，本节利用一维卷积层进行时间序列建模，将带残差连接的卷积层和反卷积层分别用于编码器的特征压缩和解码器的数据重构，并通过对输入进行不同形式的随机破坏训练降噪自编码器。

在桥梁健康监测系统中，N 个传感器记录的片段信号长度均为 L，表示为 $X \in \Re^{N \times L}$。如图 3.11 所示，采用一维卷积降噪自编码器，利用随机破坏的不完整数据重构完整数据，解决车致项数据的鲁棒关联映射问题。一维卷积降噪自编码器包括编码器和解码器两部分，都由一维卷积层组成，编码器和解码器的计算分别表示为非线性的映射 $f_\theta(\cdot)$ 和 $g_{\theta'}(\cdot)$，θ 和 θ' 表示参数。

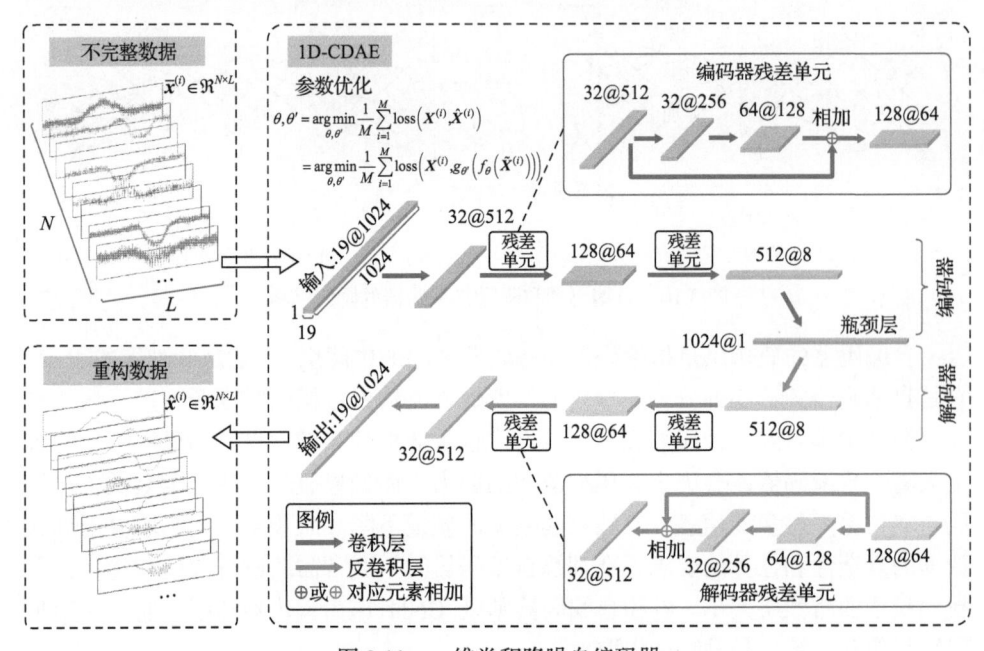

图 3.11 一维卷积降噪自编码器

信号 X 被部分破坏并添加额外噪声，作为编码器的输入，表示为 $\tilde{X} \in \Re^{N \times L}$。如图 3.11 所示，一些传感器的信号被全部或部分破坏。编码器 $f_\theta(\tilde{X})$ 将被破坏的输入映射到一个低维空间，获取瓶颈层的特征 $h \in \Re^F$；解码器 $g_{\theta'}(h)$ 将瓶颈层特征映射到与初始输入维度相同的结果，获取输出 $\hat{X} \in \Re^{N \times L}$。1D-CDAE 的任务就是将被破坏的信号映射到完整重构信号，通过优化参数 θ 和 θ' 以最小化重构误差，计算公式为

$$\begin{aligned}\theta, \theta' &= \underset{\theta, \theta'}{\arg\min} \frac{1}{M} \sum_{i=1}^{M} \text{loss}\left(X^{(i)}, \hat{X}^{(i)}\right) \\ &= \underset{\theta, \theta'}{\arg\min} \frac{1}{M} \sum_{i=1}^{M} \text{loss}\left(X^{(i)}, g_{\theta'}\left(f_\theta\left(\tilde{X}^{(i)}\right)\right)\right)\end{aligned} \quad (3.20)$$

式中，M 为训练样本数量；$\text{loss}(X^{(i)}, \hat{X}^{(i)})$ 为第 i 个训练样本的重构误差。

每次训练的优化过程中，信号的破坏方式都是随机的，强制令 1D-CDAE 处理各种类型的不完整信号类型，并完成信号重构与降噪的任务。为了实现这一目标，编码器必须在给定不同的有损输入时提取鲁棒的瓶颈层特征，以使解码器生成完整信号。

编码器的任务是提取原始输入的深层特征，并输出到瓶颈层。采用一维 CNN 处理车致挠数据时间序列，通过卷积计算聚合相邻时间步的局部特征。卷积运算具有局部连接和参数共享的特点，可采用更少的网络参数提取信号时域特征。编码器采用步长大于 1 的一维卷积层，在卷积运算的同时减短时序长度。卷积层的计算表示为

$$z_d(t) = \sigma\left(\sum_{i=1}^{k}\sum_{j=1}^{c} w_d(i,j) y(i + s(t-1), j)\right) \tag{3.21}$$

式中，$z_d \in \Re^{\frac{l}{2}}$ 为 d 通道的输出，$z_d(t)$ 为 d 通道第 t 个元素的值；$w_d \in \Re^{k \times c}$ 为第 d 个卷积核，尺寸为 k；$y \in \Re^{l \times c}$ 为输入的时间序列，长度为 l，通道数为 c；s 为卷积步长；$\sigma(\cdot)$ 为激活函数 ELU。

编码器中卷积步长为 2，因此各卷积层将时间序列长度减半。单个卷积层只能提取时间序列的局部特征，但从多层角度看相当于扩展了卷积的接受域，因此通过叠加多个一维卷积层可以提取更深层次和更全局的特征。数据的空间特征计算体现在通道域，输入的通道数量等于应力传感器的数量，而隐藏层中的通道数量随着自编码器层的加深而增加。在瓶颈层，时间序列长度减小到 1，而通道数量达到最大值，这即是对输入数据降维后的表示。

为了加快长时间序列上多层卷积的训练速度，自编码器采用了残差结构，除第一个和最后一个卷积层外，每 3 层设置一个残差连接，将浅层的特征直接传递到深层，从而使网络学习残差（即输入和输出之间的差异），避免深层网络的梯度消失和梯度爆炸问题，加快模型收敛。由于残差连接前后相隔 3 层、尺度不同，可以通过池化或卷积操作来改变该层的尺度，并使用适当的填充保证其与待相加的网络深层形状相同。在该模型中，残差连接包含了一个较大步长的卷积操作，卷积步长等于 8，将序列长度压缩为原始长度的 1/8。

解码器的任务是利用瓶颈层的特征重构出完整信号。为了将瓶颈特征恢复到初始输入空间，采用与编码器对称的网络结构获取输出。编码器中时间序列的长度在每个卷积层中减半；对称地，在解码器中使用一维反卷积使各层的时间序列长度翻倍。具体来说，在解码阶段利用反卷积层依次进行上采样和卷积，

首先对输入时间序列进行上采样和补零，获得新的序列，然后进行卷积计算，计算公式为

$$u(s(t-1)+i) = \begin{cases} y(t), & i=1 \\ 0, & 1<i\leqslant s \end{cases} \tag{3.22}$$

$$z_d(t) = \sigma\left(\sum_{i=1}^{k}\sum_{j=1}^{c} w_d(i,j)u(i+t-1,j)\right) \tag{3.23}$$

式中，$u \in \Re^{(s\times l)\times c}$ 为上采样计算获取的新序列，长度为 $s\times l$，s 为上采样步长；$y \in \Re^{l\times c}$ 为输入的时间序列；$z_d \in \Re^{s\times l}$ 为 d 通道的输出，$z_d(t)$ 表示 d 通道第 t 个元素的值；$w_d \in \Re^{k\times c}$ 为第 d 个卷积核；$\sigma(\cdot)$ 为激活函数 ELU，最后的输出层不采用激活函数。

类似地，在解码器部分也采用了残差学习方式，残差单元由 3 个带有残差连接的一维反卷积层组成，残差连接通过步长为 8 的上采样和一维卷积，将序列长度放大到原始长度的 8 倍。

3. 针对不良车致项数据的训练策略

下面讨论一般性的训练方法，令模型在不同的输入破坏条件下重构完整信号，并在训练样本本身有缺失信号的条件下完成训练过程。如图 3.12 所示，同一时间段内所有传感器的信号组成一个数据样本，N 个传感器的集合表示为 S，$S_i \in S$ 表示第 i 个传感器。对于某个训练样本，传感器可分为以下几类：

(1) S_0，表示信号本身就缺失的 N_0 个无效传感器的集合。

(2) S_{valid}，表示信号完整的 $N-N_0$ 个有效传感器的集合。根据训练阶段信号

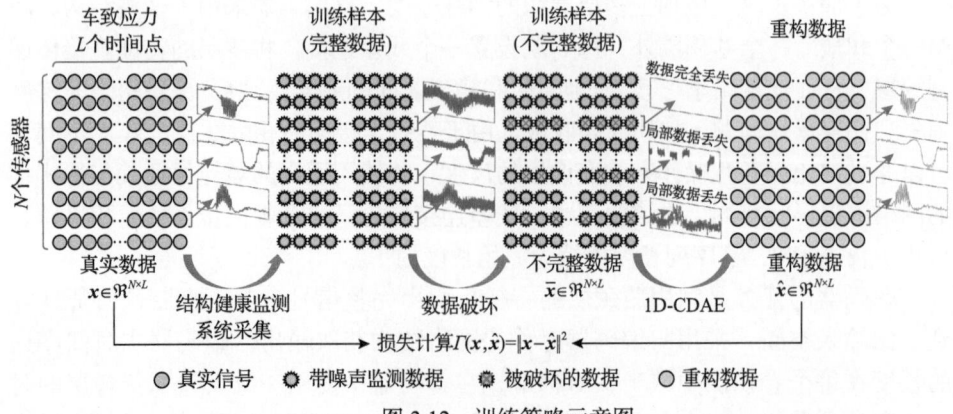

图 3.12 训练策略示意图

的随机破坏情况，有效传感器可进一步分为三类。

S_1 表示信号完全保留的 N_1 个传感器的集合；S_2 表示信号部分保留的 N_2 个传感器的集合；S_3 表示信号完全破坏的 N_3 个传感器的集合。每个训练样本中，$S_{\text{valid}} = S_1 \cup S_2 \cup S_3$。

在训练阶段，对于不同的训练样本，数据破坏的形式是完全随机的。具体来说，输入信号破坏的随机性体现在以下方面：

(1) 信号被破坏的传感器的数量是随机的。
(2) 对于所有的有效传感器，信号损坏比率是相同的。
(3) 对于信号部分破坏的传感器，信号丢失比率是随机的。

由于训练过程中的信号破坏操作是随机的，在网络经过良好的训练后，模型可以适应不同破坏条件下的不完全输入重构任务，实现模型的鲁棒性。在每个优化步骤中，被破坏信号填充为零信号。一般来说，信号破坏比率越大，需要越多的训练周期才能获得稳定的结果。

考虑到信号本身带噪声，原始带噪声信号表示为 $X^{\text{raw}} \in \Re^{N \times L}$，经预处理后的去噪信号表示为 $X \in \Re^{N \times L}$，作为最终的重构目标。本节以原始带噪声信号作为输入，破坏后的输入信号表示为 $\tilde{X}^{\text{raw}} \in \Re^{N \times L}$。对于本身有信号缺失的训练样本，优化目标为最小化重构误差 $\text{loss}(X_{\text{valid}}, \hat{X}_{\text{valid}})$，其中 $X_{\text{valid}} \in \Re^{(N-N_0) \times L}$ 和 $\hat{X}_{\text{valid}} \in \Re^{(N-N_0) \times L}$ 表示有效的传感器降噪信号和重构信号。RMSE 用作损失函数，表示为

$$\text{RMSE}(X_{\text{valid}}, \hat{X}_{\text{valid}}) \\ = \sqrt{\frac{1}{(N-N_0)L} \sum_{i=1}^{S_{\text{valid}}} \sum_{j=1}^{L} \left(X_{\text{valid}}(i,j) - \hat{X}_{\text{valid}}(i,j)\right)^2} \tag{3.24}$$

式中，$X_{\text{valid}}(i,j)$ 为第 i 个传感器在时间 j 的真实值；$\hat{X}_{\text{valid}}(i,j)$ 为第 i 个传感器在时间 j 的重构值。

本节定义的损失函数仅计算正常数据点，缺失数据将不参与模型优化，因此本身存在部分数据缺失的训练样本仍可用于模型训练。

本节同样可以用于趋势项数据，但考虑到趋势项数据本身基本不受局部信号随机缺失、突变值和噪声问题影响，主要用于基本的特征压缩和某些传感器完全缺失条件下的数据重构。

3.2.2 铁路钢桁梁桥不良车致应力数据鲁棒重构实例

1. 实际工程数据来源

车致项数据挖掘在铁路桥梁安全评估中起着至关重要的作用，在结构健康监

测系统中，应力/应变是最成熟和有效的监测项目之一，用于承载能力计算、疲劳评估和关键部件维护。车致应力是一种局部响应，同时考虑到过桥列车较长、运行速度较为恒定且各车厢轴重分布有规律性，不同测点中的列车车致应力在全局上也存在一定程度的相关性。例如，轮轨力只会显著影响附近的应变传感器，而不同位置的应力峰值存在时间滞后现象。考虑到固有的时空相关性，数据驱动的列车车致应力建模有助于荷载效应模式识别和铁路桥梁的状态评估。

以某高速铁路桥梁为例，如图3.13(a)所示，该桥是一座公路和铁路两用桥梁，具有四条铁路轨道和六车道公路，其中铁路轨道位于下层桥面。主桥采用跨度为128m+3×180m+128m的连续钢桁架梁，钢桁架梁有三个主桁架，相邻桁架的中心距离为14.65m。该桥的结构健康监测系统包括以下监测项目：环境条件、结构温度、位移、应力、动力响应和结构耐久性。在结构构件的关键位置采用 MOI OSC3155 光纤布拉格光栅应变传感器（量程为±2500με，灵敏度约为1.2με）和 MOI SI255 光纤布拉格光栅解调器进行应力监测。如图3.13(b)所示，根据传感器位置，监测应力主要可分为三类：主梁应力（上弦杆、腹杆和下弦杆应力）、加劲杆应力和立柱应力。

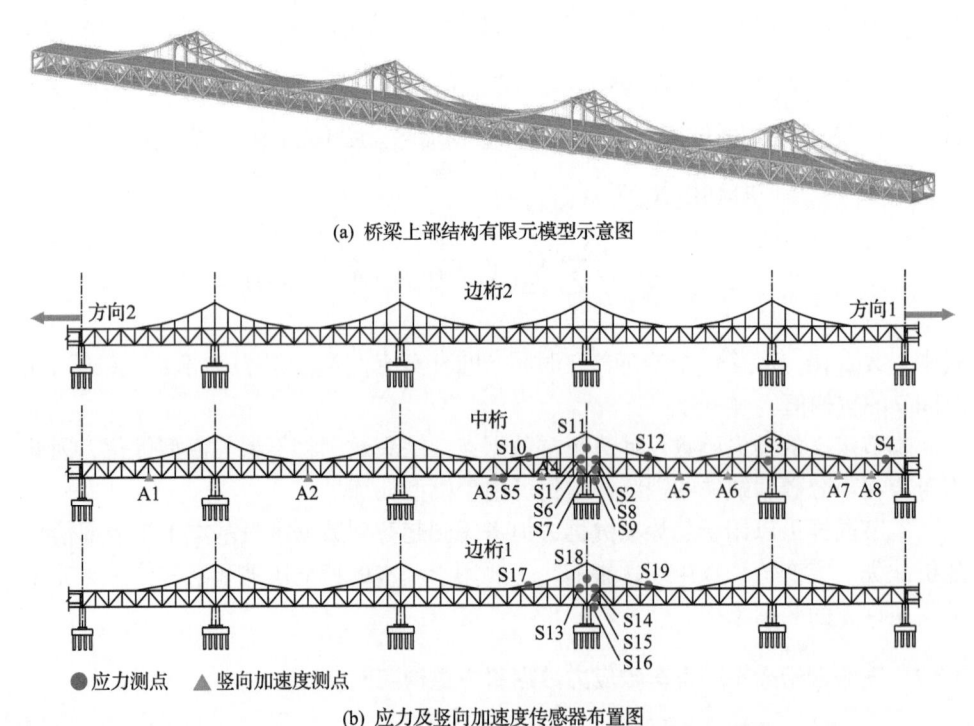

(a) 桥梁上部结构有限元模型示意图

(b) 应力及竖向加速度传感器布置图

图3.13 高速铁路桥梁上部结构及传感器布置示意图

利用 2018 年 10 月和 2019 年 2 月期间 19 个应力测点(S1~S19)的车致应力数据验证本节不良车致项数据鲁棒重构方法的有效性，并根据竖向加速度测点(A1~A8)的车致加速度数据判断荷载工况。在此期间，桥梁为客运列车开放了两条上游轨道(轨道Ⅰ和Ⅱ)，而货运列车所在的两条下游轨道(轨道Ⅲ和Ⅳ)尚处于关闭状态。

图 3.14 为 2018 年 10 月 14 日应力传感器 S5 和 S15 的典型应力监测情况，其中"窄峰"代表列车引起的结构响应。可以看出，由于传感器位置的车致应力较小，监测应力数据的信噪比较低。"窄峰"的放大视图还说明列车轴载能够在监测应力数据中产生明显的极值。

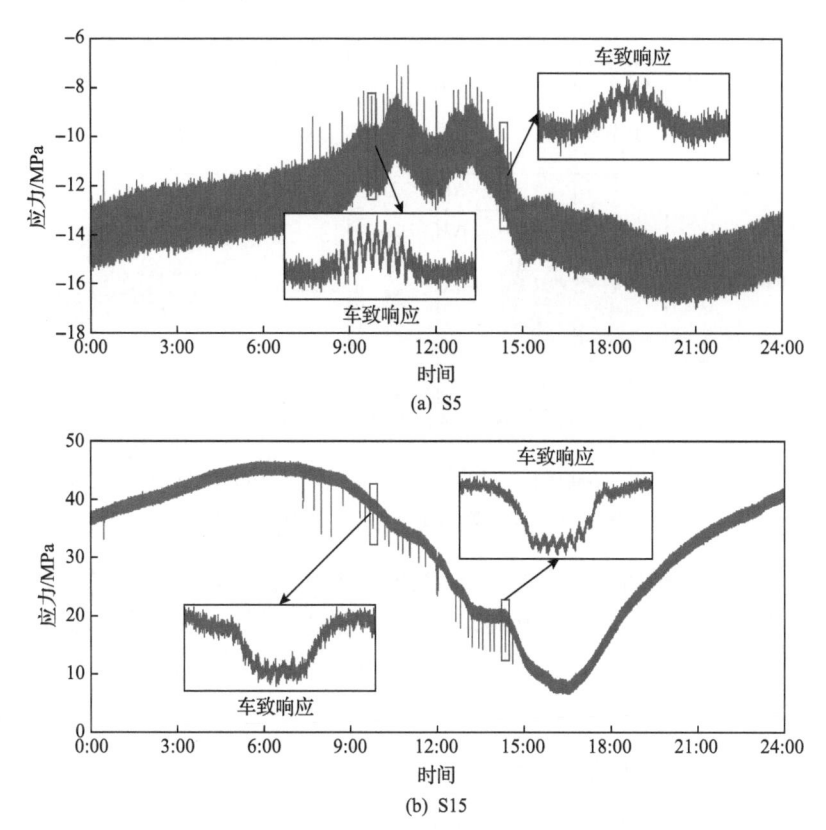

(a) S5

(b) S15

图 3.14　2018 年 10 月 14 日应力传感器 S5 和 S15 的典型应力监测情况

由于该时段仅有两条客运轨道，且方向相反，下面用方向 1 和方向 2 表示两种运行轨道不同的工况。考虑到有两种客运列车(8 节和 16 节)，总共可以分为四种列车荷载条件：①方向 1，16 节客运列车；②方向 1，8 节客运列车；③方向 2，16 节客运列车；④方向 2，8 节客运列车。可以利用传感器 A1、A3、A7 的竖向加速度数据的响应顺序和时序上的信号重叠情况判断方向和车厢数。不同列车荷载工况的加速度响应如图 3.15 所示。首先根据传感器 A1 和 A7 的响应顺序判断列车运行方向，然后考察响应的重叠情况，由于 A1 与 A3、A3 与 A7 间距离介于 8 节和 16 节车厢长度之间，如果存在图 3.15(a)、(c)虚线框中明显的信号重叠区域，则为 16 节工况，否则为 8 节工况。

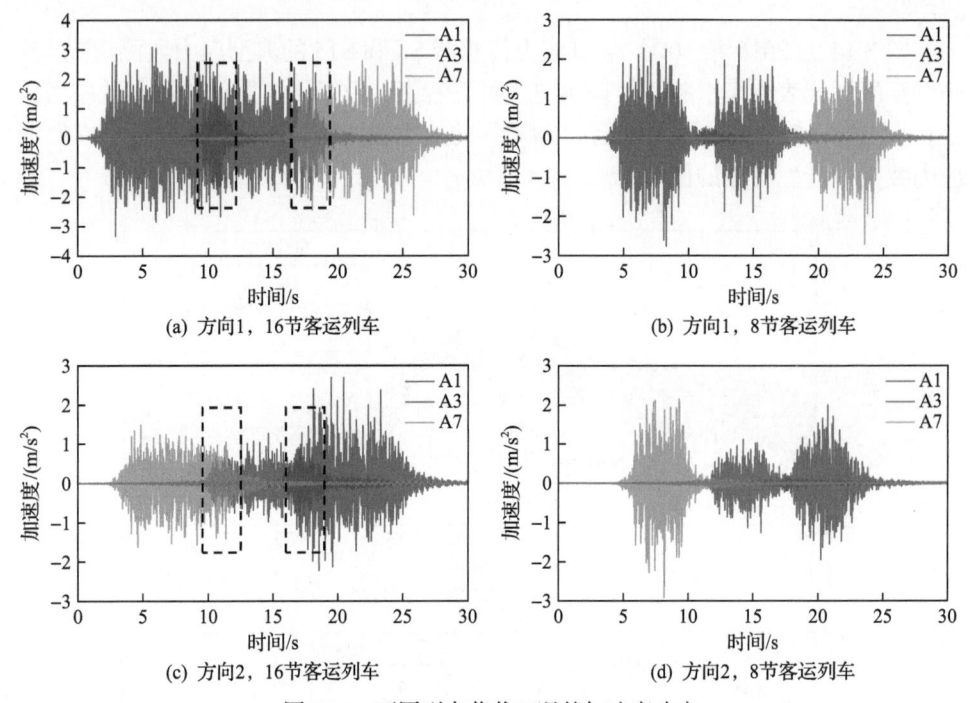

图 3.15　不同列车荷载工况的加速度响应

对荷载工况分类后，即可选用对应时段的车致应力监测数据。在本实例中，共使用了 820 段过车引起应力响应，这些监测数据片段的 19 个传感器是完全的，但传感器信号都带有噪声，且各段数据中记录的过车响应未必完整，很多只包含了列车过桥的一小段时间。

2. 车致应力的鲁棒重构结果与讨论

结合本节方法与列车荷载响应特点，进行高速铁路桥梁车致应力建模。高速铁路桥梁车致应力关联建模流程如图 3.16 所示。在荷载工况分类的基础上，选取特定形式的荷载工况进行分析，可以减少不确定性，令模型专注于特定模式的数据关联挖掘，而该实例选取了方向 1、8 节客运列车的工况作为结果说明。在数据量不足的情况下，荷载工况分类也可以为数据交叉验证的分层抽样提供依据，保证各类荷载工况在训练集和验证集有相近的占比。

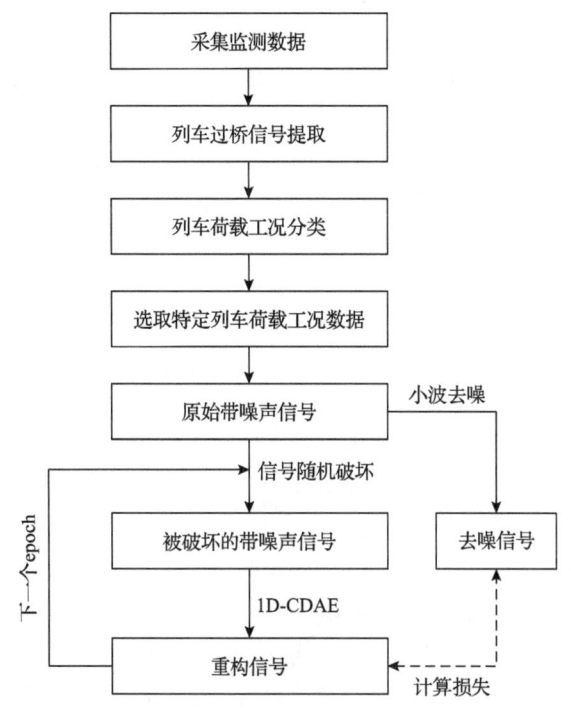

第 3 章 桥梁结构健康监测系统的不良数据重构方法 ·99·

图 3.16 高速铁路桥梁车致应力关联建模流程

在选取的 820 个车致应力数据片段中，将 720 段数据作为训练/验证样本，100 段数据作为测试样本。训练阶段，在每个 epoch 中，这 720 个样本的数据被随机破坏，由于数据片段相对充足，而车致响应的规律性较为明显，这里采用 2 折交叉验证，即选取 360 个样本用于训练，而剩余的 360 个样本进行验证。每个 epoch 中，被选取用于训练和验证样本的数据破坏形式是随机的。在使用各种不完整数据训练 1D-CDAE 后，使用这 100 个测试样本验证经过训练的模型是否能够准确地对不完整应力数据进行去噪与重构。

其中，原数据经过小波去噪获得干净的信号，作为模型的学习目标。小波去噪包括软阈值和硬阈值两种方法，软阈值方法可以减少噪声对信号的影响，但可能会导致信号的平滑性过高、失去细节，而硬阈值方法可以保留信号的细节信息，但可能会保留一些噪声，导致失真。此处采用结合软硬阈值的小波去噪方法，先进行软阈值处理，去除噪声的影响，再进行硬阈值处理，保留信号的细节信息，使得去噪后的信号更加真实可靠。

1) 部分数据缺失

以一个典型的测试样本为例，包括 19 个传感器的车致应力监测数据，其中 10 个传感器的应力监测数据部分被损坏：①S1、S7、S13 和 S19 的数据缺失形式是离散的，数据缺失率为 50%；②S5、S11、S12 和 S17 的数据缺失形式也是离散的，数据缺失率为 70%；③S6 和 S18 的数据缺失形式是连续的，数据缺失率为 50%。这些缺失形式模拟了实际情况下可能出现的采集系统不稳定、数据传输丢包和短时信号中断等问题。

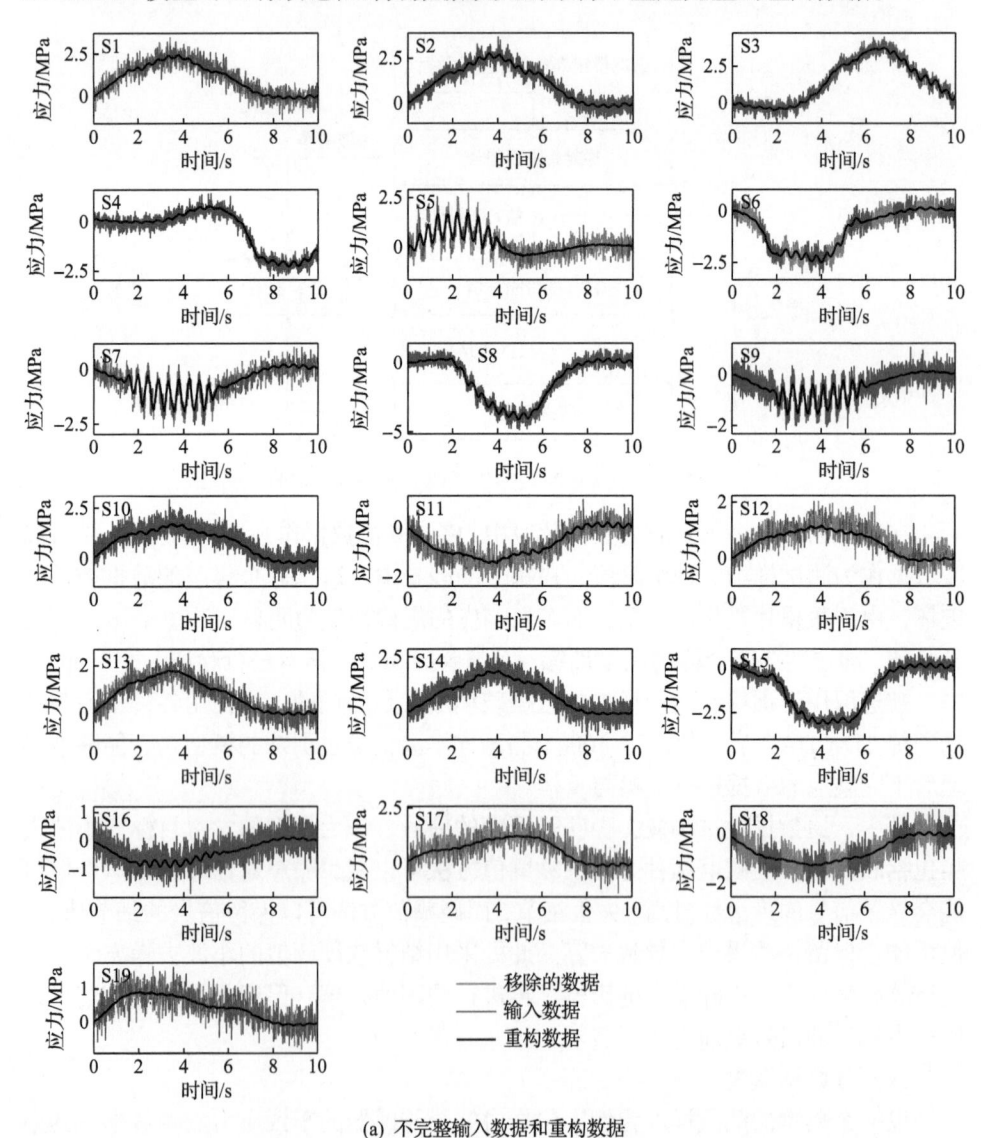

车致应力数据重构结果如图 3.17 所示。从图 3.17(a)可以看出，重构数据与实际监测数据的变化趋势基本一致，并且很好地实现了去噪，这表明经过训练的 1D-CDAE 模型可以有效地在部分数据缺失的条件下重建完整的应力数据。

(a) 不完整输入数据和重构数据

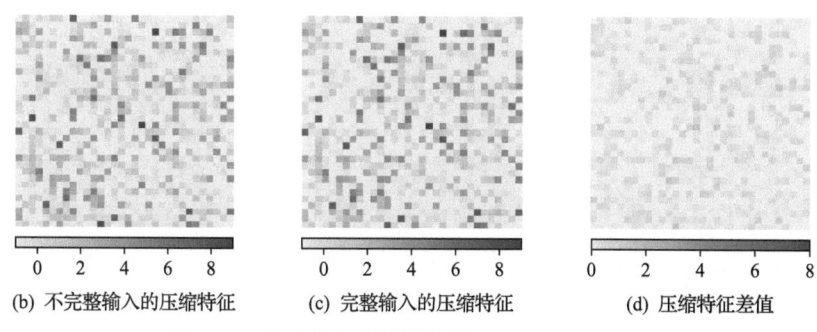

(b) 不完整输入的压缩特征　　(c) 完整输入的压缩特征　　(d) 压缩特征差值

图 3.17　车致应力数据重构结果(部分数据缺失)

瓶颈层压缩特征没有特定的物理意义，但通过对比同一测试样本使用不完整和完整应力数据作为输入时的瓶颈层特征，可以评价 1D-CDAE 模型在提取鲁棒特征方面的性能。为了更直观地说明模型在特征提取中的作用，瓶颈层中 1×1024 维的特征被重塑成 32×32 的特征图，如图 3.17(b)所示，即以不完整数据作为输入获取的瓶颈层特征；为了进行对比，用同样方法对使用完整数据作为输入的瓶颈层特征进行处理，如图 3.17(c)所示；两种瓶颈层特征之差如图 3.17(d)所示。可以看出，虽然输入数据与完整应力数据相比存在较大的破坏，但图 3.17(b)与(c)的瓶颈层特征几乎相同，这证明了 1D-CDAE 模型可以从部分缺失条件下的数据中提取健壮的隐含特征，这些隐藏层特征是车致项数据的降维表示，可为结构健康诊断等工作提供基础。

因此，利用训练好的 1D-CDAE 模型能有效处理不同测试样本的各类数据局部丢失情况，提取鲁棒的瓶颈层特征并重构完整的车致应力。

2) 完全数据缺失

在传感器故障导致的完全数据缺失条件下，一些测点不包含任何有用的数据信息，从这种不完整数据中进行总体数据重构将完全取决于其余可用的传感器。在实际结构健康监测系统的运行过程中，这种数据类型可能是传感器故障或供电局部中断等造成的。

在具体分析特定传感器数据完全缺失的组合之前，通过穷举不同数量传感器故障的所有可能组合，验证经过充分训练的 1D-CDAE 模型在处理多个传感器故障时的性能。不同传感器数据完全缺失情况下的平均重构误差如图 3.18 所示。可以看出，随着传感器故障数量的增加，平均重构误差逐渐也逐渐增加，且增加幅度是逐渐增大的，例如，移除传感器数量从 1 增加到 2 时，RMSE 增加了 0.0011MPa，而移除传感器数量从 9 增加到 10 时，RMSE 则增加了 0.0057MPa。然而，即使移除传感器数量达到一半以上(10 个)，经过良好训练的模型总体上仍然可以较高精度地实现不同测点数据之间的关联映射，RMSE 为 0.1147MPa，相比移除单个传感器数据的平均重构误差仅增加了 17.5%。

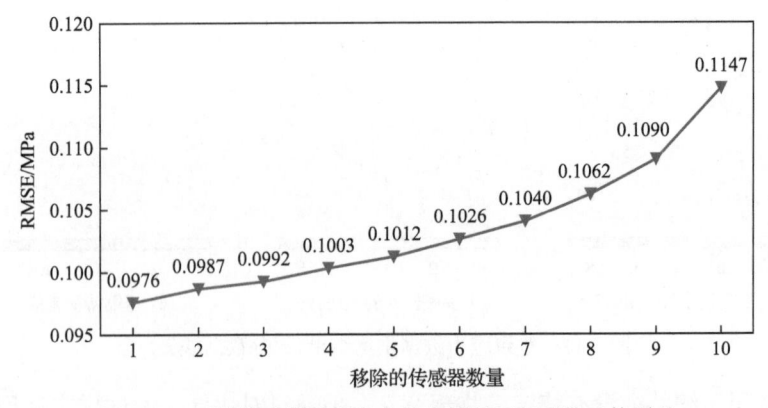

图 3.18　不同传感器数据完全缺失情况下的平均重构误差

下面分析特定数量传感器缺失情况下的最不利组合，这种不利组合是以该工况下车致应力的分析为目的而确定的，不同分析条件下的不利传感器组合可能有一定差别。最不利传感器组合的重构误差与平均重构误差对比如图 3.19 所示。可以看出，当传感器 S5、S8 或二者的组合出现故障时，RMSE 通常会很高。对于 3~6 个传感器故障的前几个不利组合，它们都包含传感器 S5、S8，这表明特定的传感器或传感器组合对 1D-CDAE 模型的重构精度有重要影响。传感器 S5 安装在桁架桥中跨的下弦杆上，离其他下弦杆应力传感器较远，当列车行驶在轨道Ⅰ上时，其监测到车致应力会比其他下弦杆位置的应力传感器早得多。因此，如果传感器 S5 失效，则不会有足够的冗余信息准确重构由轮轨力效应引起的数据。对于传感器 S8，最大的应力变化（近 5MPa）比其他位置要高得多，因此其重构误差对 RMSE 有显著影响。其他很多传感器组合的缺失也会造成较严重的重构精度下降问题。

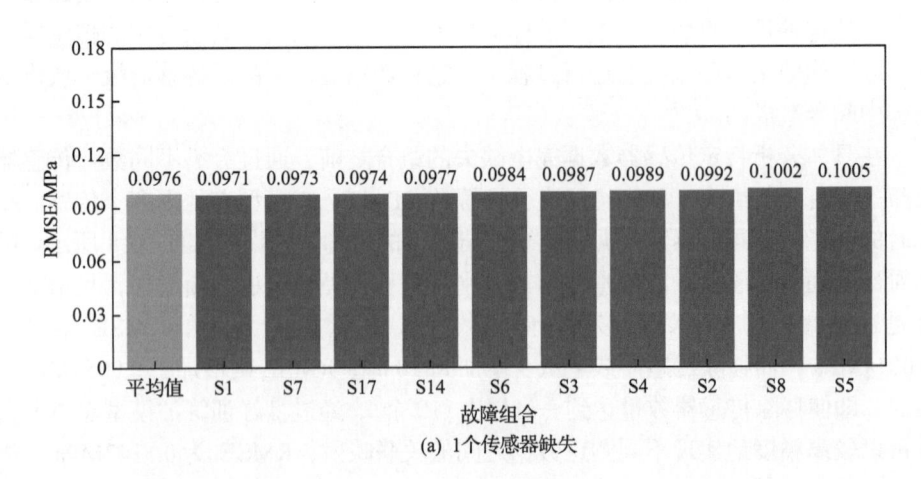

(a) 1 个传感器缺失

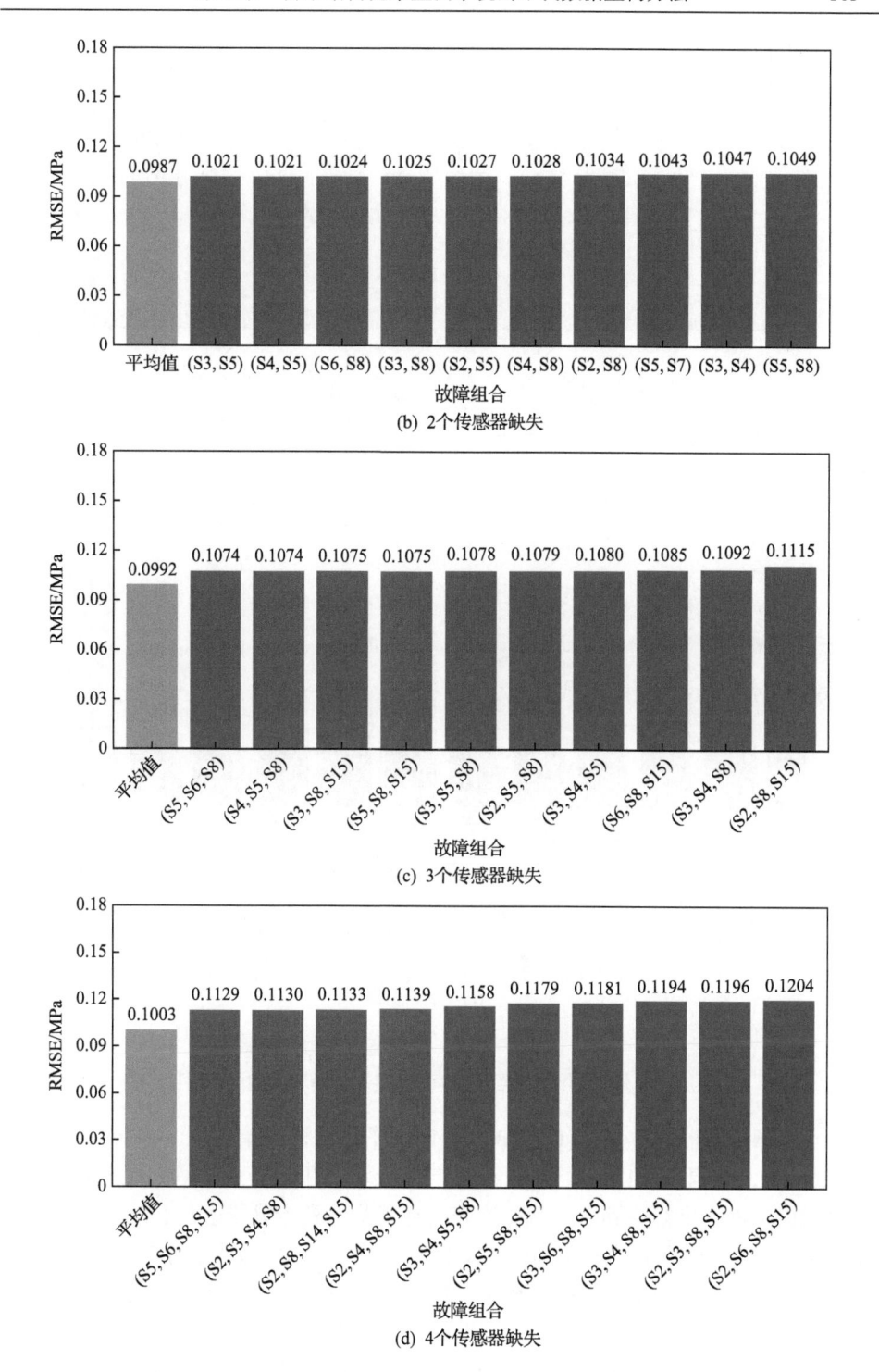

第 3 章　桥梁结构健康监测系统的不良数据重构方法

(b) 2个传感器缺失

(c) 3个传感器缺失

(d) 4个传感器缺失

(e) 5个传感器缺失

(f) 6个传感器缺失

■ 平均值　■ 不利的传感器组合

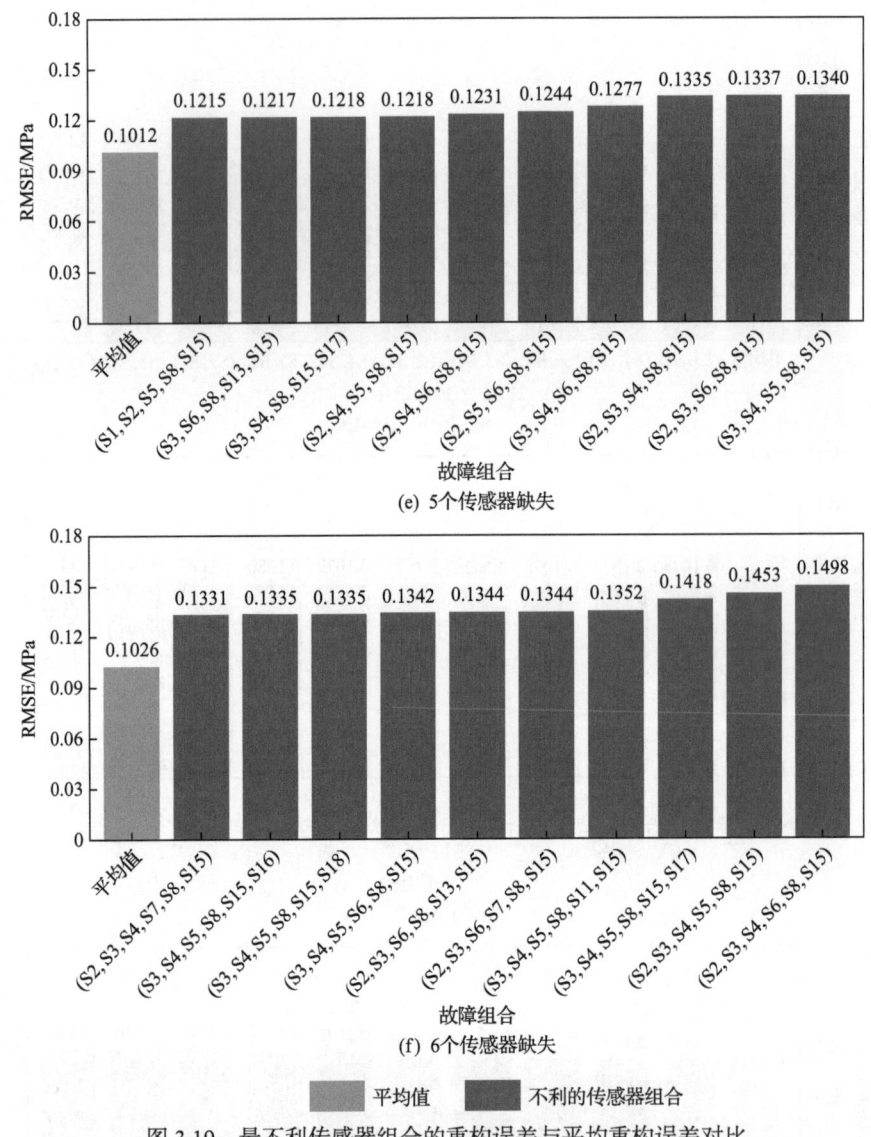

图 3.19　最不利传感器组合的重构误差与平均重构误差对比

当故障传感器的数量从 1 增加到 6 时，平均重构误差从 0.0976MPa 增加到 0.1026MPa，增幅仅 5.1%，但是最不利传感器组合的重构误差从 0.1005MPa 增加到 0.1498MPa，增幅达到 49.1%。这表明在某些不利传感器组合下，关键信息存在丢失现象，导致重构误差显著增大。图 3.18 和图 3.19 都是方向 1、8 节客运列车工况的计算统计结果，根据分析工况的不同，最终的不利传感器组合评估可选择特定工况的结果，或者综合所有工况的重构结果。

车致应力数据重构结果如图 3.20 和图 3.21 所示，说明了在最不利的传感器组

(a) 不完整输入数据和重构数据

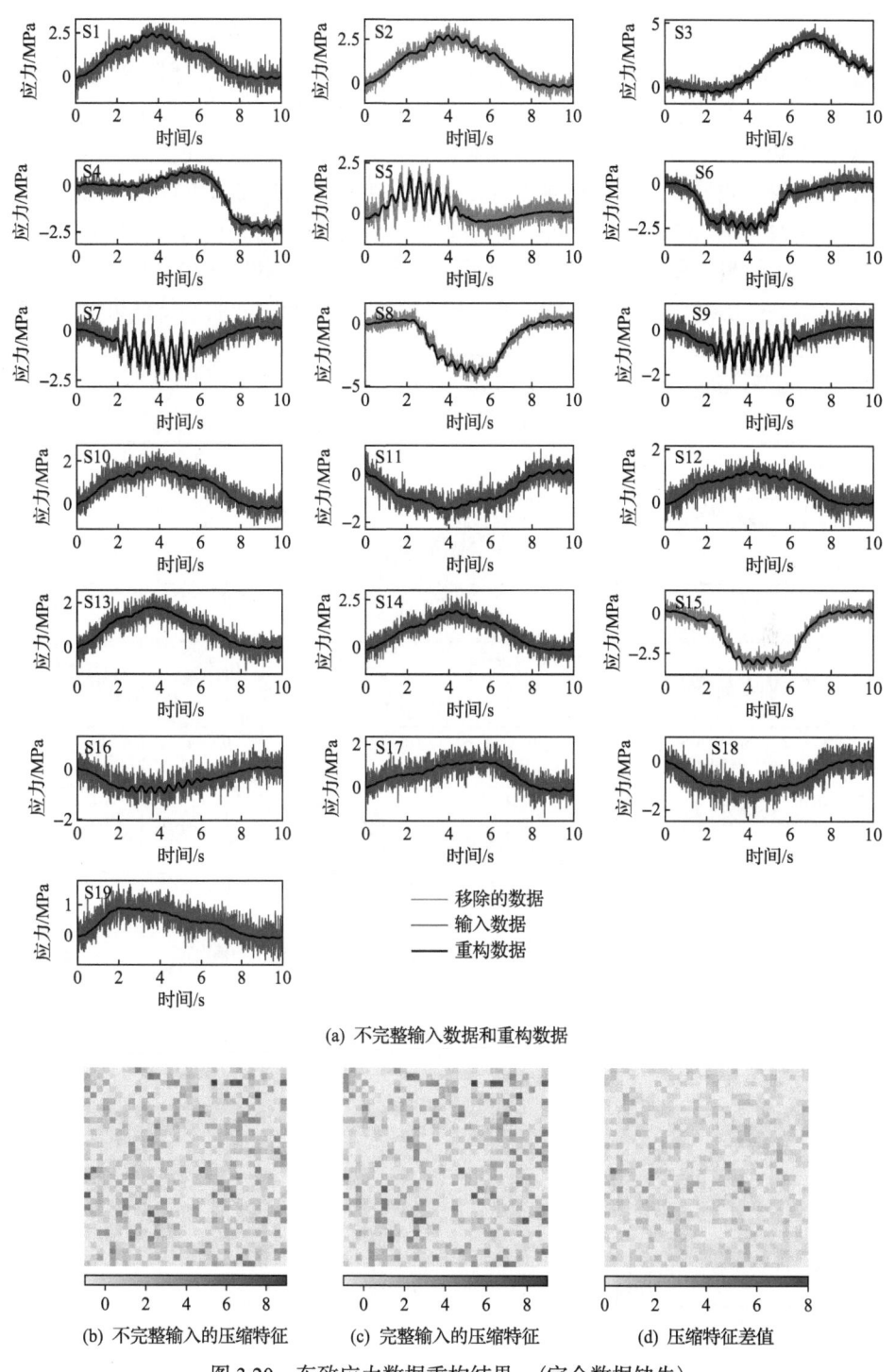

(b) 不完整输入的压缩特征 (c) 完整输入的压缩特征 (d) 压缩特征差值

图 3.20 车致应力数据重构结果一(完全数据缺失)

合(S2、S5、S8 和 S15)下由列车引起的应力重构结果和瓶颈特征。从图3.20(a)可以看出，大多数由列车引起的应力的重构精度相对较高，但传感器 S5 的重构误差相当大。正如之前所强调的，如果必要的信息受到破坏，一些数据的重构精度将显著降低。从图3.20(b)~(d)可以看出，使用不完整数据和完整数据得到的瓶颈特征有较大差异，表明关键测点数据的丢失给总体信息带来了较显著的损失。

  图3.21 和图3.20 对应于同一测试样本，但数据损坏条件不同，图3.21 中移除的传感器数量比图3.20 中的多，但重构结果却更好。如图3.21(b)~(d)所示，当传感器 S3、S6、S7、S10、S13 和 S17 的数据被删除时，瓶颈特征可以很好地

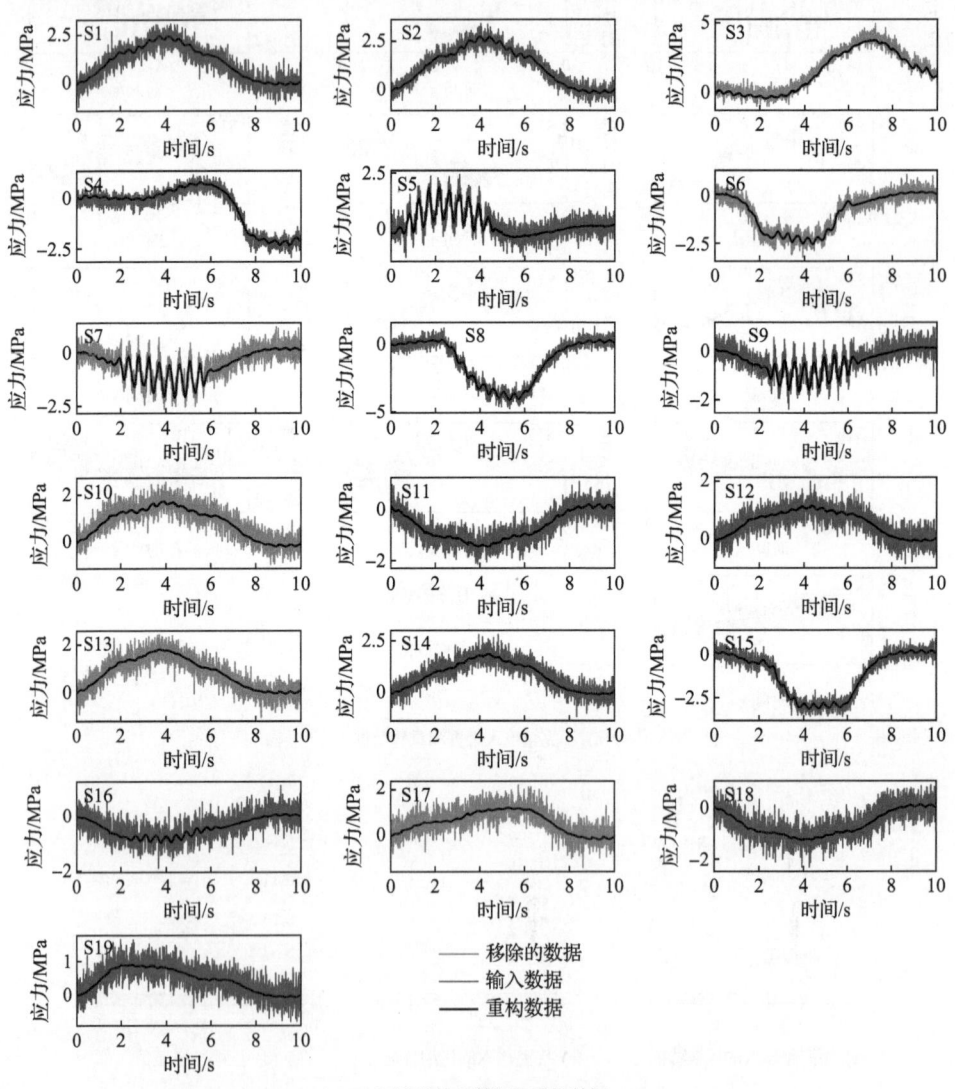

(a) 不完整输入数据和重构数据

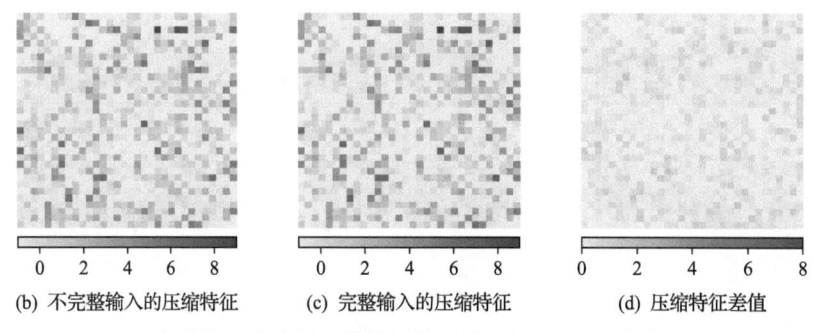

(b) 不完整输入的压缩特征　　(c) 完整输入的压缩特征　　(d) 压缩特征差值

图 3.21　车致应力数据重构结果二(完全数据缺失)

被提取出来，表明未损坏的数据可以提供足够的信息进行完整数据重构，因此在这种条件下可以得到高精度的重构结果。图 3.20 和图 3.21 的结果对比表明，关键应力传感器对特征提取和完整数据重构精度的影响十分显著。

3) 混合数据缺失

本节考虑了部分和完全数据缺失的混合情况，在以下不完整数据条件下进行数据重构：①S1、S5 和 S15 的 50%离散数据丢失；②S4 和 S17 的 70%离散数据丢失；③S19 的 50%连续数据丢失；④S9、S11 和 S13 的完全数据丢失。车致应力数据重构结果如图 3.22 所示。

经过良好训练的 1D-CDAE 模型通常能够实现较好的完整数据重构。图3.22(b)～(d)的瓶颈特征和对比结果表明，1D-CDAE 模型可以在混合形式的不良数据条件下挖掘不同应力传感器之间的数据关联，提取鲁棒的瓶颈特征。即使如图 3.22 中数据

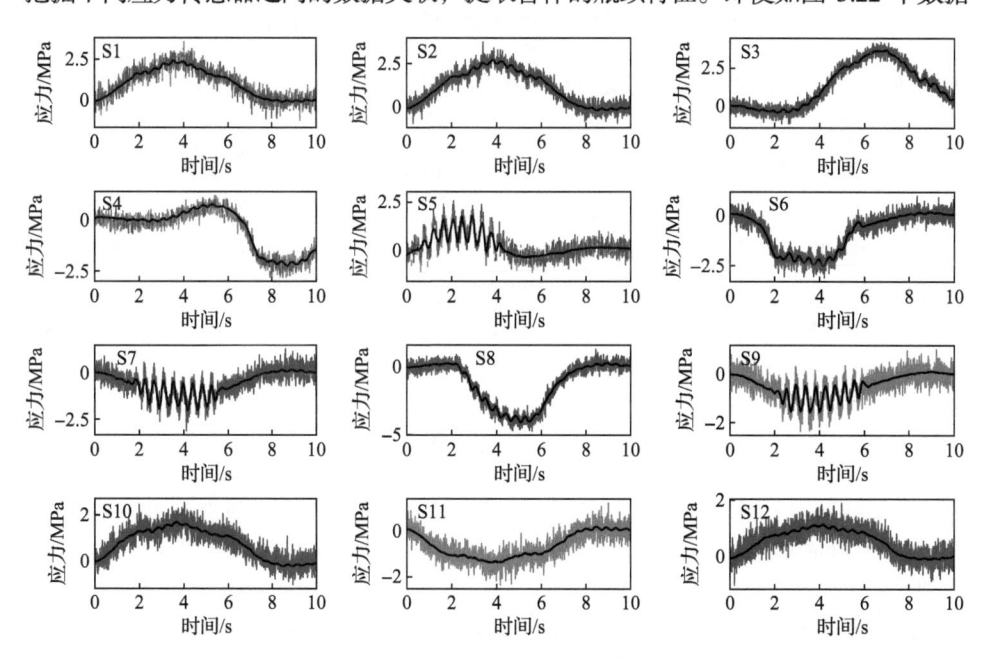

(a) 不完整输入数据和重构数据

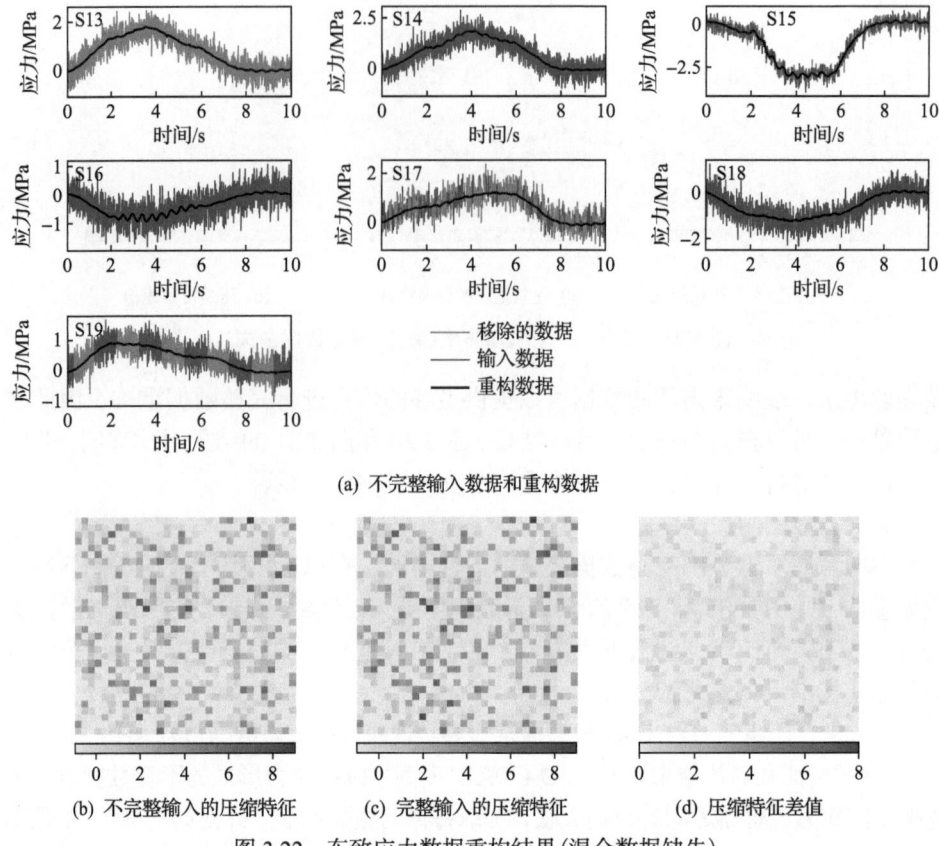

(b) 不完整输入的压缩特征　　(c) 完整输入的压缩特征　　(d) 压缩特征差值

图 3.22　车致应力数据重构结果(混合数据缺失)

丢失较为严重的情况，重构精度也较为理想，这是因为其他应力传感器中存在足够的冗余信息。

对比图 3.20～图 3.22 可以看出，尽管一些应力传感器或传感器组合发生故障，预先建立的 1D-CDAE 模型仍然能够在一定程度上准确地重构完整的应力数据。由于运行中的高速铁路桥梁的结构健康监测系统维护通常是困难的，如果在某些部分或完整数据丢失条件下的重构精度达到令人满意的水平，则无须立即更换相应的应力传感器。考虑到不同缺失工况下总体重构效果的差异，1D-CDAE 模型可以为应力传感器布设和更换维护策略提供指导。

参 考 文 献

[1] Niu J, Li S, Li Z. Restoration of missing structural health monitoring data using spatiotemporal graph attention networks[J]. Structural Health Monitoring, 2021, 21(5): 2408-2419.

[2] Wu Z, Pan S, Long G, et al. Graph wavenet for deep spatial-temporal graph modeling[C]// Proceedings of the 28th International Joint Conference on Artificial Intelligence, Macao, 2019:

1907-1913.

[3] He K, Zhang X, Ren S, et al. Deep residual learning for image recognition[C]//The IEEE Conference on Computer Vision and Pattern Recognition, Seattle, 2016: 770-778.

[4] Vaswani A, Shazeer N, Parmar N, et al. Attention is all you need[C]//The 31st Conference on Neural Information Processing Systems, Long Beach, 2017: 6000-6010.

[5] Shen T, Zhou T, Long G, et al. DiSAN: Directional self-attention network for RNN/CNN-free language understanding[C]//Proceedings of the 32nd AAAI Conference on Artificial Intelligence and 30th Innovative Applications of Artificial Intelligence Conference and 8th AAAI Symposium on Educational Advances in Artificial Intelligence, New Orleans, 2018: 668-677.

[6] Niu J, Li Z, Zhuo Y, et al. Robust correlation mapping of train-induced stresses for high-speed railway bridge using convolutional denoising autoencoder[J]. Structural Health Monitoring, 2022, 22(2): 832-845.

第 4 章　车辆荷载时空辨识与跟踪方法

车辆荷载是交通基础设施承受的主要动作用以及服务的主要对象。车辆荷载的时空辨识与跟踪是建立精准的车辆荷载模型的基础，对分析交通基础设施在车辆荷载作用下的响应和评价具有重要意义。目前，关于交通基础设施的车辆荷载辨识与跟踪的研究主要分为两类：一类是利用交通基础设施响应反演间接识别车辆荷载，另一类是直接对车辆荷载进行识别。第一类方法是结构力学中的难题，当交通基础设施结构体系不同、设施所承受荷载不单一时，很难建立统一的车辆荷载间接识别方法；第二类方法则是利用直接检测或监测的方式，对车辆的外观特征、载重特征和运动特征等进行量测，常使用的手段包括动态称重系统、雷达测速系统、固定摄像系统以及移动摄像系统。

基于图像或视频的车辆荷载感知方法具有大面积密集传感特性，搭配无人机等移动平台则同时具备了机动灵活、大视野无遮挡的优势，因此在车辆荷载感知领域中具有较好的应用前景。利用视觉感知车辆荷载的研究大多基于水平检测框对车辆进行表示，可计算出车辆的位置以及粗略尺寸(尤其是当车辆外轮廓与图像边缘不平行时)，但无法计算出车辆的运动方向。利用方向感知边界框(orientation-aware bounding box，OABB)对车辆进行表示则可以准确表示车辆的位置、尺寸及运动方向，本章介绍基于无人机平台和计算机视觉的融合 OABB 的车辆荷载时空辨识与跟踪方法。

4.1　车辆荷载空间辨识方法

本节介绍的车辆荷载空间辨识方法基于深度 CNN 技术，构建了端到端的车辆荷载空间位置、尺寸及运动方向辨识网络。车辆荷载空间辨识方法总体框架如图 4.1 所示[1]。

车辆荷载空间辨识网络由三个主要部分组成：①特征提取模块；②特征融合模块；③OABB 候选生成及回归模块。图 4.2 为 OABB 的表示参数。不同于水平检测框的四个参数，OABB 由五个参数定义：中心点坐标(c_x, c_y)、宽度(w)、高度(h)及运动方向角度(θ)。该网络在训练时以 300×300 的图像作为输入，辨识时可以支持任意尺寸的图像作为输入。通过设置在网络最末端的非极大值抑制(non-maximum suppression，NMS)算法对每个车辆的多个预测 OABB 进行过滤。

第 4 章　车辆荷载时空辨识与跟踪方法

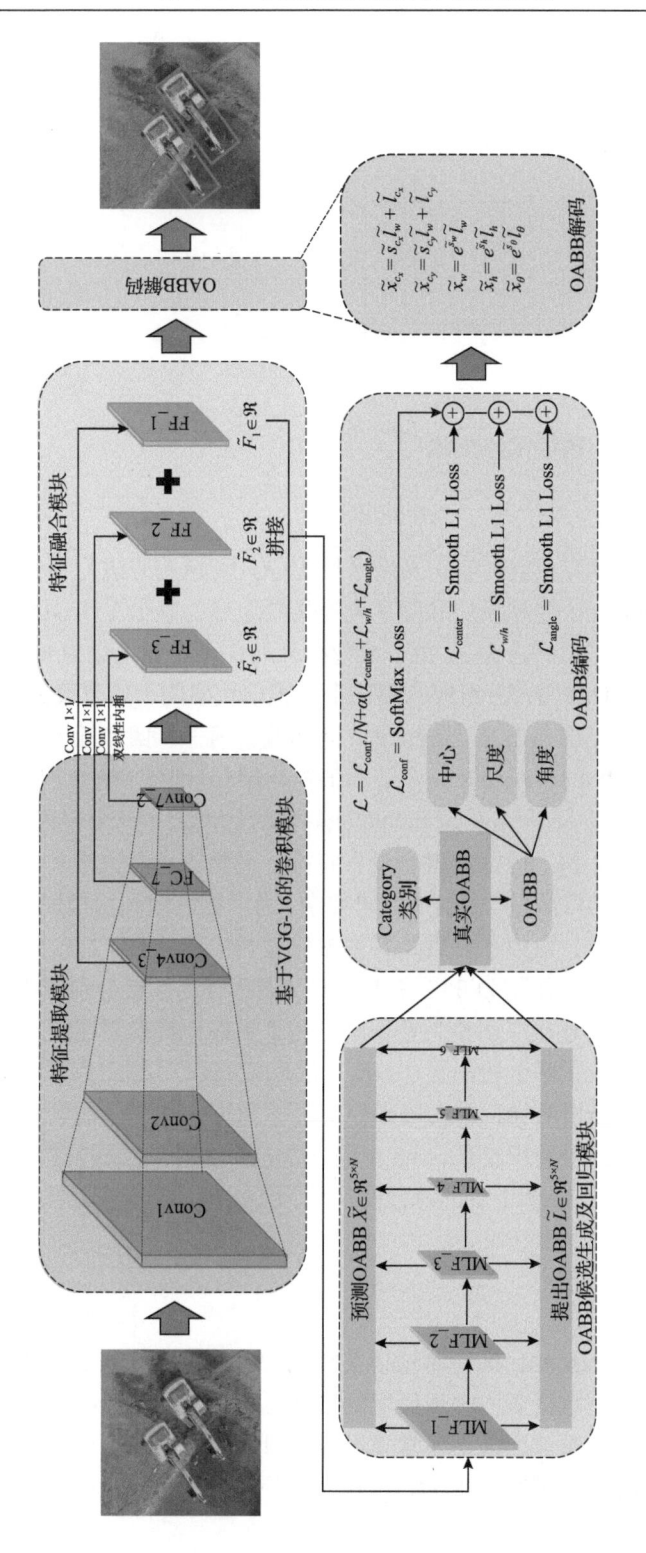

图 4.1　车辆荷载空间辨识方法总体框架[1]

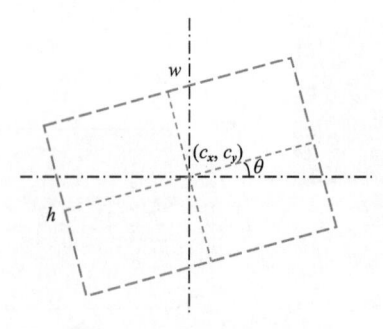

图 4.2　OABB 的表示参数

4.1.1　车辆荷载空间辨识网络架构

1. 特征提取模块

本节提出的车辆荷载空间辨识网络采用 VGG-16 网络来进行特征提取。原始的 VGG-16 网络由五个卷积模块和三个全连接层组成，整个 VGG-16 网络中所有卷积操作的卷积核尺寸都是 3×3。第一个卷积模块由两个通道数为 64 的卷积层及一个最大值池化层(MP_1 层)组成，第二个卷积模块由两个通道数为 128 的卷积层及一个最大值池化层(MP_2 层)组成，同样地，第三、四和五个卷积模块分别由两个通道数为 128 的卷积层及一个最大值池化层(分别是 MP_3 层、MP_4 层及 MP_5 层)组成。VGG-16 网络在这五个卷积模块后边增加了三个全连接层(分别是 FC_6 层、FC_7 层及 FC_8 层)以融合卷积特征、调整输出参数格式，但同时伴随的是全连接层巨大的参数量。在本节的研究中，为了更好地利用预训练的 VGG-16 网络各层的权重参数，也为了对后续其他模块做相应的调整，MP_5 层的卷积核尺寸和步长由 2×2 和 2 调整为 3×3 和 1，FC_6 层和 FC_7 层分别使用尺寸为 3×3 和 1×1 的卷积核由全连接层调整为卷积层。为了更好地提取高层级特征，在上述网络层之后，又加入了两个卷积层(Conv_6 层和 Conv_7 层)，为了调整特征图的参数，针对这两个新增的卷积层又分别使用尺寸为 1×1 和 3×3 的卷积核再一次进行卷积操作，得到四个卷积层(Conv6_1 层、Conv6_2 层、Conv7_1 层及 Conv7_2 层)，同时为了保证 Conv7_2 层的特征图尺寸为 10×10，Conv6_2 层的步长被设置为 1。

2. 特征融合模块

近年来，基于 CNN 的目标检测框架在常见的目标检测任务中的准确率获得大幅度提升，对于大型数据集中常规尺度的目标几乎做到了无漏检错检，但准确率一直无法获得突破的关键原因是除常规尺度的目标外，图像中更多尺度目标无法同时进行高精度检测。早期的 CNN 结构在处理多尺度目标检测问题时是非常受限的，因为其采用的多层串联的卷积操作使得最终输出层的特征只对特定尺度的目标敏感。因为图像每通过一个卷积模块，就会使用池化操作，导致图像的尺寸减半，这样再次进行卷积操作时，同样的卷积参数对应的相对于原始图像的感受野就会发生变化。也就是说，在一个串联的卷积结构中，越接近原始图像的卷积层获取的图像特征越底层，其感受野也越小，对小尺度目标也越敏感，通过不断下采样，越远离原始图像的卷积层获取的图像特征就会越高级、越抽象，因为其具有很大的感受野，而小尺度目标在其中已经被淹没，取而代之的是对大尺度的目标敏感。结合以上分析，为了解决串联卷积结构的 CNN 对多尺度特征的矛盾，最常见的就是生成多层级的图像金字塔，将多尺度的图像都输入 CNN 中，以此来提取多尺度的图像特征，构成特征金字塔，但这种方式耗时费力；除此之外，Faster R-CNN[2]和 R-FCN 中使用了在单尺度特征图上预先定义多个尺度及宽高比的候选检测框，以尽可能地检测多个尺度的目标，这种方式一定程度上缓解了问题，但由于单尺度特征图的感受野是固定的，而固定感受野只对特定的尺度范围敏感，超过此范围，固定感受野无法提取到任何特征。基于单尺度特征图存在的问题，研究者在自上而下地生成与原有串联结构对应的结构后再进行相同尺寸特征图的连接，类似于 U-Net 结构，这种方法考虑了各个层次的特征图，并将其特征进行了最大限度的复杂连接，但需要做多次元素级的对齐和连接操作，导致网络低效且耗时。目标检测(single shot multibox detector, SSD)网络为了更高效地利用多层级特征，通过设计基于不同层级特征图的多个宽高比和尺度因子的候选检测框来实现多尺度目标的同时检测[3]，但 SSD 网络中使用的低层级特征不够底层，而且没有考虑上下文信息，导致 SSD 网络对小目标的检测效果较差。

  针对上述特征使用方式对检测多尺度目标存在的一些问题，本节提出使用特征融合模块来优化车辆多层级特征提取和应用，助力多尺度车辆的精准检测[4]。特征融合模块的用处是：将提取到的多层级特征融合成高效的一个特征层之后，使用这个经过特征融合的特征层取代 SSD 网络中简单的特征层，从而达到特征增强的目的。本节所提的特征融合模块的实现方式大致如下：挑选特征提取模块中具有代表性的 Conv4_3 层(38×38)、FC_7 层(19×19)及 Conv7_2 层(10×10)作为特征融合的基础层。经过试验分析，特征图尺寸小于 10×10 的卷积层对于多尺度目标检测效果的提升可以忽略不计。通过对 Conv4_3 层使用尺寸为 1×1×256 的卷积核进行卷积操作生成第一个特征融合层(FF_1 层)，再分别通过对 FC_7 层和 Conv7_2 层使用尺寸为 1×1×256 的卷积核进行卷积操作生成第二个和第三个特征融合层(FF_2 层和 FF_3 层)，此时得到的三个特征融合层的尺寸并不一致，为了方便进行特征融合需要的拼接操作，需要使用上采样(本节采用双线性插值法)将 FF_2 层和 FF_3 层的尺度调整到与 FF_1 层相同。为了使得训练更加鲁棒，在特征融合模块的最后加入了批量归一化操作。

3. OABB 的候选生成与回归模块

为了更好地检测多尺度的车辆，本节提出使用由上述特征融合模块产生的特征图组成的多层级特征金字塔来进行 OABB 的候选生成与回归。OABB 的候选生成与回归模块架构如图 4.3 所示，该模块由六个多层级特征层（MLF_1～MLF_6）组成，这六个特征层使用 3×3 的卷积核依次由特征融合模块产生的特征层向下逐级进行操作，特征层的尺寸分别为 38×38×512、19×19×512、10×10×256、5×5×256、3×3×256 和 1×1×256。

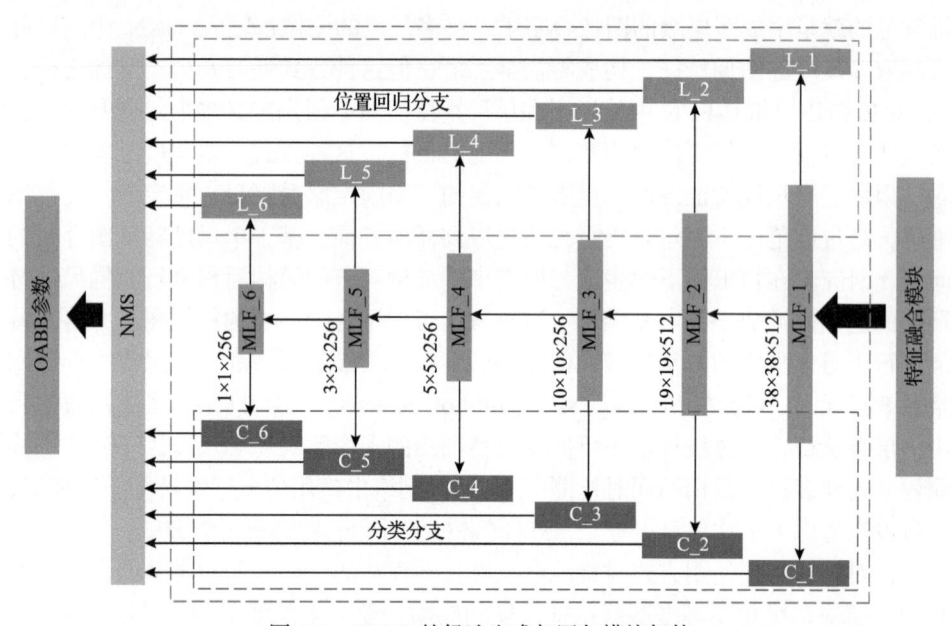

图 4.3 OABB 的候选生成与回归模块架构

OABB 的候选生成正如 Faster R-CNN 和 SSD 中的候选检测框一样，生成的候选 OABB 也用来对 OABB 进行回归。OABB 需要五个参数来进行定义，因此这个模块共包含三个 OABB 的参数分项：中心点候选生成、宽高比候选生成和运动方向角度候选生成。

OABB 的中心点 (c_x, c_y) 代表车辆的位置，中心点的坐标从六个多层级特征层中采样得到。候选 OABB 的生成数量取决于六个多层级特征层的尺寸，例如，一个多层级特征层的尺寸为 $m×n$，$c_x = (i+0.5)×300/m$，$c_y = (j+0.5)×300/m$，其中 $i \in (0,m)$，$j \in (0,n)$，本节采用的六个多层级特征层的尺寸分别为 38×38、19×19、10×10、5×5、3×3 和 1×1。宽高比 (w/h) 代表了车辆的尺寸比例，车辆的宽度 (w)、高度 (h) 和运动方向角度 (θ) 都可以使用均匀分布进行定义，为了简化候选 OABB 的生成过程，使用宽高比代替宽度和高度两个指标。通过对交通基础设施上车辆的数据进行统计分析，本节所提车辆荷载空间辨识网络的 w/h = [1.2, 2.4, 3.6]，β = [0°, 45°, 90°, 135°]。网络生成的候选 OABB 样例如图 4.4 所示。为了更好地检测不同尺度的车辆，根据宽高比定义了不同尺度的候选 OABB 的宽度和高度，表示为

$$w = \text{min\_size}\sqrt{w/h}, \quad h = \frac{\text{min\_size}}{\sqrt{w/h}} \tag{4.1}$$

式中，min_size 为尺度系数。

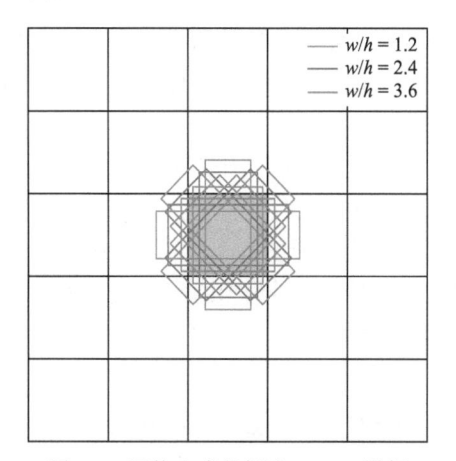

图 4.4 网络生成的候选 OABB 样例

在本节的研究中，共使用了对应于上述六个多层级特征层的六个不同的尺度系数，分别设置为 30、60、111、162、213 和 264。

本模块中的候选 OABB 回归过程包括 OABB 的定位回归及分类。对于定位回归来说，通过对六个多层级特征层进行卷积运算生成了六个对应的带有 p_o 个通道的卷积层，其中 p_o = $k\times 5$，k 是候选宽高比和候选运动方向角度的数量的乘积，5 代表 OABB 的五个参数。对于分类来说，同样通过对六个多层级特征层进行卷积运算生成了六个对应的带有 q_o 个通道的卷积层，其中 q_o = $k\times c$，c 代表车辆类别。

4.1.2 车辆荷载空间辨识网络训练策略

在车辆荷载空间辨识网络训练过程中，候选 OABB 的生成数量会远远大于真实 OABB 的数量。因此，本节提出候选 OABB 和真实 OABB 的匹配策略，以使得训练过程收敛更快、更稳定。IOU 是目标检测领域常用的评估检测精度的指标，是两个检测框的交集与并集面积的比值。但在目标检测领域使用的大多是水平检测框，为了使用相同的评价指标，本节将该参数扩展到 OABB，提出 OA-IOU（orientation-aware IOU）指标来评价所提的车辆荷载空间辨识网络的性能。OA-

IOU 表示的是真实 OABB（OABB$_a$）和网络预测得到的 OABB（OABB$_b$）的交集与并集面积的比值，计算公式为

$$\text{OA-IOU} = \begin{cases} \dfrac{\text{OABB}_a \cap \text{OABB}_b}{\text{OABB}_a \cup \text{OABB}_b} \left|\cos(\theta_a - \theta_b)\right|, & (\theta_a - \theta_b) < \theta \\ 0, & \text{其他} \end{cases} \quad (4.2)$$

式中，θ_a 为标注的真实 OABB 的运动方向角度；θ_b 为预测 OABB 的运动方向角度。

在训练时，首先，每个真实 OABB 会被分配给与其具有最大 OA-IOU 值的候选 OABB；接着，候选 OABB 会被分配给所有与其 OA-IOU 值大于阈值 β 的真实 OABB。这样的处理方式会简化训练过程，而且允许网络可以预测出具有高置信度的 OABB。

如图 4.5 所示，在本节所提出的网络中存在三种形式的 OABB：真实 OABB（人工标记的真实值）、预测 OABB（通过目标检测网络预测得到的）及候选 OABB（通过 OABB 候选生成及回归模块生成的）。车辆荷载空间辨识网络的训练损失函数 L 由 SSD 网络的损失函数修改得来，同样由两部分构成：分类损失 L_{conf} 和 OABB 定位损失 L_{OABB}，其计算公式为

$$L(x,c,l,g) = \frac{1}{N}\left(L_{\text{conf}}(x,c) + \alpha L_{\text{OABB}}(x,l,g)\right) \quad (4.3)$$

式中，α 为分项调整系数；c 为真实 OABB 的所属类别；g 为真实 OABB 与候选 OABB 之间的变换关系；l 为预测 OABB 与候选 OABB 之间的变换关系；N 为匹配的候选 OABB 的数量；x 为候选 OABB 与真实 OABB 的匹配状态。

本节所提出的车辆荷载空间辨识网络的训练过程实质上是以真实 OABB 与候选 OABB 之间的变换关系为真实值，学习预测 OABB 与候选 OABB 之间的变换关系。候选 OABB 作为中介，可有效地提供先验知识，加速训练过程的收敛。

分类损失项采用 SoftMax 函数，计算公式为

$$L_{\text{conf}}(x,c) = -\sum_{i=1}^{N} x_{ij}^p \ln \hat{c}_i^p - \sum_{i=1}^{Z} \ln \hat{c}_i^0, \quad \hat{c}_i^p = \frac{\exp(c_i^p)}{\sum_{p=0}^{T}\exp(c_i^p)} \quad (4.4)$$

式中，c_i^p 为真实 OABB 的所属类别；$x_{ij}^p \in \{1,0\}$ 为候选 OABB 和真实 OABB 的匹配状态。

OABB 定位损失项采用 Smooth L1 函数，计算公式为

$$L_{\text{OABB}}(x,l,g) = \sum_{i=1}^{N}\sum_{j=1}^{Z}\sum_{k=c_x}^{ag} x_{ij}\text{Smooth L1}\left(\hat{l}_i^k - \hat{g}_i^k\right) \tag{4.5}$$

式中，$\hat{g}_i^k$ 为真实 OABB 与候选 OABB 之间的变换关系；$\hat{l}_i^k$ 为预测 OABB 与候选 OABB 之间的变换关系。

图 4.5　三种形式的 OABB 示意图

OABB 之间的变换关系通过编解码实现，即

$$\begin{cases} \hat{t}^{cx} = \dfrac{t^{cx} - p^{cx}}{p^w}, & \hat{t}^{cy} = \dfrac{t^{cy} - p^{cy}}{p^h} \\ \hat{t}^{w} = \ln\dfrac{t^w}{p^w}, & \hat{t}^{h} = \ln\dfrac{t^h}{p^h} \\ \hat{t}^{\theta} = \tan\left(t^{\theta} - p^{\theta}\right) \end{cases} \tag{4.6}$$

式中，p 为候选 OABB 的参数；t 为真实 OABB 的参数；$\hat{t}$ 为预测 OABB 的参数。

4.1.3　车辆荷载空间辨识网络评估指标及实施细节

1. 评估指标

本节使用目标检测领域常用的 SSD 网络和基于 OABB 修改的 SSD（OA-SSD）网络[3]与所提出的车辆荷载空间辨识网络（OAFF-SDD）进行对比。同时提出使用定量评估的方式，引入目标检测领域的常见评价指标 IOU，用来衡量两个检测框的相似程度。在目标检测中，使用 IOU 来描述两个四参数检测框的相似程度，本节使用改进的 IOU 来评估两个五参数检测框的相似程度。首先需要明确几个概念，即 true positive(TP)、false positive(FP)及 false negative(FN)，TP 指的是获取到的与真实检测框的 IOU 大于阈值的网络预测得到的检测框，FP 指的是获取到的与真实检测框的 IOU 小于阈值的网络预测得到的检测框，FN 指的是网络未预测出的与真实检测框对应的检测框。而准确率(Precision)指标代表的是网络检测出正确物体的能力：

$$\text{Presicion} = \frac{\text{TP}}{\text{TP}+\text{FP}} \tag{4.7}$$

召回率(Recall)指标代表的是网络检测出所有物体的能力：

$$\text{Recall} = \frac{\text{TP}}{\text{TP}+\text{FN}} \tag{4.8}$$

Precision-Recall(PR)曲线经常被用来评估一个目标检测模型的性能，每个不同的类别均对应着一条不同的 PR 曲线。如果随着 Recall 的增加，Precision 还可以维持很高的值，代表这个目标检测模型在该类上的检测性能是卓越的。因为 PR 曲线是根据目标检测模型在测试集上的表现画出来的，测试集的多样性决定了 PR 曲线不会是平缓的。通常 PR 曲线非常复杂，如果把多个不同的目标检测网络的 PR 曲线都画在同一个坐标系中进行对比，则非常缺乏直观性。因此，研究者提出使用 AP 指标作为一个目标检测网络的性能度量，AP 是一个在 0~1 变化的值，其数值越大，代表目标检测网络的性能越强。AP 的计算过程为：以 0.1 为步长在 Recall 轴上进行取样，共取到 11 个 Recall 值，在 PR 曲线上寻找这 11 个 Recall 值对应的 Precision 值，并进行平均处理：

$$\text{AP} = \frac{1}{11}\sum_{\gamma=0}^{1}\rho_{\text{interp}(\gamma)}, \quad \rho_{\text{interp}(\gamma)} = \max \rho(\gamma) \tag{4.9}$$

式中，γ 为取样得到的 Recall 值；$\rho(\gamma)$ 为 PR 曲线上 Recall 值对应的 Precision 值。

在所提出的车辆荷载空间辨识网络的检测阶段，同一个车辆会产生比最终需要数量多的 OABB，这些检测框的置信度均大于阈值，存在相互重叠。因此，本节采用 NMS 技术去除这些重叠的检测框，最后保证每个车辆只对应一个预测出来的检测框。在这个过程中，有一个非常重要的参数是 NMS 的 IOU 阈值 δ，最后保留的预测检测框与所有预测检测框的 IOU 都小于该阈值，此时其置信度也是最高的。

2. 实施细节

在 CNN 中，因为大部分的参数都可以通过学习得到，所以需要人工设定的参数一般称为"超参数"。CNN 中的超参数设置没有特定的方法，但是大多数可以通过试验的方式进行调整直到达到满意的效果。本节中需要设置的密集车辆荷载检测的超参数包括学习率、优化器的参数、批量归一化参数、批尺寸、OA-IOU 阈值（β）及角度控制阈值（θ）。

学习率是控制模型通过误差回传进行更新的重要参数，选择一个合适的学习率是很关键的。如果学习率过小，训练的速度就会变得很慢，除耗时外，还容易陷入局部最优，导致训练失败；反之，如果学习率过大，训练过程就会变得极其不稳定，难以找到全局最优解。而且，学习率的选择依赖于优化器的种类，不同的优化器也对应着不同的初始学习率。研究者在训练 CNN 时经常使用 SGD 或者 Adam 优化器，但是本节的网络训练中使用了一种更为快速的优化器 RMSprop。此优化器的初始学习率设置为 5×10^{-5}，优化器的参数分别设置为：$\alpha=0.9$，$\varepsilon=10^{-8}$，momentum = 0.9，权重延迟率为 5×10^{-4}。经过试验分析，这样的参数设置可以使得 RMSprop 优化器在训练本节所提出的网络时达到较好的效果。批量归一化被认为是 CNN 中常用的提升训练速度、精度及泛化能力的重要技巧之一，经前期预试验结果验证，本节的批量归一化的参数设置为 10^{-5}。批尺寸的大小则主要取决于硬件的能力，主要是 GPU，GPU 越大，容许的批尺寸越大，同时训练速度也会越快，本节将此参数设置为 24。OA-IOU 的阈值是决定候选 OABB 中正样本数量的指标，是关系到整个训练过程的最重要的指标。从前面的分析可以得知，当该阈值增大时，候选 OABB 中的正样本数量会急剧减少；反之，则会产生大量被判定为正样本的与真实 OABB 差异巨大的候选 OABB，导致网络学习到的都是错误的参数。经过大量试验验证，本节在训练时将该参数设置为 0.3。角度控制的阈值是 OA-IOU 阈值的一部分，用来过滤那些运动方向角度与真实 OABB 差距过大的候选检测框，从而提升网络训练的稳定性和收敛速度，本节将此参数设置为 30°。

4.1.4 车辆荷载空间辨识应用实例

本节数据集中的图像是使用消费级的装备有相机的 DJI Phantom 4 Pro 采集得到的，原始图像的尺寸是 4864×3648。无人机在拍摄图像时的巡航高度在 40～60m，相机的光轴是垂直于地面的。拍摄的图像尽可能多地包含各种背景纹理、光照条件及尺度。为了满足网络训练的要求，原始图像中车辆荷载所在的区域被裁剪出来，并被调整到 300×300。数据集由 240 张图像及对应的标注组成，标注信息可以提供位置、尺寸、运动方向角度及类别等信息，90%的样本被用作训练，剩下的10%被用作测试及评估。

训练损失是用来监测CNN训练效果的最重要的指标之一。图4.6为本节所提的车辆荷载空间辨识网络的训练损失曲线。网络的总损失包含两个部分：分类损失和定位损失。在3000次的迭代过程中，所有的损失曲线都是开始时下降剧烈而后逐渐趋于平缓，说明车辆荷载空间辨识网络的训练过程是正常的、有效的。虽然通过简单的损失数值无法判断出网络对数据集的拟合程度，但通过损失曲线的相对变化可以大致判别出网络的训练对数据集产生了较好的拟合效果。

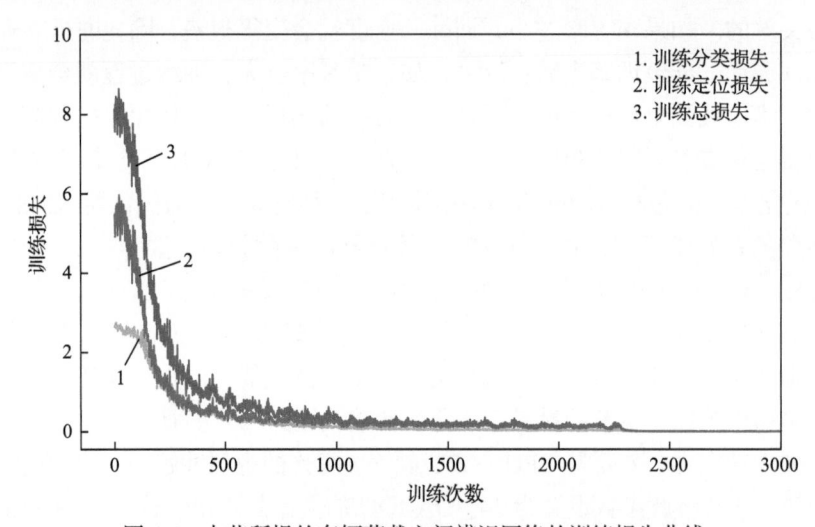

图4.6　本节所提的车辆荷载空间辨识网络的训练损失曲线

分别使用SSD网络、OA-SSD网络及车辆荷载空间辨识网络对数据集中的测试集进行辨识，结果对比如图4.7所示。SSD网络使用的是四参数检测框，虽然在一定程度上定位出了部分车辆，但其检测出的车辆区域过大，导致其检测精度较低；同时对于密集分布的车辆，SSD网络无法有效区分这些车辆荷载，从而导致大面积的检测失败。OA-SSD网络使用的是五参数检测框，在很大程度上解决了四参数检测框面对多角度交通基础设施场地检测时遇到的精度较低的问题，对于密集分布的车辆，也能够有效地进行分离。从检测结果来看，三种网络对于场地背景复杂度均表现出了鲁棒性，而且在不同的背景干扰下网络的检测性能均未受到明显的影响。然而，对于密集分布的小尺度的车辆(如图4.7中右下角图像)，OA-SSD网络架构中缺少低层级的特征，导致其检测效果较差，因为CNN网络中低层级的特征对于小尺度的目标来说是很重要的，高层级的特征由于感受野过大而导致小尺度目标的特征无法被提取。从图4.7可以看出，无论是对于单个车辆还是多个车辆，无论是对于稀疏分布的还是密集分布的车辆，也无论是对于大尺度还是小尺度的车辆，本节所提出的车辆荷载空间辨识网络均表现出了超越其余两种方法的检测优势，满足交通基础设施车辆荷载高精度辨识的要求。

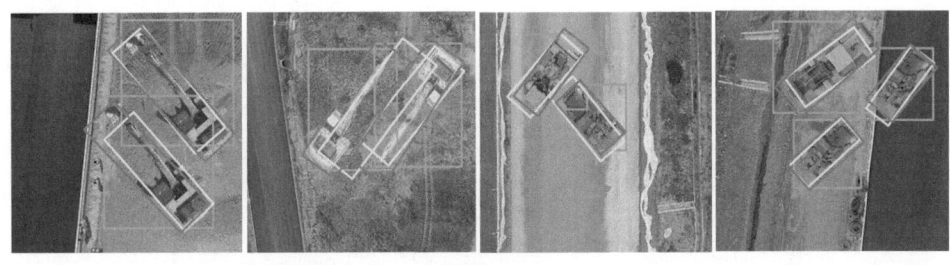

(a) 简单背景

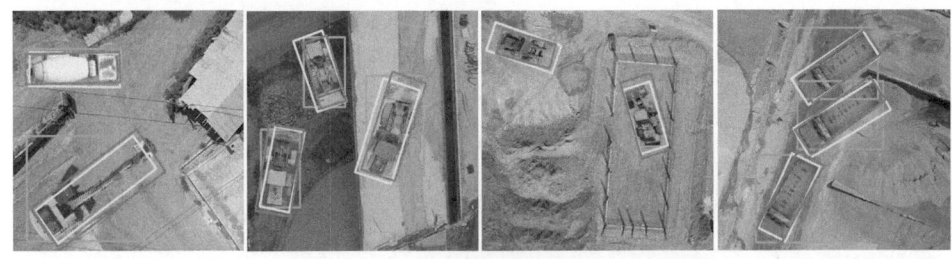

(b) 次复杂背景

(c) 复杂背景

——— SSD网络　　　——— OA-SSD网络　　　——— 车辆荷载空间辨识网络

图 4.7　车辆荷载空间辨识网络与 SSD 和 OA-SSD 网络的结果对比

车辆荷载空间辨识网络与 OA-SSD 网络的 PR 曲线对比如图 4.8 所示，其中对 OA-SSD 网络和车辆荷载空间辨识网络使用定量指标进行了评估。可以看出，随着 NMS 的 IOU 阈值 δ 的增加，两个网络的 AP 值都不是单调变化。

不同 δ 值下车辆荷载空间辨识网络和 OA-SSD 网络的 AP 值比较如表 4.1 所示。可以看出，OA-SSD 网络在 $\delta = 0.1$ 时达到了最高的 AP 值 (0.895)，而 OAFF-SSD 网络在 $\delta = 0.3$ 时达到了最高的 AP 值 (0.988)。相比 OA-SSD 网络，车辆荷载空间辨识网络将 AP 值提升了 0.093，这表示后者对于交通基础设施车辆荷载的辨识能力较好，这与之前的定性分析的结果是一致的。

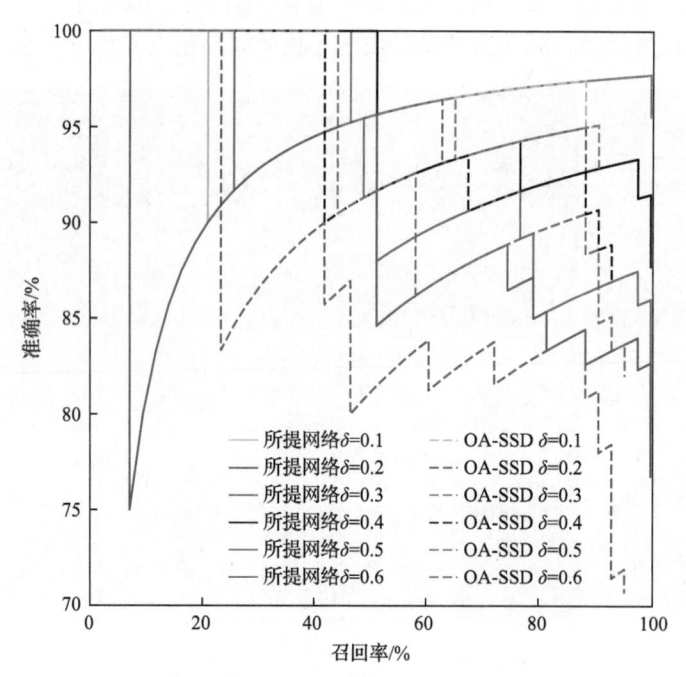

图 4.8　车辆荷载空间辨识网络与 OA-SSD 网络的 PR 曲线对比

表 4.1　不同 δ 值下车辆荷载空间辨识网络和 OA-SSD 网络的 AP 值比较

方法	δ =0.1	δ =0.2	δ =0.3	δ =0.4	δ =0.5	δ =0.6
OA-SSD	0.895	0.806	0.889	0.876	0.866	0.817
OAFF-SSD	0.894	0.988	0.988	0.970	0.934	0.916

4.2　车辆荷载时空跟踪方法

使用 4.1 节的方法可以获取车辆荷载的空间信息，本节将详细介绍车辆荷载空间信息的时变建模方法，即车辆荷载的时空跟踪[5]。车辆荷载时空跟踪的总体框架如图 4.9 所示。

首先，利用车辆荷载空间辨识网络计算车辆的检测 OABB；然后，建立车辆荷载的运动模型以得到预测 OABB，利用检测 OABB 来对预测 OABB 进行更新；最后，利用 OABB 的 IOU 来增加、保留或删除多个车辆的跟踪 ID，最终得到每个车辆的跟踪状态。

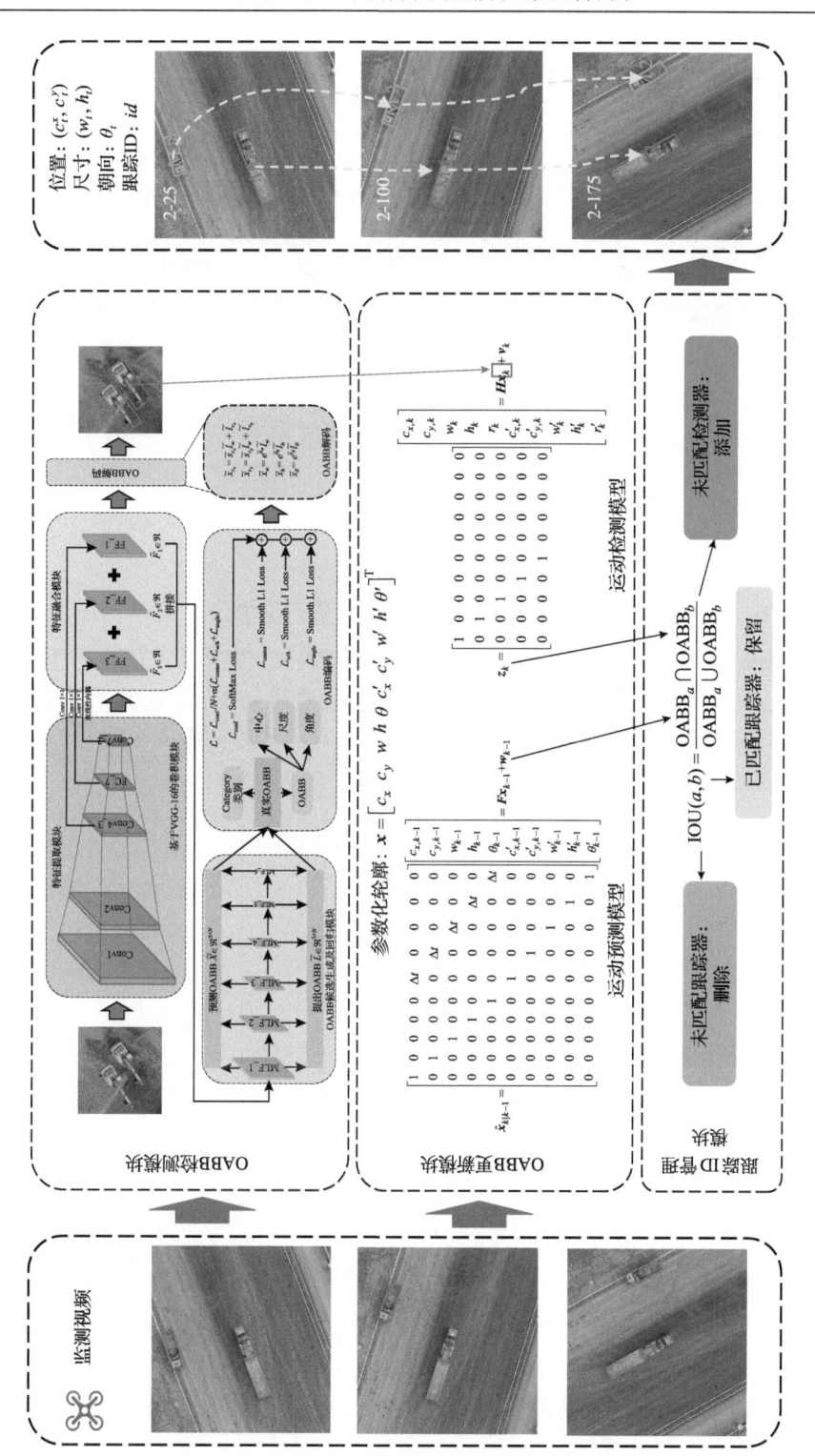

第 4 章 车辆荷载时空辨识与跟踪方法

图 4.9 车辆荷载时空跟踪的总体框架

4.2.1 车辆荷载时空跟踪算法具体架构

1. 车辆荷载 OABB 更新模块

车辆荷载空间辨识网络可以在交通基础设施场地视频的每一帧都生成高置信度的车辆检测 OABB,但未考虑帧与帧之间的时间上下文信息,导致无法在不同的帧中匹配到相同的车辆。受到 Bewley 等[6]的启发,本节研究提出的车辆荷载 OABB 更新模块采用卡尔曼滤波对车辆荷载空间辨识网络生成的逐帧检测 OABB 结果在时间域上进行建模。卡尔曼滤波器会根据先前的 OABB 检测结果来预测当前帧的车辆 OABB,并将预测得到的检测框与检测得到的检测框进行加权,以提高跟踪的精度。基于 OABB 的车辆荷载运动的状态变量主要考虑平移、尺寸的变化和旋转以及它们的一阶微分,表示为

$$\boldsymbol{x} = \begin{bmatrix} c_x & c_y & w & h & \theta & c_x' & c_y' & w' & h' & \theta' \end{bmatrix}^{\mathrm{T}} \quad (4.10)$$

式中,c_x、c_y、c_x' 和 c_y' 为 OABB 的中心点坐标及其一阶微分;w、h、w' 和 h' 为 OABB 的宽度、高度及其一阶微分;θ 和 θ' 为 OABB 的运动方向角度及其一阶微分。

假设交通基础设施场地车辆是以相对较低的速度运动的(这对于交通基础设施场地的大多数情况来说是合理的),车辆荷载的尺寸和方向将在短时间 Δt 内均匀变化,则用来描述车辆荷载运动的状态函数为

$$\hat{\boldsymbol{x}}_{k|k-1} = \begin{bmatrix} 1 & 0 & 0 & 0 & 0 & \Delta t & 0 & 0 & 0 & 0 \\ 0 & 1 & 0 & 0 & 0 & 0 & \Delta t & 0 & 0 & 0 \\ 0 & 0 & 1 & 0 & 0 & 0 & 0 & \Delta t & 0 & 0 \\ 0 & 0 & 0 & 1 & 0 & 0 & 0 & 0 & \Delta t & 0 \\ 0 & 0 & 0 & 0 & 1 & 0 & 0 & 0 & 0 & \Delta t \\ 0 & 0 & 0 & 0 & 0 & 1 & 0 & 0 & 0 & 0 \\ 0 & 0 & 0 & 0 & 0 & 0 & 1 & 0 & 0 & 0 \\ 0 & 0 & 0 & 0 & 0 & 0 & 0 & 1 & 0 & 0 \\ 0 & 0 & 0 & 0 & 0 & 0 & 0 & 0 & 1 & 0 \\ 0 & 0 & 0 & 0 & 0 & 0 & 0 & 0 & 0 & 1 \end{bmatrix} \begin{bmatrix} c_{x,k-1} \\ c_{y,k-1} \\ w_{k-1} \\ h_{k-1} \\ \theta_{k-1} \\ c_{x,k-1}' \\ c_{y,k-1}' \\ w_{k-1}' \\ h_{k-1}' \\ \theta_{k-1}' \end{bmatrix} = \boldsymbol{F}\boldsymbol{x}_{k-1} + \boldsymbol{w}_{k-1} \quad (4.11)$$

式中,$\boldsymbol{F}$ 为状态转移矩阵;$\boldsymbol{w}_{k-1}$ 为车辆运动模型预测的过程噪声矩阵,其均值为 0,方差为 $\boldsymbol{Q}_{k-1} = E\left(\boldsymbol{w}_{k-1}\boldsymbol{w}_{k-1}^{\mathrm{T}}\right)$;$\boldsymbol{x}_{k-1}$ 为第 $k-1$ 帧的车辆状态矩阵;$\hat{\boldsymbol{x}}_{k|k-1}$ 为第 k 帧使用运动模型预测得到的车辆状态矩阵。

交通基础设施场地车辆荷载状态变量的协方差估计可以由状态协方差矩阵 $\boldsymbol{P}$

来描述，通过车辆荷载的运动模型线性化获取协方差矩阵的迭代过程为

$$\hat{P}_{k|k-1} = FP_{k-1}F^\mathrm{T} + Q_{k-1} \tag{4.12}$$

式中，$\hat{P}_{k|k-1}$ 为第 k 帧预测得到的车辆状态协方差矩阵；P_{k-1} 为第 $k-1$ 帧的车辆状态协方差矩阵。

在卡尔曼滤波的预测阶段，通过车辆荷载运动模型预测得到的 OABB 与实际状况存在一定的差异。因此，在卡尔曼滤波的更新阶段，使用车辆荷载空间辨识网络得到的检测 OABB 被用作卡尔曼更新的测量矩阵。式(4.13)定义了从状态矩阵向测量矩阵的状态转移过程。

$$z_k = \begin{bmatrix} 1 & 0 & 0 & 0 & 0 & 0 & 0 & 0 & 0 & 0 \\ 0 & 1 & 0 & 0 & 0 & 0 & 0 & 0 & 0 & 0 \\ 0 & 0 & 1 & 0 & 0 & 0 & 0 & 0 & 0 & 0 \\ 0 & 0 & 0 & 1 & 0 & 0 & 0 & 0 & 0 & 0 \\ 0 & 0 & 0 & 0 & 1 & 0 & 0 & 0 & 0 & 0 \end{bmatrix} \begin{bmatrix} c_{x,k} \\ c_{y,k} \\ w_k \\ h_k \\ \theta_k \\ c'_{x,k} \\ c'_{y,k} \\ w'_k \\ h'_k \\ \theta'_k \end{bmatrix} = Hx_k + v_k \tag{4.13}$$

式中，H 为测量矩阵；v_k 为车辆的测量噪声矩阵，其均值为 0，方差为 $R_k = E\left(v_k v_k^\mathrm{T}\right)$；$x_k$ 为第 k 帧的车辆状态矩阵；z_k 为通过车辆荷载空间辨识网络获得的第 k 帧的车辆测量矩阵。

卡尔曼增益矩阵 κ_k 是卡尔曼滤波过程中最关键的矩阵，本节同时考虑了运动模型预测得到的 OABB 和检测得到的 OABB 以进行卡尔曼更新。使用卡尔曼增益矩阵对利用运动模型预测得到的车辆状态矩阵及过程噪声矩阵进行更新，使用更新得到的车辆状态矩阵转换到 OABB 的格式以获取当前帧最终的 OABB：

$$\kappa_k = \hat{P}_{k|k-1} H^\mathrm{T} \left(H\hat{P}_{k|k-1} H^\mathrm{T} + R_k \right)^{-1} \tag{4.14}$$

$$x_k = \hat{x}_{k|k-1} + \kappa_k (z_k - H\hat{x}_k) \tag{4.15}$$

$$P_k = (I - \kappa_k H) \hat{P}_{k|k-1} \tag{4.16}$$

2. 车辆荷载 ID 管理模块

车辆荷载的跟踪 ID 的分配是多目标跟踪的核心问题。大多数基于水平检测框的跟踪方法会导致多个车辆的检测框存在大面积重叠，从而导致帧间数据关联的高度复杂性，但是使用 OABB 表示的车辆检测框之间几乎不存在重叠，因此本节研究采用 OABB 的 IOU 作为 ID 管理的核心指标：

$$\text{IOU}(a,b) = \frac{\text{OABB}_a \cap \text{OABB}_b}{\text{OABB}_a \cup \text{OABB}_b} \tag{4.17}$$

交通基础设施场地车辆荷载的跟踪 ID 分配可以分为三个状态：添加、保留和删除。利用车辆荷载空间辨识网络得到的 OABB 结果和卡尔曼滤波中的运动模型预测得到的 OABB 结果被用来计算 IOU。当计算的 IOU 大于预先设定的阈值时，这种情况被表示为"匹配"；否则被表示为"未匹配"。如果存在一个未匹配的检测得到的车辆 OABB，并且这种情况持续了三个连续的帧，则应该添加一个新的车辆荷载 ID。如果有一个未匹配的通过卡尔曼滤波中的运动模型预测得到的车辆 OABB，并且这种情况持续了三个连续的帧，则应该将相应的车辆 ID 删除。检测到的匹配状态车辆 OABB 被用作参与卡尔曼滤波过程的测量，以生成最终跟踪的 OABB，相应的车辆 ID 被保留。

4.2.2 车辆荷载时空跟踪评估指标及实施细节

1. 评估指标

多目标跟踪(multiple object tracking，MOT)挑战是一个多目标跟踪领域的 benchmark，被广泛用于评估多目标跟踪器的性能[7]。本节研究采用的评估指标是根据 MOT 挑战的评估指标进行修改的。多目标跟踪准确度(multiple object tracking accuracy，MOTA)和多目标跟踪精度(multiple object tracking precision，MOTP)是核心评价指标，用于共同衡量跟踪器连续跟踪目标的能力(即准确确定连续帧中目标的数量，并准确划定其位置，从而实现不间断的连续跟踪)。MOTA 指标主要考虑跟踪中目标匹配误差的积累。

MOTA 指标主要衡量跟踪器在车辆跟踪方面的性能，不受车辆荷载空间辨识性能的影响。MOTP 指标则反映了确定车辆位置和尺寸的准确性，受车辆荷载空间辨识性能的影响很大。

AR 指标代表跟踪运动方向角度的均方误差。MT 指标代表分别在总帧数的 80%以上成功匹配真实车辆 OABB 的轨迹数量。Recall 和 Presicion 指标是召回率和准确率，分别代表标记为 TP 的 OABB 与所有真实 OABB 的比率和标记为 TP

的 OABB 与所有跟踪到的 OABB 的比值。Hz 指标是算法的处理速度，在 MOT 挑战中 Hz 的计算只考虑上下文关联的跟踪部分，未考虑 OABB 的检测部分，在评价整体算法处理速度上来说是不合理的，因此本节研究中使用的 Hz 指标考虑了整个车辆荷载时空跟踪算法的耗时。

2. 实施细节

在本节所提出的车辆荷载时空跟踪方法中，车辆检测 OABB 采用训练好的车辆荷载空间辨识网络。使用数据增强技术对与本章视频数据集获取方式相同、背景相似的数据集进行扩增，并作为训练集对训练好的车辆荷载空间辨识网络进行微调，共进行 350 次。微调的初始学习率被设置为 1.25×10^{-4}，使用多步骤衰减法，分别在训练到第 200 次和第 300 次时降为 1.25×10^{-5} 和 1.25×10^{-6}。损失函数中的各项权重参数 λ_c、λ_o、λ_{wh} 和 λ_{ag} 分别被设置为 1.0、1.0、0.5 和 1.0。训练过程采用 Adam 优化器，该优化器采取默认的超参数设置。

在本节所提出的车辆荷载 OABB 更新模块中，对状态协方差矩阵 P_0 进行了初始化，测量协方差矩阵 R_k 被设置成单位矩阵。同时，为了更好地找到过程协方差矩阵 Q_k 的合适参数，用 λ 来表示 R_k 和 Q_k 之间的关系，并初步设置为 5.0。施工机械跟踪 ID 管理模块中的 IOU_t 阈值设置为 0.8。

$$P_0 = \begin{bmatrix} 1 & 0 & 0 & 0 & 0 & 0 & 0 & 0 & 0 & 0 \\ 0 & 1 & 0 & 0 & 0 & 0 & 0 & 0 & 0 & 0 \\ 0 & 0 & 1 & 0 & 0 & 0 & 0 & 0 & 0 & 0 \\ 0 & 0 & 0 & 1 & 0 & 0 & 0 & 0 & 0 & 0 \\ 0 & 0 & 0 & 0 & 1 & 0 & 0 & 0 & 0 & 0 \\ 0 & 0 & 0 & 0 & 0 & 10 & 0 & 0 & 0 & 0 \\ 0 & 0 & 0 & 0 & 0 & 0 & 10 & 0 & 0 & 0 \\ 0 & 0 & 0 & 0 & 0 & 0 & 0 & 10 & 0 & 0 \\ 0 & 0 & 0 & 0 & 0 & 0 & 0 & 0 & 10 & 0 \\ 0 & 0 & 0 & 0 & 0 & 0 & 0 & 0 & 0 & 10 \end{bmatrix}$$

$$R_k = I$$
$$Q_k = \lambda I$$

在本节的研究中，选择 mSORT 方法作为与本节提出的车辆荷载时空跟踪方法的对比，以进一步阐述所提跟踪方法的优越性。mSORT 方法是对 SORT 跟踪方法进行修改得到的，而 SORT 跟踪方法是多目标跟踪领域的最先进方法之一，其框架统一、检测器选择灵活且算法速度极快。本节采用的 mSORT 方法与所提车辆荷载时空跟踪方法设置为相同的车辆荷载空间辨识网络，使用相同的数据集和试验参数进行训练。同时，在时间上下文信息关联方面，mSORT方法与本节所提跟踪方法相同，都使用卡尔曼滤波来对车辆的运动进行建模，而在ID管理方面，mSORT使用的方法更为复杂。

4.2.3 车辆荷载时空跟踪应用实例

本节采用的数据集包含多种交通基础设施环境中的五个视频片段，所有的视频均在不同的高度和视角下以30帧/s的速度拍摄，大小为1080×1080。为方便起见，本节研究采用每10帧进行一次人工标注以获取评估使用的真实值，标注格式如下：帧号、机器ID、中心点坐标、宽度和高度、角度和类别（置信度）。

所提出的车辆荷载时空跟踪方法与mSORT方法的比较结果如表4.2所示。为了更直观地对比两种方法的跟踪结果差异，给出了数据集中五个视频的代表帧的跟踪结果，如图4.10所示。对五个视频所有帧的跟踪结果进行平均后计算总体跟踪评价指标，本节所提跟踪方法的召回率为99.381%，准确率为98.165%，MOTA为97.523%，MOTP为83.243%，MT为18，表示本节所提跟踪方法成功地跟踪了所有18条车辆轨迹。从跟踪结果可以看出，所提跟踪方法能够准确而稳健地从俯视视角的视频中跟踪交通基础设施车辆。

表4.2 所提出的车辆荷载时空跟踪方法与mSORT方法的比较结果

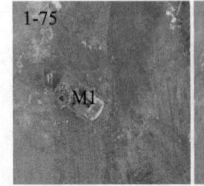

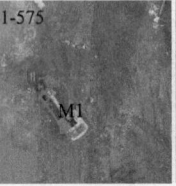

视频名称	跟踪方法	Recall/%	Presicion/%	MOTA/%	MOTP/%	AR/(°)	MT	Hz
CVT-01	提出方法	100	100	100	88.025	2.564	1	33
	mSORT	100	80.985	100	63.224	—	1	33
CVT-02	提出方法	100	100	100	81.804	2.889	2	32
	mSORT	100	74.267	100	54.398	—	2	33
CVT-03	提出方法	100	95.714	95.522	84.790	2.029	4	29
	mSORT	100	78.932	93.745	58.753	—	4	30
CVT-04	提出方法	98.485	97.015	95.455	76.590	4.374	8	28
	mSORT	96.229	76.468	92.698	57.441	—	8	39
CVT-05	提出方法	99.123	99.123	98.246	84.366	2.322	3	30
	mSORT	97.554	73.815	96.256	56.852	—	3	30
平均	提出方法	99.381	98.165	97.523	83.243	2.657	18	29
	mSORT	98.754	72.778	95.763	58.694	—	18	30

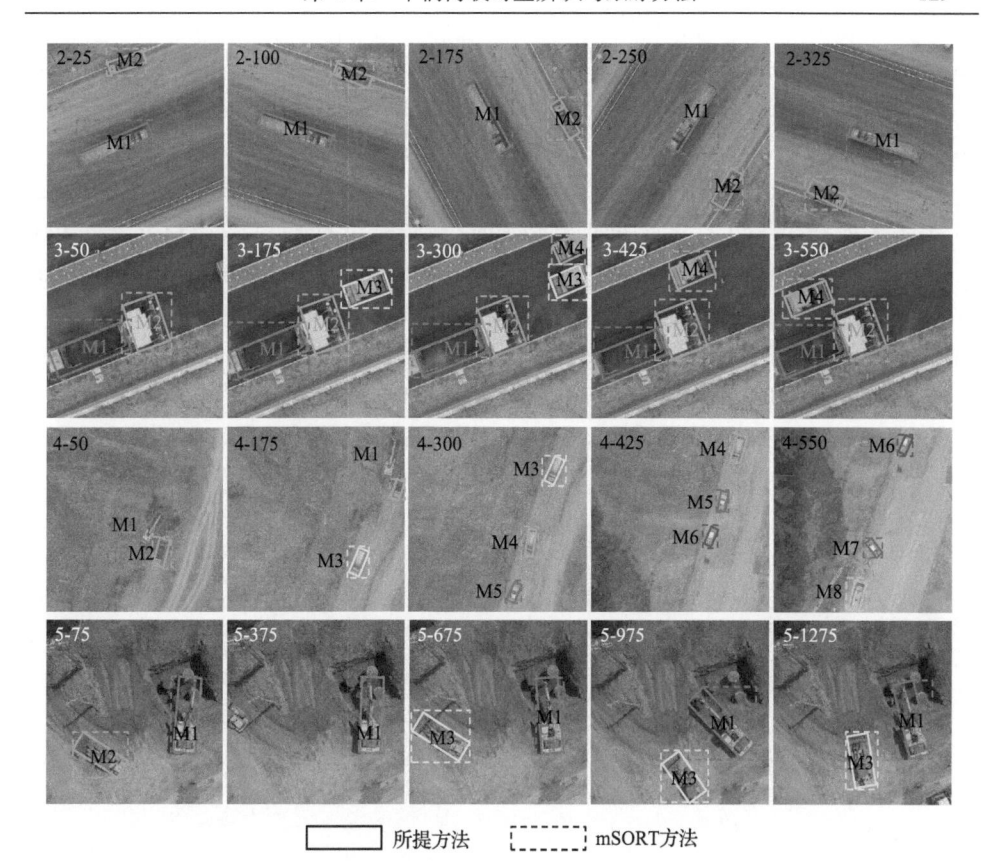

图 4.10　车辆荷载时空跟踪方法与 mSORT 方法跟踪结果对比

具体来说，与 mSORT 方法相比，车辆荷载时空跟踪方法的准确率提高了 25.387%，MOTP 提高了 24.549%，MOTA 提高了 1.76%，这证明了该方法的高鲁棒性。MOTP 指标还可以通过提高骨干的特征提取效率和增加训练数据量来进一步改善。整体的 AR 达到了 2.657°，这验证了所提跟踪方法对于车辆旋转运动跟踪的有效性。车辆荷载时空跟踪方法与 mSORT 方法的跟踪速度没有明显区别，都达到了 30 帧/s 左右，都可以算作实时处理算法。如果需要进一步提高算法的速度，可以通过提高硬件能力或使用并行编码等技术来实现。

参 考 文 献

[1] Guo Y P, Xu Y, Li S L. Dense construction vehicle detection based on orientation-aware feature fusion convolutional neural network[J]. Automation in Construction, 2020, 112: 103124.

[2] Ren S Q, He K M, Girshick R, et al. Faster R-CNN: Towards real-time object detection with region proposal networks[J]. IEEE Transactions on Pattern Analysis and Machine Intelligence, 2015, 39(6): 1137-1149.

[3] Liu W, Anguelov D, Erhan D, et al. SSD: Single shot multibox detector[C]//The 14th European Conference on Computer Vision, Amsterdam, 2016: 21-37.

[4] Li Z X, Yang L, Zhou F. FSSD: Feature fusion single shot multibox detector[J]. arXiv preprint arXiv:1712.00960, 2017.

[5] Guo Y P, Xu Y, Li Z L, et al. Enclosing contour tracking of highway construction equipment based on orientation-aware bounding box using UAV[J]. Journal of Infrastructure Preservation and Resilience, 2023, 4(1): 4.

[6] Bewley A, Ge Z, Ott L, et al. Simple online and realtime tracking[C]//The 23rd IEEE International Conference on Image Processing, Phoenix, 2016: 3464-3468.

[7] Milan A, Leal-Taixe L, Reid I, et al. MOT16: A benchmark for multi-object tracking[J]. arXiv preprint arXiv:1603.00831, 2016.

第 5 章 模型驱动的单体桥梁服役性能评估方法

桥梁结构在使用过程中受到荷载与环境的耦合作用，难以避免出现钢筋锈蚀、混凝土碳化等各类损伤，随着使用时间的推移，桥梁承载能力逐渐退化。氯离子侵蚀引起的钢筋锈蚀严重影响桥梁结构的性能，地处寒区的桥梁结构，在除冰盐氯离子和冻融循环的耦合作用下损伤更为严重。通过研究桥梁劣化过程，可以预测桥梁结构性能，确保桥梁结构的安全运营。

本章考虑寒区气候特点对氯离子侵蚀过程的影响，以确定钢筋初始锈蚀时间，并提出钢筋强度与混凝土强度的时变模型。在考虑结构恒载与活载不确定性的基础上，对钢筋混凝土桥梁构件进行结构性能退化分析并计算结构构件时变可靠度。现行的针对桥梁构件的设计标准并不能保证桥梁结构体系整体的安全可靠，需要进一步依赖结构的体系可靠度进行分析。本章应用非线性有限元模型，通过蒙特卡罗抽样的方法求出结构体系的极限状态参数信息，建立极限状态方程，并结合时间离散法进行结构体系的时变可靠度计算。另外，应用 LSTM 构建深度学习预测模型，利用贝叶斯优化方法自动选择最优网络参数，并将桥梁健康监测系统的数据持续融入以更新预测模型参数，进一步评估桥梁性能。研究成果有助于更好地理解寒区桥梁结构在使用过程中的劣化情况，科学地判断桥梁服役寿命，对制定合理的检测与维修时间等具有重要的理论意义和工程价值。同时，这一研究也对桥梁工程实践具有指导意义，有助于提高桥梁结构的设计、施工和运营水平，进一步保障桥梁结构的安全性与耐久性。

5.1 考虑冻融循环与除冰盐作用的氯离子侵蚀模型

除在混凝土拌和过程中掺入的早强剂等外加剂提供的氯离子外，混凝土硬化后从外界扩散渗入混凝土内部的氯离子占据了更大比例。当氯离子含量达到 0.1%～0.2%时，就能引起钢筋的锈蚀[1]，导致钢筋体积增加，保护层出现裂缝，从而加速了有害离子的侵蚀，其中氯离子具有优先被吸附的特性。由于氯离子导致钢筋表面保护层的 pH 降低，保护层逐步溶解，露出金属部分作为阳极、氧化膜作为阴极构成原电池，氯离子作为催化剂并无消耗，随着反应的不断进行，阴离子增加，电阻降低从而加剧腐蚀。

钢筋锈蚀会对结构产生诸多影响，如钢筋截面面积减小、强度降低以及钢筋与混凝土间黏结性能劣化等。在钢筋腐蚀程度较低时，由于钢筋表面锈蚀产物的堆积以及膨胀径向力的存在，钢筋与混凝土间黏结强度略有提升，随着腐蚀率进一步增大，黏结强度逐渐降低。

对于桥梁结构，钢筋锈蚀可能会导致结构性能退化，影响其安全性和耐久性。因此，在设计和施工过程中，需要采取相应的防腐措施，如使用抗腐蚀钢筋、防腐涂料、提高混凝土密实度等，以延缓钢筋锈蚀的发生。同时，对于已有结构，在检测和维修过程中，也需要重点关注钢筋锈蚀的问题，确保桥梁结构的安全运营。

5.1.1 钢筋初始锈蚀时间

基于Fick第二定律，任意时刻混凝土内任意位置的氯离子浓度可以表示为

$$C(x,t) = C_s \left[1 - \text{erf}\left(\frac{x}{2\sqrt{D_c t}}\right)\right] \tag{5.1}$$

式中，$C(x,t)$为时刻t与混凝土表面距离x处的氯离子浓度；C_s为混凝土表面氯离子浓度；D_c为混凝土的氯离子扩散系数；erf(·)为高斯误差函数；t为任意时刻。

寒区钢筋混凝土桥梁处于复杂和恶劣环境中，其腐蚀和劣化更容易发生，且除冰盐提供的氯离子与冻融循环导致的混凝土体材质劣化需要特别考虑。桥梁结构在室内冻融循环试验中的劣化速度远大于在室外实际自然环境中，相关研究表明，室外实际自然环境下的混凝土冻融循环效果相当于一次冻融循环试验效果的1/12[2]。考虑冻融循环影响的氯离子扩散系数模型可修正为

$$D_c(t) = 589.4 \exp\left[\frac{U}{R_a}\left(\frac{1}{T_0} - \frac{1}{T}\right) - \left(\frac{\frac{n_{\text{out}}}{12} - 750}{296.1}\right)^2 - 16.5\text{SF}\right] D_{c0} \left(\frac{t_0}{t}\right)^{0.2+0.4\left(\frac{\text{FA}}{0.5} + \frac{\text{SG}}{0.7}\right)} \tag{5.2}$$

式中，D_{c0}为在t_0时刻检测到的混凝土氯离子扩散系数；U为扩散过程活化能，取3500J/mol；n_{out}为室外自然环境下桥梁结构遭受的冻融循环次数；R_a为气体常数，取8.31J/mol/K；SF、FA和SG分别为硅灰、粉煤灰和矿渣的含量，%；T_0为参考温度，取293K。

水灰比根据实测混凝土强度间接计算，计算公式为

$$\frac{w}{c} = \frac{\alpha_a f_b}{f_{cu,k} + \alpha_a \alpha_b f_b} \tag{5.3}$$

式中，α_a 和 α_b 为回归系数，取值分别为 0.53、0.2；f_b 为 28 天水泥胶砂抗压强度，取值为 32.5MPa；$f_{cu,k}$ 为实测混凝土抗压强度。

综合考虑环境温度、氯离子结合能力与冻融循环作用的影响，得到寒区桥梁考虑季冻区特点的氯离子扩散模型为

$$C(x,t) = C_0 + (C_s - C_0)\left\{1 - \mathrm{erf}\left\{\frac{x}{2\sqrt{\frac{K_D K_e D_{c0} t_0^{0.2+0.4\left(\frac{FA}{0.5}+\frac{SG}{0.7}\right)}}{(1+R)\left[0.8 - 0.4\left(\frac{FA}{0.5}+\frac{SG}{0.7}\right)\right]}} t^{0.8-0.4\left(\frac{FA}{0.5}+\frac{SG}{0.7}\right)}}\right\}\right\}$$

(5.4a)

$$K_D = 589.4\exp\left[\frac{U}{R_a}\left(\frac{1}{T_0} - \frac{1}{T}\right) - \left(\frac{\frac{n_{\mathrm{out}}}{12} - 750}{296.1}\right)^2 - 16.5\mathrm{SF}\right] \quad (5.4b)$$

式中，C_0 为初始氯离子浓度；K_D 为氯离子扩散系数综合修正参数；K_e 为混凝土损伤修正系数；R 为混凝土结合氯离子能力修正系数。

混凝土表面的氯离子浓度逐渐增加到饱和状态后会形成稳定的常数，而在寒区由于除冰盐的使用，混凝土表面氯离子浓度会更快达到饱和状态。达到钢筋表面的氯离子先与表面的氧化膜进行反应，达到临界浓度后钢筋本体开始反应并产生锈蚀产物，所以根据考虑季冻区特点的氯离子扩散模型计算得到的氯离子浓度达到临界值 C_{cr} 的时间点为初锈时间 t_{corr}。

5.1.2 锈蚀钢筋剩余面积与强度时变模型

当结构服役时间达到初始锈蚀时间后，钢筋开始与氯离子发生反应产生锈蚀产物，锈蚀产物体积变大产生膨胀应力，从而加速结构裂缝的扩展，进一步导致钢筋锈蚀加剧。钢筋混凝土结构中的钢筋锈蚀可分为两类：均匀锈蚀和局部锈蚀，均匀锈蚀是指钢筋在整个长度范围内都受到锈蚀，表现为钢筋截面面积整体减小；而局部锈蚀是指钢筋在某个局部区域受到较严重的锈蚀，可能导致钢筋局部截面损失甚至断裂。本章采用截面损失率表征钢筋锈蚀程度。截面损失率是指钢筋受到锈蚀后截面面积减小的比例，使用 t 年后均匀锈蚀钢筋剩余直径为

$$D_u(t) = D_0 - 2\int_{t_{\mathrm{corr}}}^{t} r(t)\mathrm{d}t \quad (5.5)$$

式中，$r(t)$ 为第 t 年的腐蚀速率。

使用 t 年后均匀锈蚀钢筋剩余面积为

$$A_\mathrm{u}(t) = \frac{\pi D_\mathrm{u}(t)^2}{4} = \frac{\pi}{4}\left[D_0 - 1.0499\left(\frac{f_\mathrm{cu,k}+3.445}{f_\mathrm{cu,k}-13.78}\right)^{1.64}\frac{(t-t_\mathrm{corr})^{0.71}}{C}\right]^2 \quad (5.6)$$

式中，C 为混凝土保护层厚度；D_0 为未锈蚀的钢筋直径；$f_\mathrm{cu,k}$ 为混凝土抗压强度标准值；t 为计算时间；t_corr 为初锈时间。

使用 t 年后局部锈蚀深度为

$$p(t) = 2.2362\left(\frac{f_\mathrm{cu,k}+3.445}{f_\mathrm{cu,k}-13.78}\right)^{1.64}\frac{(t-t_\mathrm{corr})^{0.71}}{C} \quad (5.7)$$

若假设坑深为半圆形，使用 t 年后局部锈蚀钢筋剩余面积为

$$A_\mathrm{p}(t) = \begin{cases} \dfrac{\pi D_0^2}{4} - A_1 - A_2, & p(t) \leqslant \dfrac{\sqrt{2}}{2}D_0 \\ A_1 - A_2, & \dfrac{\sqrt{2}}{2}D_0 < p(t) \leqslant D_0 \\ 0, & p(t) > D_0 \end{cases} \quad (5.8)$$

式中，

$$A_1 = \frac{1}{2}\left[\theta_1\left(\frac{D_0}{2}\right)^2 - a\left|\frac{D_0}{2} - \frac{p(t)^2}{D_0}\right|\right]$$

$$A_2 = \frac{1}{2}\left[\theta_2 p(t)^2 - a\frac{p(t)^2}{D_0}\right]$$

其中，

$$a = 2p(t)\sqrt{1-\left(\frac{p(t)}{D_0}\right)^2}$$

$$\theta_1 = 2\arcsin\frac{a}{D_0}$$

$$\theta_2 = 2\arcsin\frac{a}{2p(t)}$$

因此，使用 t 年后钢筋剩余面积为

$$A_c(t) = \pi D_0^2 - A_u(t) - A_p(t) \tag{5.9}$$

钢筋锈蚀形态一般为均匀锈蚀与点蚀相结合，Stewart 等[3]的研究表明，单位长度钢筋的点蚀因子服从极值 I 型分布，且各个蚀坑相对独立。

$$\mu = \mu_0 + \frac{1}{\alpha_0}\ln\frac{L}{L_0}, \quad \alpha = \alpha_0 \tag{5.10}$$

式中，α 和 μ 为极值 I 型分布的尺度参数与位置参数，α_0 和 μ_0 取值分别为 1.02 和 5.08；L 为待分析钢筋的长度；L_0 为标准长度，钢筋直径为 8mm、12mm 和 28mm 时对应的 L_0 取值分别为 125mm、200mm 和 500mm。

采用蚀坑系数与均匀锈蚀深度共同表征坑蚀深度，即

$$\begin{cases} f_y(t) = (1 - \alpha_y Q_{\text{corr}}) f_{y0} \\ f_u(t) = (1 - \alpha_u Q_{\text{corr}}) f_{u0} \end{cases} \tag{5.11}$$

式中，$f_y(t)$ 和 $f_u(t)$ 分别表示钢筋在 t 时刻的屈服强度和极限抗拉强度；α_y 和 α_u 分别表示屈服状态和极限状态的经验修正系数，取值分别为 0.005 和 0.0065；f_{y0} 和 f_{u0} 分别为初始屈服强度和极限抗拉强度；Q_{corr} 为截面损失率。

5.1.3 混凝土强度时变模型

混凝土强度随着寒区冻融循环的加剧而逐渐下降，混凝土强度的下降大大降低了桥梁结构的安全程度及使用寿命，许多研究者针对冻融循环与混凝土强度下降的关系进行研究，得到考虑水灰比、含气量与粉煤灰掺量的混凝土抗压强度时变模型[4]，即

$$\begin{cases} \mu_{f_c(t)} = k_{w/c} k_{\text{FA}} k_a \exp\left[-0.0246(\ln t - 1.7154)^2 - 0.001\dfrac{n_{\text{out}}}{12}\right]\mu_{f_{c0}} \\ \sigma_{f_c(t)} = (0.0305t + 1.2368)\sigma_{f_{c0}} \end{cases} \tag{5.12}$$

式中，$k_{w/c}$ 为水灰比修正系数，$k_{w/c} = 0.824(w/c)^{-0.1332}$；$k_{\text{FA}}$ 为粉煤灰掺量修正系数，$k_{\text{FA}} = -2.528\text{FA}^2 + 1.013\text{FA} + 0.956$；$k_a$ 为含气量修正系数，$k_a = 0.556\ln a + 2.779$，a 为含气量，取值为 1.8%~7%；n_{out} 为室外自然环境下桥梁结构遭受的冻融循环次数，哈尔滨一般为 124.2 次。

5.2 寒区桥梁荷载模型

5.2.1 桥梁结构恒载模型

桥梁上部结构恒载一般包括梁体的自重与桥面铺装的自重，由于桥梁恒载随时间的变化程度小，一般根据随机变量概率模型分析桥梁结构恒载。大量研究以恒载实测值与标准值的比值为分析样本，应用数理统计的方法分析认为，桥梁结构恒载服从正态分布。主梁自重与桥面铺装的相对占比对恒载统计参数的影响不大，所以定义沥青混凝土桥面与桥梁上部结构重量的比例为 1:4 来进行恒载的统计分析，恒载的统计参数为

$$\begin{cases} \mu_G = 1.0148 G_k \\ \sigma_G = 0.0437 G_k \end{cases} \tag{5.13}$$

式中，G_k 为桥梁恒载设计值，$G_k = vr_k$，v 为标准图纸计算出的体积，r_k 为材料的标准容重；μ_G 为统计得到的桥梁恒载均值；σ_G 为统计得到的桥梁恒载标准差。

钢筋混凝土简支梁桥荷载效应的统计参数可以表示为

$$\begin{cases} \mu_{sG} = 1.0148 C G_k \\ \sigma_G = 0.0437 G_k \end{cases} \tag{5.14}$$

式中，C 表示将等效的静力荷载转换为荷载效应考虑的影响系数。

5.2.2 车辆荷载模型

根据相邻车辆通过某一参照物的时间间隔 t 的长短，将车辆荷载分为两种状态：一般运行状态与密集运行状态，$t \geq 3s$ 时为一般运行状态，$t<3s$ 时为密集运行状态。在可靠度分析过程中，多将影响结构的变量转换为随机变量进行研究，在车辆荷载的应用过程中，将其转换为设计基准期内的最大值变量以考虑更不利效应。

车辆荷载的弯矩效应在设计基准期内起控制作用，而且车辆荷载效应是与桥梁服役时间有关的随机变量，在无足够实测值时，可考虑车辆荷载效应服从极值Ⅰ型分布，其统计参数为

$$\begin{cases} \mu_{st} = \mu_s + \dfrac{1}{\alpha} \ln \dfrac{t}{100} \\ \sigma_{st} = \sigma_s \end{cases} \tag{5.15}$$

式中，α 为极值 I 型的函数参数，$\alpha = \dfrac{\pi}{\sigma_s\sqrt{6}}$；$\mu_s$、$\sigma_s$ 为设计年限内荷载效应最大值的统计参数；t 为设计基准期内的时刻；μ_{st}、σ_{st} 为 t 时刻车辆荷载效应的统计参数。

在桥梁设计基准期内，密集运行状态下，车辆荷载产生的弯矩效应最大值概率分布函数为

$$F_M(x) = \exp\left[-\exp\left(-\frac{x - 0.7685 S_{Mk}}{0.0537 S_{Mk}}\right)\right] \tag{5.16}$$

弯矩效应最大值服从极值 I 型分布，其均值和标准差可以分别表示为 $\mu_{sM} = 0.7995 S_{Mk}$ 和 $\sigma_{sM} = 0.0689 S_{Mk}$。

车辆荷载产生的剪力效应最大值概率分布函数为

$$F_J(x) = \exp\left[-\exp\left(-\frac{x - 0.6938 S_{Jk}}{0.0431 S_{Jk}}\right)\right] \tag{5.17}$$

同样地，剪力效应最大值也服从极值 I 型分布，其均值和标准差分别表示为 $\mu_{sJ} = 0.7187 S_{Jk}$ 和 $\sigma_{sJ} = 0.0553 S_{Jk}$。

5.3 寒区桥梁时变可靠度分析实例

5.3.1 桥梁概况

算例桥梁为装配式钢筋混凝土简支 T 梁桥，位于绥满公路绥阳—牡丹江段，桥面净宽 9.5m+2×1.0m，主梁间距为 2.2m，梁高 1.5m，计算跨径 19.8m，双车道。主梁和桥面铺装均采用 C30 混凝土，厚度为 10cm，受拉区采用 12 根直径为 32mm 的 II 级钢筋（HRB335 钢筋）。单梁跨中横截面图如图 5.1 所示。

5.3.2 基于检测信息的桥梁构件可靠度贝叶斯更新

该桥 2010 年竣工，于 2020 年进行检测，检测时该桥已服役了 10 年。在钢筋混凝土结构物中，钢筋处于混凝土的碱性保护中，混凝土碳化深度一旦达到钢筋位置，当氯离子侵蚀到钢筋位置时就会发生锈蚀。另外，碳化的混凝土虽硬度增加但强度降低，致使结构的实际有效截面折损。根据《公路桥梁承载能力检测评定规程》(JTG/T J21—2011)[5]，采用现场钻孔，然后喷酚酞试剂的方法进行混凝土碳化深度测试。共选取 3 个测区，每个测区内选取 3 个区域分别进行测试，得到 1 号梁碳化深度的均值和标准差分别为 20.27mm、1.46。

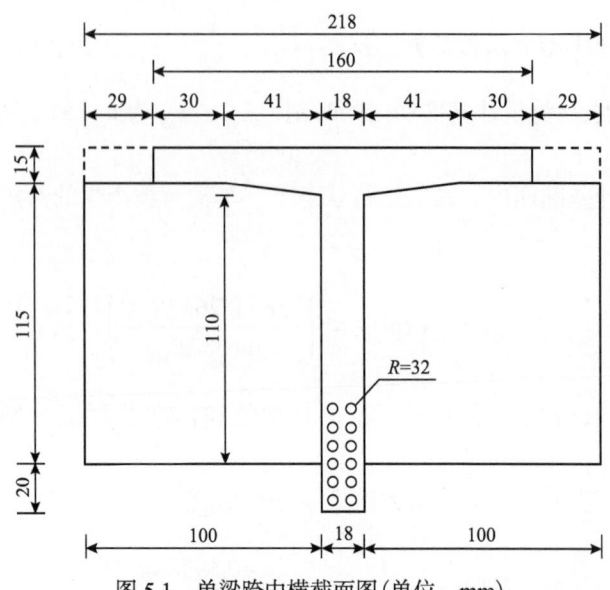

图 5.1 单梁跨中横截面图(单位：mm)

本章利用回弹法测试混凝土强度，结构、构件或关键控制部位的测区混凝土换算强度平均值应根据各测区的混凝土强度换算值计算，当测区数为 10 个及以上时应计算强度标准差。回弹法测试的混凝土强度平均值及标准差可以表示为

$$\mu_{f_{cu}^c} = \frac{1}{n}\sum_{i=1}^{m} f_{cu,i}^c, \quad \sigma_{f_{cu}^c} = \sqrt{\frac{\sum_{i=1}^{n}\left(f_{cu}^c\right)^2 - n\mu_{f_{cu}^c}^2}{n-1}} \tag{5.18}$$

回弹法测试混凝土强度，适用龄期范围为 14~1000 天。本章对每个构件选 10 个测区，每个测区内确定 16 个回弹点分别进行回弹测试，数据处理时进行碳化修正，对非水平测区进行测试面与角度修正，计算得到 1 号梁混凝土强度的均值和标准差分别为 55.2MPa、2.42。

混凝土保护层厚度采用电磁感应原理进行检测。检测前，应结合设计资料和施工，记录了解钢筋布置情况及钢筋直径、钢筋间距和钢筋保护层厚度等数据，设定钢筋直径和保护层厚度量程范围。混凝土保护层为钢筋提供了良好的保护，其厚度和分布的均匀性是影响钢筋耐久性的重要因素。该桥主梁主筋保护层设计厚度净值为 30mm，混凝土保护层厚度测量的均值与标准差分别为 34.4mm、1.4。

贝叶斯方法能够考虑影响结构的参数随机变量的分布类型与统计参数，已知的检测数据与先验信息越多，越可能得到更加符合实际的后验信息。对桥梁结构来说，历史数据的获取非常困难，可以将桥梁结构可靠度的贝叶斯更新视为无先验分布的贝叶斯过程进行研究。假设检测数据样本 $x = (x_1, x_2, \cdots, x_n)$ 服从正态分布

$N(\mu,\sigma^2)$，样本的联合概率密度函数可以表示为

$$p(x|\mu,\sigma) = \left(\frac{1}{\sqrt{2\pi}\sigma}\right)^n \exp\left(-\frac{1}{2\sigma^2}\sum_{i=1}^{n}(x_i-\mu)^2\right)$$
$$= \left(\frac{1}{\sqrt{2\pi}}\right)^n \left(\frac{1}{\sigma^2}\right)^{\frac{n}{2}} \exp\left\{-\frac{1}{2\sigma^2}\left[Q+n(\overline{x}-\mu)^2\right]\right\} \quad (5.19)$$

为了得到 μ 和 σ^2 的贝叶斯估计，假设参数 μ 的先验分布为均匀分布 $\pi(\mu) \propto 1$，参数 σ^2 的先验分布为逆伽马分布 $\pi(\sigma^2) \propto \text{IG}(\alpha,\lambda)$，且逆伽马分布的形状参数 α 和尺度参数 λ 已知。在分析保护层厚度时，可选取 $\alpha=102$，$\lambda=154$；在分析混凝土强度时，可选取 $\alpha=102$，$\lambda=536$；参数 μ 和 σ^2 相互独立，由此得到 μ 和 σ^2 的联合先验分布为

$$\pi(\mu,\sigma^2) = \pi(\mu)\pi(\sigma^2) = \frac{\lambda^\alpha}{\Gamma(\alpha)}\left(\frac{1}{\sigma^2}\right)^{\alpha+1}\exp\left(-\frac{\lambda}{\sigma^2}\right), \quad -\infty<\mu<+\infty, \ \sigma^2>0 \quad (5.20)$$

进一步获得 μ 和 σ^2 的联合后验分布为

$$\pi(\mu,\sigma^2|x) \propto \left(\frac{1}{\sigma^2}\right)^{\alpha+6}\exp\left\{-\frac{\lambda}{\sigma^2}-\frac{1}{2\sigma^2}\left[Q+10(\overline{x}-\mu)^2\right]\right\} \quad (5.21)$$

对 μ 进行积分，可以得到参数 σ^2 的边缘后验分布，表示为

$$\pi(\sigma^2|x) \propto \left(\frac{1}{\sigma^2}\right)^{\alpha+6}\exp\left(-\frac{Q+2\lambda}{2\sigma^2}\right)\int_{-\infty}^{+\infty}\left[-\frac{1}{5\sigma^2}(\mu-\overline{x})^2\text{d}\mu\right]$$
$$\propto \left(\frac{1}{\sigma^2}\right)^{\alpha+\frac{11}{2}}\exp\left(-\frac{Q+2\lambda}{2\sigma^2}\right) \quad (5.22)$$

即 σ^2 的边缘后验分布服从逆伽马分布，即

$$\pi(\sigma^2) \propto \text{IG}\left(\alpha+\frac{9}{2},\lambda+\frac{Q}{2}\right)$$

对 σ^2 进行积分，可以得到参数 μ 的边缘后验分布，表示为

$$\pi(\mu|x) \propto \left(\frac{1}{\sigma^2}\right)^{\alpha+\frac{11}{2}}\exp\left\{-\frac{1}{\sigma^2}\left[\lambda+\frac{Q}{2}+5(\mu-\overline{x})^2\right]\right\}\text{d}\sigma^2 \quad (5.23)$$

由于逆伽马分布具有正则性，μ 的边缘后验分布为

$$\pi(\mu|x) \propto \frac{\Gamma(\alpha+5)}{\left[\lambda + \dfrac{Q}{2} + 5(\mu - \bar{x})^2\right]^{\alpha+5}} \tag{5.24}$$

基于上述桥梁结构统计参数的取值，结合蒙特卡罗方法对桥梁结构构件时变可靠度进行分析计算。以算例桥梁抗弯承载力为例，应用首次超越概率法，将作用在结构上的荷载效应首次超越结构当前时刻抗力时定义为失效，并应用蒙特卡罗方法抽样计算 100 万次，算例桥梁为装配式钢筋混凝土简支 T 梁桥，构件的抗弯承载力可服从正态分布[6]。由误差传递公式得到抗力的均值与方差为

$$\begin{cases} M_{su}(t) = k_s f_y(t) A_s(t) \left(h_0 - \dfrac{x(t)}{2}\right) \\ \sigma^2_{M_{su}(t)} = \left(k_s \mu_{A_s(t)} h_0 - \dfrac{k_s \mu_{f_y(t)} \mu^2_{A_s(t)}}{\mu_{f_{cm}(t)} b}\right)^2 \sigma^2_{f_s(t)} + \left(\dfrac{k_s \mu_{f_y(t)} \mu^2_{A_s(t)}}{2\mu^2_{f_{cm}(t)} b}\right)^2 \sigma^2_{f_{cm}(t)} \\ \qquad + \left(k_s \mu_{f_s(t)} h_0 - \dfrac{k_s \mu_{A_s(t)} \mu^2_{f_s(t)}}{\mu_{f_{cm}(t)} b}\right)^2 \sigma^2_{A_s(t)} \end{cases} \tag{5.25}$$

式中，h_0 为有效截面高度，$h_0 = h - C - d_g - 0.07h$，$h$ 为截面高度，C 为混凝土保护层厚度，d_g 为箍筋直径；$f_{cm}(t)$ 为混凝土弯曲抗压强度时变值，一般取 $f_{cm}(t) = 0.737 f_{cu}(t)$；$k_s$ 为钢筋与混凝土的黏结系数。

影响桥梁性能的参数众多，本节应用表 5.1 整理的影响因素的概率分布，对桥梁结构构件可靠度进行计算。采用上述无先验贝叶斯方法更新混凝土强度与保护层厚度的检测值，如图 5.2 所示。可以看出，贝叶斯更新后的可靠度指标小于直接使用原始分布的可靠度指标，随着服役时间的增长，可靠度指标的差值达到 0.13 左右，更新后第 75 年达到极限可靠度指标，而更新前第 95 年达到极限可靠度指标，证明所引用的影响因素概率分布参数对此构件的可靠度分析来说需要修正，直接使用参考概率分布会高估结构的可靠度，导致对结构的评估过于保守。可以认为，在进行桥梁可靠度研究时有必要对钢筋锈蚀影响因素(混凝土强度与保护层厚度)的概率分布进行更新，以提高可靠度评估的准确性。

5.3.3 多重指标下的桥梁结构整体时变可靠度

桥梁结构整体时变可靠度基于反映桥梁结构实际服役状况有限元模型来评估。本节应用 ABAQUS 软件建立有限元模型，应用 C3D8R 六面体实体单元模拟

第 5 章 模型驱动的单体桥梁服役性能评估方法

表 5.1 寒区桥梁常见参数分布

参数说明	参数符号	单位	分布类型
水灰比	w/c	%	$N(0.36,0.007)$
硅灰掺量	SF	%	$N(5,2.25)$
粉煤灰掺量	FA	%	$N(10,7.29)$
矿渣掺量	SG	%	$N(7.5,2.723)$
年均温度	T	℃	$N(6.41,0.7051)$
年冻融循环次数	n_{out}	次	$LN(98.17,228.56)$
混凝土结合氯离子能力修正系数	R	—	$N(0.259,0.0457)$
临界氯离子浓度	C_{cr}	%	$LN(0.04,2.3\times10^{-5})$
混凝土表面氯离子浓度	C_s	%	$LN(0.145,2.1\times10^{-4})$
混凝土表面初始氯离子浓度	C_0	%	$LN(0.006,3.24\times10^{-6})$
钢筋抗拉强度	f_{u0}	MPa	$N(335,13.57)$
混凝土抗压强度	f_{c0}	MPa	$N(32.4,37.896)$
普通钢筋初始直径	D_0	mm	$N(16,5.76)$

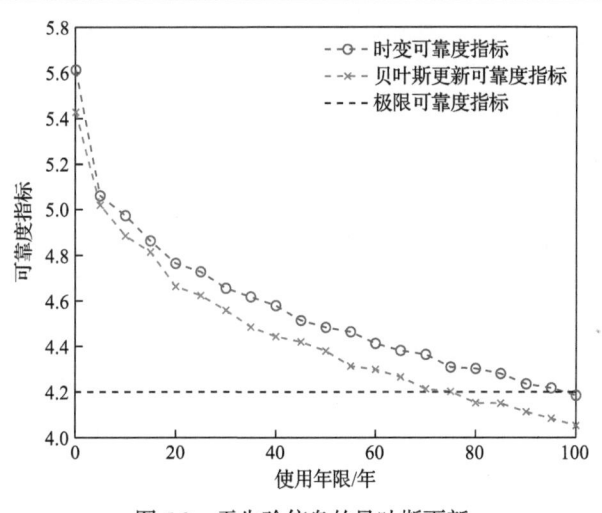

图 5.2 无先验信息的贝叶斯更新

混凝土，应用 T3D2 桁架单元模拟钢筋。混凝土的剪胀角取 38°，流动势偏移量取 0.1，双轴受压与单轴受压极限强度比取 1.16，不变量应力比取 0.667，黏滞系数取 0.1。混凝土非线性本构采用单轴受力塑性损伤本构模型，C30 混凝土受压和受拉的本构曲线分别如图 5.3 和图 5.4 所示。

混凝土的损伤变量为

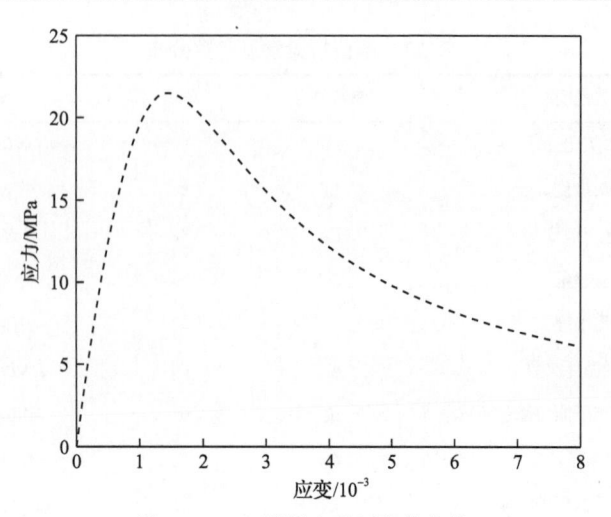

图 5.3　C30 混凝土受压本构曲线

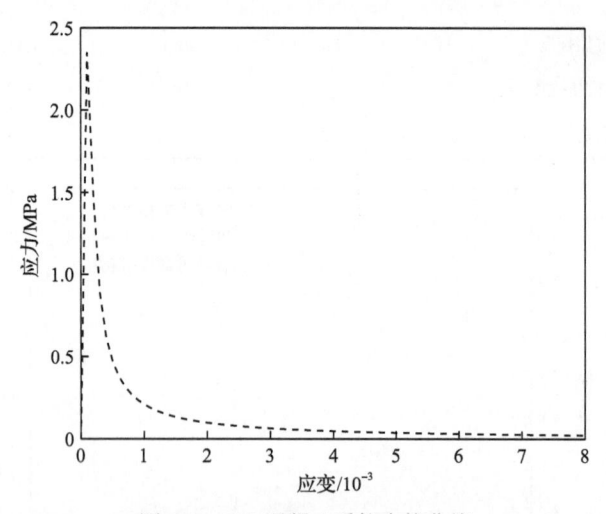

图 5.4　C30 混凝土受拉本构曲线

$$D = \begin{cases} \left[1-\left(1-\dfrac{\varepsilon}{\varepsilon_p}\right)^{c_1}\right]D_0, & \varepsilon \leqslant \varepsilon_p \\ 1-\dfrac{1-D_0}{c_2(1-D_0)\left(\dfrac{\varepsilon}{\varepsilon_p}-1\right)^{c_3}+1}, & \varepsilon > \varepsilon_p \end{cases} \quad (5.26)$$

式中，单轴受压参数为 $D_0 = 2.1 - 0.4\ln(f_{cu}+41)$，$c_1 = 0.56 - 0.004f_{cu}$，$c_2 = 1.17 + 4.34\times 10^{-5} f_{cu}^{2.8}$，$c_3 = 0.32 + 0.3\ln(f_{cu}-10)$，$\varepsilon_p = 383 f_{cu}^{7/18}\times 10^{-6}$。单轴受拉参数

为 $D_0 = 0.19$，$c_1 = 0.31$，$c_2 = 1.56 + 1.83 \times 10^{-4} f_{cu}^{2.08}$，$c_3 = 1.1 + 3.54 \times 10^{-3} f_{cu}$，$\varepsilon_p = 33 f_{cu}^{1/3} \times 10^{-6}$。

钢筋非线性本构关系采用双折线强化模型，如图 5.5 所示。Ⅰ级钢的弹性模量取 210GPa，泊松比取 0.3，进入强化阶段后，强化弹性模量取初始弹性模量的 1%，即 2.1GPa。Ⅱ级钢的弹性模量取 200GPa，泊松比取 0.3，进入强化阶段后，强化弹性模量取初始弹性模量的 1%，即 2GPa。

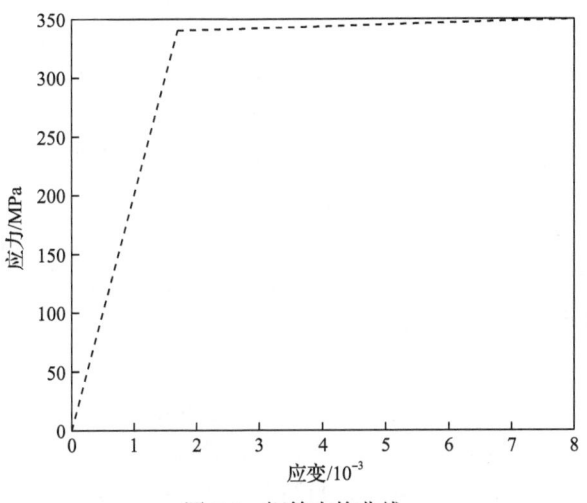

图 5.5 钢筋本构曲线

建立的 ABAQUS 有限元模型如图 5.6 所示，在建立实体有限元模型时，注意在支座处设置垫块防止压溃，将钢筋骨架内置于混凝土中，在各分析步中考虑模型的非线性。

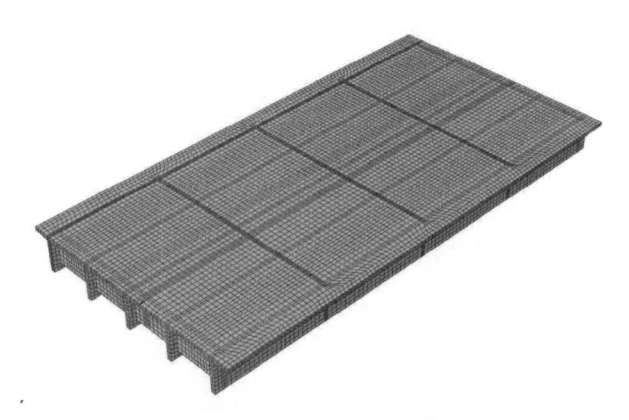

图 5.6 ABAQUS 有限元模型

根据结构服役性能可靠性的三个层面(安全性、适用性、耐久性)，定义相关的失效准则。安全性失效准则为超过半数的主梁受拉钢筋进入屈服,适用性失效准则为主梁跨中最大挠度达到 $L_0/600$(L_0 为桥梁计算跨径),耐久性失效准则为最大裂缝宽度达到 0.2mm 或达到氯离子浓度临界值。

对于寒区钢筋混凝土桥梁,其安全性能受到地区特殊环境的影响,如频繁的冻融现象和道路人工除雪使用的除冰盐等不利因素,这些因素会直接加速混凝土材料劣化。由于桥梁结构受到多种荷载的耦合作用,主梁裂缝不断扩展,除冰盐中的氯离子加速扩散到混凝土中。当水分和氯离子扩散到钢筋所在位置时,钢筋发生锈蚀导致钢筋有效面积减小,承载能力降低,从而影响桥梁的安全性能。因此,寒区钢筋混凝土桥梁的性能退化主要取决于混凝土材料的劣化程度和钢筋受拉承载力的折减程度。

为了方便有限元分析,假设混凝土抗压强度的变异系数恒定,考虑桀田佳宽模型中混凝土抗压强度均值随着时间的增长而降低。通过混凝土劣化模型与钢筋锈蚀模型,任意抽取设计基准期内某一时刻的混凝土抗压强度、钢筋屈服强度、钢筋极限强度与钢筋剩余截面积,建立参数化的 INP 文件,进一步确定安全性、适用性、耐久性的某一时刻极限状态函数。

1)安全性

对桥梁结构安全性可靠度进行分析,定义该状况失效准则为一半以上的受拉钢筋进入屈服状态。算例桥梁共五根主梁,计算该桥第三根主梁屈服时底部钢筋的最大应力,以上述对结构影响较大的四个因素(钢筋屈服强度、钢筋极限强度、钢筋锈蚀剩余面积与混凝土抗压强度)为基本变量进行抽样,修改 INP 文件进行结构有限元计算。

图 5.7 为利用 ABAQUS 得到的第 50 年钢筋应力有限元计算结果,本章统计

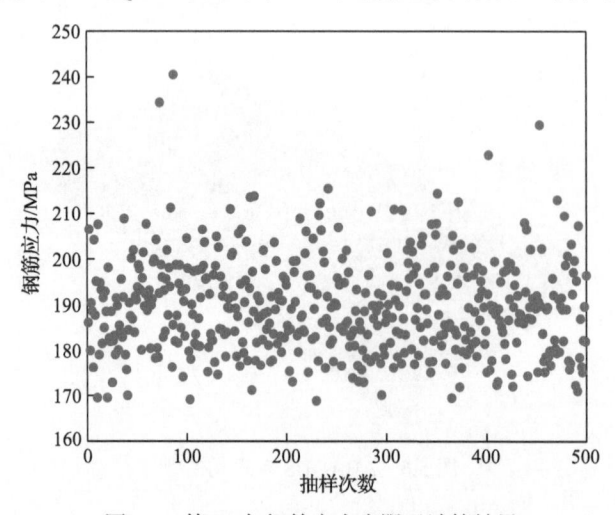

图 5.7 第 50 年钢筋应力有限元计算结果

了桥梁结构 5000 次有限元模拟得到的钢筋应力数据，K-S 检验表明，桥梁钢筋应力服从对数正态分布，其比例参数 μ =5.3348，形状参数 σ =0.0717。

建桥 50 年时，桥梁安全性的极限状态函数为

$$Z = f_{ymax} - G\left(F_y, F_u, D_0, C, C_s, C_0, C_{cr}, F_c, N_{out}\right) \tag{5.27}$$

式中，f_{ymax} 为规范规定的 HRB335 钢筋的屈服应力；G 为该时间点下第三根主梁屈服时该梁纵向受拉钢筋的最大应力。

有限元模型的计算量庞大，所以每隔 10 年抽取一个计算点进行分析。对于复杂桥梁结构，上述极限状态函数中 $G(\cdot)$ 函数并非简单的线性模型，当结构的功能函数为复杂函数（或隐式函数）时，可以应用上述有限元数值模拟得到的多组输入（四个特征值）与响应（应力、挠度等）作为神经网络的训练数据，以训练得到的人工神经网络(artificial neural network，ANN)逼近结构的功能函数，即利用 ANN 作为代理模型建立的输入输出关系计算结构响应，再利用蒙特卡罗方法抽样进行结构可靠度的计算。

以第 50 年的计算数据为例，建立具有四节点（钢筋屈服强度、钢筋极限强度、钢筋锈蚀剩余面积与混凝土抗压强度）输入层以及一节点输出层（钢筋应力）的人工神经网络。均方误差 MSE 为样本真实值与预测值插值平方和的均值，用于检测预测值的偏差性。根据上述对结构人工神经网络-蒙特卡罗方法计算时变可靠度的流程，进行该结构安全性对应的时变可靠度计算，拟合时变可靠度方程为

$$\beta = 3.093 \times 10^{-6} t^3 - 8.583 \times 10^{-4} t^2 + 0.0370t + 4.852 \tag{5.28}$$

上述拟合方程相关系数 R^2 为 0.9904。安全性对应结构构件持久设计状况承载力极限状态，针对脆性破坏，安全性可靠度指标应不低于 4.2。图 5.8 为安全性极限状态时变可靠度的计算结果，说明该桥梁安全性于第 71 年失效。

2) 适用性

对桥梁结构适用性可靠度进行分析，与上述流程相似，确定适用性的失效准则为跨中挠度达到 $L_0/600$ 来计算结构整体的失效概率与可靠度指标。

图 5.9 为利用 ABAQUS 得到的第 50 年挠度有限元计算结果，本章统计了桥梁结构 5000 次有限元模拟得到的挠度数据，K-S 检验表明，桥梁跨中挠度服从对数正态分布，其比例参数 $\mu = 3.3382$，形状参数 $\sigma = 0.0631$。

建桥 50 年时，桥梁适用性的极限状态函数为

$$Z = \frac{L_0}{600} - F\left(F_y, F_u, D_0, C, C_s, C_0, C_{cr}, F_c, N_{out}\right) \tag{5.29}$$

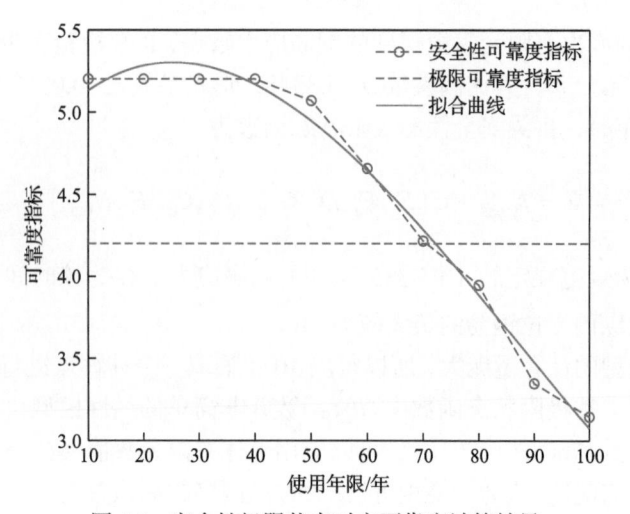

图 5.8　安全性极限状态时变可靠度计算结果

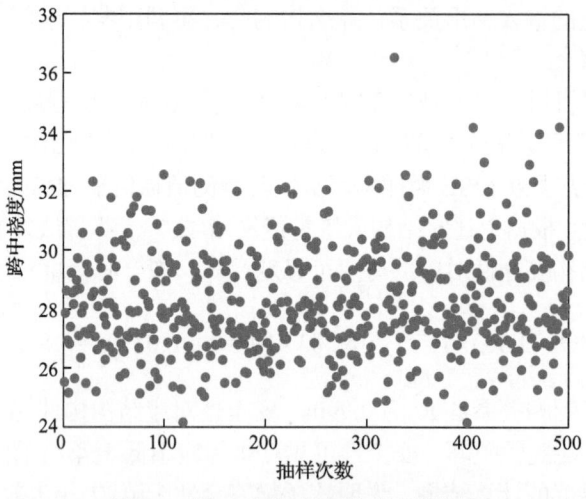

图 5.9　第 50 年挠度有限元计算结果

通过蒙特卡罗抽样计算得到结构此时可靠度指标为 2.66，应用上述过程计算结构其他时刻的可靠度指标，拟合时变可靠度方程为

$$\beta = -0.055t + 4.91 \tag{5.30}$$

拟合方程相关系数 R^2 为 0.9946。适用性属于正常使用极限状态，结构正常使用极限状态的可靠度指标范围为 0~1.5，本节取 1.5。图 5.10 为适用性极限状态时变可靠度计算结果，说明该桥梁整体于第 60 年不满足适用性可靠度准则。

3) 耐久性

对桥梁结构耐久性可靠度进行分析，定义该状况失效准则为钢筋表面氯离子浓度达到临界值。临界氯离子浓度抽样结果如图 5.11 所示。通过考虑寒区环境特点的 Fick 第二定律经验扩散模型，计算针对耐久性极限状态的失效概率与可靠度指标。

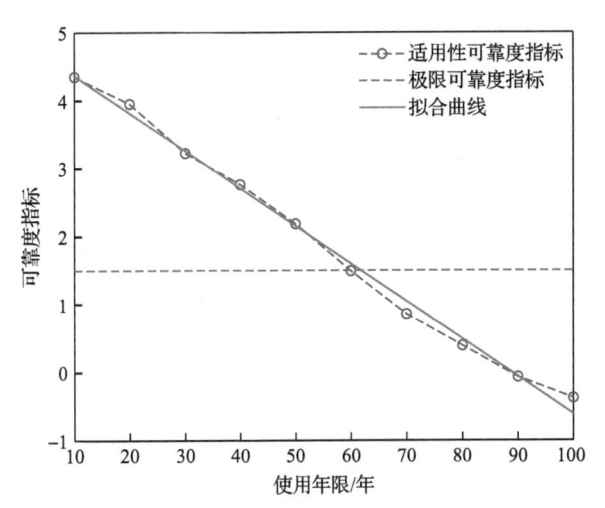

图 5.10　适用性极限状态时变可靠度计算结果

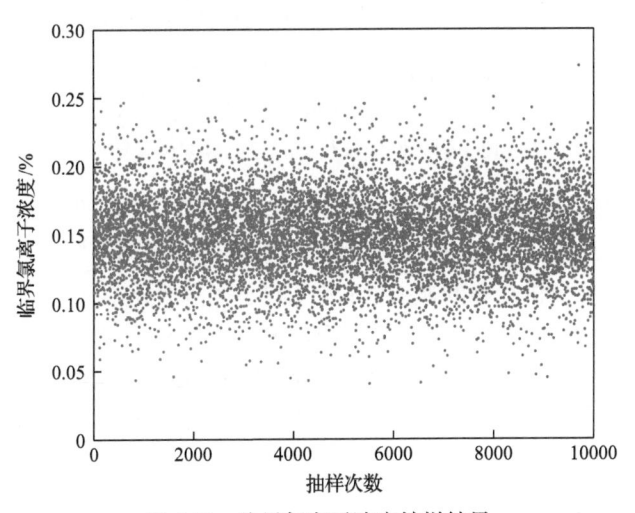

图 5.11　临界氯离子浓度抽样结果

针对耐久性的极限状态函数为

$$Z = C_{cr} - C(t) \tag{5.31}$$

式中，C_{cr} 为临界氯离子浓度，服从对数正态分布，均值为 0.15%，变异系数为 0.2；$C(t)$ 为 t 时刻的氯离子浓度。

应用蒙特卡罗方法抽样分时间点计算该桥梁的时变可靠度，拟合时变可靠度方程为

$$\beta = -5.005 \times 10^{-6} t^3 + 1.106 \times 10^{-4} t^2 + 0.08844 t + 3.457 \quad (5.32)$$

拟合方程相关系数 R^2 为 0.9933。本章定义耐久性问题的极限可靠度指标为 1.3，图 5.12 为耐久性极限状态时变可靠度计算结果，说明该结构使用第 45 年时不满足耐久性使用准则。

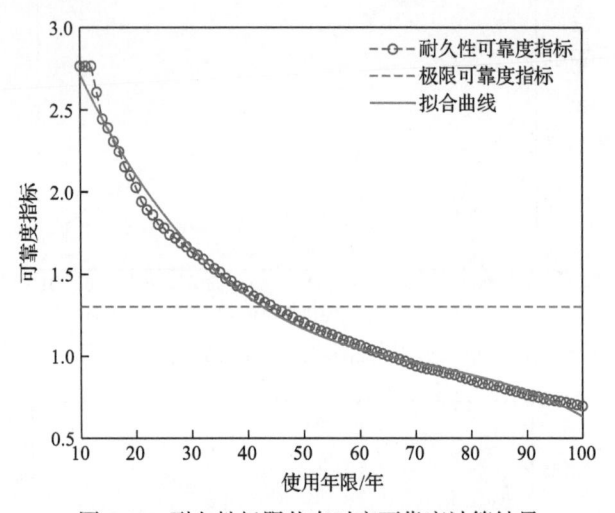

图 5.12　耐久性极限状态时变可靠度计算结果

本节根据桥梁整体实体有限元计算结果，构建人工神经网络代理模型进行结构时变可靠度的计算，应用 ABAQUS 软件建立桥梁实体有限元模型，考虑钢筋与混凝土材料以及分析步骤的非线性；针对结构可靠性的三个要求(安全性、适用性与耐久性)建立不同的失效准则，计算获得结构的挠度与应力数据，以进行结构时变可靠度的计算。从三种失效准则的计算结果可知，结构整体先发生耐久性失效，最后出现安全性问题，这与结构设计规范的相关要求吻合。

参 考 文 献

[1] Czarnecki A A, Nowak A S. Time-variant reliability profiles for steel girder bridges[J]. Structural Safety, 2008, 30(1): 49-64.

[2] Li Q W, Wang C, Ellingwood B R. Time-dependent reliability of aging structures in the presence of non-stationary loads and degradation[J]. Structural Safety, 2015, 52: 132-141.

[3] Stewart M G, Suo Q H. Extent of spatially variable corrosion damage as an indicator of strength and time-dependent reliability of RC beams[J]. Engineering Structures, 2009, 31(1): 198-207.

[4] 牛荻涛, 肖前慧. 混凝土冻融损伤特性分析及寿命预测[J]. 西安建筑科技大学学报(自然科学版), 2010, 42(3): 319-322, 328.

[5] 中华人民共和国交通运输部. 公路桥梁承载能力检测评定规程(JTG/T J21—2011)[S]. 北京: 人民交通出版社, 2011.

[6] Mendoza-Lugo M A, Delgado-Hernández D J, Morales-Nápoles O. Reliability analysis of reinforced concrete vehicle bridges columns using non-parametric Bayesian networks[J]. Engineering Structures, 2019, 188: 178-187.

第6章　基于数据时空关联的桥梁结构状态评估方法

　　桥梁不同测点响应数据间存在固有的时空关联特征，蕴含着与结构性能有关的重要信息。但是，传统的数据分析与评估方法仅利用数据的基本信息和浅层特性，主观性强且缺少可靠的异常状态评估指标，难以揭示数据中反映桥梁结构状态的深层次特征。如何采用时空关联挖掘方法提取海量数据中蕴含的桥梁状态信息，分析服役环境下数据模式的时变演化规律，辨识结构状态异常，是桥梁海量数据挖掘领域的关键科学问题。本章以桥梁结构的索力和应力等与环境和车辆荷载存在密切关联的结构响应为主要研究对象，并将结构响应分为趋势项与车致项，针对各自特点，利用基于深度学习的数据挖掘方法，在海量数据中探索其中蕴含的时空关联特性，为在役桥梁的结构状态评估提供依据。

6.1　基于趋势项数据空间关系图表征的桥梁结构状态评估

　　在基于结构健康监测系统的结构异常诊断与状态评估问题中，传感器测点的数据异常是难以回避的重要问题，某些测点的数据异常问题较为隐蔽，如缓变的数据漂移和幅值波动，无法根据单测点的信号时程进行识别。在桥梁结构健康监测系统中，测点趋势项数据的缓变信号漂移与实际结构受力状态改变导致的数据长期变化很容易混淆，给结构响应趋势项的分析带来困难。

　　在涉及海量数据分析的桥梁结构状态评估算法中，监测数据的特征提取与关联映射涉及多个传感器测点。在建立数据挖掘模型时，少数测点数据异常问题虽然仅发生在局部，但这些测点的数据也需要与其他正常测点数据共同参与计算，因此造成数据模式变化的异常测点难以定位，与结构整体状态改变导致的全局模式异常难以区分。引入的测点越多、构建的数据挖掘模型越复杂，局部测点异常与全局状态异常模式的辨识难度越大。很多结构状态评估算法和传感器异常诊断算法拥有良好的异常辨识精度，但这些方法通常将待解决的问题看成单纯的结构健康诊断或传感器故障诊断问题，忽视了实际工程问题中两者存在混淆甚至同时出现的情况，因此难以推广到实际应用。该问题的关键在于如何判断局部异常和全局异常，即测点异常仅仅是部分数据的错误(对应于数据挖掘模型，部分测点的输入数据出错)，而结构变异问题可能带来总体的数据模式改变(对应于关联模式的改变，即数据挖掘模型特性的变化)。如果能通过特定的空间关系表征方式区分局部异常和全局异常，就可以有效实现两种异常问题的区分。

为了解决上述问题，本节提出一种基于时空图卷积网络的桥梁结构状态评估方法，其核心就是将传感器测点空间关系用图的方式进行表征，实现局部异常和全局异常的区分。具体来说，用有向图表示测点的空间关系，测点本身是有向图上的顶点，利用带可学习邻接矩阵的时空图卷积网络对监测数据进行关联建模。通过惩罚项，保证空间关联建模的有效性和一阶相邻顶点在关联建模中的主导作用，用边权重反映各测点在其他测点回归中参与贡献的程度。根据桥梁结构运营期间各测点的回归残差，计算反映测点数据异常程度的诊断指标，判断监测数据模式是否出现异常，再综合边权重和诊断指标，从识别的异常数据模式中区分局部异常和全局异常，实现测点数据异常和结构变异等总体模式异常的辨识。

6.1.1 基于空间关系图表征的局部和全局数据异常模式区分

测点数据异常指传感器测点数据与真实结构响应存在系统性偏差，包括传感器自身故障、信号传输和采集系统缺陷等造成的数据异常。在传统的结构异常诊断与状态评估算法中，测点的空间关系难以直观表征，因此几乎无法估计某个测点的数据异常会对总体数据模式造成何种影响，在这种情况下，区分测点数据异常与结构总体的异常模式以及根据异常模式对异常测点进行定位都是较为困难的。决策树、支持向量机、主成分分析、向量自回归模型、神经网络等机器学习和数据挖掘算法在涉及多测点的学习任务时普遍存在这类问题。

为了避免局部数据异常造成全局性的影响，可以将测点表示为有向图上的顶点，空间关系表示为有向图上的边。图 6.1 为利用有向图表示传感器空间关系，通过空间关系图表征的方式，测点之间是局部连接的，如果继续简化问题、仅考虑一阶相邻关系，且以数据回归为目标构建模型，则顶点 2 仅参与了顶点 1、3 的数据回归计算，顶点 8 仅参与了顶点 7 的数据回归计算；顶点 2 的数据回归计算仅有顶点 1、4 参与，顶点 8 的数据回归计算仅有顶点 9 参与。测点之间的连接是稀疏的，且异常测点信号只影响其相邻测点，任何局部异常的影响都被限制在一阶邻域的局部范围。这有助于将数据模式的局部异常和全局异常予以区分，也有助于对造成局部异常的测点进行溯源。为便于在后续的公式中表示矩阵乘法，本节邻接矩阵中第 i 行第 j 列的边是从 j 指向 i 的，与图论中的一般表示方法相反。

利用图卷积网络对这种空间关系进行建模。图卷积网络是一种针对图数据的神经网络模型，其主要方法是通过卷积操作在图结构上提取特征，利用图结构中的信息进行建模，能够较好地处理图的结构化数据，实现节点分类、图分类、数据回归等任务。针对无向图的 GCN 的卷积操作可以表示为

$$H^{(l+1)} = \sigma\left(\tilde{D}^{-\frac{1}{2}} \tilde{A} \tilde{D}^{-\frac{1}{2}} H^{(l)} W^{(l)}\right) \tag{6.1}$$

式中，$\tilde{A}$ 为加上自环的邻接矩阵，$\tilde{A} = A + I$；$\tilde{D}$ 为度矩阵；$H^{(l)}$ 为第 l 层节点的特征矩阵；$W^{(l)}$ 为学习参数；$\sigma(\cdot)$ 为激活函数。

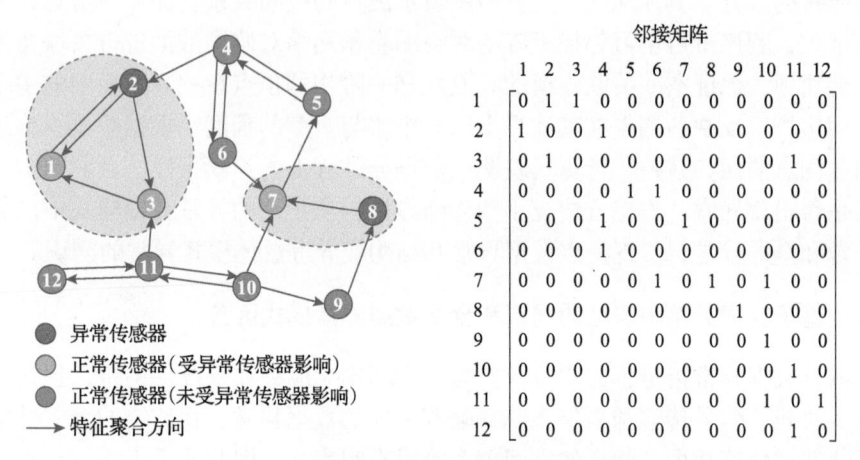

图 6.1 利用有向图表示传感器空间关系

式 (6.1) 通过对邻接矩阵进行对称归一化和变换，将每个节点周围的信息加权合并到当前节点的特征中，适用于无向图。对于有向图，可以使用基于顶点域的方法，卷积操作直接定义在顶点的连接关系上。通过多层卷积操作，GCN 能够逐渐扩大感受野，增强节点特征的表达能力。本节在测点数据建模中采用了基于顶点域的图卷积网络，利用了图卷积层的局部消息传递和权重共享机制。

6.1.2 趋势项数据的空间关系图表征建模方法

1. 带可学习邻接矩阵的时空图卷积网络

多个测点的空间关系表示为有向图 $G = (V, E, X_t)$，包括顶点 V、边 E 和信号 X_t。V 是顶点的集合，即对应传感器测点，尺度为 N，即测点数量；$E(V_i, V_j)$ 为从顶点 V_j 指向顶点 V_i 的有向边；所有顶点在各时间步的信号表示为一个矩阵 $X_t \in \Re^{N \times F}$，其中，F 是每个顶点的特征数，在结构健康监测问题中，测点信号的特征数通常为 1，即网络的输入层 $X_t \in \Re^N$。用 $A \in \Re^{N \times N}$ 表示邻接矩阵，本节中的邻接矩阵不仅记录了图上顶点之间的邻接关系，还包括所有邻接边的权重，这些权重非负。

本节的时空关联建模任务就是学习这样一个映射：给定从 $t - (S-1)\Delta t$ 到 t 共 S 个时间步的测点数据，t 时刻每个测点的信号都由除自身外的其他测点信号回归，即

$$f:[\boldsymbol{X}_{t-(S-1)\Delta t} \quad \cdots \quad \boldsymbol{X}_{t-\Delta t} \quad \boldsymbol{X}_t] \to \boldsymbol{X}_t \tag{6.2}$$

式中，$[\boldsymbol{X}_{t-(S-1)\Delta t} \quad \cdots \quad \boldsymbol{X}_{t-\Delta t} \quad \boldsymbol{X}_t] \in \Re^{N \times F \times S}$ 为模型的输入；$\boldsymbol{X}_t \in \Re^N$ 为回归目标。

式(6.2)是利用除自身外的其他测点数据进行回归，从而达到表征传感器测点空间关系的目的，而非预测未来的数据，因此模型输入同时考虑了历史和当前时刻 t 的数据。

在多个测点的时空关联建模中，时空图卷积网络如图 6.2 所示，带有可学习邻接矩阵的时空图 CNN 被划分为 L 个组成部分，其中，第 l 个组成部分堆叠了 l 个图卷积层，对相邻顶点的信息予以聚合。在时空图 CNN 训练过程中，将邻接矩阵作为可学习参数，自动学习了各图卷积层中的邻接矩阵边权重。此外，每个图卷积层后面都跟随若干个一维 CNN（one-dimensional CNN，1D-CNN）层，在时间域对特征进行聚合。每个组成部分都有一项子输出 $\hat{\boldsymbol{X}}_t^{(l)}$，最后将各子输出线性组

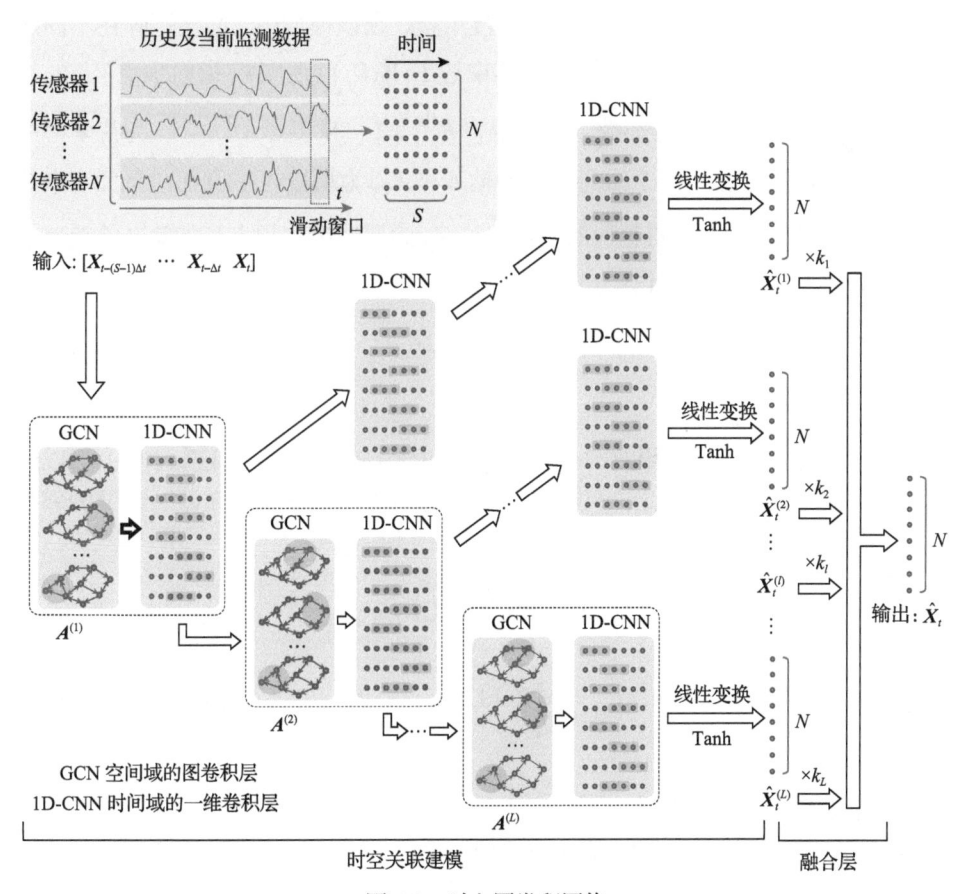

图 6.2 时空图卷积网络

合。需要强调的是，该映射须避免各个测点参与其自身的回归计算，因此需要对一些模型参数进行惩罚。

1) 空间域的图卷积层

在每个组成部分中，在各个时间点，图卷积网络用于挖掘相邻顶点之间的空间依赖关系。图卷积层的邻接矩阵 $A^{(l)}$ 是可学习的，参考 GCNN-DDGF 中学习图结构的方式[1]，并用于有向图建模。每个图卷积层都考虑一阶相邻关系，其中，第 l 个图卷积层表示为

$$\begin{cases} Z = \sigma\left(A^{(l)} X W^{(l)}\right) \\ Z_{if} = \sigma\left(\sum_{k=1}^{F^{(l-1)}} \left(\sum_{j=1}^{N} A_{ij}^{(l)} X_{jk}\right) W_{kf}^{(l)}\right) \end{cases} \quad (6.3)$$

式中，$A^{(l)} \in \Re^{N \times N}$ 为归一化的可学习邻接矩阵，在该模型中，邻接矩阵在不同的图卷积层中是独立的；$A_{ij}^{(l)}$ 为邻接矩阵中边 $E(V_i, V_j)$（顶点 V_j 指向顶点 V_i）的权重；$F^{(l-1)}$ 为各层的输入特征数，特别地，$F^{(0)} = 1$；$W^{(l)} \in \Re^{F^{(l-1)} \times F^{(l)}}$ 为待学习的权重；$X \in \Re^{N \times F^{(l-1)}}$ 为第 l 个图卷积层的输入；X_{jk} 为层输入中顶点 V_j 的第 k 个特征；$Z \in \Re^{N \times F^{(l)}}$ 为第 l 个图卷积层的输出；Z_{if} 为层输出中顶点 V_i 的第 f 个特征；$\sigma(\cdot)$ 为激活函数 ReLU，计算方法为

$$\sigma(x) = \begin{cases} x, & x \geqslant 0 \\ 0, & x < 0 \end{cases} \quad (6.4)$$

在图卷积层中，激活函数 ReLU 被用于可学习参数的邻接矩阵计算，可以起到消除弱连接的作用。因此，只有高度相关的连接边才被考虑在内。各层的邻接矩阵计算可表示为

$$A^{(l)} = D^{-1} \text{ReLU}(M) \quad (6.5)$$

式中，$D \in \Re^{N \times N}$ 为度矩阵，$D_{ii} = \sum_{j=1}^{N} \text{ReLU}(M_{ij})$；$M \in \Re^{N \times N}$ 为第 l 个图卷积层的可学习矩阵。

2) 时间域的一维卷积层

时间序列数据通常具有一定的局部相关性，一维卷积通过局部连接的方式，可以挖掘时间序列中相邻数据点之间的关联特征。此外，一维卷积可以通过滑动窗口的方式对时间序列数据进行处理，这种权值共享的方法可减少模型的参数量，

从而提高模型的训练效率和泛化能力[2]。因此，本节采用一维 CNN 进行时域建模，对于每个顶点，利用沿时间轴的卷积挖掘测点信号的时间依赖关系。对于每个给定的时间序列 T，一维卷积层的计算可表示为

$$\begin{cases} Y = \sigma(\Phi * T) \\ Y_i = \sigma\left(\sum_{k=0}^{K-1} \Phi_{k+1} T_{i-k}\right) \end{cases} \quad (6.6)$$

式中，$\Phi \in \Re^K$ 为一维卷积核，维度为 K；$\sigma(\cdot)$ 为激活函数 ReLU；$T \in \Re^{S(m-1)}$ 为输入时序；$*$ 为一维卷积操作；$Y \in \Re^{S(m)}$ 为输出时序。

在卷积步长为 2 时，1D-CNN 层的输出时序长度比输入时序长度减半。通过堆叠多个卷积层扩大时间域的感受野，最终在融合层之前将时域特征聚合到单个时间步。

3) 融合层

如图 6.2 所示，将每个组成部分的子输出 $\hat{X}_t^{(l)}$ 组合起来，获取最终的网络输出，计算公式为

$$\hat{X}_t = \sum_{l=1}^{L} k_l \hat{X}_t^{(l)} \quad (6.7)$$

式中，k_l 为与每个组成部分重要性相关的可学习参数；$\hat{X}_t^{(l)}$ 为第 l 个组成部分的输出。

采用这种方法，对具有不同邻接阶数的顶点信息进行分层次聚合。其中，为了便于后期通过 k_l 调整不同组成部分的重要性，利用激活函数 Tanh 将各组成部分的输出 $\hat{X}_t^{(l)}$ 映射到[−1, 1]范围内。激活函数 Tanh 的计算方法为

$$\text{Tanh}(x) = \frac{e^x - e^{-x}}{e^x + e^{-x}} \quad (6.8)$$

分别利用 GCN 和 1D-CNN 对趋势项数据进行时空关联建模，一方面，是为了发挥两种神经网络层的优势，分别利用 GCN 在空间域对不同测点数据和 1D-CNN 在时间域对不同时间点数据的特征聚合，提高回归精度，进而提升异常诊断的灵敏性；另一方面，是让时间域和空间域的计算独立进行，1D-CNN 层的计算不涉及空间关系，而 GCN 层的权重 $W^{(l)}$ 对不同测点而言也是共享的，因此邻接矩阵的边权重与顶点回归计算的贡献度近似呈正相关，使得边权重 $A_{ij}^{(l)}$ 可反映回归贡献度，为后续结合回归残差和关键邻边的状态评估提供了基础。

损失函数计算的是训练样本的真实值 $\boldsymbol{X} \in \Re^N$ 和预测值 $\hat{\boldsymbol{X}} \in \Re^N$ 之间的均方误差，计算公式为

$$\mathrm{MSE}(\boldsymbol{X}, \hat{\boldsymbol{X}}) = \frac{1}{N} \sum_{i=1}^{N} \left(X_i - \hat{X}_i \right)^2 \tag{6.9}$$

由于监测数据的数值范围和变化幅度存在显著差异，需要事先对其进行标准化，以防止出现在训练模型过程中对不同数据利用的不平衡问题。

2. 确保空间关联建模有效性的目标函数惩罚项

仅依靠上述方法对监测数据进行时空关联建模并不能为异常诊断工作提供有效的前提，这是由两方面原因造成的。

一方面，图卷积层的计算过程中，自环(单层)和间接自连接(多层)可以将传感器测点的信息传递给自身。多个图卷积层中各顶点的自环和间接自连接问题如图 6.3 所示。因此，某个顶点的输入信号会通过多个图卷积层参与到该顶点自身的回归计算中，导致模型训练无法有效利用空间关联信息。

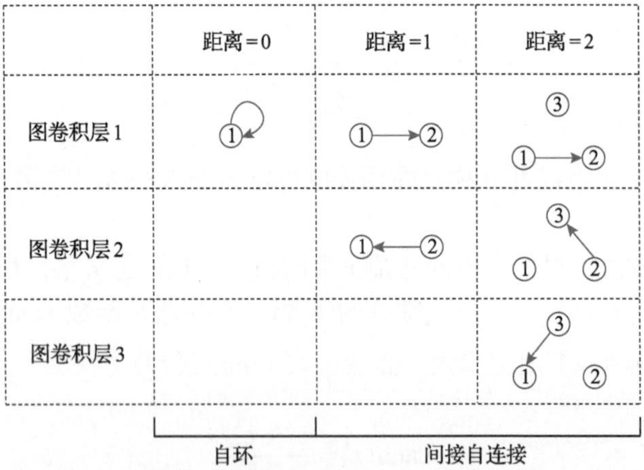

图 6.3　多个图卷积层中各顶点的自环和间接自连接问题

另一方面，虽然增加图卷积层数对探索更复杂的数据空间关联特征和提高回归精度有一定帮助，但也会使测点局部数据偏差传递到更多的顶点，导致局部问题带来全局的数据模式异常。在这种情况下，测点数据偏差等引起的局部异常和结构整体性能变异等引起的全局异常更难区分。

为了保证本章提出的异常诊断模型的有效性和明确性，本节通过设置惩罚项，在回归中消除自身信息，并保证一阶邻接顶点在回归中有主导性影响，具体解决方法如下。

(1) 消除回归中的自身信息。

在损失函数中加入邻接矩阵的惩罚项，以消除自环和间接自连接的影响，确保存在空间相关性的测点在回归模型中得到有效利用。由于自环和间接自连接的权重之和符合矩阵迹的概念，在训练过程中，单层及多层连乘的矩阵迹的学习目标应为 0。因此，为在回归中消除自身信息，设置惩罚项 P_1 为

$$P_1 = \sum_{l=1}^{L} \lambda_{1,l} \mathrm{tr}\left(\prod_{k=l}^{1} \boldsymbol{A}^{(k)}\right) \tag{6.10}$$

式中，$\lambda_{1,l}$ 为惩罚项的系数；$\mathrm{tr}(\cdot)$ 为矩阵的迹。

(2) 确保第一阶邻接顶点的主导影响。

为使相邻一阶信息占主导地位，对各阶组成部分的系数设置惩罚项。这种惩罚是在做一种妥协、折中，当一阶相邻顶点在回归计算中的权重过大时，回归精度可能受到影响；然而，如果二阶及以上相邻顶点在回归计算中的权重过大，单点异常造成的影响可能传递到更远相邻阶数的顶点，异常传递范围增大，给异常定位带来困难。

为保证一阶邻接顶点在回归中有主导性，设置惩罚项 P_2 为

$$P_2 = \sum_{l=2}^{L} \lambda_{2,l} \left|\frac{k_l}{k_1}\right| \tag{6.11}$$

式中，$\lambda_{2,l}$ 为惩罚项的系数。

考虑惩罚项后，最终的优化目标为

$$\mathrm{loss} = \mathrm{MSE}(\boldsymbol{X}, \hat{\boldsymbol{X}}) + P_1 + P_2 \tag{6.12}$$

6.1.3 结合回归残差与边权重的异常诊断策略

单纯的传感器测点数据问题会导致部分信号不可靠，但不会影响结构真实响应之间的关联模式，而结构整体性的变异会造成真实响应之间关联模式的变化。测点数据是时空关联挖掘模型的输入，测点数据异常只会影响到某个或某些测点的信号输入和期望输出，是一个局部的异常问题；而结构整体性变异影响的是响应之间的关系，反映到模型上就是其本身关联特性的改变，是一个全局的异常问题。所提出的时空图模型中的顶点是局部连接的，因此有缺陷的测点数据只会影响相邻的顶点；结构变异通常会导致全局和复杂的数据异常，异常模式不确定。结合模型训练过程中学习的邻接关系和顶点的异常度指标，可以识别测点异常引起的数据异常模式，从而区分局部异常和全局异常。

下面以单测点异常问题为例，分析测点异常引起数据模式异常的一般特征。式(6.11)中表示的惩罚项保证了第一个组成部分的优势，可以被视为回归中的"主分量"，因此在异常诊断中，集中分析第一组成部分和一阶相邻信息是可行的。由于时间域计算和 GCN 层的 $W^{(l)}$ 对每个测点而言是权重共享的，重点关注的应是第一个图卷积层的边权重 $A_{ij}^{(1)}$。根据式(6.11)的计算方法，在顶点 V_i 的回归中，顶点 V_j 的贡献度与第一个图卷积层的边权重 $A_{ij}^{(1)}$ 正相关；特别地，如果某个边权重为 0，顶点 V_j 在顶点 V_i 的回归中没有贡献。如果顶点 V_j 的信号相比正常值发生偏离，边权重 $A_{ij}^{(1)}$ 越大，顶点 V_i 受到的影响越显著。图卷积是空间信息的加权和，且边权重反映的贡献度不会超过 1（$0 \leqslant A_{ij}^{(1)} \leqslant 1$），因此回归残差最大的顶点一般是异常测点。如果异常测点信号偏差为正，而其回归值保持正常，其回归残差为负偏差，同时由于相邻正常测点的回归计算受异常测点影响，其回归残差会表现为正偏差；反之，亦成立。因此，在单测点异常的情况下，异常测点回归残差的正负号与它邻近测点的正负号是相反的，且受影响的测点异常程度与一阶边权重近似正相关。

结合式(6.11)和上述定性分析，单测点异常引起的数据异常模式可以这样描述：以回归残差作为诊断指标，如果诊断指标异常的测点集中在有向图某个测点的一阶相邻范围内，中心测点的诊断指标最大，周围测点的诊断指标较小且正负号与中心测点相反时，可以认为数据异常是局部的，而中心测点即是异常的传感器测点。图 6.4(a)是最基本的单测点数据异常问题，可以根据诊断指标的异常程度和邻接关系直接确定造成异常的中心测点，其他多测点异常问题是单测点异常问题的叠加，如图 6.4(b)~(d)所示。图 6.4(b)和(c)列举了存在间接关联的两个测点异常情况，在它们的共同影响下，可能出现图 6.4(b)所示的在数据偏差方向相同的异常测点影响下，其他测点诊断指标接近甚至超过异常测点的情况，也可能出现图 6.4(c)所示的在数据偏差方向相反的异常测点影响下，其他测点诊断指标反而接近 0 的情况；而有直接关联的测点异常问题，如图 6.4(d)所示，也会给诊断指标的计算带来影响。但这些问题都不会波及全局的数据模式，可以根据邻边权重和诊断指标数值进一步判断。

总的来说，根据图 6.4 可以判断回归残差超过阈值警告的测点是集中在几个相邻的顶点上还是广泛存在于多个没有高权重连接的顶点上。前者对应于测点数据异常问题，后者则是全局性的数据关联模式变化。

基于上述讨论，本章提出的时空图模型可以用来区分局部异常和全局异常，异常诊断方案如下：

(a) 1个测点异常
(b) 2个无直接关联的测点异常，偏差相同
(c) 2个无直接关联的测点异常，偏差相反
(d) 2个有直接关联的测点异常

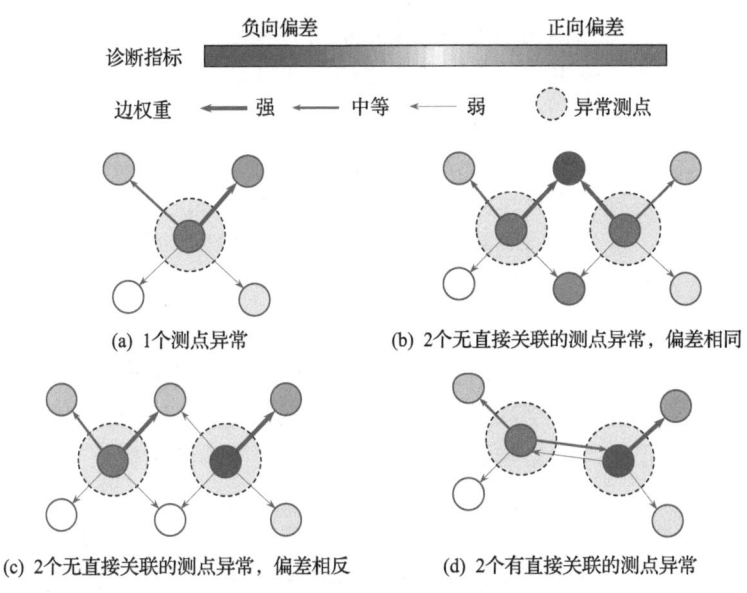

图6.4 测点异常导致的数据异常模式

(1) 训练模型。

利用早期的监测数据对时空图模型进行训练，获取邻接矩阵 $A^{(l)}$。此外，还需计算回归残差的阈值。

(2) 计算每个测试实例的诊断指标。

采用超过阈值的日平均残差作为诊断指标，表示为 d_i，以此反映数据模式的长期变化趋势。$|d_i|$ 的大小反映了每个测点异常程度的大小，如果 $|d_i|$ 超过一个可容忍的阈值，该测点的诊断指标被认为是异常的（诊断指标异常的测点仅表示测点的回归残差出现异常，本身未必是异常测点）。在本节中，阈值的计算基于 3 倍标准差法，是统计学中用于判断一个数据集中是否存在离群值的方法之一，可容忍范围为平均值加上或减去基于参考数据计算结果的 3 倍标准差，对应于 99.7% 的置信区间。诊断指标异常的测点集合表示为 V_a，$V_a \in \boldsymbol{V}_a$。如果有测点的诊断指标发出警告，即超出阈值范围，则进入步骤(3)。

(3) 罗列诊断指标异常的测点 V_a 和关键邻边 E_c。

连接诊断指标异常的测点且具有较高权重的邻边被定义为关键邻边 E_c，$E_c(V_i, V_a) \in \boldsymbol{E}_c$，对关键邻边的定义有助于在异常诊断中理解邻接矩阵的关键信息。通过罗列关键邻边 E_c，分析 V_a 邻接关系，并检查数据异常是局部的（跳转步骤(4)）还是全局的（跳转步骤(6)）。

(4) 异常测点定位。

根据前文分析，诊断指标异常程度越高的测点越有可能是异常来源，异常测

点的诊断指标符号与其相邻测点的诊断指标符号相反。特殊情况下，多个异常测点的叠加影响可能导致正常测点的诊断指标高于异常测点本身，但通过分析 E_c 和 V_a 可以解决这一问题。

(5) 消除异常测点的影响。

如果能够定位异常测点，则可以对错误信号进行修正，或是用重构值代替不可靠的监测数据，无须对时空模型进行再训练。在消除异常测点影响后，该模型在后续的异常诊断中仍有应用价值。

(6) 全局异常判断。

当数据异常的模式较为复杂且表现出全局性时，不可能推断异常是由特定的测点造成的，数据模式的全局异常可能与结构变化有关，有时多个测点同时发生故障也会产生近似全局的影响。在这种情况下，删除诊断指标较高的测点，重新训练时空模型，进一步验证异常是局部的还是全局的。

根据上述异常诊断方案，测点异常导致的数据异常模式诊断流程如图 6.5 所示。本节的异常状态辨识方法本质上是区分局部异常和全局异常，结构响应数据

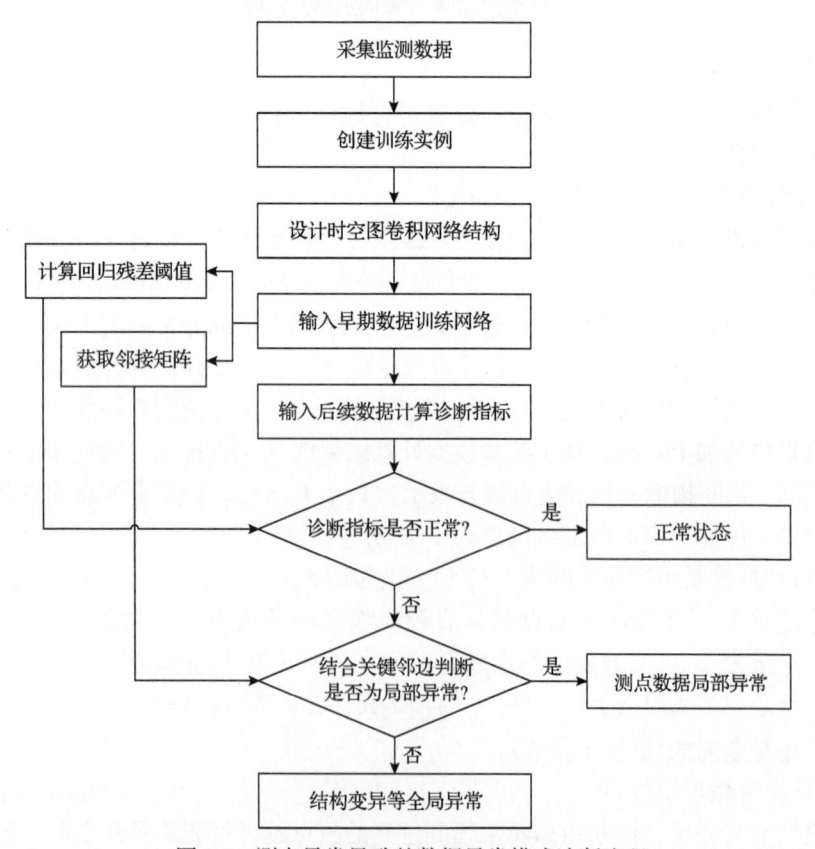

图 6.5 测点异常导致的数据异常模式诊断流程

趋势项本身具有全局性的关联，因此可以通过本节对测点数据偏移等局部异常和整体关联的全局异常进行区分。对于其他特殊情况，如无全局影响的局部损伤，或是造成全局影响的监测系统总体故障，本节的异常状态辨识方法并不能将它们与测点数据异常或结构变异区分开来，需要有针对性地对具体问题进行检查。

6.1.4 基于斜拉桥索力趋势项数据的评估方法验证

1. 工程实例背景介绍

以某斜拉桥健康监测系统(与3.1.3节的分析实例相同)为例，分析2006~2009年的索力趋势项监测数据。考虑到北塔趋势项数据的完整性较好，为了更好地说明长期状态评估效果，本节选取北塔单侧连续的42根斜拉索作为研究对象，为总斜拉索数量的25%，分析索力响应的趋势项数据。图6.6为斜拉桥上的拉索布置及选取分析的索力测点。其中，有少数索力测点数据在结构健康监测系统布置初期就出现显著异常，因此无法作为有效的参考数据，在本实例分析中，这些异常测点由上下游对称位置附近的其他索力测点数据替代。

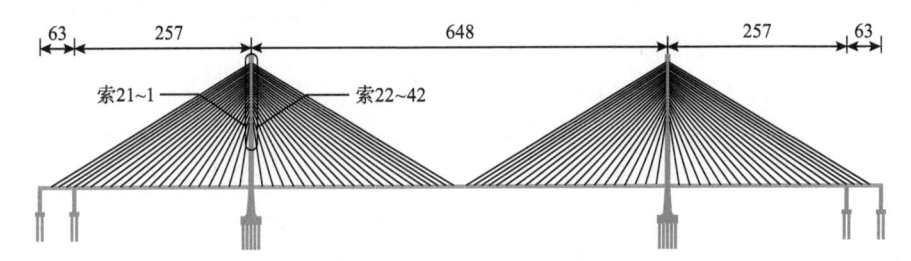

图6.6 斜拉桥上的拉索布置及选取分析的索力测点(单位：m)

该实例中采用了2006~2009年收集的监测数据，共305个可用天数，研究中使用的索力趋势项已进行了标准化处理。选取2007年2月28日(138个可用天数)之前的标准化索力作为模型训练的参考样本，剩余数据(167个可用天数)用于异常诊断，索21的标准化索力如图6.7所示。

需要指出，这138天的参考监测数据的时间范围为2006年5月~2007年2月，虽然存在很多间断或数据不完整的天数，但基本能涵盖一年内绝大多数温度范围的环境荷载状况。测试样本中也存在一些温度显著高于或低于参考样本中温度最值的情况，本身属于未知的温度工况，这些超出训练集温度覆盖范围的样本有被识别成异常样本的可能性，因此这些数据在分析中已被去除。

2. 异常诊断结果与讨论

以监测系统建成初期(2006年5月~2007年2月)的实测数据用作训练集，训练时空图卷积网络并获取邻接矩阵，并计算模型残差的阈值。再将后续的实测数

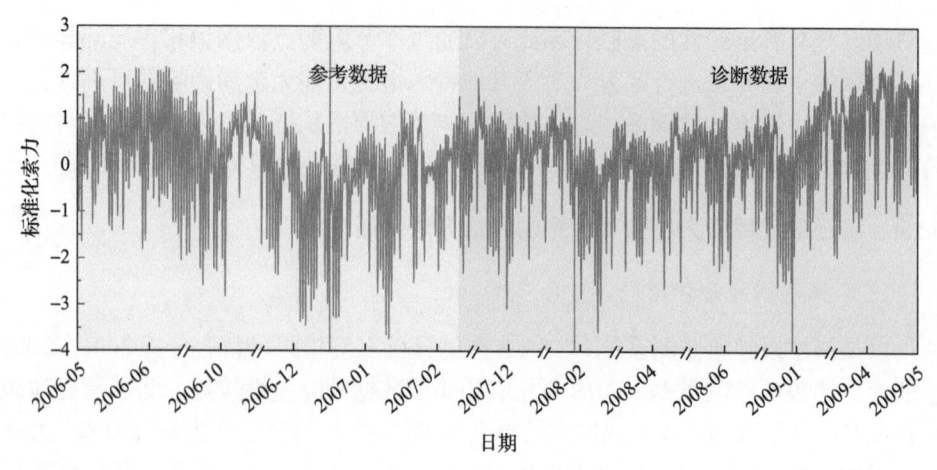

图 6.7 索 21 的标准化索力

据输入网络后,计算模型残差和诊断指标,如果诊断指标超过阈值,即是诊断指标异常测点。该示例考虑了 42 个索力测点,并以 5min 为时间间隔。时空图卷积网络模型的 $L=3$,即考虑 1 阶、2 阶和 3 阶邻接顶点信息,共 3 个图卷积层,最终输出的是 3 个组成部分的分层次融合。

本节所提方法能自动学习图关系,并在模型训练中实现顶点的稀疏连接。各层的邻接矩阵如图 6.8 所示。从图 6.8(a)可以看出,由于训练过程中惩罚项被加到损失函数中,第一层考虑 1 阶相邻关系的邻接矩阵主对角线上的自环权重都是 0。从图 6.8(a)还可以看出有向图上共 354 个非零边,占全部 1722($A_{42}^2=1722$)个潜在有向关系的 20.56%,其中有 162 个边的权重大于 0.1(占比为 9.41%),62 个边的权重大于 0.2(占比为 3.60%)。这表明本节所提方法能有效将不同测点的关

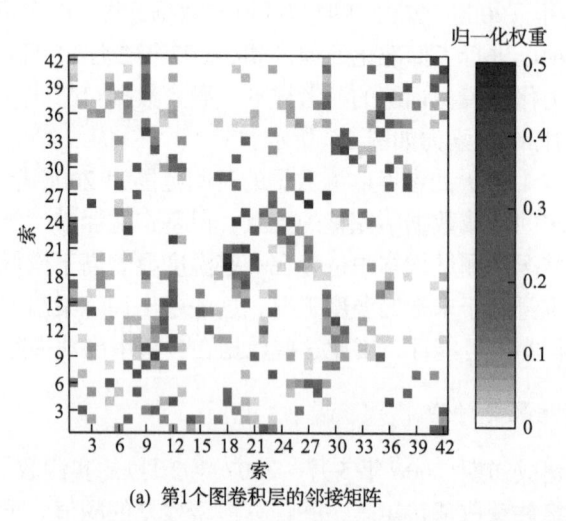

(a) 第1个图卷积层的邻接矩阵

(b) 第2个图卷积层的邻接矩阵

(c) 第3个图卷积层的邻接矩阵

图 6.8　各层的邻接矩阵

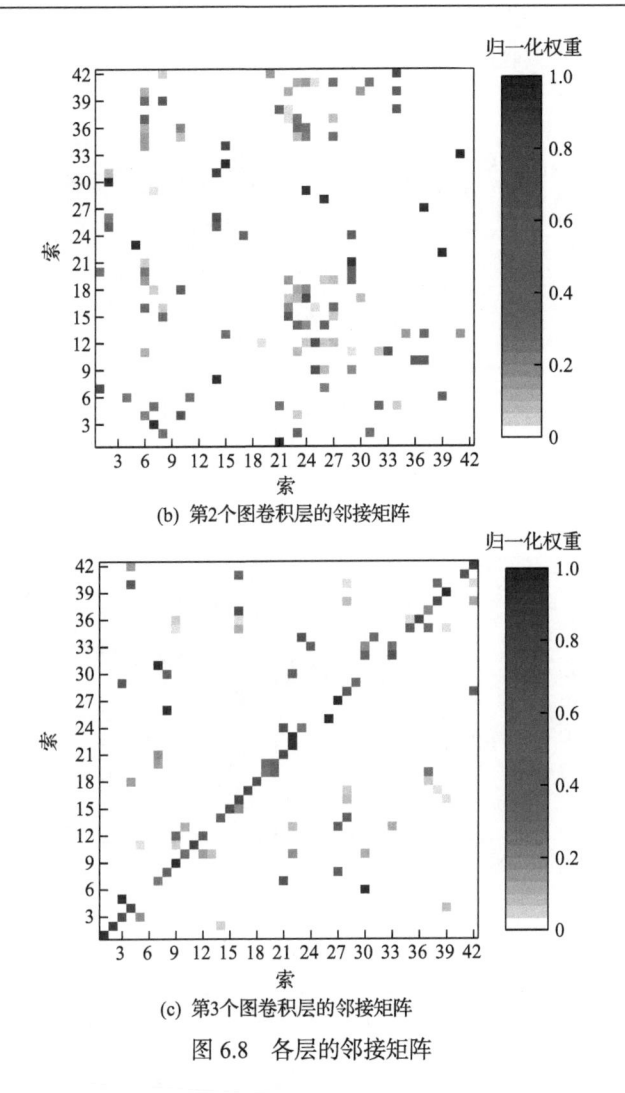

系表示为较为稀疏的图。这些权重较高的边在异常诊断中至关重要，它们集中在主对角线的两侧，说明空间上相邻的斜拉索更有可能高度相关，其他图卷积层在数据回归计算中发挥着次要的作用。

同时，在惩罚项的约束下，图 6.8(c) 的第 3 个图卷积层的邻接矩阵权重基本集中在自环上，表明该层并没有太多顶点之间的信息传递。在该实例中，使用 2~3 个图卷积层即可满足回归精度需要，继续增加图卷积层深度也并不会给回归精度带来显著影响。

图 6.9 为部分斜拉索索力趋势项数据预测值和实测值。可以看出，在 2007 年 6~12 月，时空图卷积网络对索 21 的索力趋势项数据预测精度很高，而索 35 的预测结果相比实测值存在向下的趋势性偏差，索 36 的预测结果相比实测值存在向

(a) 索21

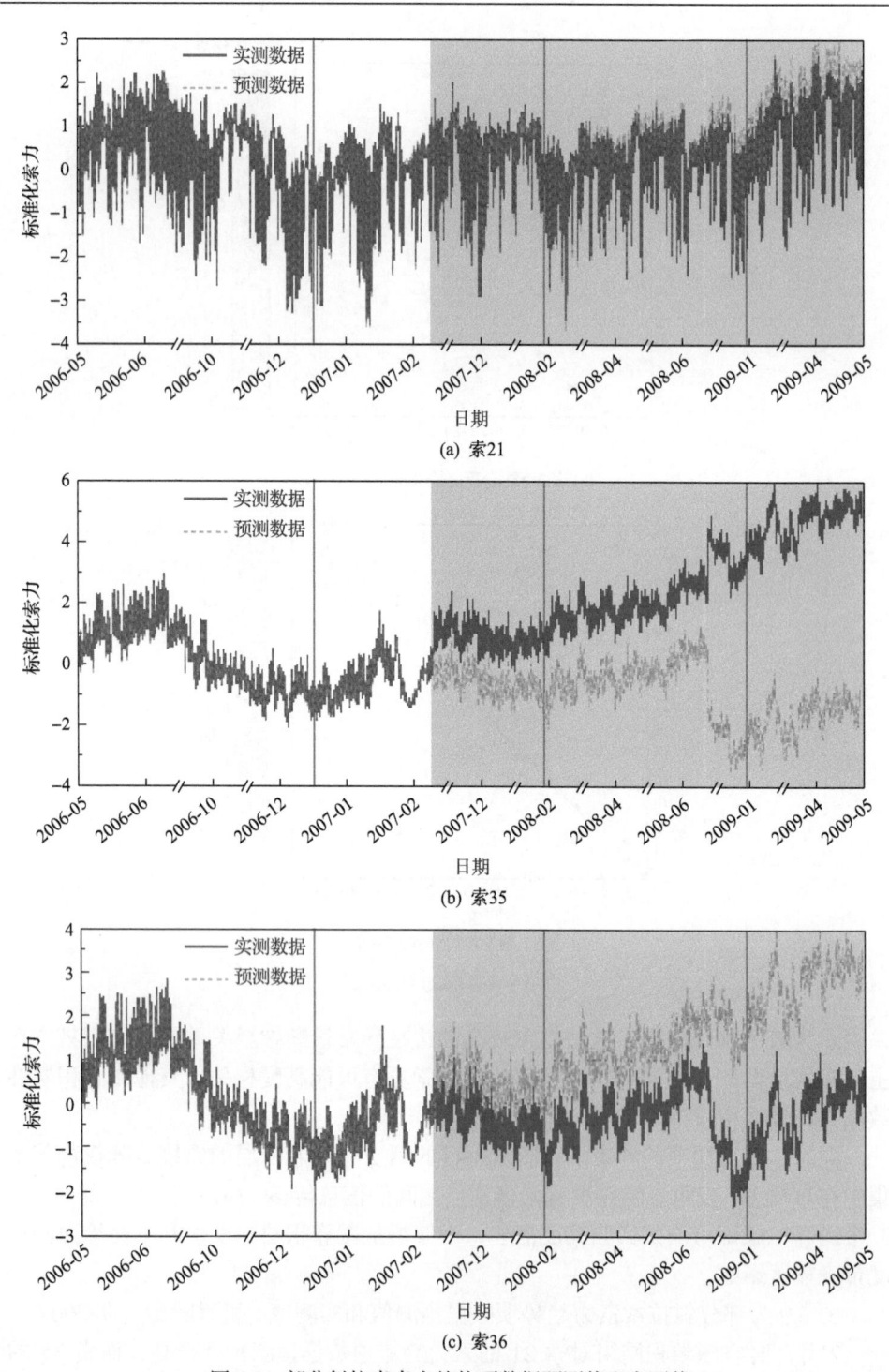

(b) 索35

(c) 索36

图 6.9 部分斜拉索索力趋势项数据预测值和实测值

上的趋势性偏差。结合邻接矩阵,可以看出索 35 和 36 存在很高的空间关联,其中 $A_{35,36}^{(1)} = 0.180$,$A_{36,35}^{(1)} = 0.351$,预测的索力之间存在相互影响。

仅依靠时序预测结果的残差无法直接确定这种问题是测点异常还是全局异常造成的,但邻接矩阵有助于更加深入地判断。首先根据回归残差计算各测点的诊断指标,并根据图 6.8(a)第一组成部分的邻接矩阵确定关键邻边,然后罗列诊断指标异常的测点及关键邻边,将二者相结合,判断数据模式异常是局部的还是全局的。

根据回归残差计算每日诊断指标,并观察其变化趋势。2007 年 11~12 月数据异常诊断结果如图 6.10 所示。白色背景表示回归残差正常,其他颜色表示异常,颜色越深,数据异常越明显。带箭头线段表示关键邻边,即指连接诊断指标异常的顶点且权重较大的边,线宽反映了边权重,线宽越大表示测点之间的影响越显著。

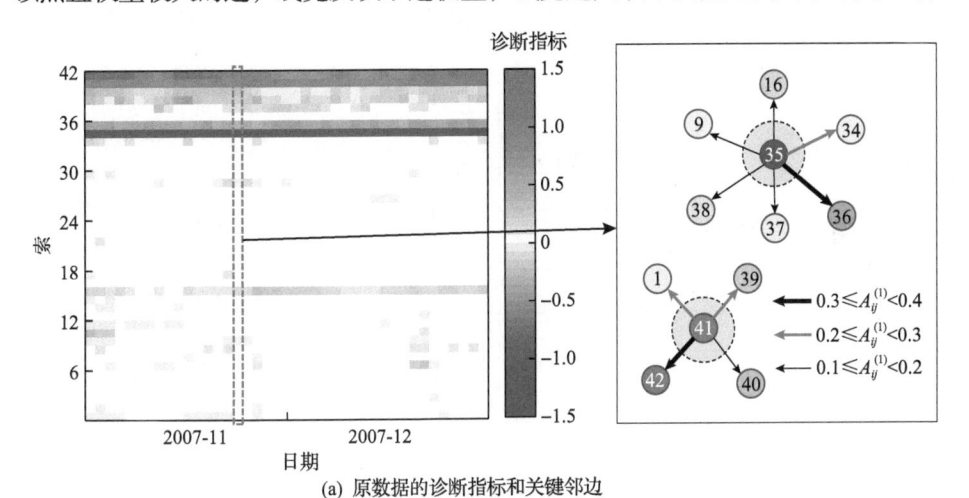

(a) 原数据的诊断指标和关键邻边

(b) 修正数据后的诊断指标和关键邻边

图 6.10 2007 年 11~12 月数据异常诊断结果

从图 6.10(a)可以看出,大多数斜拉索的回归残差在阈值范围内波动,而索 35 和 41 明显偏离正常状态,几个相邻的顶点(索 16、36、38、39、40 和 42)出现明显异常,且索 35、41 诊断指标均为正值,相邻顶点(索 16、36、38、39、40、42)诊断指标均为负值。上述现象与局部数据异常相对应,可以推断出索 35 和 41 的测点数据存在异常。由于索 35 和 42 的边权值均大于 0.3,它们与其他相邻顶点相比有更明显的偏差。

这种异常对应于索 35 和索 41 的监测索力趋势项偏移,修正后可正常使用。在消除了索力偏移的影响后,如图 6.10(b)所示,测点的回归残差和诊断指标均恢复到正常范围。这证明本节方法可以有效识别测点异常的数据模式,并将误差传递限制在图上邻近顶点的范围内。

修正索力趋势项的偏移后,2006~2009 年数据异常诊断结果如图 6.11 所示。

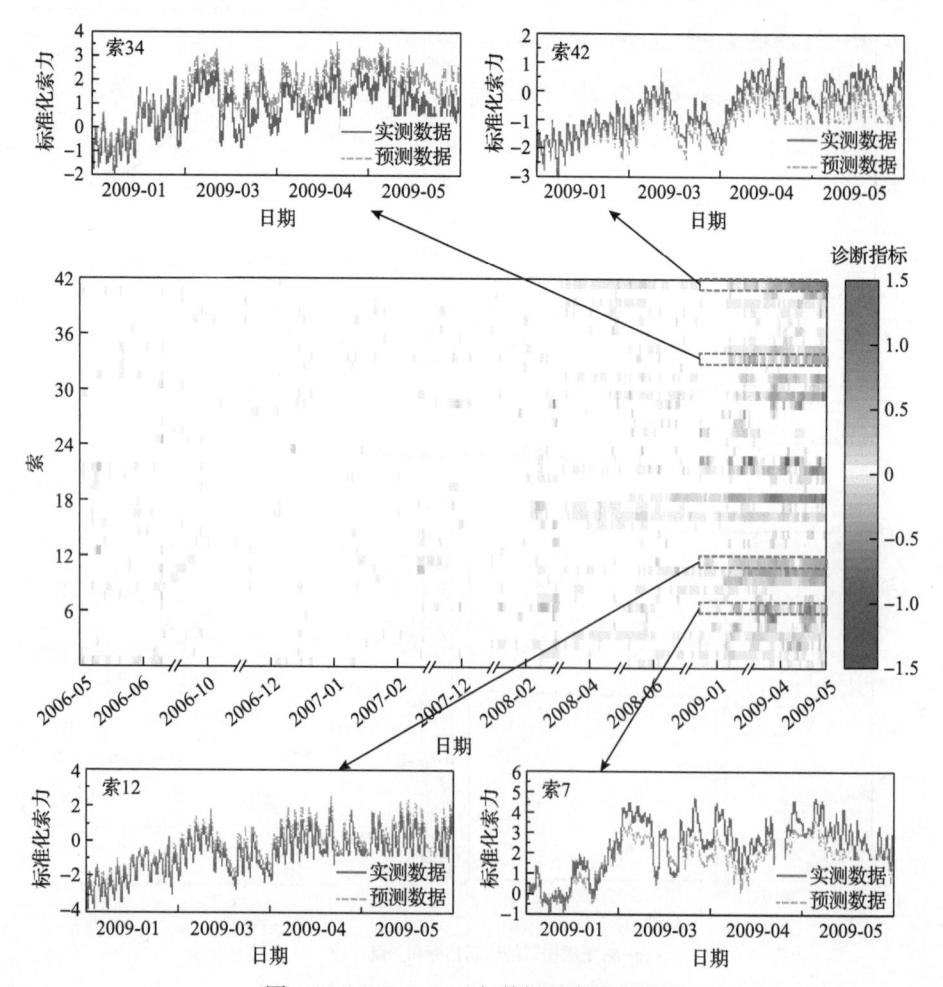

图 6.11 2006~2009 年数据异常诊断结果

自 2008 年以来，除测点异常外，数据模式仅有微小的变化，在 2008 年 6 月之前，诊断指标大致在正常范围内。随着时间推移，大量索力回归值逐渐偏离监测值，到 2009 年初，诊断指标异常的测点数量明显增加，这时需要进一步分析顶点的邻接关系和诊断指标，判断数据异常是由测点异常还是整体异常引起的。

图 6.12 为 2009 年 1~5 月数据异常诊断结果。从图 6.12(a)可以看出，诊断指标异常分散在图上多个不相邻的顶点上。从异常分布和邻接关系来看，分析各测点诊断指标大小、正负号、连接边权重，多个非相邻测点均出现显著异常，因此异常数据模式不能用少数测点异常来解释。数据异常很可能源于整体数据模式的变化，因为在短时间内，大量传感器测点以类似形式发生故障的概率很低。作为验证，剔除 2009 年 5 月诊断指标值较高的测点(索 7、11、12、19、22、23、32、34、42)，进一步确认数据异常是否由全局变化引起。对时空图模型进行再训练，获得新的邻接关系，结果如图 6.12(b)所示。然而，数据异常仍然普遍存在于图上多个顶点上，数据模式仍然不同于测点数据异常导致的模式。因此，这种异常是由数据模式的全局变化引起的，可能与结构变异有关。

(a) 原数据的诊断指标和关键邻边

(b) 修正数据后的诊断指标和关键邻边

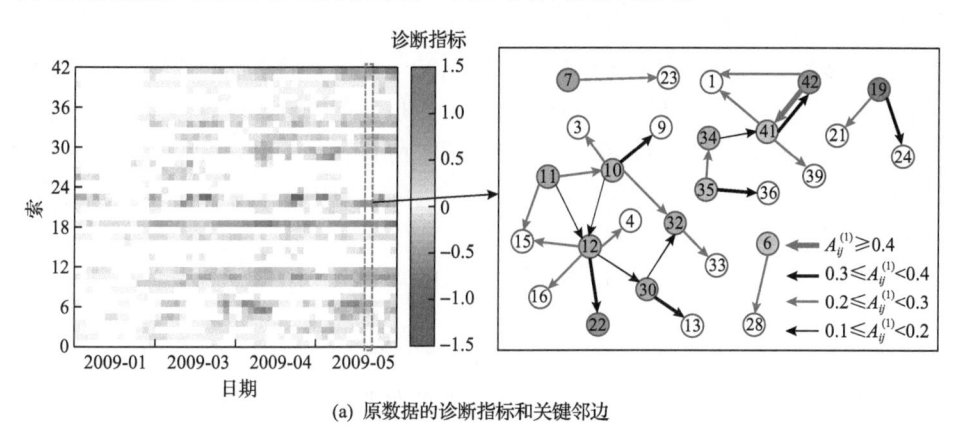

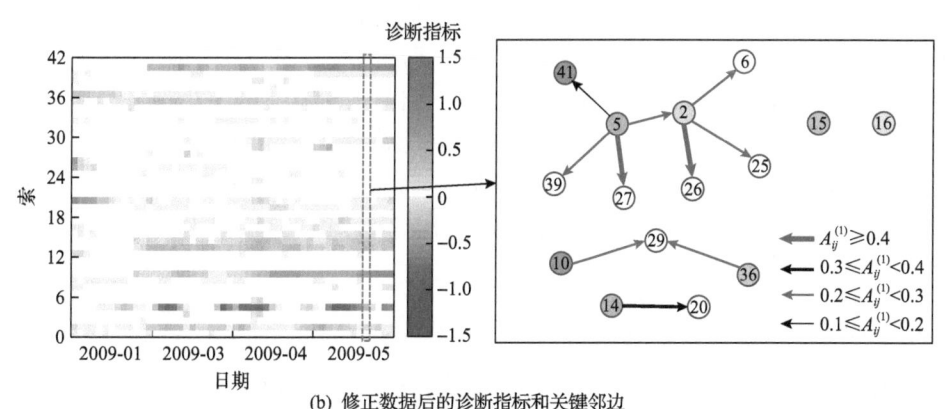

图 6.12　2009 年 1~5 月数据异常诊断结果

根据上述案例分析，本节提出的方法能有效实现局部异常和全局异常的区分，辨识测点数据异常与结构变异带来的数据模式变化，且能同时识别多个异常的传感器测点，具有较高的分析效率。但需要指出的是，本节方法在实际应用中尚存在一些局限性。首先，如 6.1.2 节所述，惩罚项的设置使得在回归精度和局部异常影响范围之间取得平衡，而这种基于数据回归残差分析的异常识别算法对回归精度的要求较高，因此需要较多的冗余信息，在一阶邻接关系占主导的前提下保证数据回归精度；其次，如果测点数据异常与结构变异同时出现，本节提出的方法将失效。

6.2 基于时空互补车致项数据解耦的桥梁结构状态评估

挖掘桥梁结构不同测点车致项数据的关联模式，可以为结构状态评估提供依据。这种方法在车辆荷载工况明确的前提下更为高效，例如，对于铁路桥梁，在同一车道、相似车型的列车荷载作用下，结构响应具有相近的模式，在列车工况分类的基础上，针对特定荷载工况进行分析，可以降低相应问题的不确定性。然而，在大多数公路桥梁中，车辆荷载是相当复杂的，不同车辆的速度、轴重和行驶车道是各不相同的，而实际车致项数据大多是多车的组合效应，组合方式有很大的随机性，很难像铁路桥梁一样直接对特定荷载工况进行分析。如果能获取特定的单一车辆引起的结构响应，可以显著提高分析问题的确定性，这对车辆荷载识别和桥梁结构状态评估具有重要意义。

本章提出一种采用二分图匹配损失函数的 U-Net 模型[3]，考虑到各单车响应在多个测点中的叠加形式存在差异性和互补性，在多测点车致项数据时空关联挖掘的基础上，将多车引起的结构叠加响应分解为若干个单车引起的结构响应，再基于单车车致项数据开展状态评估。解耦模型在训练阶段学习从随机叠加合成的多车荷载响应到单车荷载响应的映射关系，并通过二分图匹配方法实现单车响应目标值与预测值的自适应匹配，解决了集合预测的收敛问题，实现了端到端的解耦工作。基于解耦获取的单车车致项数据，可以通过简单的回归模型分析数据模式变化，直观地评估桥梁结构状态。斜拉桥车致索力响应解耦的应用实例表明，本节所提方法能在少量样本标注情况下实现多车叠加响应的分离，获取较为准确的独立单车响应，可作为车辆荷载识别和结构健康诊断的基础工作，为实现高效、准确的结构状态评估提供一种新方法。

6.2.1 桥梁车致项数据的单一车辆响应提取

对于运营中的大型桥梁，很难及时获取特定单一车辆的响应。某斜拉桥的车致索力工况统计如图 6.13 所示。针对一座典型的斜拉桥(即本章案例研究中的桥

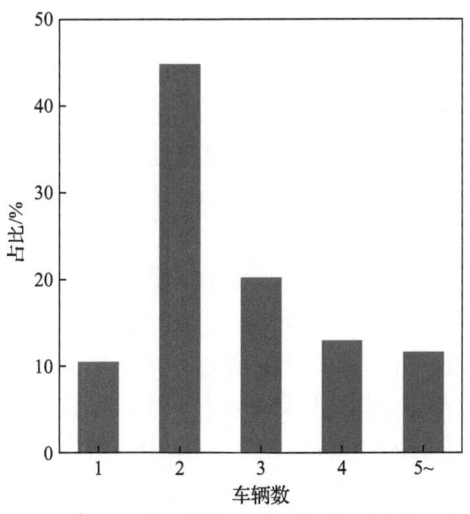

(a) 每分钟车致项数据的最少叠加车数(包括单车响应)

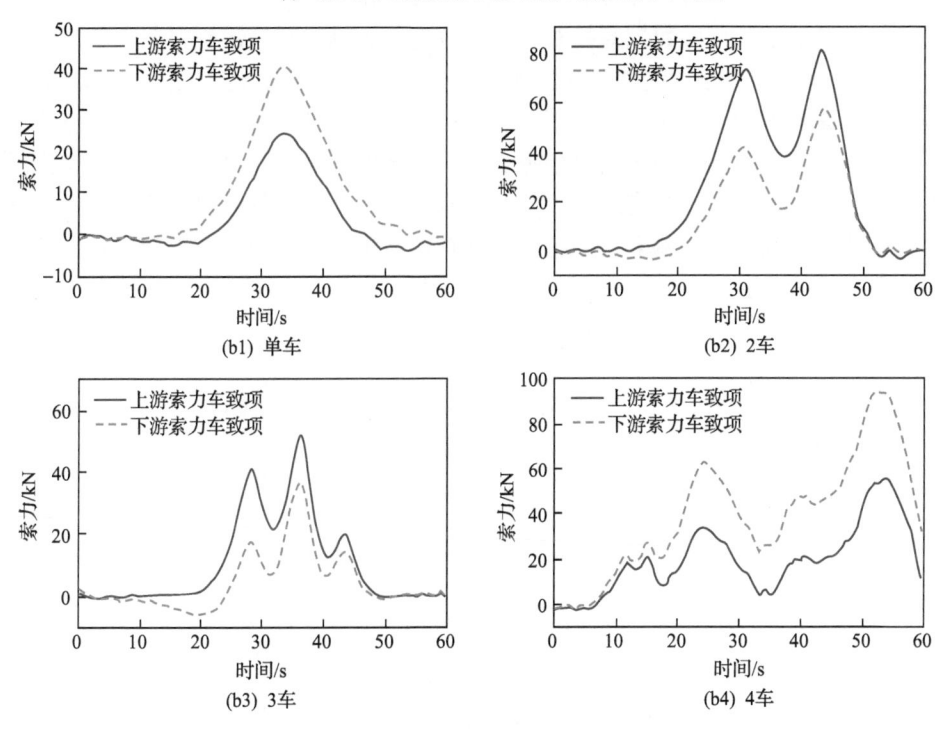

(b1) 单车

(b2) 2车

(b3) 3车

(b4) 4车

(b) 不同数量车辆引起的索力变化

图 6.13 某斜拉桥的车致索力工况统计

梁，统计了五天的监测数据)，如果以 1min 为基本的统计时段，以该时段最少叠加车数作为统计指标，存在单车的情况仅占 10.5%，而在某些时段，如通行高峰时期，可观测的单车车致响应的出现时间可能超过 30min。对于该类通行量较大的公路桥梁，几乎所有时段的结构响应都是多车引起的叠加效应。同时，还可以看出每分钟最少由 2~4 辆车叠加的情况占 77.9%。因此，如果可以将这种 2~4 辆车引起的叠加响应解耦为单车响应，则可确定单车工况的时段将占据总时段的近 90%，在这种情况下，荷载响应的不确定性大大降低，车致响应模式识别的准确性得到提高，为基于车致项数据的结构健康诊断和状态评估提供了良好的基础。

对于正常运行桥梁的准静态响应，多个车辆引起的结构响应（位移、应变、索力等）基本符合线性叠加原理，一些影响线分析方法也正是基于这一原理对移动荷载进行分析。在这种条件下，通过简单叠加单个车辆引起的结构响应，可以近似模拟多个车辆引起的结构响应。不同测点中车致索力叠加形式的差异性如图 6.14 所示，各单车响应峰值的大致位置已标注在图中，可以看出，3 车响应的叠加情况在不同传感器测点中出现明显的差异性。对于传感器 1-U/D，车辆 1 和车辆 2 的响应重叠度较高，对于传感器 3-U/D，车辆 2 和车辆 3 的响应重叠度很高，如果仅仅根据某个测点的数据直接对叠加响应进行解耦，很难准确将单车响应进行分离。但这些高关联测点数据的差异性也使得它们具备一定程度的互补性，例如，图中车辆 2 和车辆 3 的响应在传感器 1-U/D 中是大致分离的，它给其他传感器中车辆 2 和车辆 3 重叠信号的解耦任务提供了必要的信息，这种信息在不同解耦任务中、不同传感器之间具有时空关联性和互补性。因此，综合多个不同空间位置的测点数据、利用不同测点之间的信息互补性对单个车辆引起的响应进行分离是一种更可行的方法。

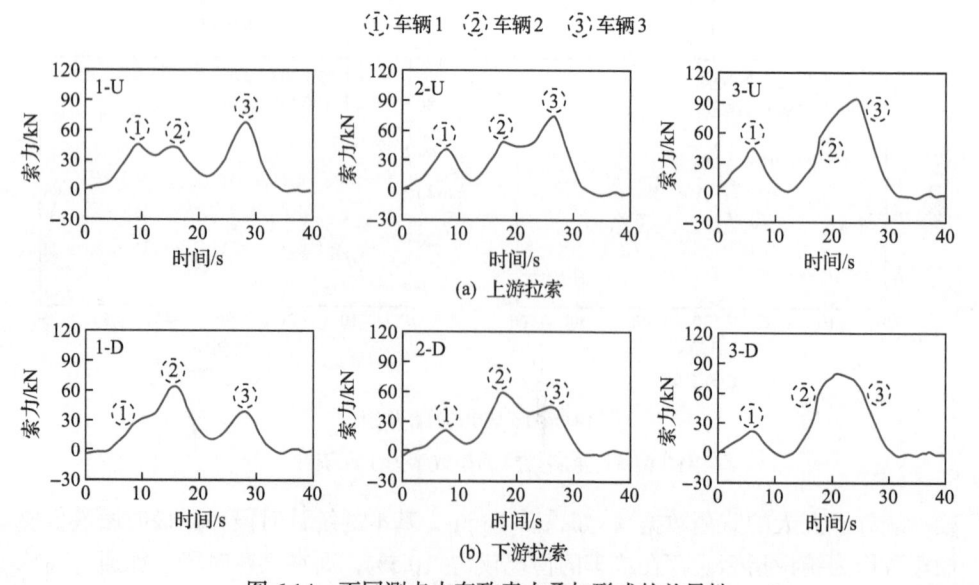

图 6.14　不同测点中车致索力叠加形式的差异性

根据上述分析，为了解耦多车引起的结构响应，可以端到端地构建从多车叠加响应到多个单车响应的学习任务，挖掘多个测点结构响应的时空关联。这个任务可以视为线性叠加系统中一维信号的语义分割问题，因此可以利用一维信号建模和语义分割领域中的先进深度学习技术完成这一任务。此外，需要提取一些单个车辆引起的结构响应实例，用于合成不同类型的多车叠加响应，为该结构响应解耦任务提供数据准备。

需要指出，由于本节是基于时空互补信息的，当出现横向多车并行工况和更多车辆（5 辆及以上）响应叠加工况时，车致项数据的叠加较为密集，这种互补信息不足以令解耦任务顺利完成。但参考图 6.13(a) 的统计结果，完成少量叠加工况的解耦即可给车致响应的分析工作带来明显的改进。

6.2.2 基于时空互补信息的多车叠加响应解耦方法

1. 一维 U-Net 网络结构

公路桥梁上，多车引起的叠加结构响应表示为 $S \in \Re^{N \times L_0}$，其中 N 和 L_0 分别表示传感器数量和时间序列的长度。这种多车叠加响应可以分解为多个单车响应的组合，表示为 $X = \{X_1, X_2, \cdots, X_K\} \in \Re^{K \times N \times L_0}$，其中 K 是车辆总数，$X_i \in \Re^{N \times L_0}$ ($i = 1, 2, \cdots, K$) 表示第 i 辆车引起的结构响应。该一维 U-Net 网络的目的是通过挖掘不同测点位置结构响应之间的时空相关性，学习不同多车工况下的叠加响应到单车响应之间的自适应映射 $f_\theta(\cdot)$，将多车叠加响应 $S \in \Re^{N \times L_0}$ 解耦为多个单车响应 $\hat{X} = \{\hat{X}_1, \hat{X}_2, \cdots, \hat{X}_K\} \in \Re^{K \times N \times L_0}$。以最小化解耦单车响应 $\hat{X}$ 与真实单车响应 X 的误差为优化目标训练模型，即

$$\begin{aligned}\theta &= \arg\min_\theta \frac{1}{M} \sum_{i=1}^{M} \text{loss}\left(X^{(i)}, \hat{X}^{(i)}\right) \\ &= \arg\min_\theta \frac{1}{M} \sum_{i=1}^{M} \text{loss}\left(\{X_1, X_2, \cdots, X_K\}^{(i)}, \{\hat{X}_1, \hat{X}_2, \cdots, \hat{X}_K\}^{(i)}\right)\end{aligned} \quad (6.13)$$

式中，loss(·,·) 为损失函数；M 为训练样本数量；θ 为模型参数。

采用深度学习网络，基于来自不同构件响应之间的时空相关性，提取单车响应模式。这里使用的一维 U-Net 模型由对称的编码器、解码器以及跳跃连接组成，二分图匹配 U-Net 网络结构如图 6.15 所示。这是一个带有通道注意力机制的卷积网络结构。U-Net[4] 编码器执行降采样并通过卷积提取深层特征，解码器则将这些深层特征重构为时间序列的原始长度并生成解耦输出。解耦输出可以分为 K 个单项输出，对应于不同的单个车辆引起的结构响应。

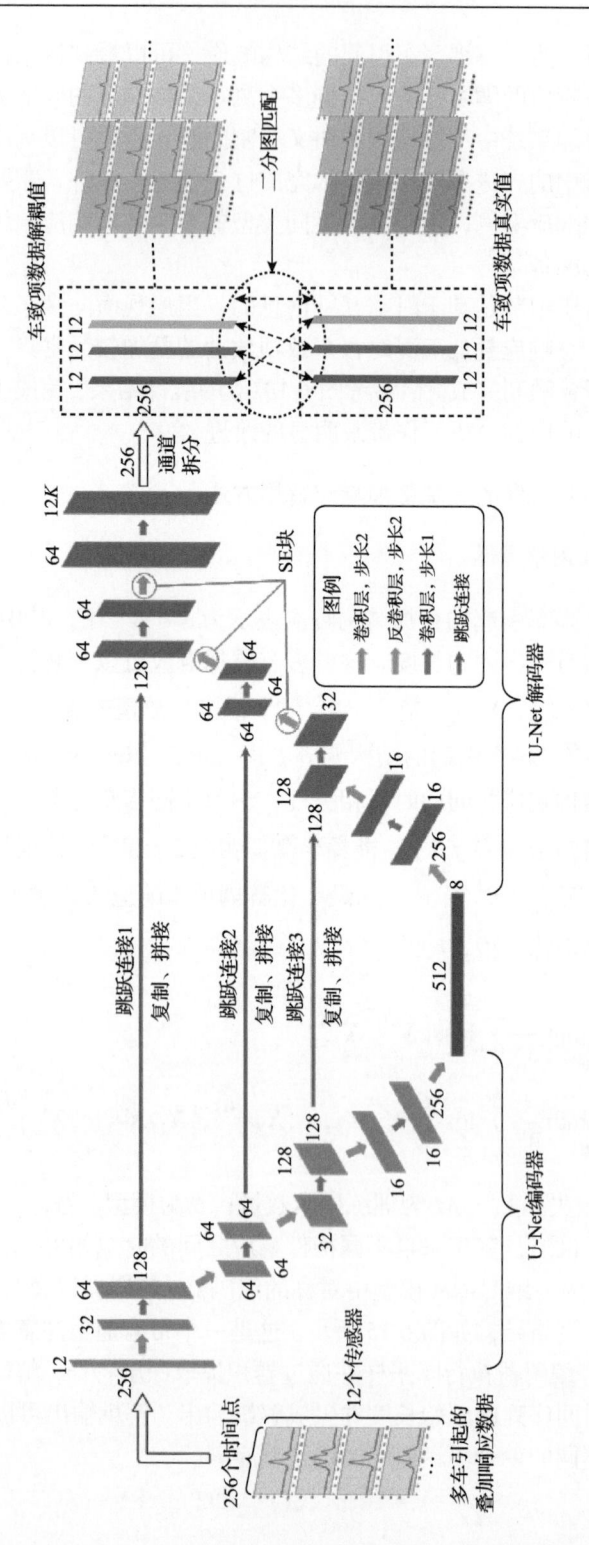

图6.15 二分图匹配U-Net网络结构

在 U-Net 编码器中,时间的局部特征通过一维卷积层在时间域内进行聚合,而不同传感器之间的空间相关性建模依赖于通道域,计算表示为

$$u_d(t) = \text{ReLU}\left(\sum_{i=1}^{k}\sum_{j=1}^{C}w_d(i,j)y(i+s(t-1),j)\right) \quad (6.14)$$

式中,ReLU(·) 为激活函数;s 为卷积步长;u_d 为第 d 个通道的输出序列;w_d 为第 d 个通道的卷积核;$y \in \Re^{L \times C}$ 为输入序列,长度为 L,有 C 个通道。

在该编码器中,使用步长为 2 和 1 的卷积交替进行,因此时间序列长度在每两层之后会减半。随着编码器中时间卷积和下采样过程的加深,模型可以挖掘结构响应之间的全局时间相关性,并提取更深层次的特征。

U-Net 解码器由一维卷积层和多个通道注意力层组成。一维卷积沿时间轴挖掘时序特征,而卷积层的通道域计算和通道注意力机制用于建模空间依赖关系。其中,基本的一维卷积层相同,步长为 1。此外,每两层执行一次一维反卷积,即依次执行上采样和卷积,从而将时间序列的长度加倍。一维反卷积层的计算为

$$z'(2(t-1)+i) = \begin{cases} y'(t), & i=1 \\ 0, & i=2 \end{cases} \quad (6.15)$$

$$u'_d(t) = \text{ReLU}\left(\sum_{i=1}^{k}\sum_{j=1}^{C}w'_d(i,j) \cdot z'(i+t-1,j)\right) \quad (6.16)$$

式中,u'_d 为第 d 个通道的输出序列;w'_d 为第 d 个通道的卷积核;$y' \in \Re^{L \times C}$ 为输入序列,长度为 L,有 C 个通道;$z' \in \Re^{2L \times C}$ 为通过零填充的上采样序列。

解码器还引入了 squeeze-and-excitation(SE)模块[5],以增强通道域建模能力。该机制由三个计算步骤组成。首先,在每个通道中进行全局平均池化,即将序列特征全局平均到一个值;然后,使用带瓶颈的两个全连接层计算通道比例系数;最后,对于每层的输入特征和通道比例系数执行逐特征的乘法操作。

$$z'_d = \frac{1}{L}\sum_{i=1}^{L}y'_d(i) \quad (6.17)$$

$$s' = \text{Sigmoid}\left(W'_2 \text{ReLU}(W'_1 z')\right) \quad (6.18)$$

$$u' = s'y' \quad (6.19)$$

式中,$s' \in \Re^{C}$ 为不同通道的缩放系数;$u' \in \Re^{L \times C}$ 为 SE 模块的输出;$W'_1 \in \Re^{\frac{C}{r} \times C}$、

$W_2' \in \Re^{C \times \frac{C}{r}}$ 为可学习的参数矩阵，$\frac{C}{r}$ 为瓶颈层的特征数，r 为折减系数；$y' \in \Re^{L \times C}$ 为 SE 模块的输入；$y_d' \in \Re^L$ 为输入序列第 d 个通道的特征。

从网络结构可以看出，在网络编码器和解码器的对称位置设置了跳跃连接，通过连接具有相同深度的层，可以直接将编码器不同层的特征提供给数据重构/解耦任务。因此，每一层都可以专注于提取深层特征，而不是像自编码器那样学习所有特征的隐藏表示。

K 个单一车辆引起的结构响应的输出是并列关系，在输出通道上没有先后的相对位置关系，因此这些输出可以被视为一个大小为 K 的无序集合。后面将描述如何通过设计损失函数来解决这个集合预测问题。

2. 基于二分图匹配损失的解耦收敛问题处理

多个单车车致项监测数据的集合表示为 $X = \{X_1, X_2, \cdots, X_K\}$，而解耦信号的集合表示为 $\hat{X} = \{\hat{X}_1, \hat{X}_2, \cdots, \hat{X}_K\}$，事实上，这里假定不同车辆的真实响应和解耦响应已经匹配，也就是说，这里的结构响应 X_k 和 $\hat{X}_k$ 对应着同一辆车。然而，在训练阶段，由于预测结果和目标之间没有固定的位置匹配关系，模型的输出不能直接与真实响应相匹配。举一个最简单的例子，即耦合响应是由两辆车引起的（$K=2$），两个训练样本有相同的输入和不同的训练目标，分别为 (inputs = S, targets = $[X_1, X_2]$) 和 (inputs = S, targets = $[X_2, X_1]$)。在这种情况下，如果目标输出不能与正确的模型输出自适应匹配，那么两个位置相反的学习目标必须使用相同的输入进行学习，模型将做出妥协，在不同的单车输出中生成类似的结果，而不是收敛到正确的解耦输出结果。不同的单车输出应该是无序的，从网络的输出层来看，这些输出之间不应有位置关系。为了解决不收敛问题，应该将其视为一个无序集合预测任务予以解决。

在这个无序集的预测任务中，由于模型输出与预测目标之间的成对关系是未知的，使用 U 和 V 分别表示真实单车响应和预测单车响应的集合，而不是隐含位置对应关系的 X 和 $\hat{X}$。真实单车响应集合表示为 $U = \{U_1, U_2, \cdots, U_K\} \in \Re^{K \times N \times L_0}$，预测的解耦单车响应集合表示为 $V = \{V_1, V_2, \cdots, V_K\} \in \Re^{K \times N \times L_0}$，其中 $U_k \in \Re^{N \times L_0}$ 和 $V_k \in \Re^{N \times L_0}$ 表示其中某一辆车引起的响应。在无序集合预测任务中，单个车辆响应的输出应该与目标逐个正确匹配，以确保模型在训练阶段正确收敛。基于这一方法，应该设计一个特殊的损失函数，以确保不同的单车输出在模型训练中完全等效，并且真实的"输出-目标"对自适应地匹配。一个简单的方法是将最近（即计算损失最小）的目标分配给每个单个输出，并将最近的输出分配给每个目标。这

是一种暴力匹配方法，损失函数的表达式为

$$\text{loss}(U,V) = \sum_{i=1}^{K} \min_{j} \varGamma(U_i, V_j) + \sum_{j=1}^{N} \min_{i} \varGamma(U_i, V_j) \tag{6.20}$$

式中，$\varGamma(U_i, V_j) = \|U_i - V_j\|_2^2$，表示解耦输出与真实值之间的均方误差。

这种方法可以在一定程度上解决训练不收敛的问题。然而，在训练过程中，由于最小/最大算术运算的存在，式(6.20)的损失函数会导致梯度不平滑，这也容易导致模型难以收敛；更重要的是，损失函数不是基于唯一的"输出-目标"对，这可能会导致以下错误训练情况：多个单一输出尝试匹配相同的目标，或多个目标在损失计算中分配给相同的输出，两种情形也可能同时出现。

因此，应当对式(6.20)进行优化，以找到所有单个输出和目标之间的最佳匹配对。这个问题可以描述为：集合 V 中的所有元素都应该在集合 U 中找到唯一且非重复的最佳匹配对象。二分图匹配问题如图 6.16 所示，其中 V 和 U 可以被视为属于二分图两个部分的顶点集，需要解决的是二分图两侧顶点的最优匹配边。为了解决关于集合预测的二分图匹配问题，本节将匈牙利算法[6]引入损失函数的计算中，以实现损失的最小线性求和分配。

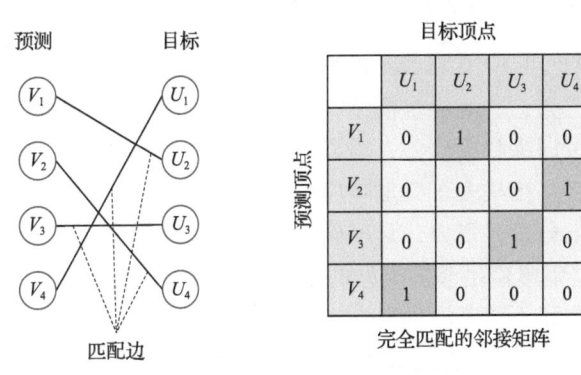

图 6.16 二分图匹配问题

匈牙利算法的核心是利用增广路的概念来寻找增加匹配的方法。具体来说，从左边的点集开始，依次遍历每个未匹配点，尝试将其与右边的一个未匹配点匹配。如果可以找到一条增广路，即一条从未匹配的左边点出发，经过若干条未匹配的边，到达另一个未匹配的右边点的路径，那么就将该增广路上的所有边都加入匹配中，并且将路径的两个端点都标记为已匹配。重复这个过程，直到无法找到增广路为止。在此问题中，最优匹配就是集合 V 和集合 U 中顶点之间损失最小的完全匹配。

获取最优匹配后，根据最优匹配计算损失函数。最优匹配的对象索引表示为

$$\hat{\sigma}_i = \underset{V_j \in V}{\arg\min} \sum_{i=1}^{K} \Gamma\left(U_i, V_j\right) \tag{6.21}$$

式中，$\hat{\sigma}_i$ 为与真实单车响应 i 对应的最优匹配对象索引，即匹配的预测单车响应的索引。

最终，用损失函数计算最佳匹配对象的损失之和。考虑到全部 N 个通道的计算公式为

$$\text{loss}(U, V) = \sum_{i=1}^{K} \sum_{j=1}^{N} \Gamma\left(U_{i,j}, V_{\hat{\sigma}_i, j}\right) \tag{6.22}$$

使用二分图匹配损失函数，模型训练基于单个输出和真实车致项数据之间的最佳匹配对计算每个样本的损失。通过这种灵活的匹配，一维 U-Net 可以专注于解耦任务的特征提取工作，使得模型快速收敛。

带 SE 模块的一维 U-Net 模型是挖掘多通道时序中时空关联特征的有效工具，而基于匈牙利算法的二分图匹配损失计算能有效解决解耦任务中无序集合预测问题。通过这种方式，实现端到端的车辆荷载解耦学习。

3. 基于变分自编码器的单车车致项数据生成扩充

在利用二分图匹配—一维 U-Net 模型对车辆荷载进行解耦时，模型完成的是单车响应叠加的逆任务，这就要求模型本身学习了足够多类型的单车响应模式和信号叠加模式。为了训练解耦模型，需要创建大量叠加响应和对应单车响应的数据样本，而根据经验直接从多车叠加响应中分离单车响应、创建训练样本是非常困难的，这个过程十分费时费力，且准确性较低。考虑到多车荷载叠加的各种可能情况，为了让数据集覆盖足够多类型的车辆叠加响应，需要大量用于训练的样本。由于不同桥梁结构和不同监测项目在车致响应模式方面存在差异，对于每个新的问题，都需要类似烦琐重复的手工标记工作，使得任务效率低。

考虑到弹性受力范围内车致响应满足线性叠加原理，首先提取典型的单车车致响应，创建单车响应数据集，然后进行简单叠加以模拟多车叠加工况。增加足够多的单车车致项数据样本是提高本节性能的重要手段，不过由于单车响应占比较小，从车致项数据中截取单车数据、标注单车响应样本也较为耗时，为了以较少的成本提高所提解耦方法的泛化能力，需要对数据进行扩充/增强。本节在信号时间轴偏移这种无损且可逆的数据增强基础上，利用变分自编码器[7]学习单车响应数据的分布特征并生成新的样本，对单车响应数据样本进行合理的补充，提高模型在不同荷载工况下的车致项数据解耦效果。

变分自编码器是一种基于神经网络的无监督学习算法，它采用了自编码器和

变分推断的方法,从数据中自动学习隐藏的特征表示,并用于生成新的数据。它将输入数据 x 通过编码器 $q(z|x)$ 映射为隐空间的变量 z,并通过学习一个解码器 $p(x|z)$ 将 z 映射回原输入空间;用 $p(z)$ 表示隐空间的先验分布,期望通过优化编码器的参数,使得编码器的输出与 $p(z)$ 的采样结果相似,生成模型可以最大化数据集中各样本 x 的概率。

变分自编码器(variational auto encoder, VAE)的训练包括两部分:对于编码器,需要最小化 KL(Kullback-Leibler)散度,使得编码器 $q(z|x)$ 逼近先验分布 $p(z)$;对于解码器,需要最小化重构误差,使得解码器能够准确地重构输入数据 x。因此,优化目标 $L(x)$ 表示为

$$L(x) = E_{q(z|x)}\left[\operatorname{lb} p(x|z)\right] - D_{\mathrm{KL}}\left[q(z|x) \| p(z)\right] \tag{6.23}$$

式中,D_{KL} 为 KL 散度,衡量编码器与先验分布之间的差异;$E_{q(z|x)}$ 为重构误差,衡量重构的质量。

在 VAE 的训练中需要使用重参数化技巧,编码器通过可学习的映射分别输出均值 μ 和标准差 σ,从标准正态分布中采样出一个噪声向量 $\partial \sim N(0,1)$,用 $\mu + \sigma \odot \partial$ 表示 z。重参数化技巧通过引入可导变量替代随机采样过程,使得梯度可以通过自动微分进行计算。

在 VAE 训练完成后,通过在隐空间进行随机采样并将采样结果输入解码器中,即可生成符合训练样本数据分布的新样本。

6.2.3 桥梁多车叠加响应解耦实例

1. 工程实例背景介绍

实例分析的斜拉桥与 3.1.3 节和 6.1.4 节相同,本节以索力响应的车致项数据为分析对象,信号采样频率为 2Hz,可用于分析准静态的车致响应。本节选择桥上 12 根斜拉索,斜拉桥简图及实例分析中选用的斜拉索如图 6.17 所示,用于验证所提出的多车叠加响应解耦方法的效果,并将其应用于结构状态的评估。这些索缆之间的距离适中,并且包括了上下游对称位置,因此它们不仅具有显著的空间相关性,还存在较为明显的差异性,在某些传感器测点信号中重叠的车辆响应可能在其他传感器中有不同程度的分离,这就使得该实例满足叠加数据解耦任务所必需的时空互补信息。通过数据的时空关联挖掘,基于多传感器测点的车辆荷载解耦工作得以顺利开展。

2. 单车数据的扩充与训练样本的创建

图 6.18 为截取单车的车致项数据。在某时间段内,如果在所有分析的传感器

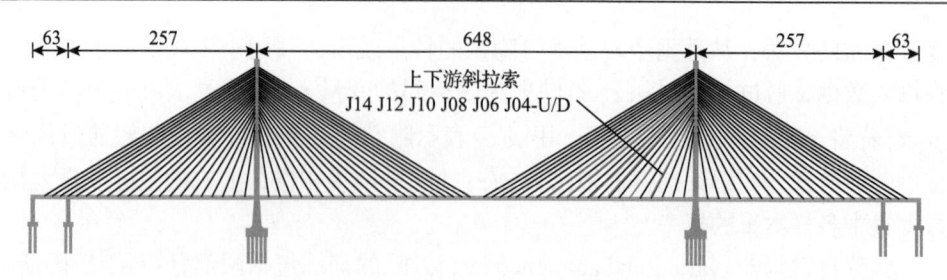

图 6.17 斜拉桥简图及实例分析中选用的斜拉索（单位：m）

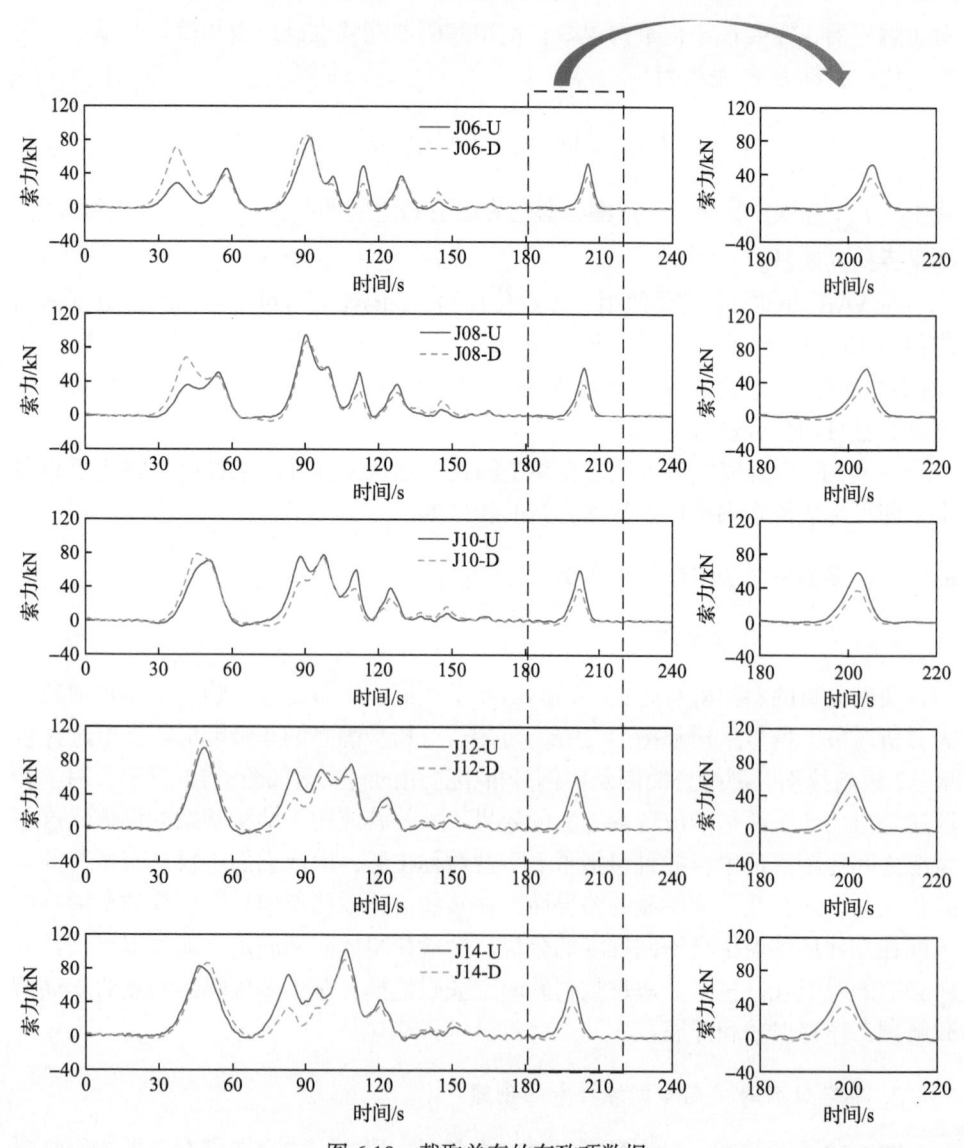

图 6.18 截取单车的车致项数据

中，只有单个车辆引起了明显的结构响应，则该时间段可以作为一个有效的单车车致响应数据样本。在该实例中，共提取了 159 个单车车致响应片段，分别选取其中一部分进行模型训练和测试。实例中的测试样本分为两类，一类是通过叠加一些单车车致响应创建的合成响应，另一类是实际监测的多车车致响应。

为了减少数据标记的工作量，增加单车车致响应实例，让模型在少量样本标注条件下发挥作用，本节使用 VAE 学习并生成符合原始样本分布特征的新样本。利用 VAE 生成单车车致项数据的过程如图 6.19 所示。VAE 学习单车车致响应的特征，在该实例中，车致索力的规律性是较为明显的，且由于本身已标注并用于训练的单车样本较少，隐含层用两个均值和方差作为变量即可较好地表示这些单车车致响应的分布特征。在 VAE 训练完成后，可以将其分布进行可视化。图 6.19(b) 是每个样本(包括移动时间轴扩充的数据)经编码器计算的均值和方差。通过符合高斯分布的随机采样，可以生成符合单车车致响应数据模式的实例，图 6.19(c) 就是根据 VAE 解码器生成的两段单车车致响应。

将生成实例与真实实例结合在一起，作为解耦模型训练中可使用的单车车致响应样本。在训练过程中，每次随机选择 2~4 个单车车致响应实例，将对应的传感器信号进行简单相加，生成叠加响应的训练样本。

3. 多车叠加响应解耦结果与讨论

该实例中分析了 12 个传感器，且最多解决 4 车叠加数据的解耦问题，因此对应的网络结构输出通道数为 48。对于少于 4 车叠加的解耦问题，用零信号填充多余通道，因此 2 车叠加和 3 车叠加问题的有效输出通道数分别为 24 和 36。

补充单车车致项数据样本后，在每个 epoch，都通过随机组合叠加信号创建训练实例，再利用本节带二分图匹配的 U-Net 模型进行训练，因此模型可以学习到任意形式的多车叠加组合。

为了更直观地说明在损失函数中引入二分图匹配的作用，不使用和使用二分图匹配损失的验证集收敛曲线对比如图 6.20 所示。以三个未叠加的单车车致响应数据样本问题为例，对比使用和不使用二分图匹配训练的验证集收敛曲线及模型输出，以其中一个通道的数据为例，如果不使用本节引入的二分图匹配损失训练方案，模型无法收敛到正确的结果，而是执行了一种"折中"的学习。模型的任一个"解耦"信号只是近似地对叠加响应进行平均，结果约为输入多车数据的三分之一，这是因为传统方法不能解决无序集合预测的匹配问题。而使用二分图匹配损失函数的训练方案时，模型可以正常收敛，最终获得有效的单车解耦效果。

下面通过分析带二分图匹配的 U-Net 模型在合成响应和实际监测响应中解耦车致叠加响应的结果，验证本节提出解耦方法的有效性。

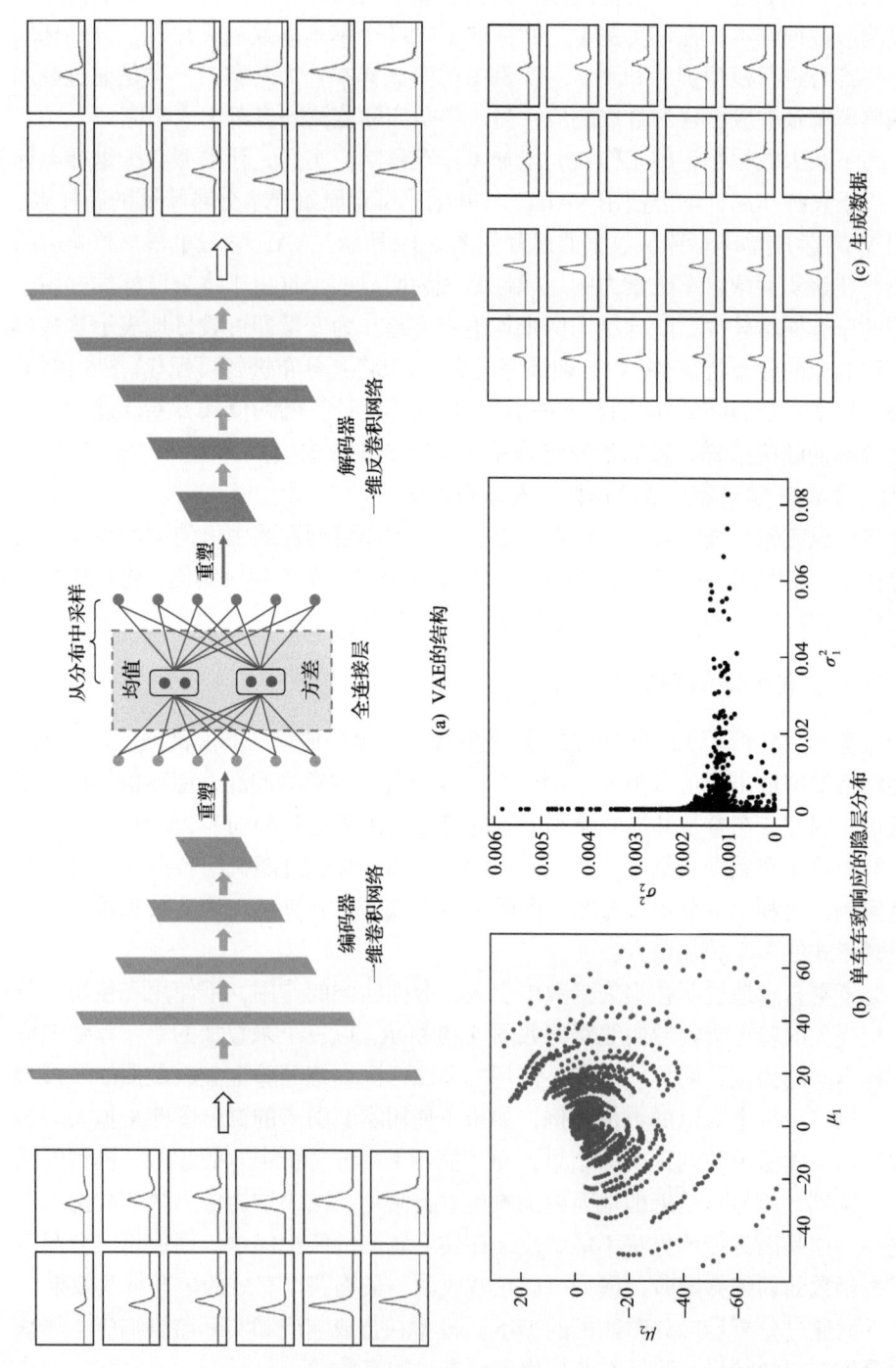

图6.19 利用VAE生成单车车致响应数据的过程

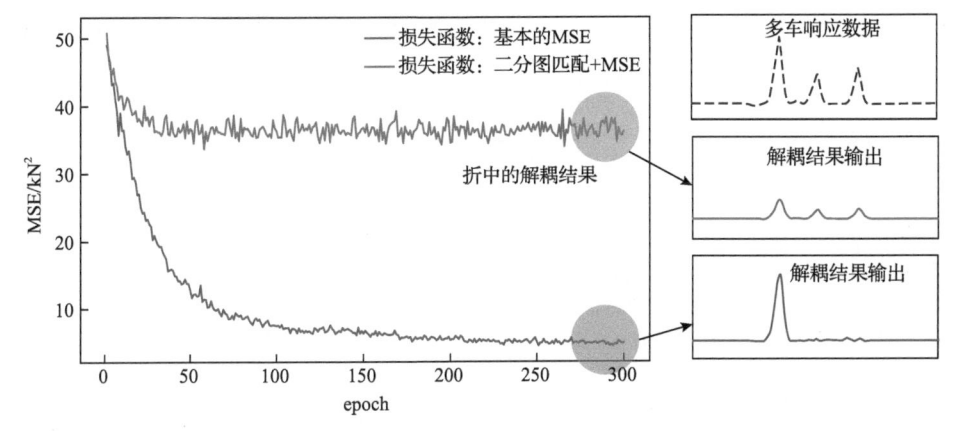

图 6.20　不使用和使用二分图匹配损失的验证集收敛曲线对比

1) 多车合成响应的解耦

将提取的单一车致响应用于随机合成叠加响应，并使用训练好的二分图匹配 U-Net 进行响应解耦。2 车和 3 车叠加的结构响应解耦效果分别如图 6.21 和图 6.22 所示。

从图 6.21 和图 6.22 可以看出，在 2 车和 3 车叠加工况下，合成响应被成功分离，并且单个车辆的解耦信号峰值与目标值非常吻合。这些测量点的响应以不同形式相互叠加，其中图 6.21 中，2 车响应在传感器测点 J04-U/D 中叠加形成单一峰值，而在其他测点中有不同程度的分离，尤其在传感器测点 J14-U/D 中几乎是两个独立的峰值；而图 6.22 中，车辆 1 与车辆 2 的响应在传感器测点 J08-U/D、J10-U/D、J12-U/D、J14-U/D 中都有很高的重合度，而在传感器测点 J04-U/D 和 J06-U/D 中有较为明显的分离。这些传感器测点在不同数据解耦实例中具有互补性，因此具有二分图匹配损失的 U-Net 模型能有效利用车致响应的时空互补信息，成功地实现了对合成响应的良好解耦效果。

4 车叠加的结构响应的解耦效果的两个示例分别如图 6.23 和图 6.24 所示。可以看出，在 4 车叠加条件下，解耦质量不够稳定。图 6.23 中的解耦效果非常好，但是在图 6.24 中，几乎所有的传感器测点中，车辆 2 的解耦响应都出现了多个峰值，这是一个十分明显且无法接受的错误。造成这种解耦质量较差的原因有两方面：一是一些单车响应模式是训练集没有学习到的，它与训练集中的单车样本（包括 VAE 的生成样本）之间存在显著差异；二是响应的叠加形式较为复杂，各单车车致响应的叠加密度很大。图 6.23 中只有 2~3 个同时存在的车辆叠加问题，这是一个相当简单和清晰的任务。而图 6.24 中的响应叠加形式更为密集，在多个索中具有很高的重叠程度。不过，即使在该类情况下，幅值较大的车辆 1 和车辆 3 的车致索力解耦峰值也较为准确，对重车索力数据分析仍具有意义。

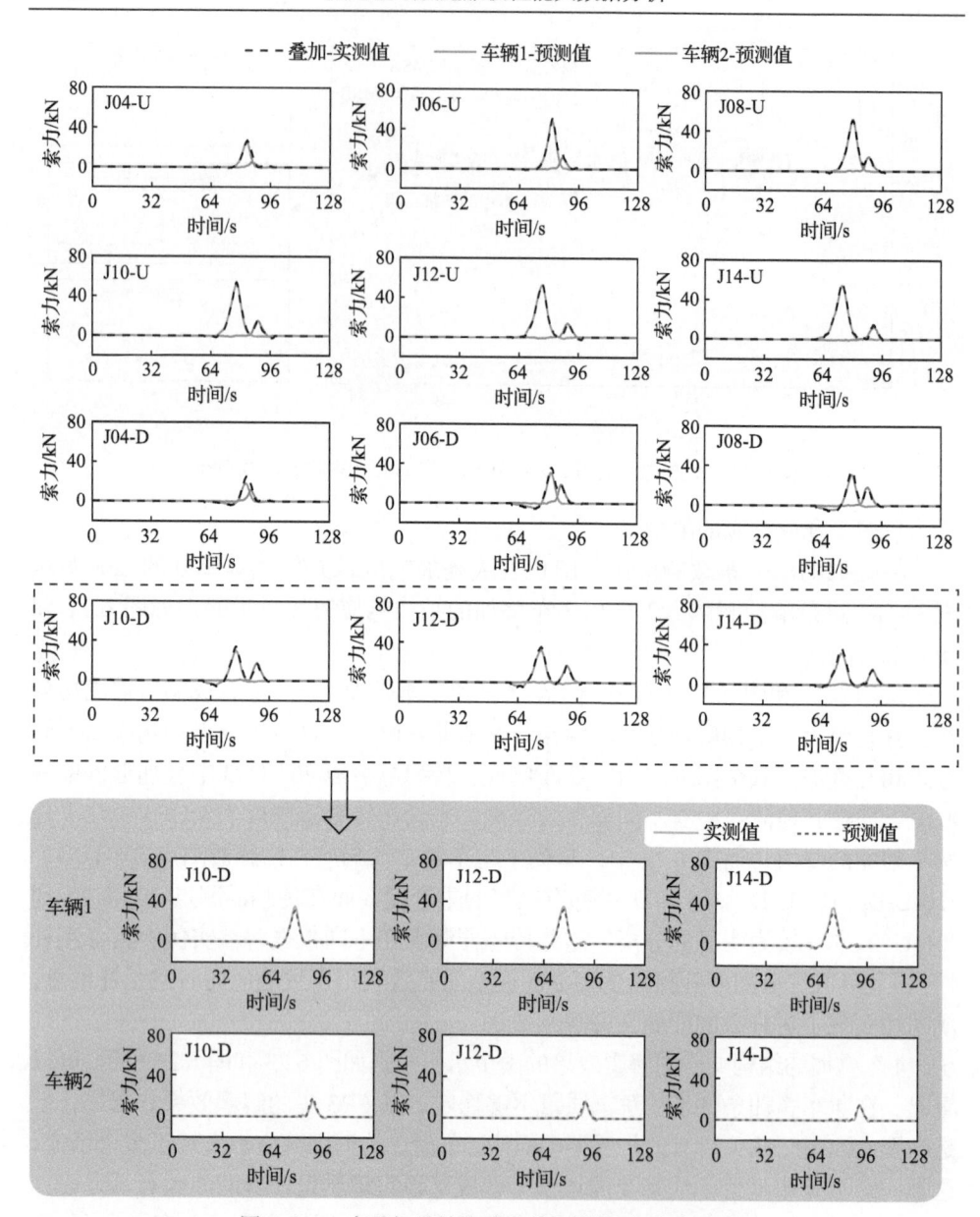

图 6.21 2 车叠加的结构响应的解耦效果(合成响应)

对于具有较低重叠密度的合成响应数据，响应的解耦相对容易，而当响应之间的叠加过于密集(特别是车辆数大于 3)时，数据解耦任务的难度会显著增加。在试验中，对于 2 辆、3 辆和 4 辆车的叠加响应解耦任务，合成多车叠加响应测试集上目标值与输出值之间的 RMSE 分别为 0.852kN、1.152kN 和 1.688kN，即随着解耦任务涉及的车辆数量增加，结构精度大幅下降。当多车响应的组合变得

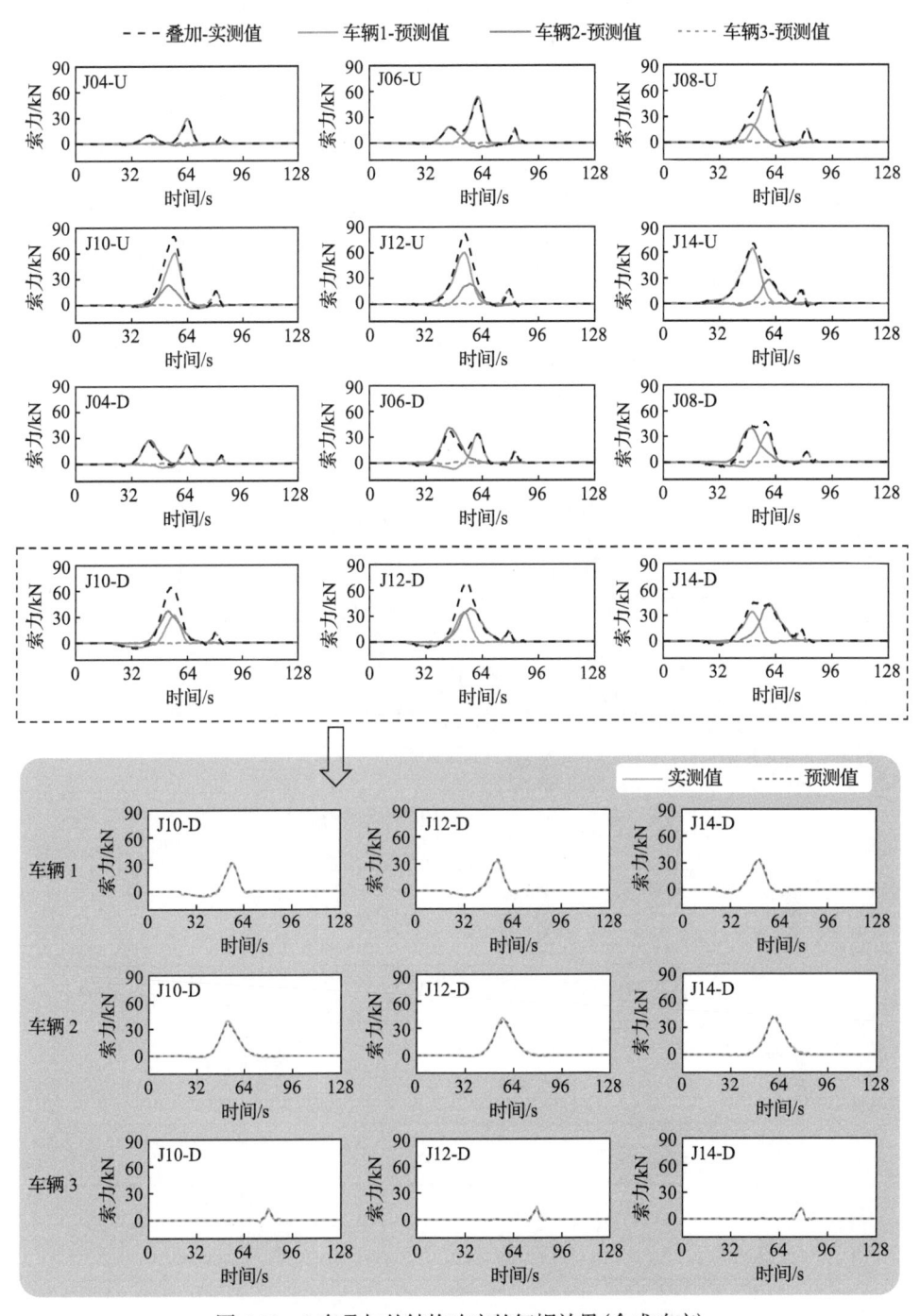

图 6.22 3 车叠加的结构响应的解耦效果(合成响应)

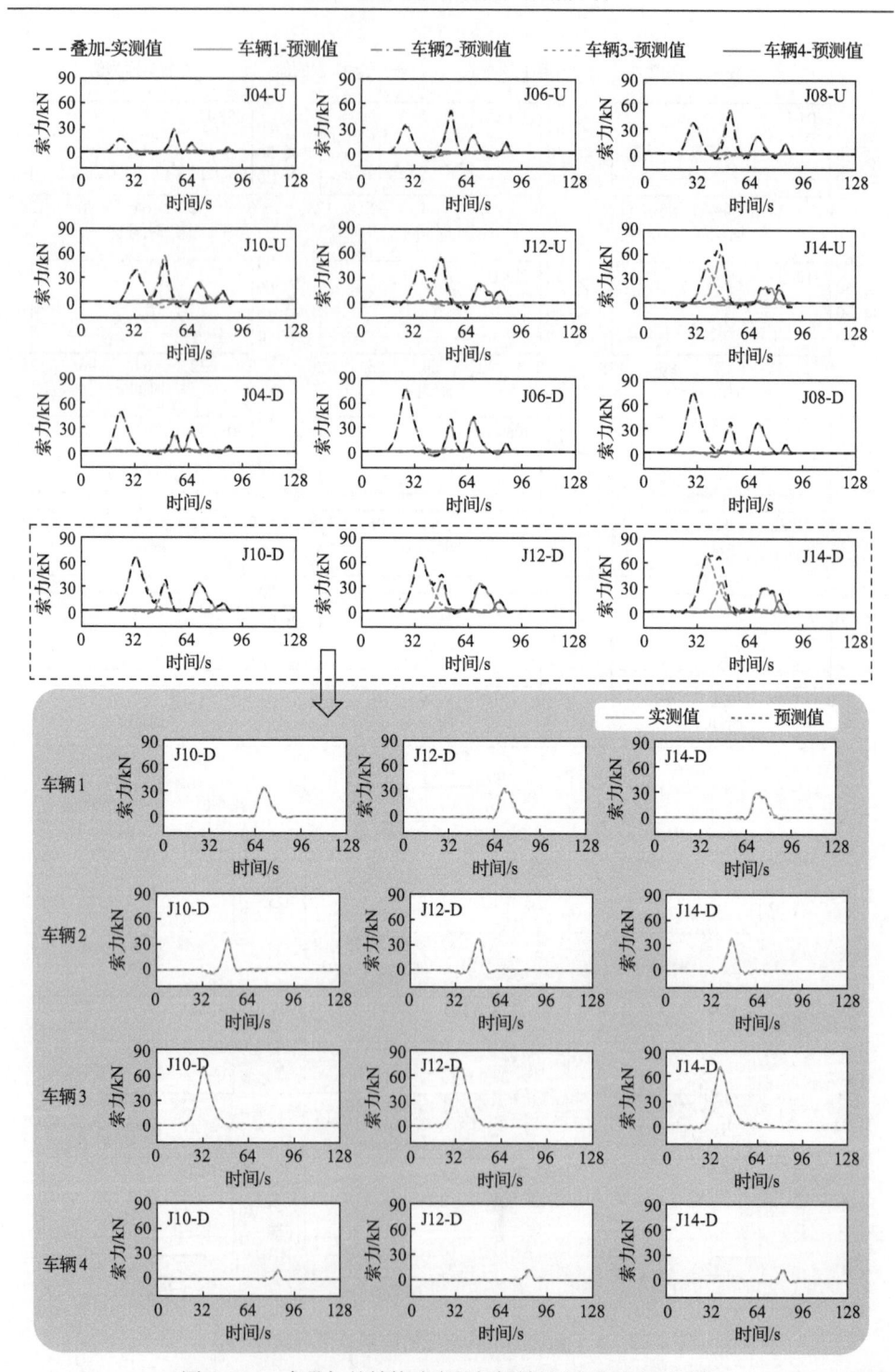

图 6.23　4 车叠加的结构响应的解耦效果(合成响应)示例 1

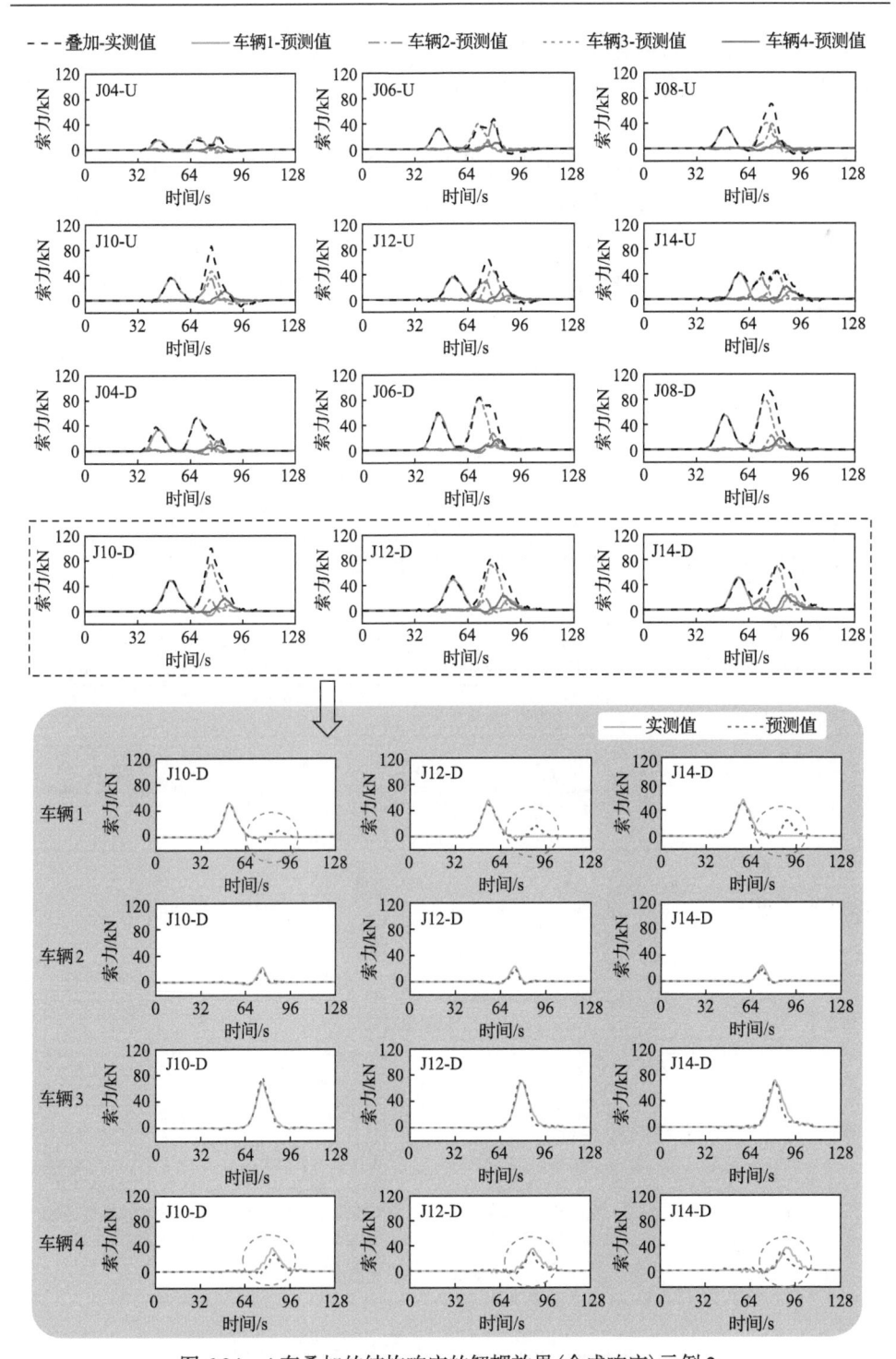

第6章 基于数据时空关联的桥梁结构状态评估方法

图6.24 4车叠加的结构响应的解耦效果(合成响应)示例2

非常密集时，信号的重叠程度较大，现有传感器测点提供的时空关联互补信息本身就不足以满足解耦任务的需要，高精度解耦工作本身是不可行的。

在训练阶段，已对输入数据注入了不同强度的高斯随机噪声，并添加了部分突变的异常值，以确保训练的模型对噪声和突变等不良数据具有一定程度的鲁棒性。图 6.25 为不同强度高斯白噪声下车致响应的解耦结果。可以看出，随着噪声水平的增加，解耦性能会逐渐变差，峰值预测结果出现较为明显的偏差；但即使在较大的噪声水平下，该模型总体上仍能实现较好的解耦性能，保证其在服役过程的普通数据噪声影响下继续工作。

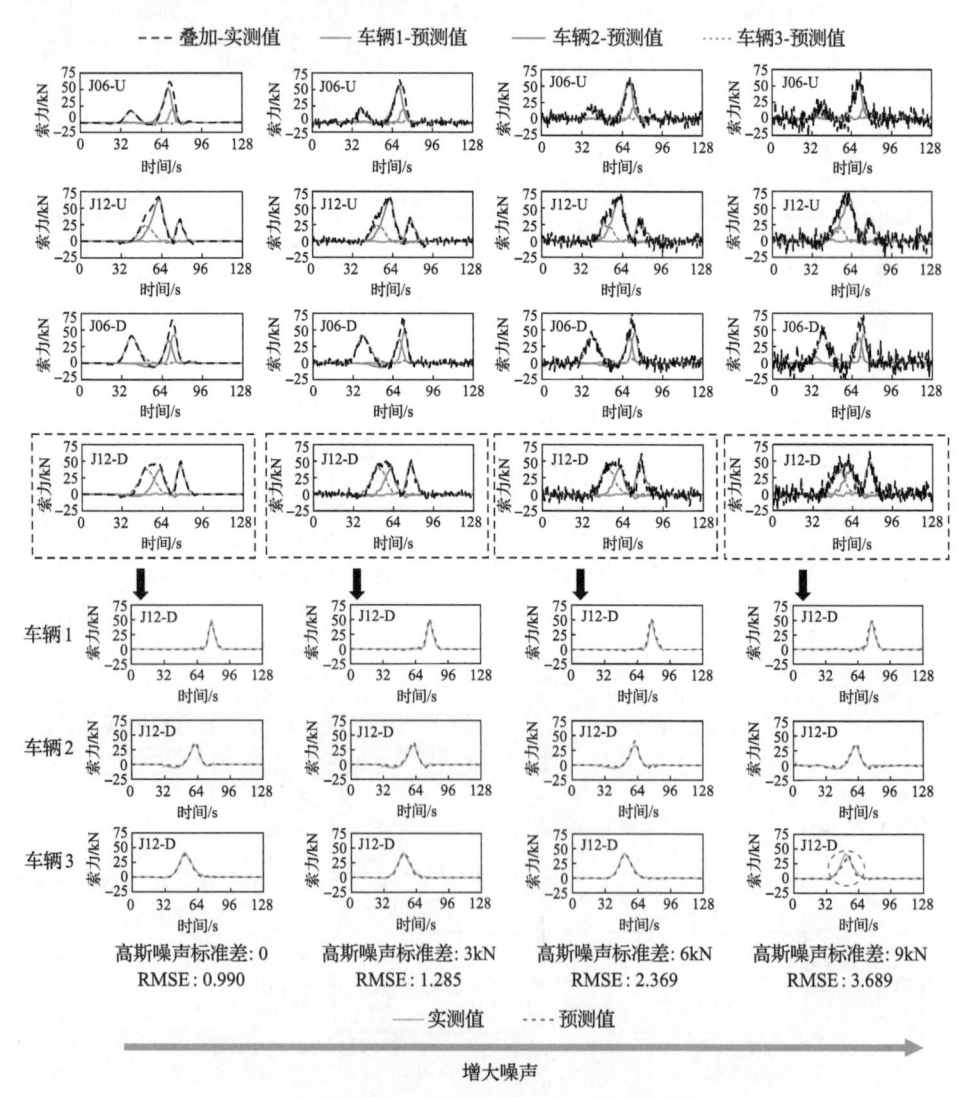

图 6.25 不同强度高斯白噪声下车致响应的解耦效果（合成响应）

2) 多车真实监测响应的解耦

与合成响应相比,真实监测响应的解耦效果是验证本节有效性的更重要的指标。3 车和 4 车叠加的结构响应的解耦效果分别如图 6.26 和图 6.27 所示。可以看出,对大多数车辆而言,该模型可以有效识别单车车致响应并将其分离到正确的输出通道中。在该车致索力数据解耦实例中,仅仅截取了 100 余段单车响应,并利用变分自编码器增加训练实例,就可以完成基本的真实监测车致项数据解耦工作。这证明了本节方法在少量标注条件下解决实桥信号解耦问题的能力。

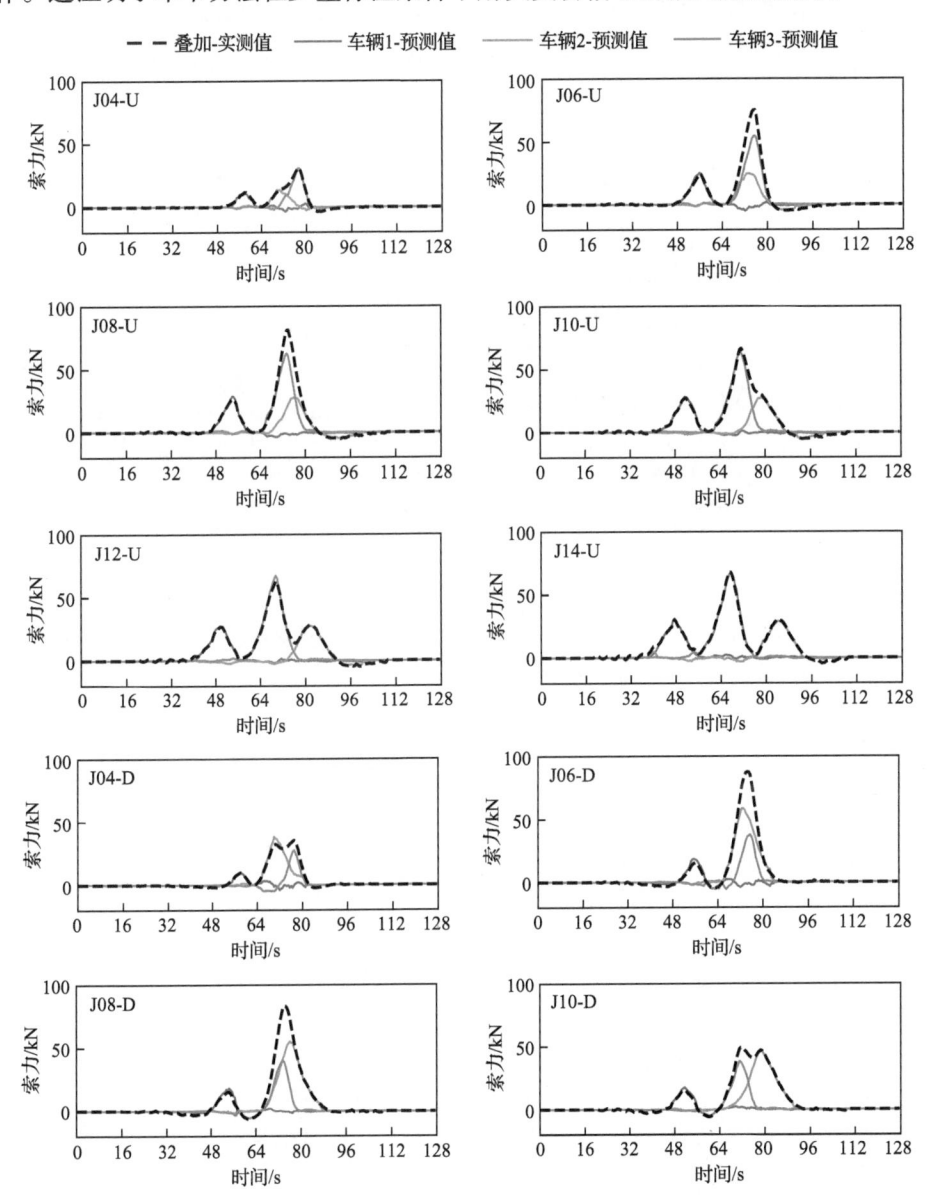

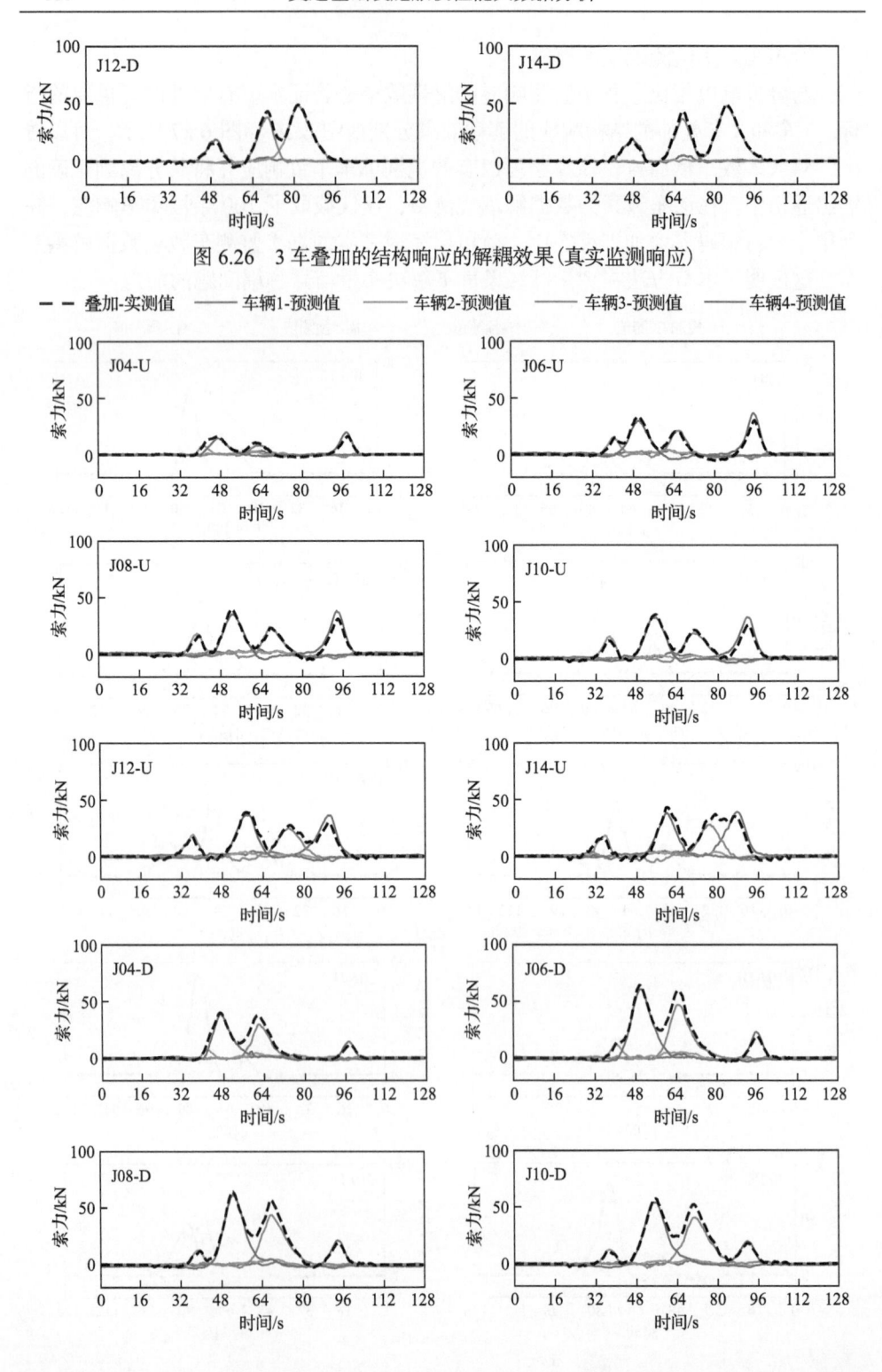

图 6.26 3 车叠加的结构响应的解耦效果(真实监测响应)

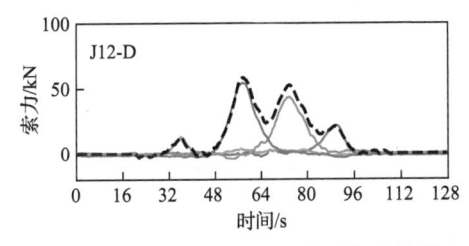

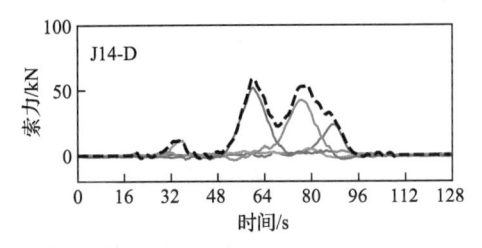

图 6.27 4 车叠加的结构响应的解耦效果(真实监测响应)

本节方法在 3 车响应解耦问题中表现普遍良好,如图 6.26 所示的解耦问题;而在图 6.27 所示的 4 车解耦问题中,车辆 3 的解耦信号与实际响应有一定偏差,这可能与解耦问题的复杂度和部分单车响应模式未知有关。通过补充单车工况,提供更丰富的、不同类型的单车车致响应数据,让训练集充分覆盖各类单车响应模式,可以继续提升模型的解耦效果。

公路桥梁的多车叠加响应分离解耦工作可以为基于车致响应的车辆荷载识别和结构状态评估提供基础。总的来说,由于当前方法对于 4 车叠加工况的解耦效果一般,基于车致响应解耦的结构状态评估应针对单车或 2~3 车的分离信号开展。

6.2.4 基于车致项数据解耦的结构状态评估

可以利用解耦后的单车响应信号判断模式异常,对结构状态进行评估。由于单车响应模式较为简单,可以直接构建多个传感器测点对单个测点信号的回归模型,并根据回归结果判断数据模式是否发生变化。以多测点的片段信号作为训练/测试样本,首先使用回归模型对训练数据进行拟合,然后计算每个样本的残差,如果某个测试样本的残差显著大于阈值,就可以将其视为异常状态。

对于单个传感器测点数据,可以直接根据参考数据样本的回归残差确定阈值。对于涉及多传感器的总体评估问题,可以采用基于马氏距离的异常诊断算法,根据模型回归残差向量的马氏距离度量回归残差的相似性,从而识别数据中的异常值。其中,实测值向量 y 与拟合值向量 $\hat{y}$ 之间的差即为回归残差向量 e,即

$$e = y - \hat{y} \tag{6.24}$$

样本数为 n 的回归残差向量表示为 $E = [e_1 \quad e_2 \quad \cdots \quad e_n]$,它的均值向量 μ 和协方差矩阵 S 分别为

$$\mu = \frac{1}{n}\sum_{i=1}^{n} e_i \tag{6.25}$$

$$S = \frac{1}{n-1}(E - \mu)(E - \mu)^{\mathrm{T}} \tag{6.26}$$

对于一个新的回归残差向量 e_0，可以计算它到 E 的马氏距离，计算公式为

$$D(e_0) = \sqrt{(e_0 - \mu)^T S^{-1}(e_0 - \mu)} \tag{6.27}$$

回归残差的均值向量接近零向量，因此在计算协方差矩阵和马氏距离时直接使用 $S = \dfrac{1}{n-1}EE^T$ 和 $D(e_0) = \sqrt{e_0^T S^{-1} e_0}$ 即可。

如果马氏距离超出某个阈值，就认为这个样本是异常值或离群值，阈值计算方法可根据3倍标准差法或特定使用场景下的需求确定。

考虑选取分析的部分传感器在运营过程中出现了问题，本小节的分析仅选用其中8个传感器(包括J08-U、J10-U、J12-U、J14-U、J06-D、J08-D、J10-D、J14-D)，利用这8个传感器测点数据对信号进行解耦。为了检验数据模式是否发生异常，依次以7个传感器的片段数据作为输入，训练一维U-Net数据回归模型，拟合剩余1个传感器的片段数据。将初期数据作为参考，以每个传感器回归残差绝对值的均值作为单测点指标，再计算多测点指标的马氏距离，并以马氏距离的平均值加3倍标准差作为诊断异常的阈值。根据初期验证集参考数据计算，该实例中马氏距离的阈值为6.14。

图6.28(a)为2006年5月13日某段3车叠加响应中一个单车信号的解耦结果，其中远离峰值、接近零的信号已经置零；图6.28(b)为各传感器逐一作为回归目标的拟合值与解耦值对比，可以看出拟合值与解耦值基本吻合，而多测点回归结果的马氏距离为3.74，小于阈值。

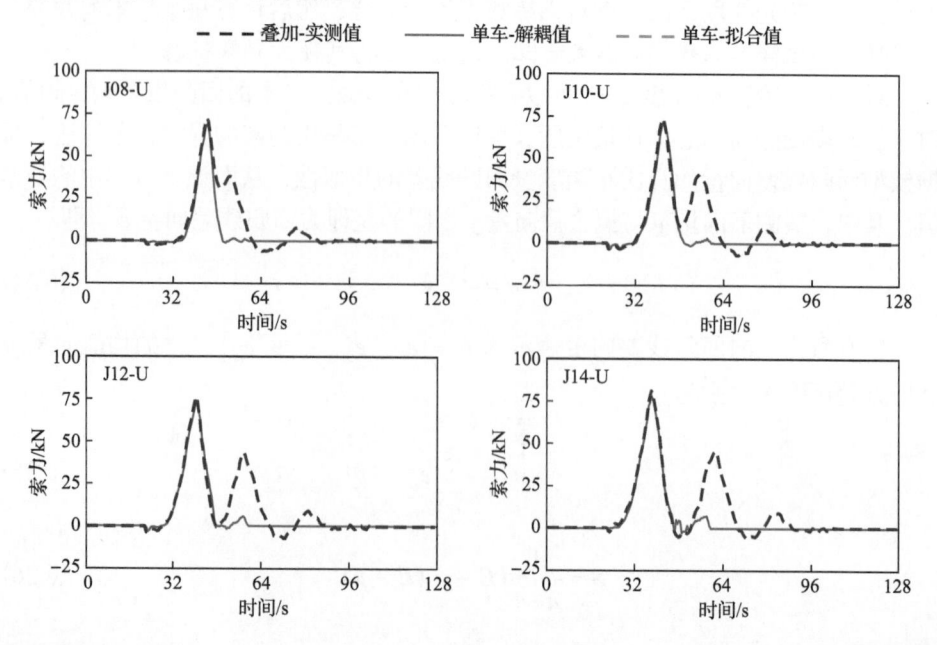

(a) 某单车解耦数据

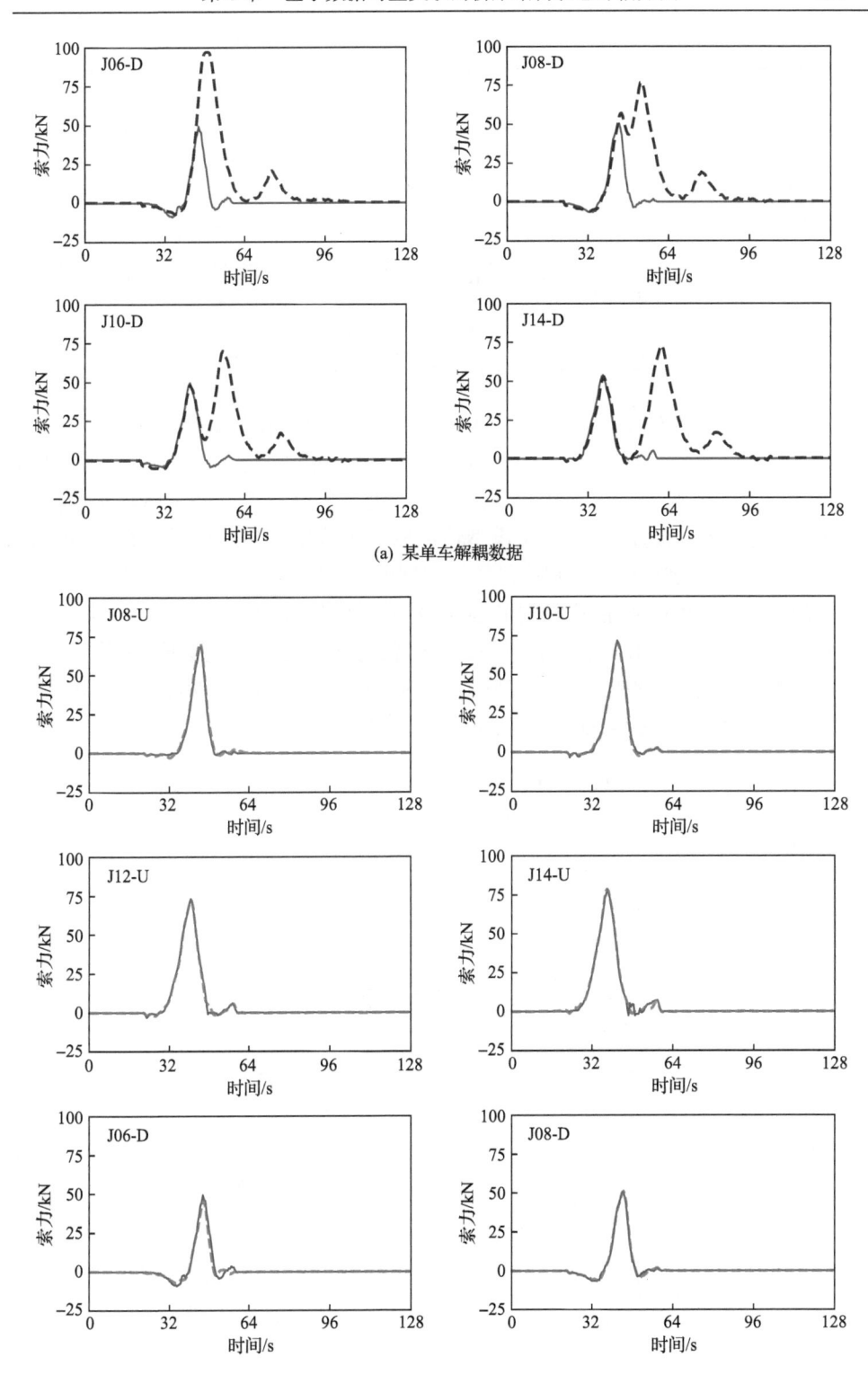

(b) 拟合值与解耦值对比

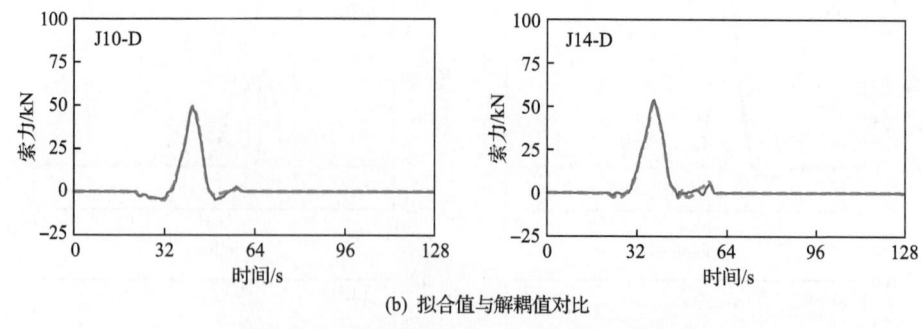

图 6.28 单车响应的提取与回归结果(正常状态)

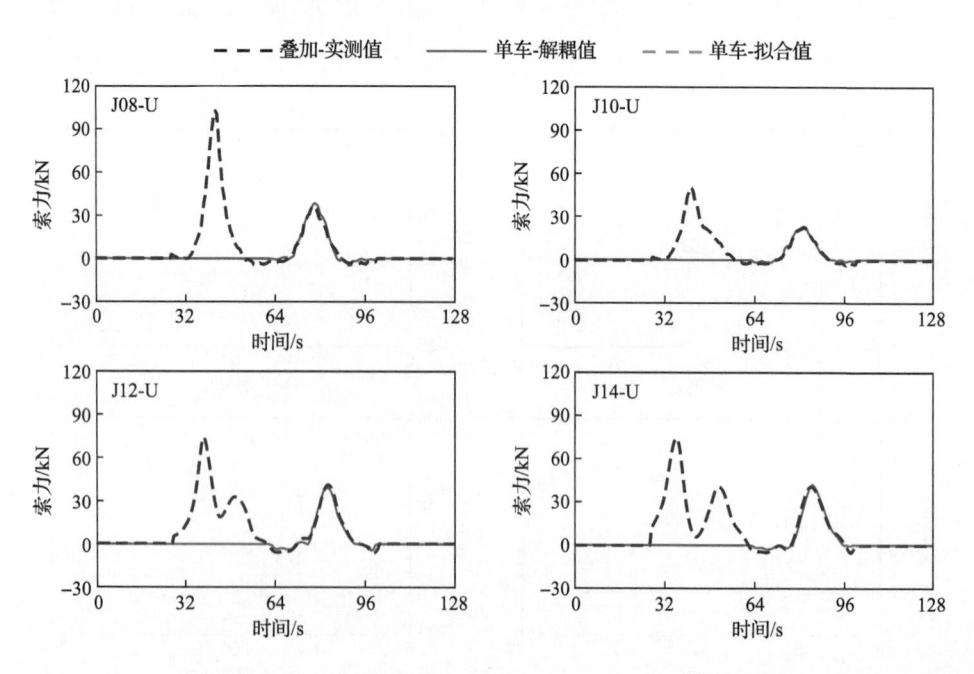

图 6.29 为单车响应的提取与回归结果(异常状态)。在数据模式发生改变后，解耦模型的质量会受到影响，在这种情况下，可以通过直接对比多车叠加信号和解耦输出的单车响应之和判断异常。不过，为了更好地说明基于单车响应的异常诊断效果，此处选用一段结构模型输出的、可确定的单车信号进行分析，如图 6.29(a) 所示，这里的单车响应虽然是解耦模型的输出结果，但本质上未与其他信号叠加，因此可以确定该解耦值就是实际值。从图 6.29(b) 可以看出，J08-U、J10-U、J12-U 和 J14-U 等多个传感器的拟合值与解耦值出现了显著的差别，该单车响应多测点回归结果的马氏距离达到 11.66，远超出阈值，表明数据关联模式出现了变化，可能与斜拉索损伤造成的受力重分布有关。

(a) 某单车解耦数据

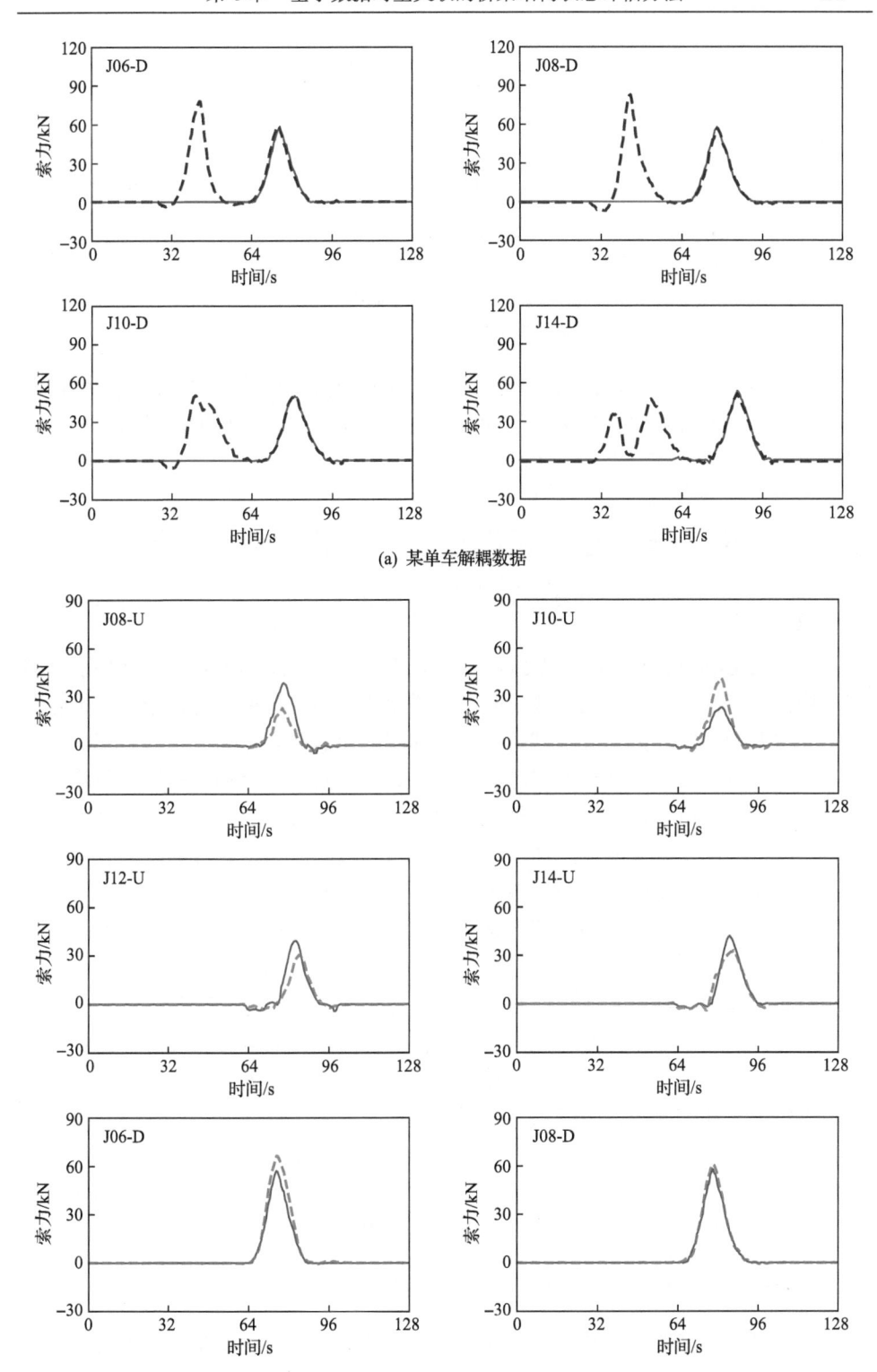

(b) 拟合值与解耦值对比

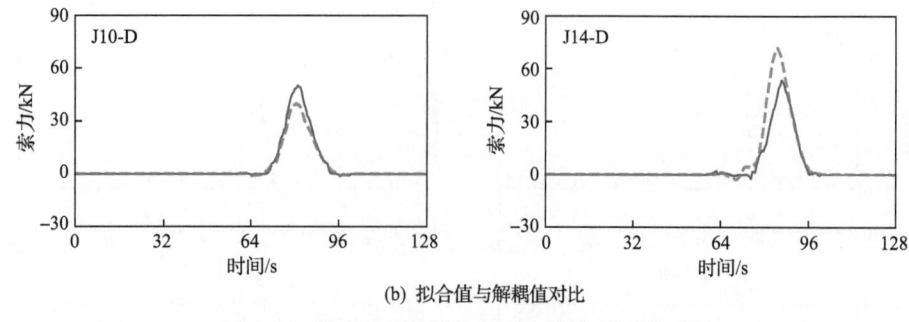

图 6.29　单车响应的提取与回归结果(异常状态)

由于基于本节的异常诊断效果与信号解耦质量密切相关，在运行过程中可以继续补充单车响应数据，提高信号的解耦精度，而高质量的解耦信号本身也可以用于扩充数据集，继续提升方法的性能。

6.3　基于趋势项和车致项数据降维特征的桥梁结构状态融合评估

桥梁结构响应的趋势项和车致项数据属于不同的荷载作用效应，反映了不同的结构受力特性，具有不同形式的时空关联模式，面对各种不良数据问题也会受到不同程度的影响。因此，数据挖掘模型和基于无监督学习的异常诊断算法有各自的适用范围，需结合结构响应趋势项和车致项的特点选择相应的模型和算法，才能确保方法的可用性，发挥两种荷载效应分析的优势，为实际单体桥梁状态评估提供依据。前文涉及的状态评估方法都以回归残差作为计算诊断指标的依据，这类方法在冗余信息充足的条件下表现良好，且能通过空间关系表征等形式对测点异常进行定位，但在回归精度不足时，对异常状态的辨识往往不够显著。为了准确判断数据模式异常，同时更好地融合基于趋势项和车致项数据的异常诊断结果，有必要寻找一种具有通用性的高效评估方法。

本节提出一种基于降维特征的桥梁结构状态单分类异常诊断方法，这是一种基于无监督学习的通用评估方法，在基于卷积降噪自编码器的特征压缩学习中引入"伪负类"和三元组损失函数，将降维特征嵌入欧氏空间或超球面，并增强正常样本与潜在异常样本之间的可分度，再结合单分类支持向量机对压缩特征进行异常诊断。该方法适用于结构响应趋势项和车致项，并可与本章提出的其他数据挖掘算法有效结合，实现两类响应分析在结构状态评估问题中的互补。

6.3.1　桥梁趋势项和车致项数据的降维特征学习

实桥异常带来的监测数据模式改变是无法预料的，因此需要利用无监督学习方法,以结构健康监测系统建成初期的数据为参考,判断后续服役过程中数据模式是否发生改变,以对其状态进行异常诊断。无监督的异常诊断算法可以分为基于统计的方法和基于机器学习的方法,包括基于箱形图的方法、基于分位数的异常检测算法、基于聚类的异常检测算法、基于密度的异常检测算法等。在深度学习领域,以数据回归为学习目标构建数据挖掘模式是一种典型的无监督学习方法,按照提取监测数据异常指标的方式进行划分,可分为基于回归残差和基于降维特征的方法。

基于回归残差的方法需要根据回归结果识别数据模式异常,其灵敏度依赖于数据回归的精度。在数据关联性很强、有较多冗余信息的前提下使用基于回归残差的方法对异常进行识别具有良好的效果,但是在冗余信息不足、回归精度较低的问题中,该方法的诊断效果较差,而以降维特征为基础的分析方法具有更广的适用范围,本节首先使用降维算法将数据映射到低维空间,作为一种向量化表示,由于低维空间中的数据更容易可视化和理解,能更好地帮助理解数据中的异常情况,因此可使用统计或聚类方法对异常状况进行识别。这种特征降维可以利用自编码器实现,如以自编码器的瓶颈层压缩特征为分析对象。本节提出的基于降维特征的结构状态评估方法采用单分类异常诊断的方法,借鉴了人脸识别问题中特征向量的学习方法,对特征压缩的同时进行正负样本的特征区分度学习,并利用单分类支持向量机对特征向量进行分类,实现良好的异常辨识效果。

1. 基于三元组损失的正负样本降维特征区分学习

基于结构响应降维特征的状态评估方法需要满足两方面的要求:一是提取的降维特征应具备表征监测数据原始信息的作用;二是正常数据与异常数据的降维特征之间应具备较好的区分度,使得基于特征的健康诊断和状态评估算法能对异常状态进行辨识。为实现这一目的,首先利用卷积降噪自编码器提取结构响应的降维特征,即获取多传感器信号的一维特征向量。图6.30为降噪自编码器的基本结构示意图,其中自编码器的瓶颈层特征 $\boldsymbol{h}$ 即结构响应的压缩表示。

为了降低数据模式异常的辨识难度,应令结构处于正常状态的数据降维特征向量之间的差异尽可能小,并使结构处于异常状态和正常状态的特征向量之间的差异尽可能大。具体来说,可以用距离或角度(相似度)描述这种差异。

基于距离的方法是通过计算两个样本特征向量之间的某种距离指标来衡量它们之间的差异,距离越大,说明两个向量的差别越大。计算公式为

$$D(\boldsymbol{h}_i, \boldsymbol{h}_j) = \|\boldsymbol{h}_i - \boldsymbol{h}_j\| \tag{6.28}$$

式中,$D(\cdot,\cdot)$ 为距离函数,可以是曼哈顿距离(L1距离)、欧氏距离(L2距离)等;

$h_i \in \Re^d$ 和 $h_j \in \Re^d$ 为两个维度为 d 的向量，d 为隐藏层特征维数。

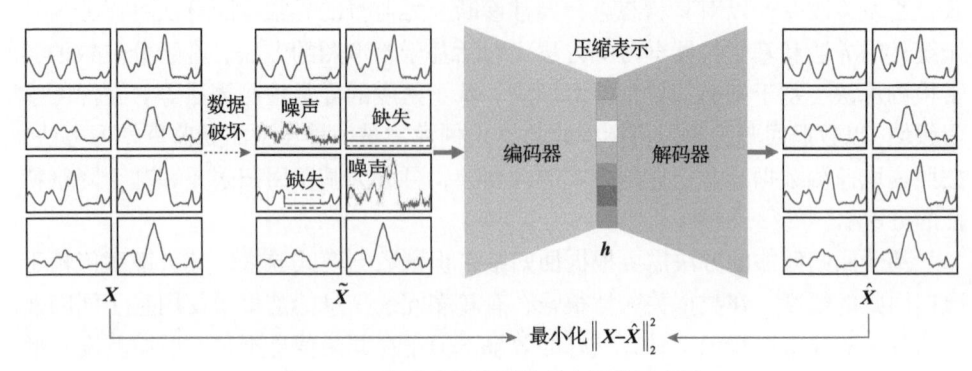

图 6.30　降噪自编码器的基本结构示意图

基于角度或相似度的方法也可以描述特征向量之间的差异，如余弦相似度，它是一种将两个向量之间夹角的余弦值作为其相似性的度量值，余弦相似度越大，说明两个向量越相似。余弦相似度的计算公式为

$$\text{Cosine Similarity}(h_i, h_j) = \frac{h_i \cdot h_j}{|h_i||h_j|} \tag{6.29}$$

为了增加正常状态与异常状态的区分度，可借鉴人脸识别等强调辨识度学习的研究成果。本节采用基于三元组损失函数(triplet loss)的训练方法，其核心是通过学习嵌入空间来实现同类别样本的聚集和不同类别样本的分离，从而提高分类准确率和类别间的区分度。以基于距离的方法为例，这种分类方法使得同类别的样本在嵌入空间中距离较近，不同类别的样本在嵌入空间中距离较远。本节通过构造三元组(anchor、positive、negative)来训练模型，其中，anchor 表示锚点样本；positive 是与 anchor 类别相同的样本，即正样本；negative 是与 anchor 类别不同的样本，即负样本。模型的目标是使得锚点样本与正样本之间的距离小于锚点样本与负样本之间的距离，即

$$D(h_a, h_p) < D(h_a, h_n) \tag{6.30}$$

式中，h_a 为锚点样本；h_n 为负样本；h_p 为正样本。

三元组损失函数考虑了控制正负样本距离的超参数 m，期望 $D(h_a, h_p) + m < D(h_a, h_n)$，该损失函数为

$$L_{\text{triplet}} = \max\left(0, D(h_a, h_p) - D(h_a, h_n) + m\right) \tag{6.31}$$

式中，m 为用于控制正负样本距离的超参数，是一个大于 0 的数值。

图 6.31 为三元组损失示意图。通过设置常量 m，令锚点样本与负样本之间的距离远大于锚点样本与正样本之间的距离，实现区分度学习。m 的数值在保证区分度的前提下不应过大，取值过大会导致模型学习缓慢，且影响最终效果。

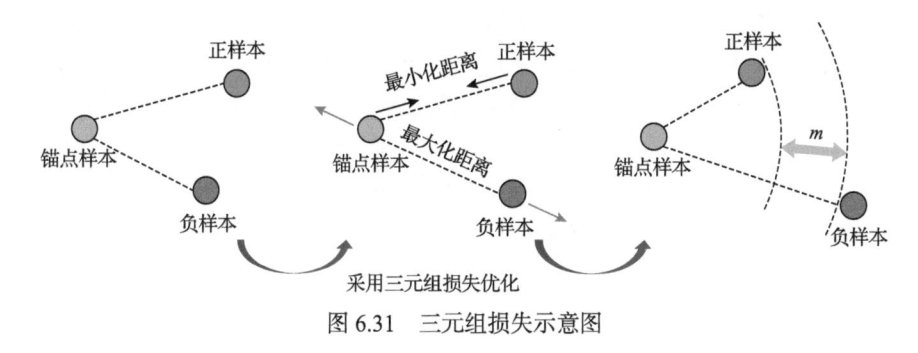

图 6.31 三元组损失示意图

最后组合自编码器的重构损失和三元组损失作为学习目标，损失函数为

$$L = \left\| X - \hat{X} \right\|_2^2 + \lambda L_{\text{triplet}} \quad (6.32)$$

式中，λ 为调整训练过程中自编码器重构损失函数和三元组损失函数权重的系数；X 为自编码器的输入，即多个传感器的时间序列；$\hat{X}$ 为自编码器的输出。

式 (6.32) 中等号右侧第一项 $\left\| X - \hat{X} \right\|_2^2$ 保证降维特征应具备表征监测数据原始信息的作用，第二项 $\lambda L_{\text{triplet}}$ 增大正常数据与异常数据降维特征之间的区分度，满足基于结构响应降维特征的状态评估方法的两方面要求。

对于基于角度或相似度的方法，只需要将学习目标中的距离度量转变为余弦相似度，其他方法是一致的，都是以区分度学习为目标，通过引入三元组损失函数增加正常样本降维表征与异常样本降维表征之间的差距，实现不同样本向量化表示的"类内相近"和"类间相异"。对于异常诊断的任务，需要关心的是"正常样本之间相近"和"正常样本与异常样本之间相异"，而不用关心异常样本之间的距离，因此对于该异常诊断任务，三元组的锚点只有正常样本。

2. 特征区分度学习中伪负类的设计

上述方法需要提供对应于结构异常的负样本，但这在结构正常服役期间是不存在的。因此，本节参考单分类 CNN 的方法，通过引入"伪负类"样本的方式，学习区分正负样本的方法。这里的伪负类是一种人为定义的负类，它与正类之间需要有较大的区分度，并在训练过程中起到替代真实负类的作用。单分类 CNN 中的伪负类是在特征空间中生成的符合高斯分布的数据，本节的伪负类是在正样本基础上对部分测点数据进行较大幅度调整后获取的,伪负样本需要输入自编码器以提取降维特征,再参与特征空间内与正类之间的三元组学习。部分测点的数据经幅值调整后,数据原有映射关系很显然被破坏了,因此这种样本可以确定是异常的,作为伪负类参与区分度学习,是符合替代真实负类需要的。

引入伪负类训练后特征空间内的样本分布情况如图 6.32 所示,在使用自编码器作为特征提取工具时,正样本在空间内的分布是无约束的,后续出现真实负样本时,它在特征空间内的分布情况是未知的。引入伪负类和三元组学习的效果,伪负样本与正样本之间的距离大于 m,而正样本之间的距离很小。由于真实负样本很难达到伪负样本的异常程度,在这种情况下,真实负样本有更大可能落入伪负类范围,从而增大了与正样本之间的区分度。

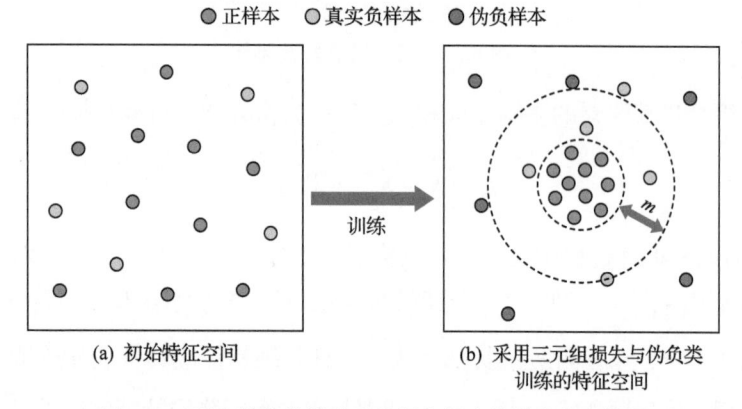

图 6.32 引入伪负类训练后特征空间内的样本分布情况

训练方案应当结合数据特点制定,本节提出方法应对异常模式敏感而对噪声鲁棒。以车致项数据为例,首先,为了令模型学习的向量化表示在嵌入空间与未来可能出现的异常样本相互区分,把结构健康监测系统中可监测到的车致项数据都作为正类(包括全部为 0 的信号),并人为设置一些伪负类,在训练过程中增加嵌入空间上不同类的差异。如前文所述,可通过调整一部分传感器数据的信号幅值变化模拟可能的异常样本情况,调整幅值后,伪负样本的信号不仅应与原始信号有较明显的区别(否则可能出现两个正常样本的区分度学习),还应和用零值替代的缺失值有较明显的差异性(否则变成正常样本与缺失数据样本的区分度学习),在本节实例试验中发现,将伪负类信号缩小为原来的 10%~85% 或放大到原来的 1.15 倍以上时,可取得较好的区分度学习效果。

为了提高算法的鲁棒性,在正常样本信号的基础上进行如下调整:①添加不同强度的高斯白噪声,模拟信号存在噪声的情况;②将部分信号改用 0 填充,模拟信号缺失的情况;③对于车致项数据,可对部分传感器信号进行小幅度的偏置,模拟结构响应趋势项和车致项分离过程中的不精确问题。采用上述方法，可以在提高健康诊断算法对异常情况的灵敏度的同时，保证方法对缺失和噪声的鲁棒性。

图 6.33 为引入伪负类的结构响应降维特征三元组学习策略。在一个 batch 中，每个正常样本都作为锚点，并给它们分配一个正样本和一个伪负样本，进行三元组学习。图中，正样本是同一个 batch 内的某个其他正常样本，而伪负样本是一个经人为调整设计的明显存在异常的数据样本。训练过程中，可以在正类样本和锚点样本上添加噪声、模拟数据缺失及施加小幅度信号偏置，令模型具备处理不良数据而不产生异常误报的鲁棒性。

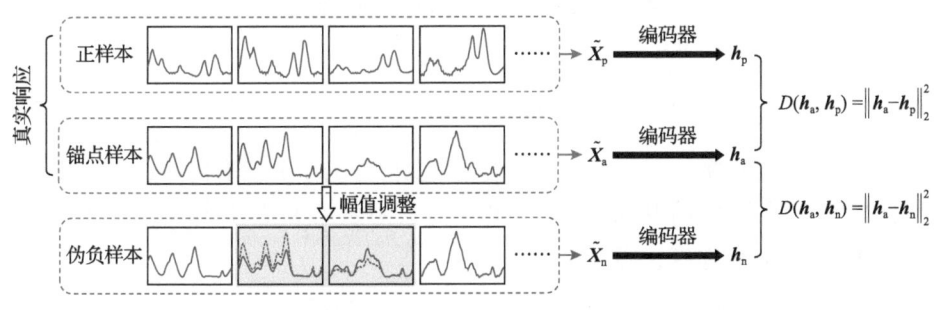

图 6.33 引入伪负类的结构响应降维特征三元组学习策略

这种带区分度学习的降维特征学习方法同时适用于结构响应的趋势项数据和车致项数据，在车辆荷载解耦后，利用本节提出方法分别学习趋势项数据和车致项数据的降维特征，可以分别执行异常检测，在结论面进行对比和融合。

6.3.2 基于降维特征的单分类异常诊断方法

单分类支持向量机(one-class support vector machine, OC-SVM)是一种用于异常检测的支持向量机算法，它只需要使用单个类别的数据，而不需要使用正常样本和异常样本的标签信息，因此对于样本空间中只有一类数据的情况，可以使用 OC-SVM 进行模型训练和异常检测。

假设训练集中有 n 个样本，每个样本即是一段多传感器信号的降维表示，为 d 维向量 $h_i \in \Re^d$。OC-SVM 通过最小化预测误差以及最大化超平面到边界样本的间隔来学习一个判别平面。

OC-SVM 的优化目标主要包括两部分，第一部分是最小化超平面的复杂度，使其更简单且有助于泛化到未见过的样本，第二部分是松弛变量的累加和，通过最小化这一项来尽可能地将正常样本包围在超平面内。

目标函数为

$$\min_{\boldsymbol{w},b,\xi}\left(\frac{1}{2}\|\boldsymbol{w}\|^2 + \frac{1}{\nu n}\sum_{i=1}^{n}\xi_i - b\right) \tag{6.33}$$

式中，b 为偏置项，是超平面的截距；ξ_i 为松弛变量；ν 为用于控制异常样本比例的参数，取值为 $0\sim1$；$\boldsymbol{w}$ 为超平面的法向量。

OC-SVM 还要满足以下约束条件：

首先，训练数据在超平面内部为

$$\boldsymbol{w}^{\mathrm{T}}\phi(\boldsymbol{h}_i) - b \geq 1 - \xi_i, \quad \forall i = 1, 2, \cdots, n \tag{6.34}$$

式中，$\phi(\cdot)$ 为将输入样本映射到高维特征空间的核函数。

其次，松弛变量为非负

$$\xi_i \geq 0, \quad \forall i = 1, 2, \cdots, n \tag{6.35}$$

采用径向基函数(radial basis function，RBF)作为单分类支持向量机的核函数时，不能直接计算 $\phi(\boldsymbol{h}_i)$ 和 $\phi(\boldsymbol{h})$，但可以通过核函数 $K(\boldsymbol{h}_i, \boldsymbol{h})$ 计算输入样本与训练样本之间的距离/相似度，即

$$K(\boldsymbol{h}_i, \boldsymbol{h}) = \exp\left(-\gamma\|\boldsymbol{h}_i - \boldsymbol{h}\|^2\right) \tag{6.36}$$

式中，γ 为控制核函数形状的超参数；$\boldsymbol{h}$ 为输入的待分类样本。

单分类支持向量机的决策函数为

$$f(\boldsymbol{h}) = \mathrm{sgn}\left(\sum_{i=1}^{n}\alpha_i K(\boldsymbol{h}_i, \boldsymbol{h}) - b\right) \tag{6.37}$$

式中，α_i 为对应于支持向量的拉格朗日乘子；$\mathrm{sgn}(\cdot)$ 为符号函数，大于 0 时返回 1，小于 0 时返回 0。

在满足上述约束条件的前提下，通过求解目标函数找到超平面，将正常样本尽可能包围在内部。在测试阶段，对于新的结构响应数据降维特征，根据决策函数，如果到超平面的距离为正，则被认为是正常数据点，否则被认为是异常数据点。

6.3.3 基于监测数据降维特征的结构状态评估方法验证

如图 6.34 所示，该实例为某斜拉桥，选取的传感器编号形式与第 2 章相同。由于该实例的分析对象包括了趋势项和车致项数据，而后者是一种局部荷载效应，强关联主要存在于上下游邻近的拉索之间，这里选用北塔江侧 14 根斜拉索的索力

传感器数据(33-U/D~39-U/D)。至 2011 年，有 10 根斜拉索的数据仍可用，分别为 33-U、34-U、35-U、36-U、37-U、39-U、34-D、37-D、38-D 和 39-D。

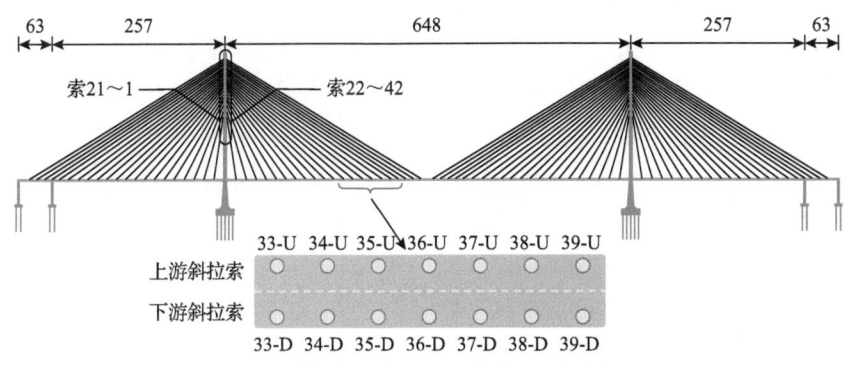

图 6.34 斜拉桥上选用的传感器布置(单位：m)

该实例分析 2006~2011 年部分日期的数据，其中车致项数据是短时的，且已经消除了温度趋势的影响，与季节的关系微乎其微，可以选取较短时间范围的数据进行分析；而趋势项数据依赖长期分析，需要涵盖多个月份、较广温度范围的数据用于训练。

考虑到分析车致项数据的所需时长较短、可用样本较多，为了更好地展现基于降维特征的状态评估效果，下面先选取车致项数据进行异常诊断，对比不同异常诊断方法的效果，再分析趋势项数据，最后在结论面进行对比融合。

该实例对三种无监督学习方法进行了对比，分别为：

(1)方法 1。使用卷积降噪自编码器构建关联映射关系，根据模型回归残差的马氏距离进行异常识别。

(2)方法 2。使用卷积降噪自编码器获得瓶颈层特征，根据降维特征，利用 OC-SVM 进行异常识别。

(3)方法 3。使用卷积降噪自编码器获得瓶颈层特征，在训练过程中引入"伪负类"，并使用三元组损失函数，再根据降维特征，利用 OC-SVM 进行异常识别。

其中，方法 1 和方法 2 使用同一种特征降维模型，其区别在于诊断指标的使用(回归残差或降维特征)，而方法 3 与方法 2 的区别在于特征降维模型的训练方式。

1. 基于车致项数据的异常诊断结果

该实例中，在 2006 年 5 月~2007 年 2 月抽取 17 天的车致项数据用于模型的训练和验证，其中训练集和验证集的比例为 8:2；又选取该时间范围内不同的 7 天数据作为参考数据，这些数据未参与卷积降噪自编码器的训练或验证，而仅用于阈值的确定和 OC-SVM 的训练;最后,从 2008~2011 年中每年抽取代表性的 1 天数据进行测试,检验数据模式是否存在异常。每段过车数据的时序长度为 128s,索力采样频率为 2Hz,因此共 256 个数据点。

该实例中,用于特征降维的卷积降噪自编码器的瓶颈层特征维数是 384,即原始输入数据尺寸由 2560(256×10)降维到 384。降噪自编码器的回归结果如图 6.35 所示。

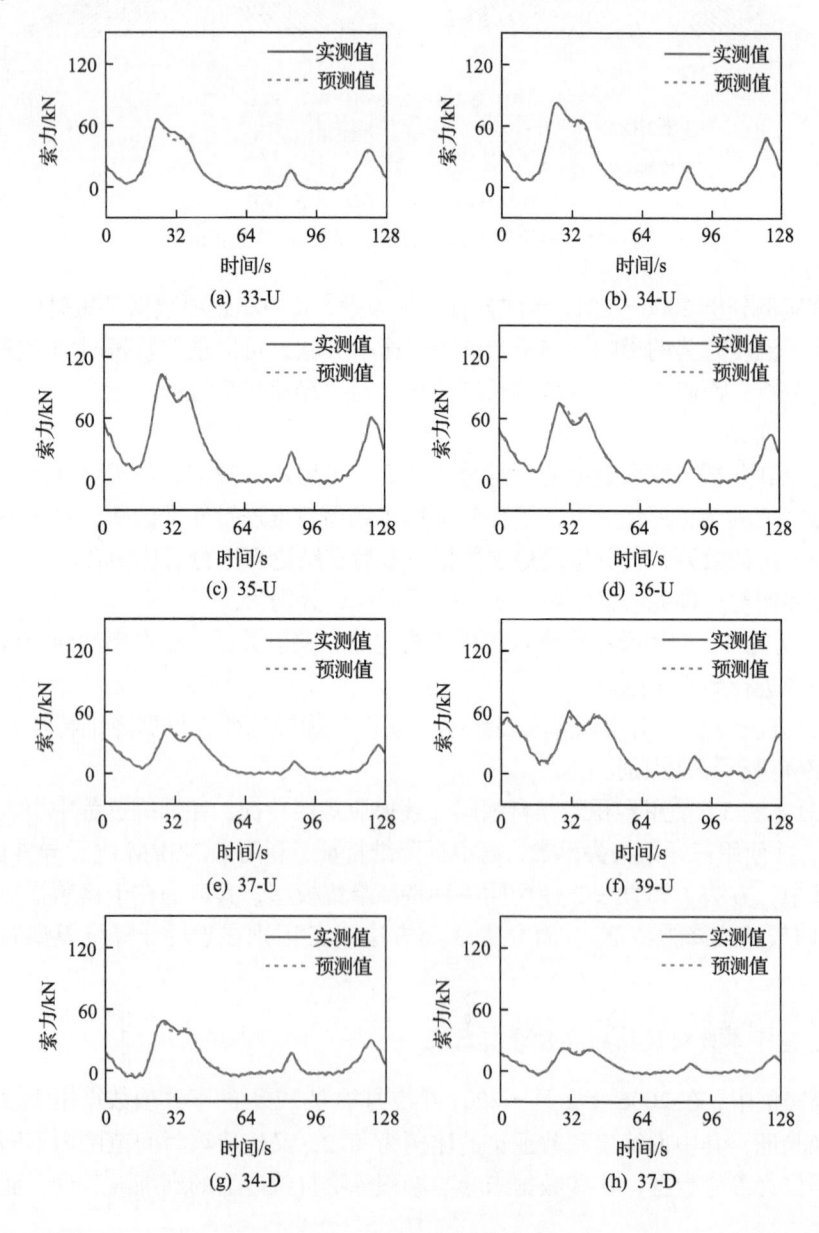

(a) 33-U

(b) 34-U

(c) 35-U

(d) 36-U

(e) 37-U

(f) 39-U

(g) 34-D

(h) 37-D

(i) 38-D (j) 39-D

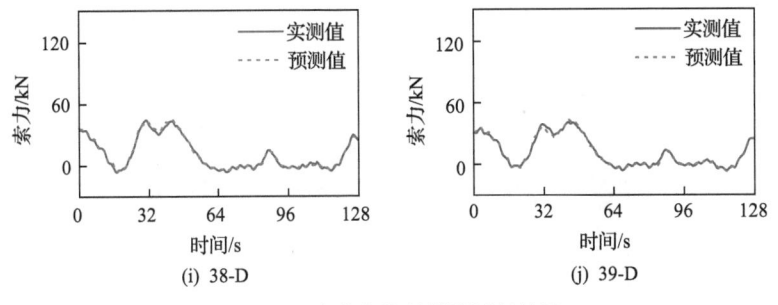

图 6.35 降噪自编码器的回归结果

考虑到每天部分时段存在干扰判断的错误信号,如图 6.36 虚线框所示。为了保证异常诊断结果的稳定性,以天为时间单位,删去每天异常值最大的 5% 的数据,仅说明其他部分的数据。

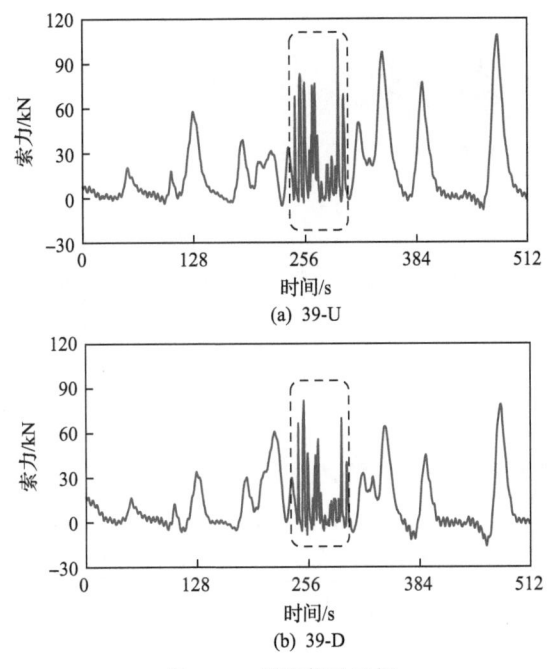

(a) 39-U

(b) 39-D

图 6.36 错误信号示例

图 6.37 为方法 1 的异常诊断结果。可以看出,较为明显的数据异常从 2010 年开始出现,而 2011 年的数据异常程度已十分明显,有相当一部分数据超出了阈值范围。

图 6.38 为方法 2 的异常诊断结果。根据 OC-SVM 的定义,距离大于 0 的为正常类,小于 0 的为异常类,直观上,方法 1 和方法 2 在该实例中表现接近。

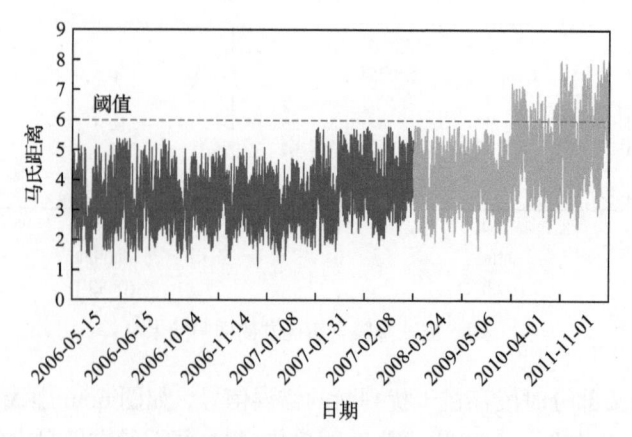

图 6.37 方法 1 的异常诊断结果(基于车致项数据，10 个传感器)

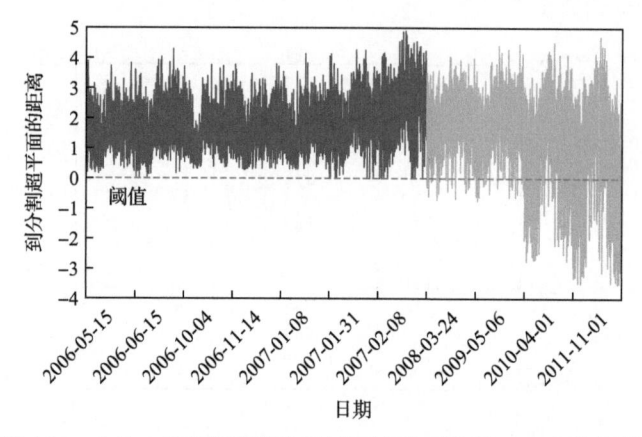

图 6.38 方法 2 的异常诊断结果(基于车致项数据，10 个传感器)

方法 3 的训练过程中，通过幅值调整的方式创建伪负样本，对于每个正常样本，随机选取其中 1~5 个传感器，将它们的信号进行一定程度的幅度调整，随机进行放大(乘以 1.15~2)或缩小(乘以 0.1~0.85)。图 6.39 为方法 3 训练过程中的损失变化曲线。从图 6.39(a)可以看出，重构损失的下降较为稳定，而三元组损失的波动较为剧烈，这是因为每个 epoch 中伪负类的设置是随机的，不同三元组组合条件下的正负样本特征距离存在较大差异。从图 6.39(b)可以看出，由于训练集本身有噪声引入，与无噪声的验证集重构损失较为接近，在 epoch 达到 600 左右时验证集重构损失基本稳定。

图 6.40 为方法 3 的异常诊断结果。对比方法 2 的结果可以看出，方法 3 的诊断结果对异常样本的区分度有了极大的提升。

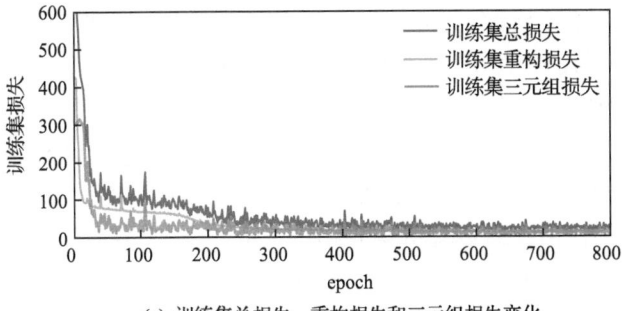

第 6 章　基于数据时空关联的桥梁结构状态评估方法　　　　　　　　· 205 ·

(a) 训练集总损失、重构损失和三元组损失变化

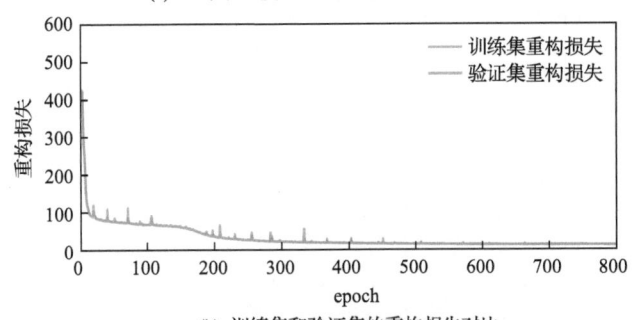

(b) 训练集和验证集的重构损失对比

图 6.39　方法 3 训练过程中的损失变化曲线

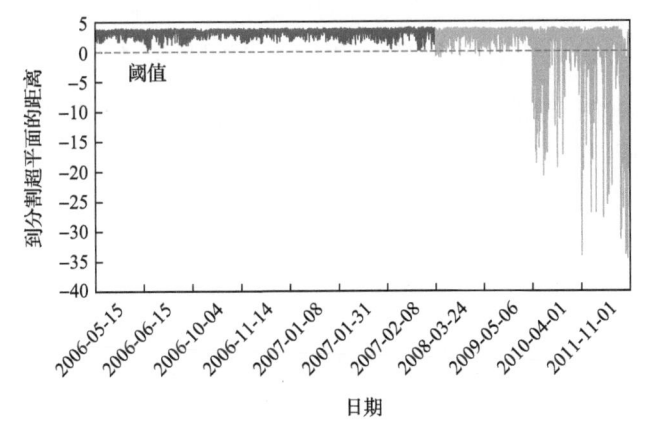

图 6.40　方法 3 的异常诊断结果（基于车致项数据，10 个传感器）

为了对比方法 2 和方法 3 对异常的区分度，可观察 2011 年 11 月 1 日到分割超平面的距离，包括测试样本有符号距离 5%分位数与参考样本有符号距离中位数，前者是排除不良数据后的测试样本情况，后者反映了参考样本的一般情况，二者绝对值的比值从 2（方法 2）以内增大到 10（方法 3）以上。这证明了通过采用"伪负类"学习策略，基于降维特征的结构健康诊断算法可以增强在正常状态和异常状态下的结构响应降维特征向量的区分度，从而改善 OC-SVM 检测异常的效果。

下面仅对比使用少量传感器情况下基于回归残差方法和基于降维特征方法的异常诊断结果。与前面使用 10 个传感器相比，此处仅使用 39-U 和 34-D 两个传感器测点，用于特征降维的卷积降噪自编码器的瓶颈层特征维数取 128，即原始输入数据尺寸由 512(256×2)降维到 128。方法 1 的异常诊断结果如图 6.41 所示。可以看出，基于数据回归的方法 1 的诊断效果不甚理想，2010 年 4 月的数据异常无法判断，与使用 10 个传感器的结果相比，2011 年 11 月的异常显著程度也有所降低。

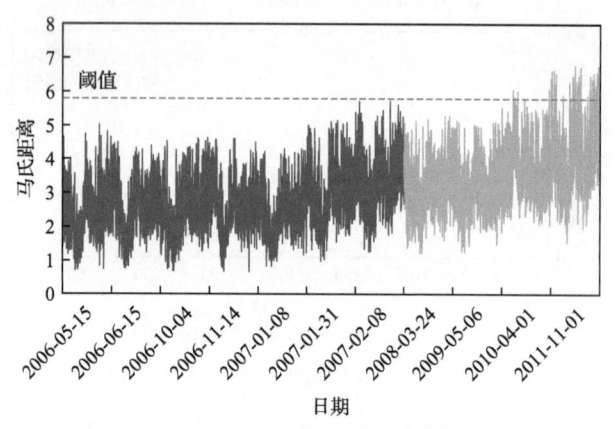

图 6.41 方法 1 的异常诊断结果(基于车致项数据，2 个传感器)

方法 3 的异常诊断结果如图 6.42 所示。可以看出，在传感器数量大大减少的情况下，基于降维特征的方法 3 仍可以有效发挥作用。对比 2010 年和 2011 年使用 2 个传感器的诊断结果与使用 10 个传感器的结果可以看出，异常点到分割超平面的距离有所减小，但检出的异常仍十分显著，可以满足状态评估的需要。

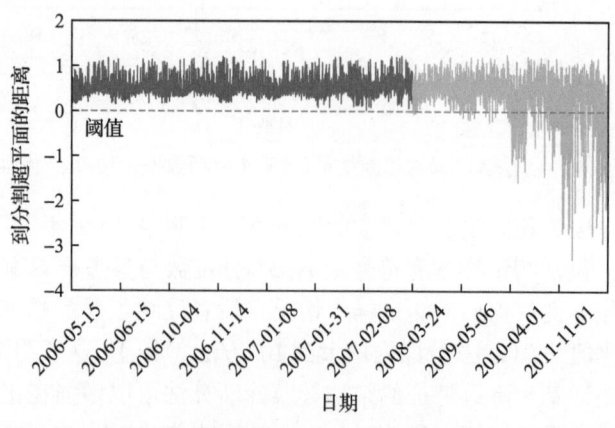

图 6.42 方法 3 异常诊断结果(基于车致项数据，2 个传感器)

总的来说,在冗余信息较充足、数据重构精度较高时,基于回归残差的方法能较明显地识别异常;冗余信息越少时,受重构精度影响,基于回归残差的方法难以判断异常情况,基于降维特征的方法的优势更为突出。

2. 基于趋势项数据的异常诊断结果

考虑到趋势项数据与车致项数据分析的时间尺度不同,这里选取的时间范围也有所差异。趋势项数据变化缓慢,因此每 20min 取一个索力趋势项数据点,并以天为单位对数据模式进行分析。由于趋势项主要受温度影响,选取覆盖较广温度范围的长时间跨度,抽取 2006 年 5 月~2007 年 2 月的数据用于训练和验证,训练集与验证集的比例为 8∶2。本小节主要用于验证基于趋势项数据的状态评估方法,因此只选取少数几个月份的可用数据进行诊断,且仅对异常出现初期的数据进行判断。该实例中,由于温度影响下的趋势项数据关联较强、冗余信息充足,用于特征降维的卷积降噪自编码器的瓶颈层特征维数为 64,即原始输入数据尺寸 960(96×10)降维到 64。

采用标准化的趋势项数据,方法 1 的异常诊断结果如图 6.43 所示。可以看出,2007~2008 年,趋势项数据模式处于正常状态,而从 2009 年 1 月开始,多测点数据回归残差的马氏距离明显超出了参考数据的 3 倍标准差阈值范围,这与 6.1.4 节选用单侧 42 根斜拉索的状态评估结果吻合。

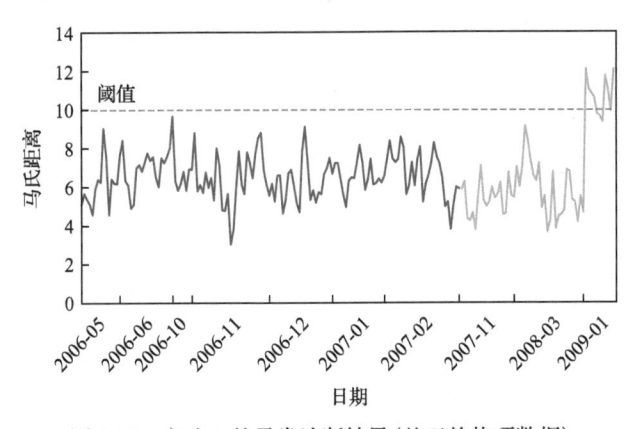

图 6.43 方法 1 的异常诊断结果(基于趋势项数据)

在采用方法 3 进行评估时,趋势项数据的伪负类构造方法与车致项数据相同,同样采取幅值调整的方式,将信号进行放大(乘以 1.15~2)或缩小(乘以 0.1~0.85)。方法 3 的异常诊断结果如图 6.44 所示。可以看出,基于降维特征的状态评估方法显著提高了异常的区分度。

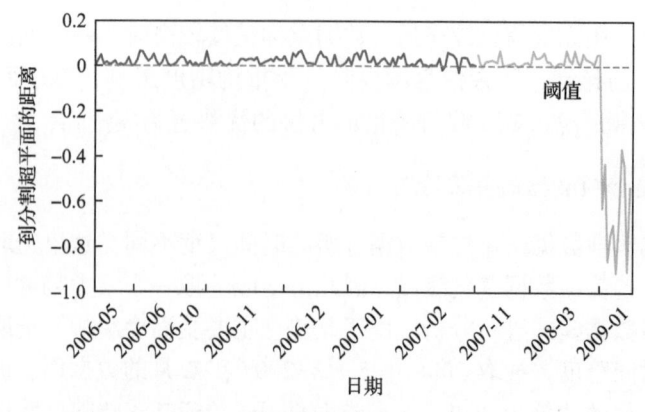

图 6.44　方法 3 的异常诊断结果（基于趋势项数据）

3. 基于趋势项和车致项数据降维特征的状态评估结果对比

综合实例中基于车致项数据和趋势项数据的异常诊断结果，通过对比可以看出，利用两种数据的异常诊断结果是有所区别的。根据基于降维特征方法的异常诊断结果，当利用车致项数据时，数据在 2009 年上半年仍保持正常状态，在 2010 年才开始出现异常；而当利用趋势项数据时，数据异常出现在 2009 年初。这种结果上的差别与两种响应的特点有关，对于斜拉桥索力数据，趋势项主要受结构自重和温度次内力影响，适用于结构的整体受力状态评估，而车致项是车辆荷载产生的局部效应，适用于斜拉索构件的受力状态评估。例如，当出现主梁下挠、基础沉降、索塔偏移等结构总体受力状况发生变化的情况时，索力趋势项数据出现长期变化，但这并不会影响车辆荷载作用局部范围内斜拉索的受力分配；而当拉索出现断丝或严重腐蚀问题时，部分斜拉索强度下降，车辆荷载作用下索力出现重分布，对局部受力产生影响。另外，对于一些特殊情况，如监测系统的总体故障，也可能带来与结构变异类似的全局影响，而趋势项和车致项的融合评估也可以起到互补作用，降低单一评估方法异常误报或漏报的风险。

参 考 文 献

[1] Lin L, He Z B, Peeta S. Predicting station-level hourly demand in a large-scale bike-sharing network: A graph convolutional neural network approach[J]. Transportation Research Part C-Emerging Technologies, 2018, 97: 258-276.

[2] Bai S, Kolter J Z, Koltun V. An empirical evaluation of generic convolutional and recurrent networks for sequence modeling[J]. arXiv preprint arXiv:1803.01271, 2018.

[3] Niu J, Guo Y, Gao Q, et al. Decoupling of vehicle-induced structural responses of highway bridges based on bipartite matching U-Net[J]. Engineering Structures, 2023, 286: 116108.

[4] Ronneberger O, Fischer P, Brox T. U-Net: Convolutional networks for biomedical image segmentation[C]//The 18th International Conference of Medical Image Computing and Computer-Assisted Intervention, Munich, 2015: 234-241.

[5] Hu J, Shen L, Sun G. Squeeze-and-excitation networks[C]//The IEEE Conference on Computer Vision and Pattern Recognition, Salt Lake City, 2018: 7132-7141.

[6] Jonker R, Volgenant T. Improving the Hungarian assignment algorithm[J]. Operations Research Letters, 1986, 5(4): 171-175.

[7] Kingma D P, Welling M. Auto-encoding variational bayes[C]//Proceedings of the 2nd International Conference on Learning Representations, Banff, 2014.

第7章　基于注意力机制增强 CNN 的路面裂缝检测评估方法

保持良好的路面状况是交通安全运作的先决条件，但是在雨雪天气等自然环境的影响和行车荷载的反复作用下，道路路面会产生一系列不可避免的病害，如路面裂缝、水损害、坑槽等，如图 7.1 所示，进一步导致其使用性能和结构状况逐渐恶化，影响到道路的正常通行，严重的甚至能够引发交通事故，造成生命财产损失。

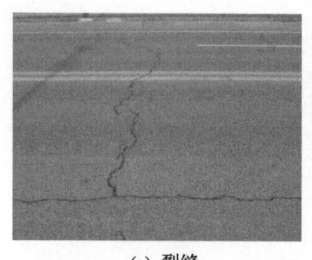

(a) 裂缝　　(b) 水损害　　(c) 坑槽

图 7.1　路面损害类型

在沥青路面的所有损害类型中，裂缝是最常见的一种。裂缝的种类很多，包括简单的单条裂缝和复杂的龟裂等，简单的裂缝如果没有及时发现并处理往往会发展成更复杂的严重的网状裂缝。当路面产生裂缝后，雨水和雪水会通过裂缝渗透进入路基，进一步破坏路基的稳定性，使得路基发生软化，通常会引发路面唧浆，严重的会造成路面塌陷。如果不采取适当措施及时处理这些裂缝，通常会导致严重的结构损坏并缩短路面的使用寿命，必须对其进行大修或重建。因此，通过对道路路面的定期检查，及时发现路面损伤的部位、类型和发生原因，并及时对路面进行维修和护理，从而保证道路的结构良好，对道路的结构安全具有重要意义。对裂缝进行定量分析(如确定其宽度、长度和方向)非常重要，可以及时检测道路裂缝并估计损坏的严重程度，从而根据各种损坏情况做出快速可靠的维护决策。道路表面裂缝研究现状的检测方法、原理和局限性的归纳如表 7.1 所示。

为了使神经网络更关注前景像素的裂缝信息而不是无关的背景像素，从而节省计算成本并提高检测精度，本章提出一种用于裂缝像素级检测和评估的 U 型编码-解码网络结构[1]，该网络结构结合了 VGG 网络可以提取更多特征的优点和注意力机制更关注裂缝像素的特点，以实现沥青路面裂缝的更准确的像素级检测和评估。本章的具体内容如下：

(1) 提出一种新型的 U 型编码-解码 AttentionCrackNet 网络结构，然后在采集的裂缝数据集上对网络进行训练，通过对网络参数的不断调整，最终得到一个训练好的精度较高的网络模型。

(2) 利用训练好的网络模型实现对沥青道路表面裂缝的像素级检测，并且与前人提出的网络结构相比，本章采用的网络结构可以取得更好的检测效果。

(3) 在得到裂缝像素级分割结果后，通过量化算法实现对裂缝的像素级分割，然后提取裂缝的骨架线，进一步量化计算得到裂缝的最大宽度、长度和面积等几何特征。

表 7.1　道路表面裂缝研究现状的检测方法、原理和局限性的归纳

检测方法		原理	局限性
人工目视检查		检测工人使用辅助检测设备去现场检测	具有较大的主观性；检测效率很低
基于图像处理技术的裂缝检测		采用基于边缘检测算法的数字图像处理	图像处理过程会产生很多噪声，影响检测质量；检测对象有一定局限性
基于 CNN 的裂缝检测	基于滑动窗口的目标检测	使用一定尺寸的滑动窗口从左到右、从上到下在图片上进行扫描，然后用分类器对每一次滑动窗口内的区域做分类判断	检测精度依赖于滑动窗口的尺寸；检测精度较低
	基于区域建议的目标检测	首先生成候选区域，然后在感兴趣的区域内进行特征提取	只能对路面裂缝进行定位；对于裂缝的形状和尺寸等信息无法获取
	基于语义分割的裂缝检测	对图片的每一个像素进行分类，判断其是裂缝像素还是背景像素	需要对图片的所有像素点进行计算，导致计算成本高、训练过程耗时

7.1　AttentionCrackNetCNN 模型

7.1.1　AttentionCrackNet 网络结构

1. 整体结构

本章研究提出的网络被命名为 AttentionCrackNet，其框架结构如图 7.2 所示，图中数字代表该层的通道数，不同大小的矩形表示不同层的特征图，向右的箭头表示标准卷积，向下的箭头表示最大池化，向上的箭头表示上采样的反卷积，指向最终输出的箭头表示最后用来输出结果的标准卷积，虚线表示跳跃连接。

AttentionCrackNet 网络结构主要由四部分组成：第一部分是编码器，编码器使用 VGG11 作为基础网络，包括五个标准卷积层和四个最大池化层，为了避免梯度消失，加快模型训练速度，在每次卷积操作后都增加了一个批量归一化层。编码器的主要作用是将完整的图片输入网络中，利用卷积核对整个图像进行卷积

操作去计算图像的特征，然后提取图像的位置信息。

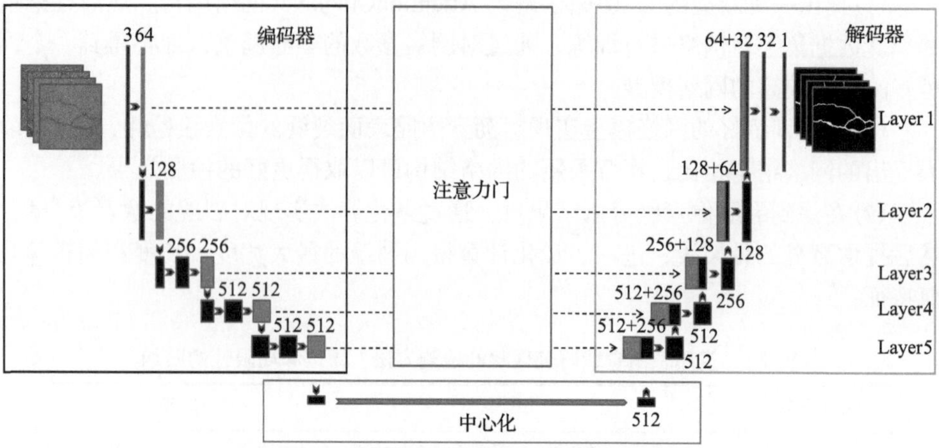

图 7.2 AttentionCrackNet 的框架结构

第二部分是解码器，解码器网络没有使用普通的基于插值的上采样方法，而是使用反卷积，包括四个上采样层和五个卷积层。解码器的主要作用是把编码器提取的特征进行还原，可以达到输出尺寸和输入尺寸相同的目的，从而实现像素级别上的分类，最后输出分割图像。

第三部分是中间层，用来连接编码器和解码器。

第四部分是注意力门和跳跃连接。使用跳跃连接将下采样层的每个输出与相应的反卷积层输出拼接在一起，以此来组合浅层特征和深层特征。同时，每一个卷积层产生的输出都使用 Attention Gate 进行处理，使得网络更专注于前景像素的裂缝特征，减轻无关背景噪声的影响，从而达到更大程度提取裂缝信息的目的。网络输入是 512×512×3 的 RGB 图像，经过网络处理后最终输出的是 512×512×1 的二值化图像。表 7.2 为 AttentionCrackNet 每一层网络的定义和操作。

表 7.2 AttentionCrackNet 每一层网络的定义和操作

层名	滤波器$[H,W,C_{in},C_{out}]$	步长$[H,W]$	输出尺寸$[H,W,C]$
Conv1	[3,3,3,64]	[1,1]	[512,512,64]
Maxpool	[2,2]	[2,2]	[256,256,64]
Conv2	[3,3,64,128]	[1,1]	[256,256,128]
Maxpool	[2,2]	[2,2]	[128,128,128]
Conv3_1	[3,3,128,256]	[1,1]	[128,128,256]
Conv3_2	[3,3,256,256]	[1,1]	[128,128,256]
Maxpool	[2,2]	[2,2]	[64,64,256]
Conv4_1	[3,3,256,512]	[1,1]	[64,64,512]

续表

层名	滤波器[H,W,C_{in},C_{out}]	步长[H,W]	输出尺寸[H,W,C]
Conv4_2	[3,3,512,512]	[1,1]	[64,64,512]
Maxpool	[2,2]	[2,2]	[32,32,512]
Conv5_1	[3,3,512,512]	[1,1]	[32,32,512]
Conv5_2	[3,3,512,512]	[1,1]	[32,32,512]
Maxpool	[2,2]	[2,2]	[16,16,512]
Convcenter	[3,3,512,512]	[1,1]	[16,16,512]
Up5	[4,4,512,256]	[2,2]	[32,32,256]
Att5	[1,1,256,1]	[1,1]	
Deconv5	[3,3,768,512]	[1,1]	[32,32,512]
Up4	[4,4,512,256]	[2,2]	[64,64,256]
Att4	[1,1,256,1]	[1,1]	
Deconv4	[3,3,768,512]	[1,1]	[64,64,512]
Up3	[4,4,512,128]	[2,2]	[128,128,128]
Att3	[1,1,128,1]	[1,1]	
Deconv3	[3,3,384,256]	[1,1]	[128,128,256]
Up2	[4,4,256,64]	[2.2]	[256,256,64]
Att2	[1,1,64,1]	[1,1]	
Deconv2	[3,3,192,128]	[1,1]	[256,256,128]
Up1	[4,4,128,32]	[2,2]	[512,512,32]
Att1	[1,1,32,1]	[1,1]	
Deconv1	[3,3,96,32]	[1,1]	[512,512,32]
Conv1x1	[1,1,32,1]	[1,1]	[512,512,1]

2. 卷积层

本章的卷积操作包括负责提取信息的卷积层、负责将数据进行归一化处理的批量归一化层和负责增加网络非线性的激活函数层。卷积层是 CNN 最基础也是最重要的一个网络结构层,通常图像特征的信息是通过卷积核来完成的,不同大小的卷积核提取图片特征有不同的效果。一般图片有 R、G、B 三个通道,卷积核与对应的三个通道分别进行点积和累加,得到 3 个特征图,最后把 3 个特征图相加,再加上偏置 b,就可以得到一张特征图。

在 CNN 中,卷积层使用一组具有学习权重的卷积核(过滤器)执行卷积操作,卷积核的初始权重值通常是随机生成的,如图 7.3 所示。卷积核的通道数通常要和输入图像的通道数保持一致,卷积核的高度和宽度通常小于输入的高度和宽度。卷积是在输入和卷积核之间实现的,其中每个卷积核以特定的步幅在输入上滑动。

滑动的步幅定义为 Stride，高度和宽度方向上的步幅是一样的。步幅定义了一次在输入数组的宽度和高度上滑动的感受野的列和行的数量。将每个卷积核和滑动窗口的点积结果进行累加，再与偏置值相加，就可以得到每一个卷积核下的结果，这些结果被合并以产生卷积层的空间输出。偏置值可以根据网络的配置以多种方式设置，为了保持输出尺寸，输入总是采用 0 来填充，这叫作 Padding。卷积层的输出尺寸取决于输入尺寸、填充、卷积核尺寸以及步幅，计算公式为

$$输出尺寸 = \frac{输入尺寸 + 2 \times 填充 - 核尺寸}{步幅} + 1 \quad (7.1)$$

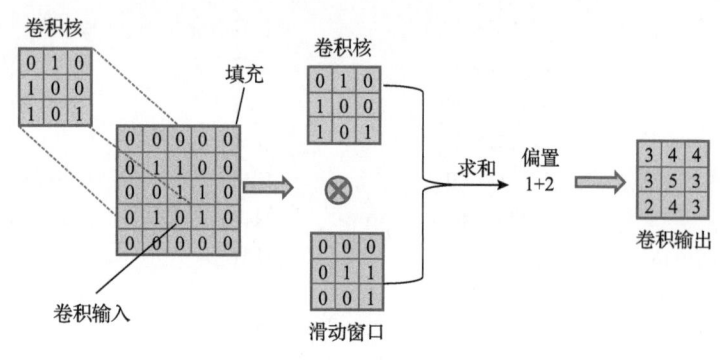

图 7.3 卷积层示例

3. 池化层

池化层通常被用来降低图像尺寸，是 CNN 的另一个重要部分。池化层的作用是压缩特征，去除冗余信息，从而降低结构复杂度，减少训练参数，其主要目的是使网络获得更快的计算速度，并且防止网络在训练后期发生过拟合现象。池化层通常有中值池化、组合池化、最大池化、平均池化和随机池化等类型。在给定窗口逐步在整个输入张量上移动的情况下，在向前传播的过程中，最大池化就是以目标区域中的最大值作为最后的结果，平均池化就是以目标区域中所有值的平均值作为最后的结果。在向后传播的过程中，最大池化就是让最大值还原到前向传播的位置，其他位置的梯度为 0，而平均池化是将结果平均分配到目标区域的每个像素位置上。最大池化的作用是保留主要特征，突出前景信息。平均池化的作用是保留背景信息，突出背景。图 7.4 为步幅为 2 的最大池化和平均池化示例，实线框区域采用最大池化，即最大值 3 作为该区域的最大池化结果，虚线框区域采用平均池化，即平均值 1 作为该区域的池化结果，最后由如下公式计算整个图像经过池化层的输出图像的尺寸大小。根据裂缝的特点，本章采用最大池化层。

$$输出尺寸 = \frac{输入尺寸 - 池化尺寸}{步幅} \tag{7.2}$$

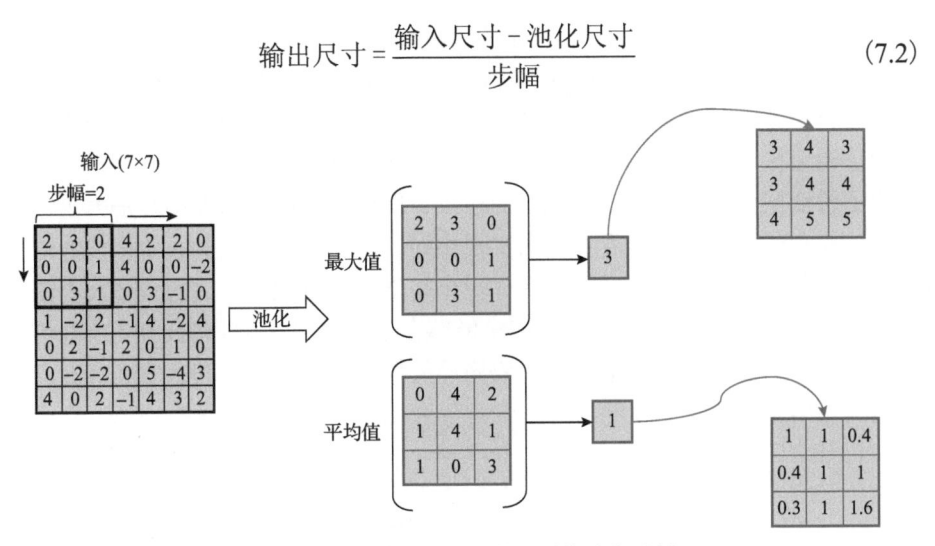

图 7.4 步幅为 2 的最大池化和平均池化示例

在本章中，选择池化层在图像的每个通道中每个 2×2 非重叠区域的最大值并将其输出到下一层。对于大小为 h×w×channel 的输入，经过最大池化计算后，其大小变为 $\frac{h}{2} \times \frac{w}{2} \times$ channel，如图 7.5 所示。

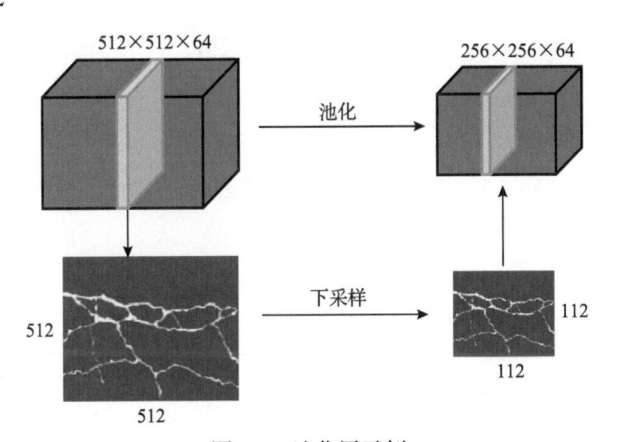

图 7.5 池化层示例

4. 反卷积层

为了输出端到端、像素到像素的预测结果，本章提出的网络结构在解码器部分引入了反卷积操作，将数据放大到原始输入图像的高度和宽度。如图 7.6 所示，反卷积实际上是一个具有特定步长和填充的卷积层，它将粗略的输入张量转换为密集的输出张量。反卷积在整个输入中执行以下三个操作。首先，它在输入的每个元素和反卷积核(元素是反卷积核的权重)之间执行乘法运算。其次，将相乘的子数组与一组高度和宽度方向的步幅组合在一起，并将重叠区域中的组合值相加。最后，将偏差添加到组合值中以产生输出。输入的放大倍数主要取决于步幅，较大的步幅可以增加放大倍数，但会导致粗略的输出。为了获得更好的输出，FCN融合了较低层的特征作为反卷积层的输入，反卷积层的输出大小总是大于输入大小。反卷积的实现与普通卷积层的实现相同，但是卷积核是普通卷积核的转置形式。反卷积是FCN的核心部分，其作用是将下采样过程中生成的张量大小恢复到原始图像大小。这种结构可以使FCN能够在不将原始图像滑动到补丁中的情况下检测裂缝，从而在具有局部和全局依赖性的情况下获得令人满意的准确性。反卷积层的输出尺寸计算公式为

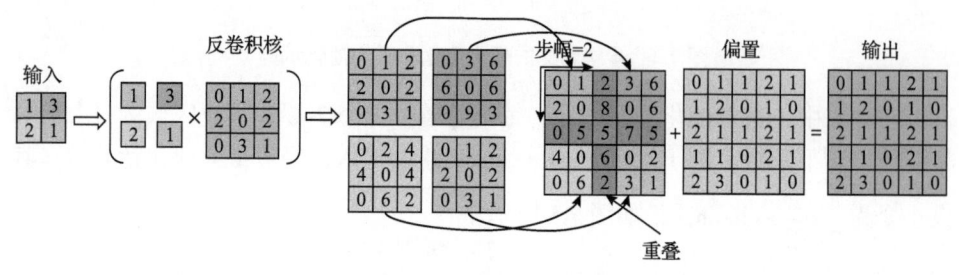

$$输出尺寸 = (输入尺寸 - 1) \times 步幅 + 核尺寸 - 2 \times 填充 \tag{7.3}$$

图 7.6 反卷积层示例

5. 激活函数

如图 7.7 所示，X_1、X_2 和 X_3 都是上一层神经元的输出，这些输出作为输入进

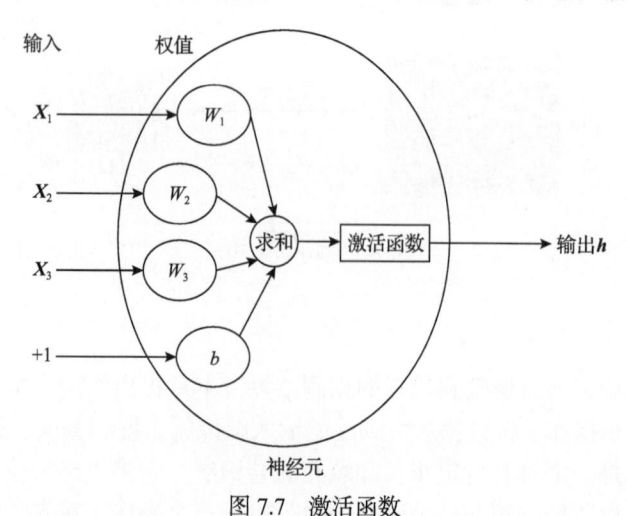

图 7.7 激活函数

入下一个神经元中,并且每一个输入都有对应的权重系数,再加上相应的偏置值 b,最后输出结果经过激活函数的处理得到最后的输出 h,该输出又作为下一个神经元的输入。激活函数是一类具有非线性、单调和可微特性的函数,其通过将非线性函数应用于卷积结果之后将非线性操作引入处理系统中。激活函数的作用是增加网络结构的非线性,使得输入和输出之间不是单纯的线性关系,从而网络结构可以拟合任何函数。

激活函数的选择受以下两个因素影响:一方面,激活函数对输入和输出之间的非线性关系应该有很好的泛化能力,同时还要避免梯度消失的问题;另一方面,激活函数应该足够简单以降低计算成本,使得训练过程的速度在可接受的范围内。在标准的人工神经网络中给出非线性的典型方法是使用 Sigmoid 函数,其数学表达式如式(7.1)所示。但 Sigmoid 函数存在一些缺点,其饱和非线性的特性会减慢计算速度。

$$f(z) = \frac{1}{1+e^{-z}} \tag{7.4}$$

ReLU 函数存在如下优点:①避免在训练过程中出现梯度消失;②与 Sigmoid 函数相比,ReLU 函数的模型达到收敛更快;③能获得更高的精度。在本章的研究中选择 ReLU 函数,其数学表达式为

$$f(x) = \begin{cases} 0, & x \leqslant 0 \\ x, & x > 0 \end{cases} \tag{7.5}$$

6. 批量归一化

批量归一化的目的是使得网络在每一层的输出上都可以获得更为稳定的结果,具体步骤为:首先获取训练过程中每一次迭代的一个小批量的数据样本;然后按照式(7.6)和式(7.7)计算该批次样本的标准差和方差;接着按照式(7.8)对样本进行归一化处理;最后根据缩放因子 γ 和平移系数 β 按照式(7.9)对样本数据进行拉伸和偏移,拉伸和偏移的作用是使得数据分布的自由度更高,网络表达能力更强。

$$\mu_B = \frac{1}{m} \sum_{i=1}^{m} x_i \tag{7.6}$$

$$\sigma_B^2 = \frac{1}{m} \sum_{i=1}^{m} (x_i - \mu_B)^2 \tag{7.7}$$

$$\hat{x}_i = \frac{x_i - \mu_B}{\sqrt{\sigma_B^2 + \varepsilon}} \tag{7.8}$$

$$y_i = \gamma \hat{x}_i + \beta \equiv BN_{\gamma,\beta}(x_i) \tag{7.9}$$

式中，β 为平移系数；γ 为缩放因子；μ_B 和 σ_B^2 分别为当前 m 个样本数据的标准差和方差；x_i 为根据当前训练样本批次的标准差和方差获得的归一化结果。

7.1.2 编码器-解码器框架

编码器-解码器框架的实质是实现直观表示和语义之间的映射，通过编码器-解码器模型可以保证输入和输出相同。本章的编码器部分采用 VGG11 为基础网络结构，仅包含其中的 8 个卷积层，不包含最后的 3 个全连接层。同时 VGG11 没有加入 Batch Normalization，但是所提出的编码器在每一次卷积之后都加入了 Batch Normalization。VGG11 网络结构图如图 7.8 虚线框所示，其包含 5 个卷积操作，在每一次卷积操作之后都会加一个最大池化层，来降低图像的分辨率。

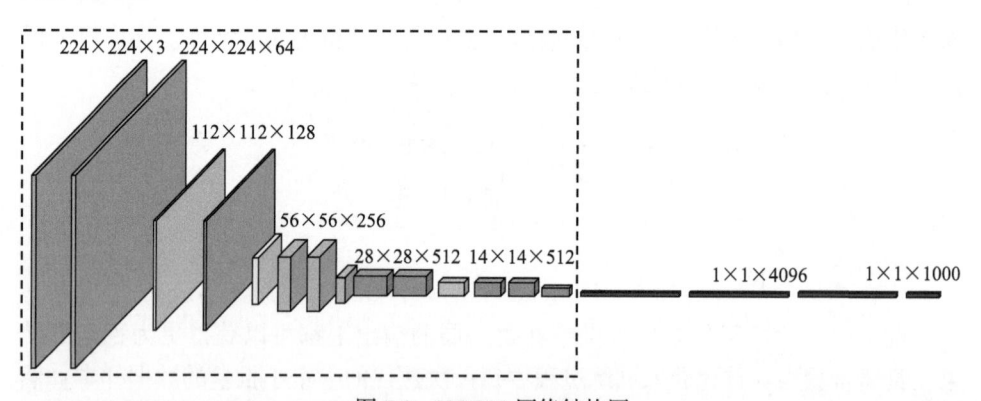

图 7.8　VGG11 网络结构图

解码器的作用是放大特征图的大小以匹配输入图像的大小。如图 7.9 所示，解码器采用基于反卷积的上采样方式，图中第 3 层、第 5 层、第 8 层与第 11 层为反卷积层，逐步还原图像尺寸。在每一个反卷积结束后，再进行标准卷积操作，标准卷积操作和下采样方式相同，总共包含 5 个反卷积层和 5 个标准卷积层。解码器网络选择概率最高的类别作为预测类别，所提出的解码器网络的输出是一个由 1 和 0 组成的二值图像，分别代表"裂缝"类和"非裂缝"类。通过在训练期间更改用于反卷积层的滤波器权重，可以实现这种学习。

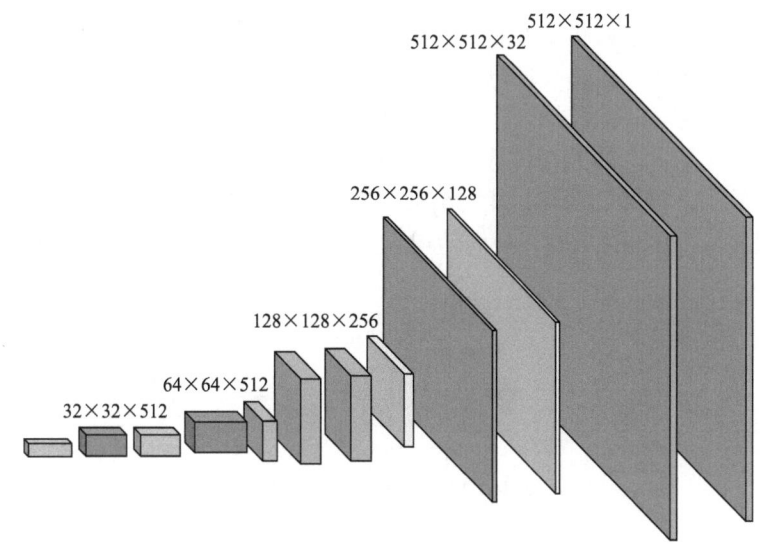

图 7.9　解码器示意图

7.1.3　跳跃连接和注意力门

1. 跳跃连接

目前，在网络结构中经过卷积提取特征次数较少的特征图的分辨率较高，图像的原始信息也较多，这些信息有利于获取图像的位置信息，而由于浅层特征图进行的卷积操作较少，没有提取到足够多的特征，所以蕴含的图像内容信息比较少。然而，在网络中由于较深的网络结构层已经经过了大量的卷积操作，其提取的图像信息也更多，所以深层网络往往包含更多的图像内容信息，但是由于进行了太多卷积操作和池化操作，图像分辨率较低，丢失了图像的位置信息。而在图像识别的工作中，图像的内容信息和目标的位置信息往往是需要被准确提取的，所以通常将网络的浅层结构和深层结构结合起来，这样可以大大提高分割模型的能力。

图像特征融合可以分为早融合和晚融合。顾名思义，早融合就是先对图像特征信息进行融合，再进行训练预测。早融合包含 Concatenate 和 Add 两种操作。Concatenate 就是将两个特征直接进行拼接，特征不变，只是将两个特征的通道数（也就是维度）进行叠加，即每一层特征的信息量没有改变，只是特征数增加了。这种方法通常称为跳跃连接，其代表网络有 ION 和 HyperNet。Add 就是对两个图像的特征图进行叠加，使得图像包含的信息更多，但是整个图像的通道数不变，即图像的维度没有改变。而晚融合就是先对不同的特征层进行预测，再将每一层的预测结果进行融合。这种方法的代表网络有 SSD、MS-CNN 和 FPN 等。

在本章中，编码器提取的是浅层特征，更多的是位置信息。而解码器提取的是深层特征，更多的是语义信息。为了使裂缝分割更精确，本章采用跳跃连接中的 Concatenate 操作将浅层特征和深层特征拼接起来，从而可以同时获得裂缝的位置信息和语义信息。如图 7.10 所示，当编码器的第 4 层输出为[64,64,512]、解码器第 4 层的上采样输出为[64,64,256]时，使用跳跃连接将其拼接起来，得到第 4 层的卷积输入为[64,64,768]，从而使得在解码器还原图像尺寸时也保留了图像的位置信息。

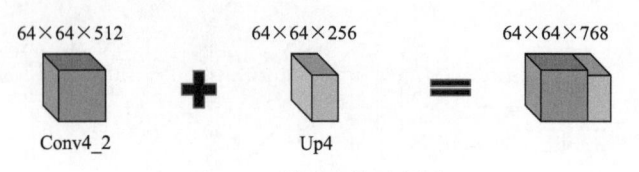

图 7.10 跳跃连接示意图

2. 注意力门

编码器-解码器网络模型虽然具有非常良好的性能，但是也存在一定的缺点，当输入的信息过长时，在传输过程中部分信息会被丢失。注意力机制就是为了克服这个局限性被提出的，其作用就是使得神经网络关注输入中的目标区域，同时抑制不必要的区域信息。如图 7.11 所示，X_1、X_2、X_3 和 X_4 被输入编码器模型中，然后编码器将输入转换成中间的语义序列 C_1、C_2 和 C_3，紧接着将中间的信息通过解码器转化为 Y_1、Y_2 和 Y_3 输出。利用注意力机制可以使得网络更关注前景像素信息，而抑制无关的不必要信息。常见的注意力机制有空间注意力、像素注意力、多阶注意力和通道注意力等。

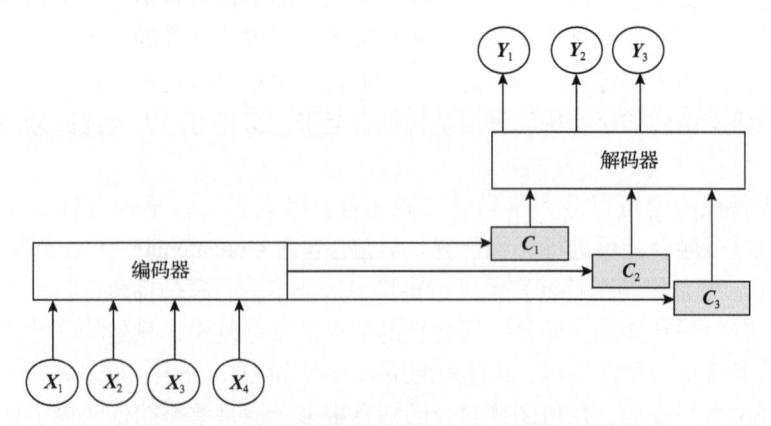

图 7.11 带有注意力机制的 Encoder-Decoder 模型

由于裂缝图像的分割耗时且比较烦琐，传统的 CNN 结构很难直接关注各种形状的裂缝区域，因为裂缝只占据整张裂缝图片的一小部分像素。为了解决这个问题，本章将注意力机制引入所提出的网络结构中，引入了注意力门，可使模型在数据训练过程中能够专注于有用的显著特征，同时抑制背景区域中不相关的部分，从而有效提高灵敏度和预测准确性。

Attention Gate 结构的框架如图 7.12 所示，x_i 表示下采样过程第 i 层的输出结果，d_i 表示上采样过程第 i 层的输入结果。x_i 中的关键信息由门控信号(d_i)确定，其中包含上下文信息。x_i 和 d_i 分别经过 1×1×1 的卷积层和批量归一化，紧接着两个输出统一输入到激活函数 ReLU 中，然后使用 1×1×1 的卷积操作进行卷积，最后将激活函数 Sigmoid 作为 Attention Gate 的最后一次输出，X_i^* 为处理后的输出。

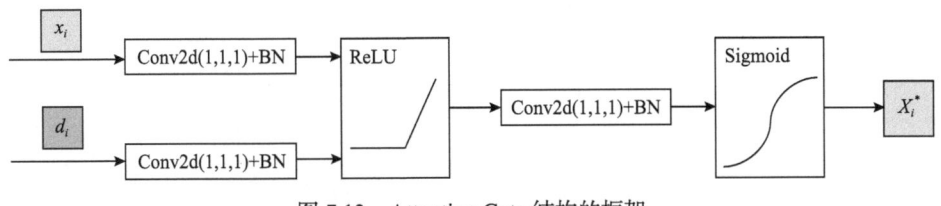

图 7.12 Attention Gate 结构的框架

7.1.4 快速并行细化算法

细化算法是获取二值化图像骨架的方法。图像细化就是通过一些判断把图像中符合条件的点去掉，但是不能改变原来的形状，对所有的像素点进行判断，直到删除所有多余的点，最后获得的图形就是图像的骨架。细化算法有以下特点：①图像骨架和图像本身具有相同的几何形状；②骨架是图像的中轴线；③图像的骨架线是连续的，且多条骨架线之间的连接处是顺滑的，不会发生形状畸变。目前比较常用的细化算法主要包括 Hilditch、Pavlidis、Rosenfeld 细化算法以及基于索引表查询的细化算法等。

本章采用快速并行细化算法来实现裂缝的骨架提取，通过判断目标像素相邻像素点是否满足一定条件来决定像素点是否删除的。快速并行细化算法总共包括如下两个步骤：

(1) 依次对所有的像素点进行条件判断，把符合下列条件的点去掉：①2≤$N(P_1)$≤6；②$S(P_1)$=1；③$P_2 \times P_4 \times P_6$=0；④$P_4 \times P_6 \times P_8$=0。其中 $N(P_1)$ 为目标像素 P_1 的相邻像素点中是1的像素的个数，$S(P_1)$ 为从 P_2 到 P_9 再到 P_2 的顺序中出现 0～1 的累计次数，0 表示背景像素，1 表示前景像素。

(2) 再次对所有像素点进行第二轮条件判断，把满足下列条件的点去掉：①2≤$N(P_1)$≤6；②$S(P_1)$=1；③$P_2 \times P_4 \times P_8$=0；④$P_2 \times P_6 \times P_8$=0。

对图像中所有的裂缝像素点依次执行以上两个步骤，当该点符合任意一个条件时,就把该点去掉,最后剩下的像素点组成的图形就是骨架。

7.2 沥青道路裂缝像素级检测

7.1 节已介绍了本章所采用的 AttentionCrackNetCNN 的理论部分,本节将介绍网络训练过程和结果调整模型达到局部最优解,从而实现沥青道路裂缝的像素级检测,首先介绍采集沥青道路数据,训练网络模型,包括学习率、优化器和损失函数的选择等,然后利用训练好的模型对没有经过训练的裂缝图片进行像素级检测。沥青道路裂缝像素级检测方法如图 7.13 所示。

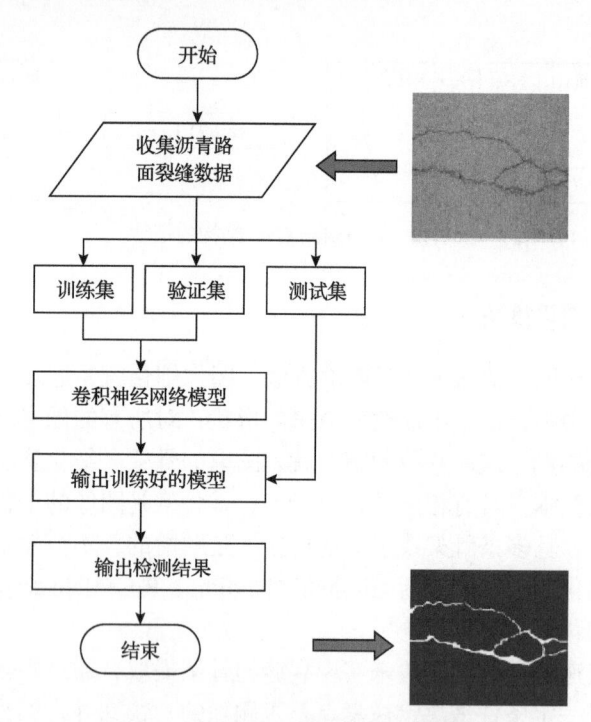

图 7.13 沥青道路裂缝像素级检测方法

7.2.1 沥青道路数据的采集

白天道路上行驶的车辆很多,无法在路面上拍摄,而夜晚光线又不足,拍摄效果较差,导致沥青路面裂缝数据采集比较困难。因此,本节采用实际道路拍摄和网上数据获取两种方法采集沥青路面裂缝数据。互联网上获取的公共数据集 Crack Forest Datasets(CFD)是一个采用像素级标注的裂缝型病害数据集,由 118 张裂缝图片组成,可以大致反映我国城市路面的状况。每一张图片都用手动标记的方法制作了对应的标签，并且所有的图片都是用焦距为 4mm、光圈为 f/2.4、曝光时间为 1/134s 的手机拍摄，拍摄时考虑了包含阴影、油斑和水渍等在内的诸多噪声。本章的另一部分数据则是在某大学校园实际的 AC-13 柏油路上用手机以 3000×3000 的分辨率拍摄的，在拍摄过程中，需要考虑当地的环境因素、场地条件和材料类型，以保证试验数据的丰富性。因此，在不同的时间和不同的光照条件下，在校园里拍摄了不同的沥青路面。在使用时将每张图片的大小调整为 512×512，并使用从 GitHub 上获得开源的 LabelMe 软件在像素级别上手动标记图片上的裂缝，将其制作为标签数据集。在手动标注的过程中，作者对图片中的裂缝进行标注，将它们保存在包含图像本身和相关标签的.json 文件中，.json 文件中的信息被转化为可视化的标签，然后转化为二进制图像。图 7.14 为沥青路面裂缝原图及其标签。最后把获取的所有图像格式都调整为 512×512 的 JPG 图片，总共包括 600 张裂缝图片和 600 张对应的真值标签。

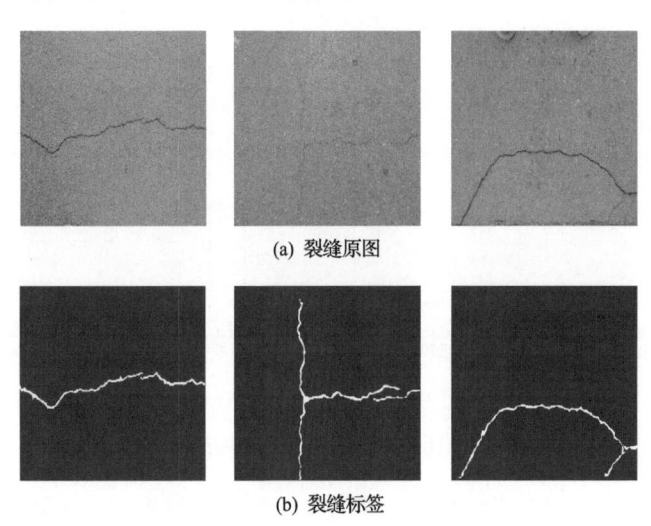

(a) 裂缝原图

(b) 裂缝标签

图 7.14　沥青路面裂缝原图及其标签

7.2.2　沥青道路裂缝的检测结果与分析

前面已经确定了神经网络中的关键参数设置，选择损失函数为二元交叉熵损失函数，优化器选择 Adam 自适应优化器，在训练时设置初始学习率为 0.001，batch size=2，其中学习率采用余弦退火衰减方式。将准备好的 500 张和 50 张 512×512 裂缝图片和其对应的标签分别作为训练集和验证集输入神经网络中，在经过一定次数的训练后，以 IOU、准确率、召回率和 F1 分数作为评价指标，它们的变化曲线如图 7.15 所示。可以看出，Precision 和 Recall 在前 100 次迭代过程中振荡较大，但随着训练的进行，网络模型逐渐收敛，经过 300 次迭代后，IOU、准确率、召回率和 F1 分数分别达到 92.85%、96.90%、95.36%和 95.53%。因此，本章提出的网络结构在检测沥青道路裂缝方面表现出优异的性能。

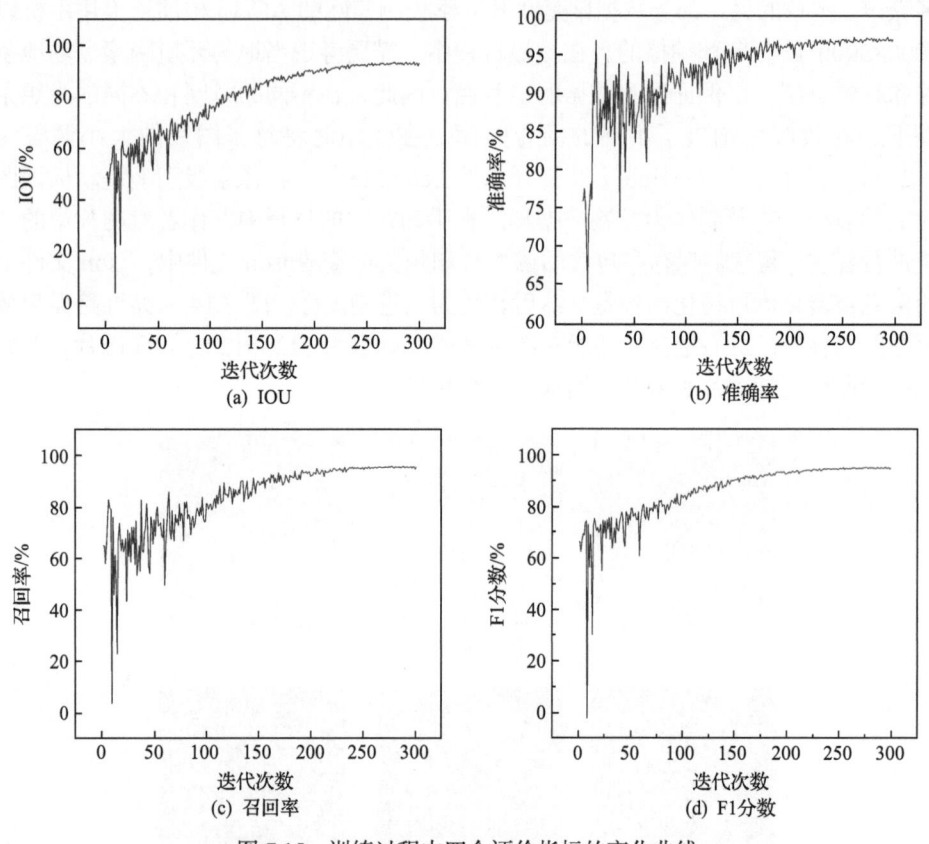

图 7.15 训练过程中四个评价指标的变化曲线

在本章中，将测试集分为四种不同复杂程度的裂缝类型：单裂缝（一张图片中只有一个裂缝）、多裂缝（一张图片中至少有两个裂缝）、交叉裂缝（与多个裂缝彼此相交的裂缝）和网状裂缝（网状多重裂缝），以此来测试训练好的模型在不同复杂程度裂缝上的检测效果。将四类裂缝图片作为输入馈入训练好的模型中得到的预测结果，图 7.16 为四种裂缝类型的检测结果。可以看出，使用所提出的网络结构模型在简单裂缝模式（如单裂缝）和复杂裂缝模式（如网状裂缝）中都表现出了良好的检测效果。图 7.16 中对于具有规则的分布路径和形状的单裂缝，所提出的网络结构模型成功分割了裂缝，而且能检测出细微的分叉裂缝（图中框选部分），而不是模糊地检测为一条裂缝，其效果与实际裂缝情况相近。对于多裂缝，检测结果也说明了非凡的准确性，每一条裂缝均可以被完整无缺地检测出来，不会产生遗漏的情况，预测的裂缝与地面真实裂缝非常匹配。对于交叉裂缝，尽管裂缝的数量和复杂度有所增加，但是纵向裂缝和横向裂缝均可以检测，且其连接交叉处也没有产生突变，边缘平滑，捕捉到了裂缝的所有细节。对于最复杂的网状裂缝，其分布路径、形状和密度复杂且不规则，尽管如此，大部分裂缝仍然都能检测出，且一些短而小的裂缝也没有遗漏，仅存在一两处极其细微的小裂缝(图中框选部分)没有识别出来，整体效果较好。

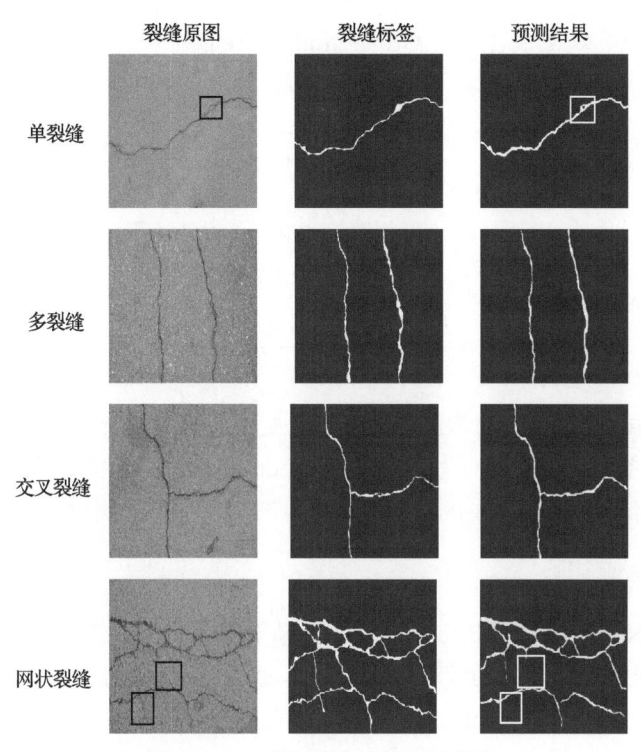

图 7.16 四种裂缝类型的检测结果

因此，四种裂缝类型的预测结果与地面实际裂缝非常匹配，即使有背景粗糙、裂纹复杂等情况，所提出的网络结构模型仍可以很好地检测出裂缝。因此，AttentionCrackNet 在预测裂缝方面取得了较高的准确率，在确定一种以上的不同类型路面裂缝方面具有较好的效果。

7.2.3　AttentionCrackNet 模型评价标准和网络设置

1. 评价标准

训练好的模型在分割任务中的表现通常由一些常见的指标来评估。由于裂缝像素仅占裂缝图像的一小部分，单一指标不足以正确评估模型的性能。为了能更准确地评估训练好的模型，本章采用 IOU、Pr、Re 和 F1 分数作为评价指标。IOU

为预测阳性和真阳性的交集除以它们的并集。Pr(Precision)为准确率,表示所有被预测为裂缝的像素中真的是裂缝像素的比例。Re(Recall)为召回率,表示所有裂缝像素中被正确预测为裂缝像素的比例。F1 为 Pr 和 Re 的综合指数,通常 Pr 和 Re 相互冲突,而 F1 通过考虑这两个指标来更好地描述性能,因此是二者的综合表征。

$$IOU = \frac{Groundtruth \cap Prediction}{Groundtruth \cup Prediction} \tag{7.10}$$

$$Pr = \frac{TP}{TP+FP} \tag{7.11}$$

$$Re = \frac{TP}{TP+FN} \tag{7.12}$$

$$F1 = 2\frac{Pr \times Re}{Pr + Re} \tag{7.13}$$

式中,FN 为假阴性(预测的像素是裂缝,但被判断为不是裂缝);FP 为假阳性(预测的像素不是裂缝,但被判断为裂缝);Groundtruth 为人工标注的裂缝像素标签,代表真值;Prediction 为模型预测的裂缝像素;TP 为真阳性(裂缝像素被正确预测)。

2. 硬件配置

本章 CNN 算法均使用 Python3.8 编写,基于 Pytorch 框架搭建,配合 CUDA10.0 和 CUDNN 开发。所使用的计算机配置为:64GB of RAM,Intel i9-10900K CPU @3.70GHz 和 NVIDIA GeForce RTX 3090 24GB GPU,在 Windows 10 系统环境下运行。

3. 数据集的选择

在 CNN 的训练过程中,数据集的选择至关重要。通常训练出一个好的模型需要大量的数据,这也是制约 CNN 应用的一个因素,因为在实际中很难获取到足够的数据集。但是本章所采用的网络结构结合了跳跃连接和 U 形结构,所以可以在少量的数据集上取得较好的检测效果。为了确定数据集的大小,在研究中设置了五组不同大小的训练数据集,分别为 350、450、500、550 和 650,将这些数据集分别进行训练,得到的结果如图 7.17 所示。可以看出,当训练集采用 500 张图片时,可以获得最高的检测精度,因此在试验中训练集大小为 500 张裂缝图片。同时,按照 10:1:1 的比例确定神经网络的训练数据集、验证数据集和测试数据集,分别包含 500 张、50 张和 50 张裂缝图片及其对应的标签图片。

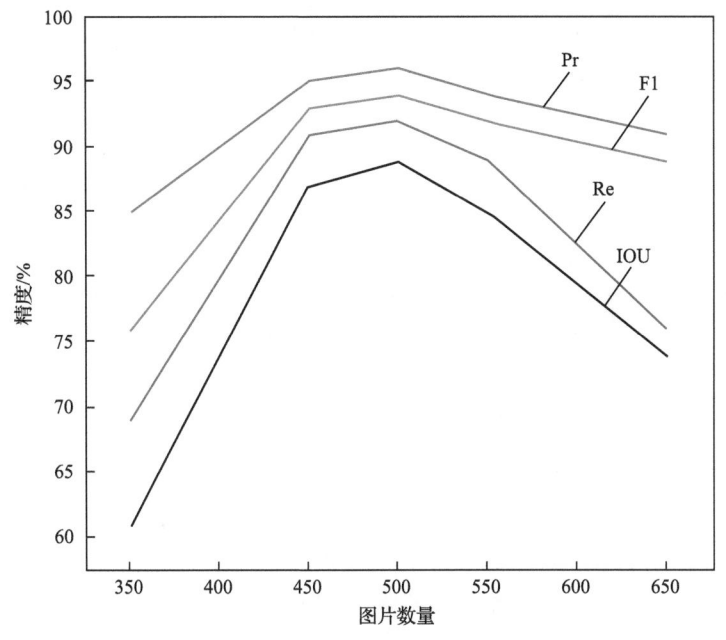

图 7.17　不同训练集大小的精度对比

4. 学习率的选择

学习率作为一个关键的超参数，对学习过程有显著影响，它决定了目标函数能否收敛到局部最优解，以及何时收敛到最优解。如果学习率太高，在模型训练后期，网络梯度可能会在局部最优值附近发生振荡，从而导致网络无法收敛。如果学习率太小，训练过程可能太慢，模型需要更多的时间来收敛。因此，选择合适的初始学习率非常重要。

为了寻找到一个最合适的初始学习率，共进行了六组试验，初始学习率分别为 1、0.1、0.01、0.001、0.0001 和 0.00001。不同学习率下的损失曲线如图 7.18 所示。可以看出，初始学习率为 0.001 时的结果是最理想的，开始损失值下降很快，并且收敛缓慢，最终收敛到 0 左右。相比之下，初始学习率为 0.00001 时，最开始损失值下降比较缓慢，模型收敛较慢。所以最终选择初始学习率为 0.001。

随着训练过程的继续，不断降低学习率是一种常用做法，以便更加快速准确地达到局部最优解。本节采用余弦退火方法作为学习率衰减方法，它是通过余弦函数的下降模式来降低学习率，是一种非常有效的学习率衰减方式[2]，即

$$\eta_t = \eta_{\min} + \frac{1}{2}(\eta_{\max} - \eta_{\min})\left[1 + \cos\left(\frac{T_{\text{cur}}}{T}\pi\right)\right] \tag{7.14}$$

式中，$\eta_{\max}$ 和 $\eta_{\min}$ 分别为学习率的最大值和最小值，本节分别取 0.001 和 0.0001；

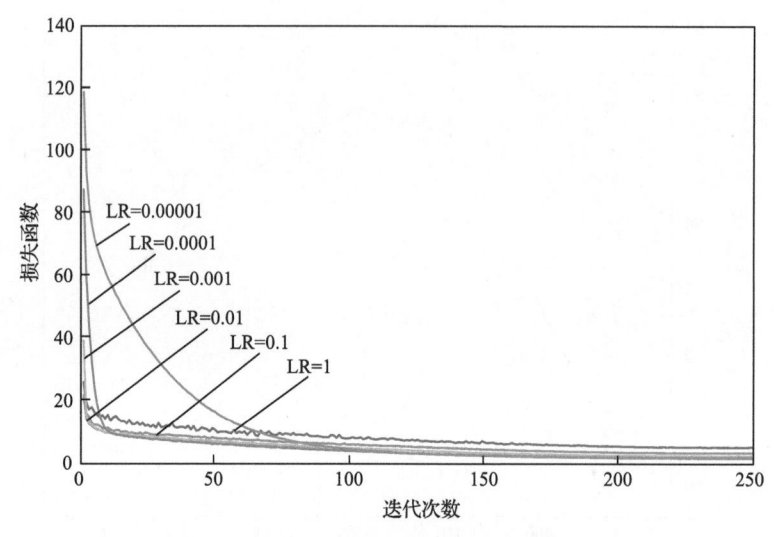

T_{cur} 和 T 分别为当前执行的 epoch 和总共运行的 epoch。

图 7.18　不同学习率下的损失曲线

5. 损失函数的选择

神经网络模型的预测结果与真实标签之间的差距通常用损失函数来表示，损失函数值越小，说明神经网络模型可以拟合的场景越多，模型的鲁棒性越好。不同的神经网络采用的损失函数是不一样的，通常根据任务的类型来选择对应的损失函数，在图像识别任务中，交叉熵损失函数通常被用在分类问题中，因为其表示的是预测结果与真实标签之间的差异，交叉熵的值越小，说明预测结果越接近真实值。由于裂缝检测属于二分类问题，本节应用二元交叉熵来评估模型的精度。同时，本节应用 Adam 优化器完成模型的训练。

6. 数据增强

神经网络的结构越复杂，网络的层数也越多，随之而来的是更多需要训练的参数，但是在这种情况下，当数据集比较小时，容易产生过拟合现象。为了解决这个问题，需要增加样本的数量。增加样本数量最常用的方法就是数据增强，数据增强目前有两种方法，一种是有监督的数据增强，就是在已经采集到的数据基础上进行一系列的翻转、亮度调整或对比度调整等数据处理，使其变成新的数据，从而达到增加数据量的目的；另一种是无监督的数据增强，主要有 GAN 和 AutoAugment 两种方法。

由于本章获得的裂缝数据集比较少，为了防止过拟合，采用有监督的数据增强方式。在裂缝数据输入网络之前对裂缝图片进行随机水平翻转、对比度调整和亮度调整，如图 7.19 所示。经过一系列数据增强的操作，可以大大增加训练数据集，从而达到防止模型过拟合的目的。

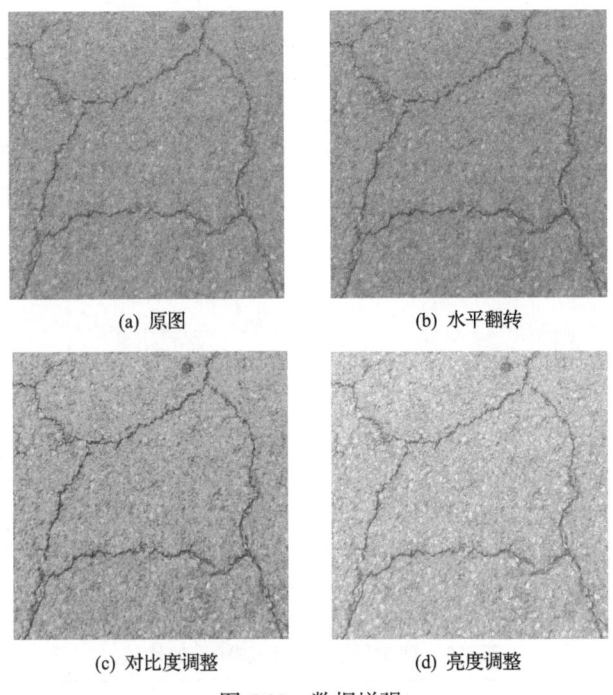

(a) 原图　　(b) 水平翻转

(c) 对比度调整　　(d) 亮度调整

图 7.19　数据增强

7.2.4　AttentionCrackNet 模型对比研究

为了验证所提出方法的性能，有必要与其他广泛采用的网络进行比较研究，这里采用和本章所提出网络具有相似结构的三个网络，即 U-Net、Attention U-Net[3]、TernausNet[4]。为了比较和研究各个网络的最佳检测性能，针对各个网络和预测结果进行了参数设置优化，并在相同的数据集上进行训练和预测，得到的四个评价指标如图 7.20 和表 7.3 所示。

从表 7.3 可以看出，相对其他三个网络，本章提出的 AttentionCrackNet 的 IOU 分别提高了 17.65%、20.31%和 16.79%，准确率分别提高了 9.68%、10.23% 和 8.54%，召回率分别提高了 16.32%、18.65%和 11.81%，F1 分数分别提高了 12.60%、14.14%和 9.64%，表明所提出的网络结构在图像训练集的评估指标上表现出优势。从本章提出的 AttentionCrackNet 和 Attention U-Net 的结果对比可以看出，Encoder 使用什么样的网络结构作为基础网络，对结果影响很大。Attention U-Net 的编码网络部分与 U-Net 相同，但本章提出的 AttentionCrackNet 基于 VGG11，其编码网络在特征提取方面具有更好的性能，从而达到更好的检测精度。从本章

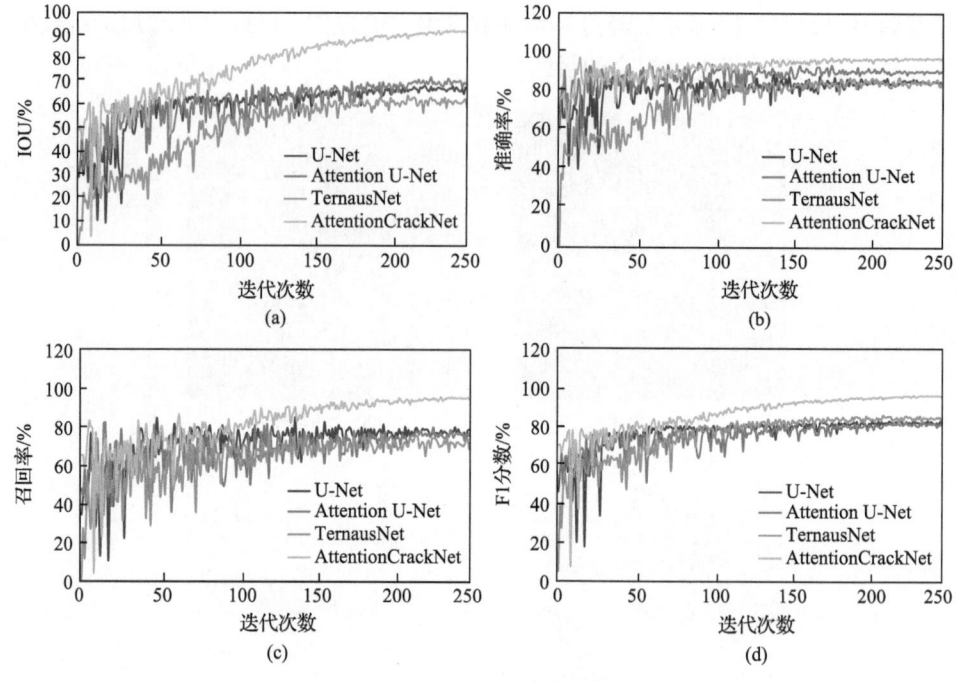

图 7.20 四种网络模型训练过程的比较

表 7.3 四种网络模型检测精度的比较

网络模型	IOU/%	Precision/%	Recall/%	F1 分数/%
U-Net	75.20	87.22	79.04	82.93
Attention U-Net	72.54	86.67	76.71	81.39
TernausNet	76.06	88.36	83.55	85.89
AttentionCrackNet	92.85	96.90	95.36	95.53

提出的 AttentionCrackNet 和 TernausNet 的结果比较可以得到，注意力机制确实对裂缝检测有积极的影响。由于裂缝像素的比例相对较低，传统 CNN 能够提取的信息有限，注意力门可以使网络更加关注裂缝信息而不是背景信息，所提出方法的检测精度也远优于未应用注意力机制的 TernausNet。

将 512×512 没有经过训练的裂缝原始图片输入训练好的模型中，四种网络模型预测结果比较如图 7.21 所示。可以看出：

(1) 对于图 7.21(a) 中的单裂缝，U-Net 无法检测到裂缝的完整形状，而其他三个网络说明出更好的结果，而且无论是哪种网络，均没有受到黄色道路标线的影响，没有将其错误地识别为裂缝。

(2) 在图 7.21(b) 中，与其他网络相比，本章提出的 AttentionCrackNet 检测到的裂缝更加连续和完整。

(3) 在图 7.21(c)中，所有网络的检测结果差别不大。

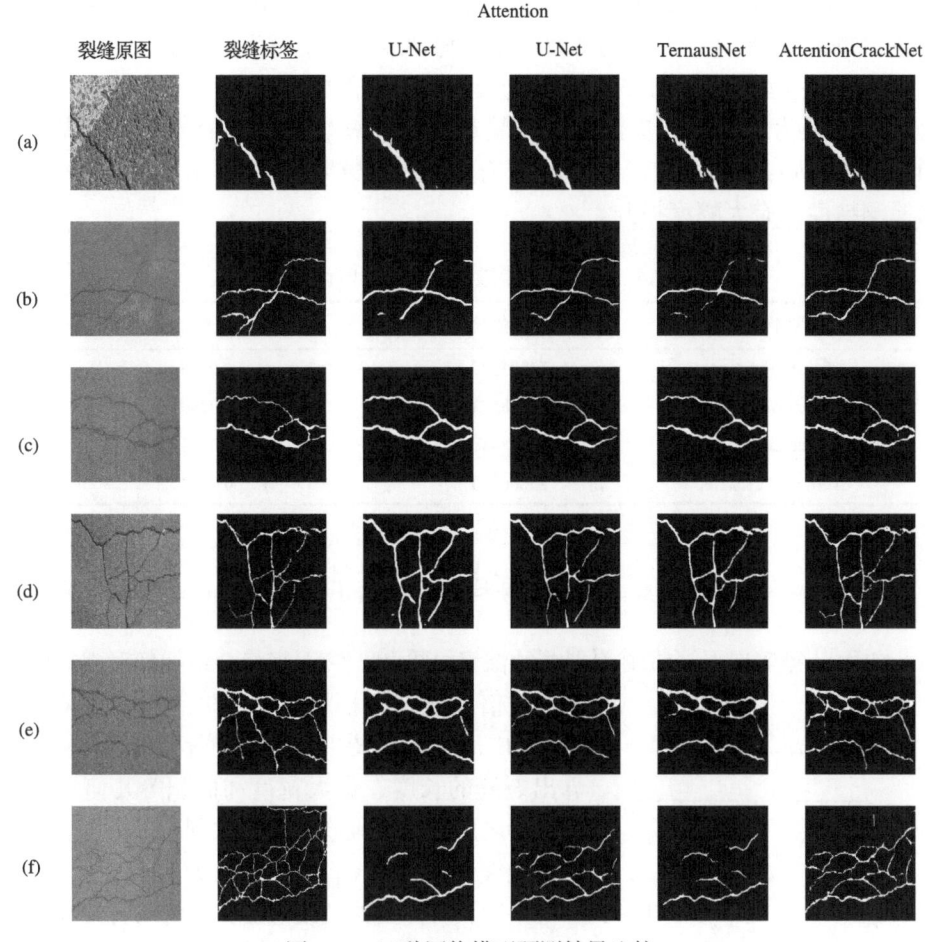

图 7.21　四种网络模型预测结果比较

对于更复杂的裂缝，如图 7.21(d) 和 (e)，Attention U-Net 和 TernausNet 无法识别边缘细裂纹，U-Net 只能检测宽度较大的裂缝，检测精度不容乐观。相反，本章提出的 AttentionCrackNet 检测结果与真实值几乎相同。对于图 7.21(f) 中最复杂的网状裂缝，Attention U-Net 和本章提出的 AttentionCrackNet 都有 Attention Gate，这使得网络关注前景像素并抑制背景像素，因此这两个网络在检测小裂缝方面有更好的性能，其他两个网络几乎无法检测到小裂缝，而错过了中心部分许多相互连接的裂缝。因此，本章提出的网络结构在说明测试图像集中的裂缝细节方面也比其他三个网络有更好的检测结果，但是它也有一些缺点。例如，在图 7.21(f) 中，对于右上角这种细微的边缘裂纹和一些更为细小的裂纹，当前的检测效果很差，这种误差是分辨率较低或者颜色、背景物体边界等复杂背景给原始图像带来了大量噪声导致的，必须要提供更清晰的、离裂缝更近的图像。

将本章提出的 AttentionCrackNet 网络参数数量和检测速度与其他网络进行比较，如表 7.4 所示，网络的参数数量即为神经网络中权重的数量，检测速度即为训练好的模型检测一张 512×512 的裂缝图片所需要的时间。可以看出，U-Net 由于结构最为简单，相应的权重数量最少，计算量也是最少的；本章提出的 AttentionCrackNet 相比 TernausNet 只有少量的参数增加，但是从表 7.3 中可以看出检测精度却有大幅度提升。

表 7.4　四种网络参数数量和预测时间的比较

网络模型	权重数量	预测时间(单张图片)/s
U-Net	13395329	0.0236
Attention U-Net	34878573	0.0280
TernausNet	25368417	0.0250
AttentionCrackNet	25606848	0.0273

7.3　裂缝量化评估

前面已经实现了沥青道路裂缝的像素级检测，接下来将介绍如何对裂缝的几何尺寸信息进行量化评估。本章主要介绍如何利用裂缝的二值化图像提取出裂缝的骨架信息，从而计算出裂缝的长度、最大宽度和面积等几何尺寸信息，为之后的道路维修对策提供判断的依据。沥青道路裂缝几何尺寸特征量化方法如图 7.22 所示。

至此，所提出的裂纹检测方法的可行性和准确性得到了验证。而对于识别裂缝存在后的维修措施决策，定量评价至关重要，即裂缝的长度、宽度和面积等几何尺寸的估计，此类形态信息对评估现有路面很有价值。

为了提取这些信息，对裂缝完成像素级的检测得到二值化图像后，裂缝的面积可以直接由二值化图像计算像素点，单像素的裂缝骨架线上的像素点个数就是裂缝的长度。骨架化裂缝(也称细化数字图案)就是把裂缝的边缘像素都删除，只保留能够代表裂缝主要形状的裂缝像素，即裂缝的中轴线，这些裂缝骨架可用作结构健康监测的宝贵工具。本

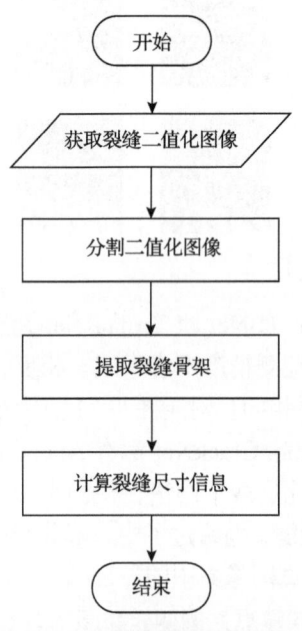

图 7.22　沥青道路裂缝几何尺寸特征量化方法

章采用的提取裂缝骨架的方法是快速并行细化算法。

裂缝骨架化过程如图 7.23(a)～(c)所示，裂缝以二值化图像的形式被识别，然后将图像中的裂缝采用快速并行细化算法进行分割，接着删除不必要的边缘像素获得裂缝的骨架，裂缝的骨架是后续对裂缝进行量化计算必不可少的先决条件，最终用于导出每个裂缝的长度、宽度和面积等形态特征。图 7.23(d)为裂缝宽度计算过程，上下两条实线为裂缝的边缘线，中间实线为裂缝的骨架线，选择骨架线上某个像素点，然后做出该点的切线（虚线），利用切线做出该像素点的垂线，此时两条边缘线会与垂线产生两个交点，这两个点之间的距离就是此处裂缝的宽度。

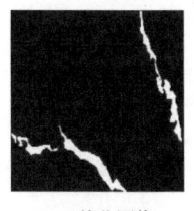

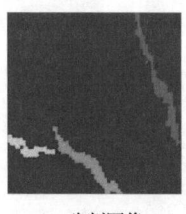

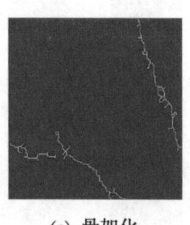

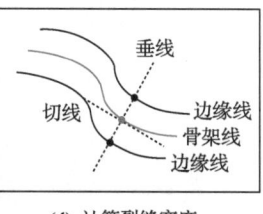

(a) 二值化图像　　(b) 分割图像　　(c) 骨架化　　(d) 计算裂缝宽度

图 7.23　裂缝骨架化过程

本章从公共数据集（CFD、AigleRN）中收集了 100 幅路面裂缝图像，然后利用所提出的网络对以像素表示的裂缝特征进行定量评估，包括裂缝长度、裂缝最大宽度以及裂缝面积，具体结果如图 7.24 所示。采集了 4 种裂缝图像，包含：①裂纹与背景对比度相差较大，容易观察识别的（见图 7.24(a)）；②存在道路标志线干扰的（见图 7.24(b)）；③背景平滑，裂纹较细的（见图 7.24(c)）；④背景很粗糙，裂纹与背景相差不大的（见图 7.24(d)）。

从图 7.24 可以看出，无论是简单裂缝还是复杂裂缝，均可以提取出裂缝骨架，且对于多条裂缝，需要将其分割开来，单独计算裂缝骨架。最后，仅用一像素宽度的曲线就可以提取出裂缝骨架，说明了表面裂纹的位置和趋势。同时，可以计算裂缝的长度和最大宽度，这是检验人员定量评估和监测结构健康状况的重要指标。

为了判断所计算的裂缝几何尺寸是否与真实值相近，本章使用 Image-J 软件计算相同图像的实际裂缝长度、最大宽度和面积（以像素表示），将其视为真实尺寸。裂缝特征真实结果和预测结果的相关关系如图 7.25 所示。可以看出，裂缝最大宽度的相对误差最小，为–31.75%～28.57%。然而，那些极细裂缝的检测精度有待提高。当计算的裂缝宽度大于实际裂缝宽度时，是由于将本不属于裂缝的像素也检测为裂缝，导致预测的裂缝更宽。当计算的裂缝宽度小于实际裂缝宽度时，部分极细的裂缝或者比较模糊的裂缝没有被完全检测出来，导致裂缝宽度较小。

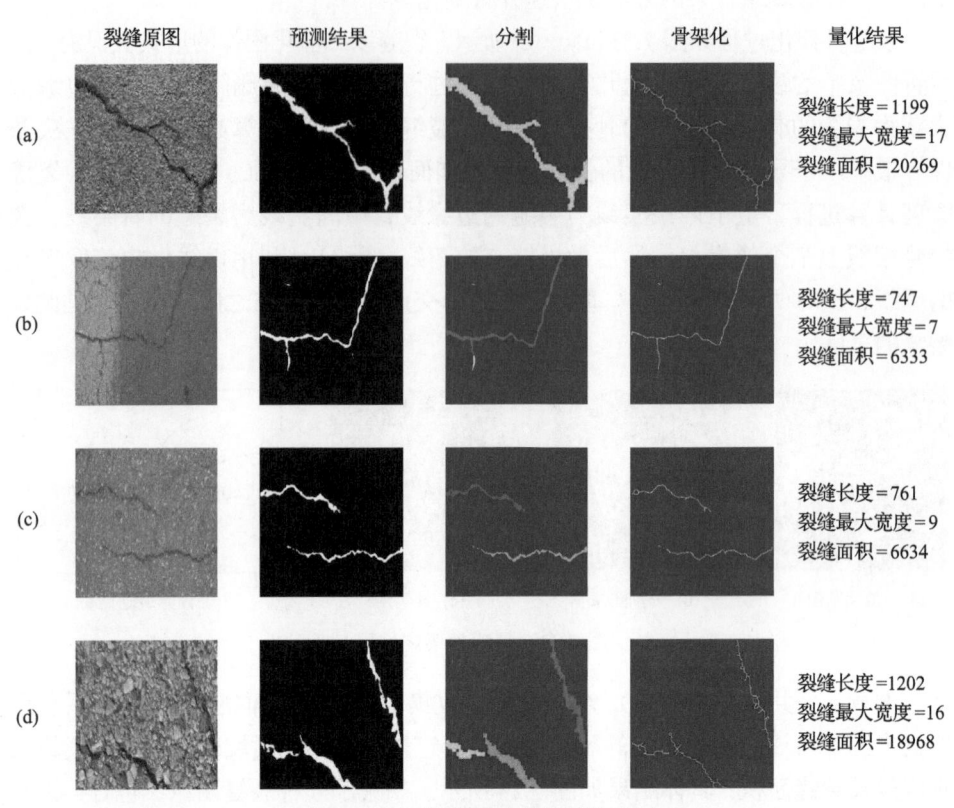

裂缝原图	预测结果	分割	骨架化	量化结果
(a)				裂缝长度=1199 裂缝最大宽度=17 裂缝面积=20269
(b)				裂缝长度=747 裂缝最大宽度=7 裂缝面积=6333
(c)				裂缝长度=761 裂缝最大宽度=9 裂缝面积=6634
(d)				裂缝长度=1202 裂缝最大宽度=16 裂缝面积=18968

图 7.24 裂缝像素级量化评估示例

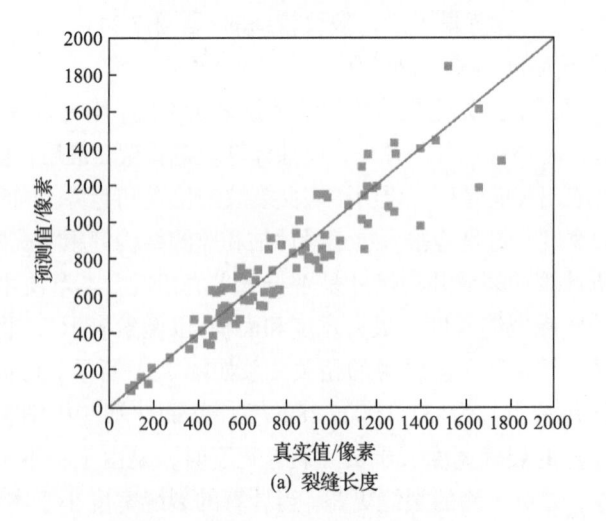

(a) 裂缝长度

(b) 裂缝最大宽度

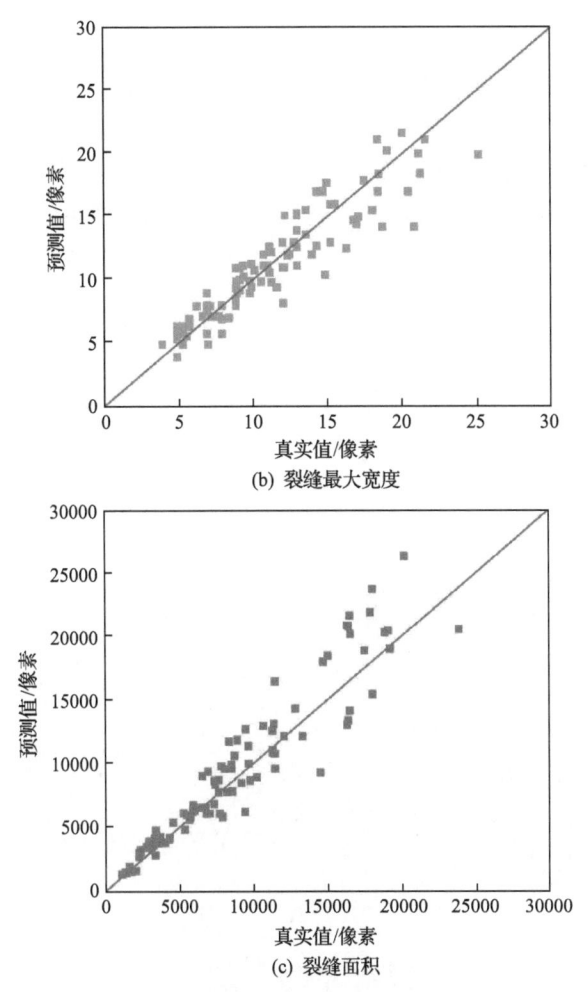

(c) 裂缝面积

图 7.25 裂缝特征真实结果和预测结果的相关关系

裂缝长度的相对误差为-29.63%~36.67%,偏差较大的原因可能是一些细裂缝的检测精度不够,导致估计长度小于实际长度。裂缝面积的最大相对误差为42.72%,这时一些细裂缝的精度不是很高,一些背景像素也被误认为裂缝,导致更细的裂缝边界更宽。

上述指标的量化结果虽然与真实值有一定的偏差,但均在可接受范围内,且偏差明显小于文献[5]的结果。从这个结果可以看出,快速并行细化算法比较适合对裂缝的几何尺寸进行量化,也进一步说明了本章所提出的网络结构在对裂缝进行像素级检测上具有较好的结果。

前述提到的裂缝量化均是在像素级别上进行的,给定图像分辨率或比例,以像素为单位的裂缝长度和宽度可以转换为现实世界中的物理长度和宽度。为了进一步将像素表示的几何尺寸转换为实际尺寸,在北京航空航天大学校园内使用智能移动平台(见图 7.26)捕获了沥青路面的一些裂缝图像。裂缝的检测分辨率与相机所能捕捉到的最细小裂缝有关,主要受相机传感器尺寸、图像分辨率和相机焦距的影响。由于智能移动平台紧贴地面行驶,很容易确保摄像头与道路表面平行,只要明确距离参数和相机参数,就可以计算得到转换系数。裂缝图像是在固定高度30cm处拍摄的,因此可以通过式(7.15)来计算图像像素到实际尺寸的转换系数因此:

$$k = \frac{a}{a_0} = \frac{b}{b_0} = \frac{z}{f} \qquad (7.15)$$

式中,a 和 b 代表相机的拍摄范围;a_0 和 b_0 为相机的分辨率;f 为相机焦距;z 为地面到相机光心的距离。

图 7.26 智能移动平台

根据各参数的实际值,利用式(7.15)计算得到 $k=0.0307$,这意味着每个像素代表 0.0307mm 的实际长度,将所提出算法的估计量化结果与手动测量的真实值进行比较。图 7.27 为沥青道路裂缝量化的实际尺寸结果。可以看出,计算得到的裂缝长度、裂缝最大宽度和裂缝面积与真实值非常接近,这四幅图像的裂缝长度、最大宽度和面积的最大差异分别为 12.5%、6.4%和11.4%,均在可接受的范围内,说明该裂缝评价方法计算得到的裂缝尺寸与真实值相差不大。这些像素不仅表明了裂缝是否存在,而且表明了裂缝的几何形态特征。

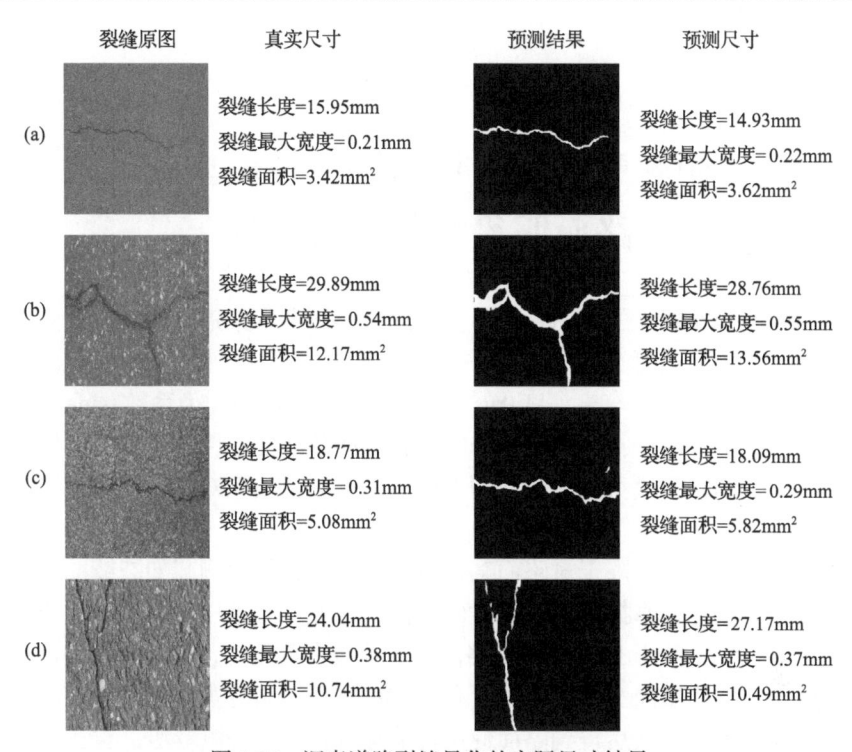

	裂缝原图	真实尺寸	预测结果	预测尺寸
(a)		裂缝长度=15.95mm 裂缝最大宽度=0.21mm 裂缝面积=3.42mm²		裂缝长度=14.93mm 裂缝最大宽度=0.22mm 裂缝面积=3.62mm²
(b)		裂缝长度=29.89mm 裂缝最大宽度=0.54mm 裂缝面积=12.17mm²		裂缝长度=28.76mm 裂缝最大宽度=0.55mm 裂缝面积=13.56mm²
(c)		裂缝长度=18.77mm 裂缝最大宽度=0.31mm 裂缝面积=5.08mm²		裂缝长度=18.09mm 裂缝最大宽度=0.29mm 裂缝面积=5.82mm²
(d)		裂缝长度=24.04mm 裂缝最大宽度=0.38mm 裂缝面积=10.74mm²		裂缝长度=27.17mm 裂缝最大宽度=0.37mm 裂缝面积=10.49mm²

图 7.27 沥青道路裂缝量化的实际尺寸结果

参 考 文 献

[1] Chen J, He Y. A novel U-shaped encoder-decoder network with attention mechanism for detection and evaluation of road cracks at pixel level[J]. Computer-Aided Civil and Infrastructure Engineering, 2022, 37(13): 1721-1736.

[2] He T, Zhang Z, Zhang H, et al. Bag of tricks for image classification with convolutional neural networks[C]//The IEEE/CVF Conference on Computer Vision and Pattern Recognition(CVPR), Long Beach, 2019: 558-567.

[3] Oktay O, Schlemper J, Folgoc L L, et al. Attention U-Net: Learning where to look for the pancreas[J]. arXiv preprint arXiv:1804.03999, 2018.

[4] Iglovikov V, Shvets A A. TernausNet: U-Net with VGG11 encoder pre-trained on imageNet for image segmentation[J]. arXiv preprint arXiv:1801.05746, 2018.

[5] Ji A K, Xue X L, Wang Y N, et al. An integrated approach to automatic pixel-level crack detection and quantification of asphalt pavement[J]. Automation in Construction, 2020, 114: 103176.

第8章 基于长短期记忆模型的路面服役性能评价方法

目前很多国家建立了路面管理系统,用于监测和收集道路信息,预测未来的道路状况,并制定合适的维修和养护策略。其中,国际平整度指数(international roughness index, IRI)、车辙深度(rut depth, RD)和路面横向力系数(sideway force coefficient, SFC)等路面技术参数是影响沥青路面总体使用性能的关键变量。因此,这些技术参数的预测模型和路面使用性能的综合评估模型对路面管理系统的成功应用具有重要意义。

目前的研究主要局限于对路面某种特定技术参数的预测,如裂缝、平整度或车辙深度,无法全面掌握未来一段时间路面的状况,并难以对其进行综合评价。因此,本章开发了基于 LSTM 预测路面的各项技术参数,包括国际平整度指数、车辙深度以及路面横向力系数,然后利用 BP 神经网络分类模型建立路面使用性能的综合评价模型,最后得到路面使用性能综合指标的预测等级。在建立路面使用性能评价和预测模型时,本章使用的数据来自美国 MnRoad 环道 1994~2008 年数据和我国 RIOHTRACK 环道 2016 年 12 月~2020 年 1 月数据,保证了数据来源的多样性,考虑的影响变量包括温度、降水量、交通量、沥青层厚度、路龄和维修状况等。为了降低路面维修和测量误差对预测精度产生的影响,本章进一步对收集到的路面技术参数数据进行小波降噪处理,同时研究由于噪声影响收集的异常数据对所提出的不同模型的影响,最后建立 BP 神经网络直接对路面的使用性能综合指标进行预测。

(1)收集和处理沥青环道的数据。

根据实际情况,分别收集 MnRoad 环道 1994~2008 年的数据和 RIOHTRACK 环道 2016 年 12 月~2020 年 1 月的数据,主要包括两类:包括温度、降水量、交通量、沥青层厚度、路龄和维修状况等在内的影响变量数据和包括国际平整度指数、车辙深度和路面横向力系数在内的技术参数数据。然后分析技术参数与影响变量之间的相关性,以此来确定各影响因素对路面使用性能的影响程度。

(2)建立沥青路面技术参数预测模型。

选择温度、降水量、交通量、沥青层厚度、路龄和维修状况等因素作为影响变量,建立沥青路面技术参数预测模型,包括 BP 神经网络模型、ARIMAX 时间序列模型和 LSTM 时间序列模型,并将不同模型的预测结果进行对比。随后将原始技术参数数据进行小波降噪处理后再次对其进行预测,分析异常数据对不同模型预测精度的影响。

(3)建立沥青路面使用性能综合评价模型。

根据设计规范、熵权法和模糊评价法,选择国际平整度指数、车辙深度和路面横向力系数三个技术参数对沥青路面使用性能进行综合评价。综合不同方法的优点,选择对路面使用性能评价最严格的结果作为最终评价结果,然后将最终评价结果作为标签输出,将国际平整度指数、车辙深度和路面横向力系数作为输入变量,并基于 BP 神经网络建立路面使用性能综合评价模型。

8.1 数据收集与整理

数据是对沥青路面使用性能进行评价和预测的基础,因此为了对沥青路面使用性能进行准确地评估和预测,实际路面数据的获取是非常重要的。但在现实条件下,路面变化非常缓慢,导致数据收集周期长。为了解决这一问题,世界各国都开展了不同程度的加速道路试验,主要方法就是在与实际情况相似的交通负荷和环境条件下对试验路面进行加速测试,以在最短的时间内获得试验数据。MnRoad 环道位于 I-94 公路上,由两条测试道路组成,并由明尼苏达州运输部与国家道路研究中心共同拥有和运营。该环道有超过 75 个独特的路面测试单元,这些测试单元的路面设计和材料均不相同,这是为了调查暴露在真实的交通和气候条件下不同的路面设计和材料的性能表现。它们的性能由道路结构内的传感器监测,并采用许多非破坏性和表面测试进行评估,如行驶质量测试、挠度测量(下落重量偏转仪)和视觉损害调查。随着后期系统的不断发展,MnRoad 系统还对其他几个测试单元进行了跟踪和评估。我国的 RIOHTRACK 系统是在此基础上进一步发展演变过来的,它建成于 2015 年 11 月,在经过一年的零点标定之后于 2016 年 11 月正式开始加载运营,主要用于调查不同荷载作用后,不同路面结构各种服役性能的衰变情况。本章研究对象为沥青路面,因此在 MnRoad 环道上选择 1993 年建造的 27 个沥青混凝土测试单元,这些测试单元截至 2008 年重建前,工作人员已经对其进行了 15 年的监测。同样地,我国 RIOHTRACK 环道上 2016 年 12 月~2020 年 1 月的 19 个主要沥青路面测试单元的数据也被纳入本章数据集中。

8.1.1 路面技术参数数据收集

表征沥青路面使用性能的指标分为单项指标和综合指标,其中综合指标是在综合考虑各种单项指标的基础上得到的,而各单项指标又是根据不同的技术参数计算的。因此，要对沥青路面使用性能进行综合分析，首先需要选择合适的技术参数。根据我国相关标准，路面的使用性能主要包括功能、结构、承载能力和安全等方面。其中，路面的功能性能主要与路面的平整度有关；路面的结构性能与路面的破损状况有关，主要包括车辙、裂缝、坑槽等损害，但由于我国的环道修建时间短，除车辙外其余损坏不明显，所以本章只收集车辙数据；路面的安全性能与路面的抗滑性有关，所以本章收集了表征路面抗滑性能的横向力系数数据；随着我国修建技术和养护水平的不断提高，路面的承载能力性能已不再是考虑的主要问题，一般只进行抽样检查，不再将其纳入综合评价指标中。因此，本章只收集国际平整度指数、车辙深度和路面横向力系数三个技术参数，其中 MnRoad 环道以年为周期提取数据，共提取 15 年的数据，而 RIOHTRACK 环道以月为周期提取数据，共提取 38 个月的数据，技术参数的描述性统计数据对比如表 8.1 所示。对于 MnRoad 环道，在网站上获得的路面横向力系数数据是不完整的，有些沥青路面单元只在冬季测量，有些沥青路面单元只在夏季测量，有些沥青路面单元甚至没有测量。而对于 RIOHTRACK 环道，迄今只收集了三年的数据，如果只采用每年夏季收集的路面横向力系数值，那么序列的长度就不足以被后续模型使用。因此，本章采用在两种环道上收集的所有路面横向力系数值，当路面横向力系数在应有收集日期没有被测量时，采用线性插值方法来填补缺失的值。

表 8.1 技术参数的描述性统计数据对比

环道	技术参数	平均值	标准差	最大值	最小值
MnRoad	国际平整度指数/(m/km)	1.849	0.907	0.666	5.390
	车辙深度/mm	5.797	3.141	0.826	16.492
	路面横向力系数	49.187	5.999	36.579	62.528
RIOHTRACK	国际平整度指数/(m/km)	1.586	0.363	0.916	2.644
	车辙深度/mm	4.769	1.728	1.139	9.104
	路面横向力系数	51.572	7.620	34.000	92.920

8.1.2 影响变量数据收集

沥青路面并不是一个独立的系统，其使用性能会受到气候条件、重复交通荷载以及路面结构等外部因素的影响。其中，气候条件对路面性能的影响主要表现在温度变化和水渗透两个方面；重复交通荷载是造成道路损坏的直接原因之一，对道路性能起着非常重要的作用；路面结构中的表层直接受到重交通负荷的垂直力、水平力和冲击力，同时还受到降水侵蚀和温度变化的影响；而路面的维修养护可以显著提高路面使用性能。因此，本章除收集路面技术参数数据外，还要收集与之相应的影响变量的数据，主要包括以下六类：

(1) 温度——从上次测量时刻到这次测量时刻期间的平均温度(TEMP)。
(2) 降水量——从上次测量时刻到这次测量时刻期间的总降水量(PRECIP)。
(3) 交通量——从上次测量时刻到这次测量时刻期间的总交通量(TRAFFIC)。
(4) 沥青层厚度——路面沥青层的厚度(AC-thickness)。
(5) 路龄——路面建设完成到收集日期的时间跨度(AGE)。
(6) 维修状况——虚拟变量，1代表今年进行养护，0代表今年不进行养护。

对于我国的 RIOHTRACK 环道，从上次测量时刻到这次测量时刻期间的交通量、沥青层厚度和养护状况均保持不变。图 8.1 为两个环道上温度、降水量和交通量随时间的变化曲线。

(a) MnRoad 环道

(b) RIOHTRACK 环道

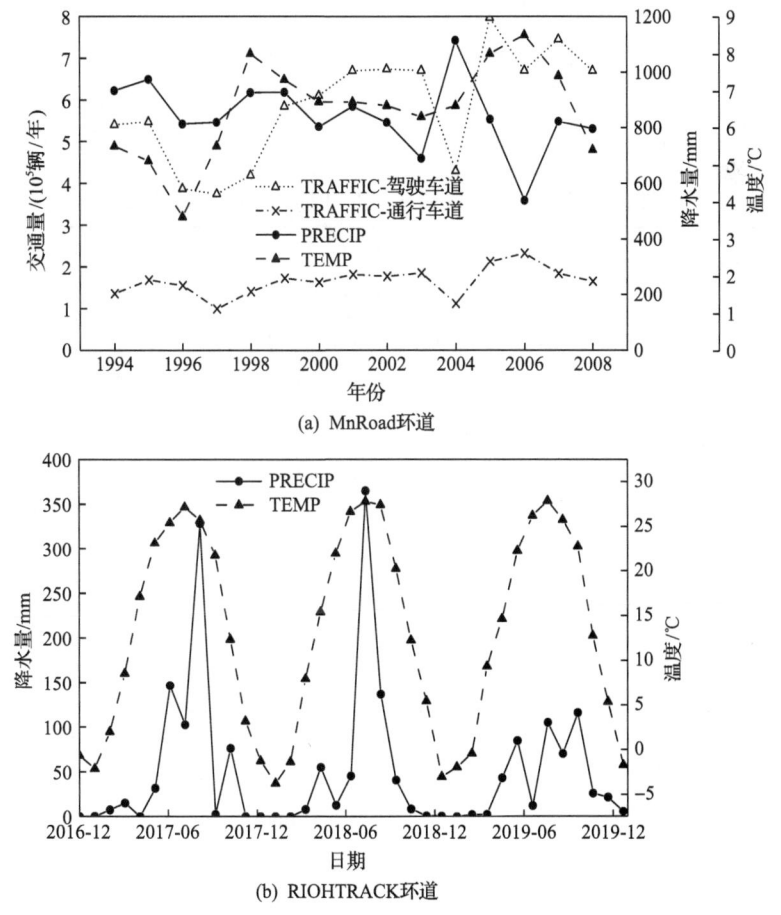

图 8.1　两个环道上温度、降水量和交通量随时间的变化曲线

8.1.3 相关性分析

在对路面使用性能进行评价和预测之前,需要分析技术参数与影响变量(虚拟变量除外)之间的关系,以此来确定各影响因素对路面使用性能的影响程度。本章采用皮尔逊相关系数来定量分析这一关系,即

$$\rho_{x_1,x_2} = \frac{\text{cov}(x_1,x_2)}{\sqrt{\text{var}(x_1)\text{var}(x_2)}} \tag{8.1}$$

式中,$\text{cov}(x_1,x_2)$ 为 x_1 与 x_2 的协方差;$\text{var}(x_1)$ 和 $\text{var}(x_2)$ 分别为 x_1 和 x_2 的方差。

表 8.2 为不同技术参数和各种影响变量之间的相关系数。可以看出,路龄、沥青层厚度和交通量对沥青路面使用性能有显著影响,而气候因素对沥青路面使用性能的影响较小。这是由于本章收集到的气候数据不是沥青道路表面的实际温度和降水量,而是从附近的气候站收集到的大气温度和降水量。然而,尽管气候因素的影响总体上较低,但是由于气候因素对各沥青路面单元的影响各不相同,本章仍将其作为影响变量。

表 8.2 不同技术参数和各种影响变量之间的相关系数

影响变量		MnRoad 环道				RIOHTRACK 环道			
		平均值	标准差	最小值	最大值	平均值	标准差	最小值	最大值
温度	国际平整度指数	0.10	0.06	0.00	0.22	0.07	0.10	0.00	0.41
	车辙深度	0.24	0.09	0.00	0.39	0.22	0.01	0.00	0.04
	路面横向力系数	0.10	0.17	0.00	0.49	0.05	0.06	0.01	0.28
降水量	国际平整度指数	0.14	0.06	0.02	0.27	0.04	0.04	0.00	0.15
	车辙深度	0.21	0.08	0.00	0.33	0.01	0.01	0.00	0.18
	路面横向力系数	0.04	0.06	0.00	0.23	0.01	0.02	0.00	0.07
交通量	国际平整度指数	0.30	0.14	0.09	0.55	—	—	—	—
	车辙深度	0.32	0.13	0.01	0.54	—	—	—	—
	路面横向力系数	0.11	0.13	0.00	0.38	—	—	—	—
沥青层厚度	国际平整度指数	0.50	0.14	0.29	0.78	—	—	—	—
	车辙深度	0.41	0.20	0.06	0.73	—	—	—	—
	路面横向力系数	0.46	0.20	0.08	0.89	—	—	—	—
路龄	国际平整度指数	0.82	0.10	0.48	0.94	0.15	0.17	0.00	0.61
	车辙深度	0.76	0.26	0.01	0.97	0.60	0.15	0.31	0.84
	路面横向力系数	0.20	0.29	0.00	0.80	0.64	0.11	0.38	0.79

本节分别从 MnRoad 环道和 RIOHTRACK 环道的沥青路面单元中提取包括温度、降水量、交通量、沥青层厚度、路龄和维修状况等在内的影响变量数据和包括国际平整度指数、车辙深度和路面横向力系数在内的技术参数数据，并对缺失值进行线性插值处理，然后对技术参数和影响变量进行相关性分析。结果表明，路龄、沥青层厚度和交通量对沥青路面使用性能有显著影响，而气候因素对沥青路面使用性能的影响较小。

8.2 沥青路面技术参数预测模型

收集完沥青路面单元的各项数据之后，为了明确未来沥青路面的使用性能、制定合适的养护决策，需要首先获取未来的国际平整度指数、车辙深度和路面横向力系数等各项技术参数。因此，本章对路面技术参数数据进行小波降噪之后，选择温度、降水量、交通量、沥青层厚度、路龄和维修状况等因素作为影响变量建立了 BP 神经网络、ARIMAX 时间序列模型和 LSTM 时间序列模型等技术参数预测模型，并将不同模型的预测结果进行对比。

8.2.1 小波降噪

沥青路面的各项技术参数会随着时间的推移而变差，例如，国际平整度指数和车辙深度会随着路龄逐渐变大，而路面横向力系数会逐渐变小。然而，测量工作是人为进行的，维护操作和测量误差不可避免地导致路面的技术参数产生异常变化。为了消除这些噪声对最终预测结果造成的影响，本章对原始的技术参数数据进行小波降噪处理，消除维护操作和测量误差造成的噪声。

1. 小波降噪原理

小波变换是指通过对时间(空间)频率的局部分析，突出原始数据的某些特征。小波降噪的操作过程如图 8.2 所示。先将原始技术参数数据进行小波分解，得到低

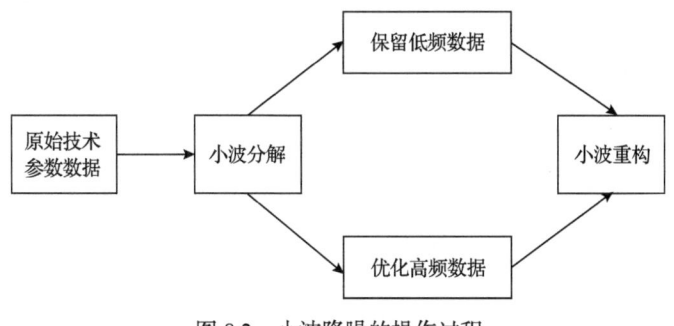

图 8.2 小波降噪的操作过程

频数据和高频数据，然后将保留的低频数据和优化后的高频数据进行小波重构得到降噪后的数据。在这个过程中，小波算法、分解层数、阈值计算算法和阈值处理方法都是影响最终降噪效果的关键因素。

1) 小波算法的选择

选择小波算法时应考虑支持长度、消失矩、对称性、规则性和相似性。Haar小波算法、daubechies(db)小波算法和symlet(sym)小波算法是比较常用的三种小波基，它们的形式均为

$$\Psi_{a,b} = \frac{1}{\sqrt{|a|}} \Psi\left(\frac{x-b}{a}\right) \tag{8.2}$$

2) 分解层数的选择

在小波降噪过程中，需要先对数据进行小波分解，其中分解层数的选择也是一个非常重要的步骤。随着分解层数的增加，噪声与真实信号的特征差更明显，更有利于噪声的滤除。但分解层数越多，重构信号的失真也更加明显，这将影响最终的降噪效果。因此，在进行小波分解时需要确定适当的分解层数，以平衡这两者之间的矛盾。

3) 阈值计算算法的选择

在小波降噪过程中，最理想的情况是只去除测量误差或者维修操作引入的噪声，而不去除其余的有效信息。为了最大限度地达到这一理想状况，阈值计算算法必须被适当地选择，以尽量减少有效信息的删除。常用的阈值计算算法包括无偏风险估计阈值算法、启发式阈值算法、固定阈值算法和极值阈值算法。

4) 阈值处理方法的选择

对小波进行分解之后，需要选择合适的阈值处理方法对高频信号进行优化，软阈值函数和硬阈值函数是常用的阈值处理方法。其中，硬阈值函数得到的降噪信号更接近实际信号，但信号会有额外的振荡和跳跃点。虽然用软阈值函数得到的降噪信号与实际信号有一定偏差，但它具有更好的整体连续性。

2. 小波降噪参数选择

本章在小波降噪过程中选择的阈值计算算法为无偏风险估计阈值算法，阈值处理方法为软阈值函数，即

$$\begin{cases} f(k) = (\text{sort}(|s|))^2 \\ \lambda_k = \sqrt{f(k)} \end{cases} \tag{8.3}$$

$$w_\lambda = \begin{cases} [\text{sgn}(w)](|w| - \lambda), & |w| \geq \lambda \\ 0, & |w| < \lambda \end{cases} \tag{8.4}$$

式中，s 为原始数据信号；w 为小波系数。

确定了阈值计算算法和处理方法之后，影响最终降噪效果的主要因素就只是小波算法和分解层数，为了得到它们的最佳选择，本章分别对最常见的 db4、sym4 和 Haar 小波算法进行了验证。具体做法是：将这些小波算法与分解层数为 3、4、5 时进行组合试验，并对它们的降噪性能进行评估，最终选择降噪性能最优的组合。评估指标包括 RMSE 和平滑度 r，其中 RMSE 表示降噪后的数据与原始数据的差异性大小，它的值越小表明保留的有效信息越多，小波降噪性能越好；而平滑度表示降噪后数据的平滑程度，它的值越小说明小波降噪去除的噪声越多，小波降噪性能越好。

$$\text{RMSE} = \sqrt{\frac{1}{N}\sum_{i=1}^{N}(s_i - f_i)^2} \tag{8.5}$$

$$r = \frac{\sum_{i=1}^{N-1}(f_{i+1} - f_i)}{\sum_{i=1}^{N-1}(s_{i+1} - s_i)} \tag{8.6}$$

式中，N 为样本个数；f_i 和 s_i 分别为降噪后的数据和原始数据。

对于原始数据的小波降噪性能评估结果如表 8.3 所示。可以看出，所有组合对原始数据进行小波降噪后得到的平滑度均在 0.9 左右，相差不大，而其中当小波算法为 db4、分解层数为 3 时，RMSE 为 0.436，是所有组合试验中的最小值，说明这种情况下对原始数据进行小波降噪的性能最优。

表 8.3 对于原始数据的小波降噪性能评估结果

算法	分解层数	RMSE	r
Haar	3	1.045	0.901
	4	1.412	0.889
	5	1.412	0.889
db4	3	0.436	0897
	4	0.466	0.887
	5	0.489	0.879
sym4	3	0.487	0.884
	4	0.524	0.875
	5	0.557	0.869

选择完相关参数后,对之前收集的沥青路面的技术参数进行小波降噪处理。MnRoad 1P 路段原始技术参数与降噪后技术参数对比如图 8.3 所示。

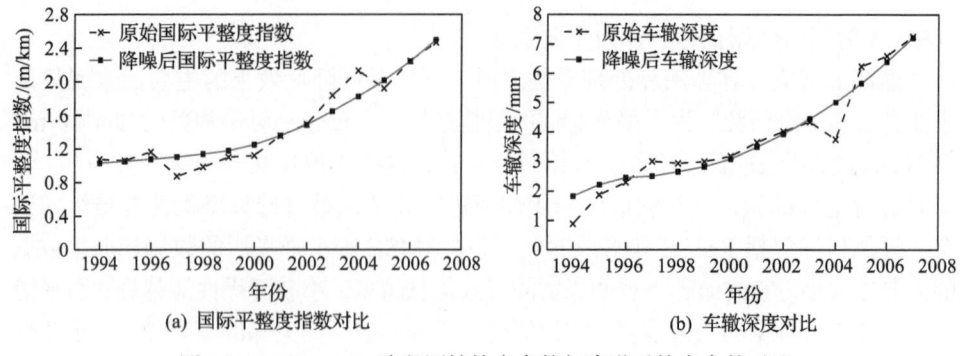

图 8.3 MnRoad 1P 路段原始技术参数与降噪后技术参数对比

8.2.2 构建沥青路面技术参数预测模型

沥青路面技术参数预测模型用于预测未来一段时间沥青路面技术参数的发展趋势,包括确定型模型和概率型模型。其中概率型模型预测的是未来路况处于某种状态的概率值,为了得到稳定的结果,常常需要统计大量的数据;而确定型模型给出的是未来路面技术参数具体的预测值。基于此,为了使预测结果更为直观,可进一步得出沥青路面的使用性能综合指标预测值,扩展模型的应用性,本章选择的确定型模型为 LSTM 模型。在训练网络之前,为了消除量纲的影响,使不同量级的数据具有可比性,按照式(8.7)将输入、输出数据进行归一化,将所有数据的值限制在 0~1。

$$x_i' = \frac{x_i - x_{\min}}{x_{\max} - x_{\min}} \tag{8.7}$$

在不同类型的深度学习模型中,递归神经网络(recurrent neural networks, RNN)模型是专门用于处理时间序列数据的,因为它能够在隐藏层中记忆之前的信息。与 BP 神经网络相比,RNN 模型是通过模拟人类的认知提出的,它在预测未来趋势时是基于过去的经验和记忆,即 RNN 模型不只考虑当前时刻的输入,还给了网络一个之前时刻的记忆函数。图 8.4 为 RNN 模型的递归结构。RNN 模型重复接收输入数据和之前的数据并对其进行处理,具有模拟过去数据对后续数据影响的能力,借助该能力可以预测时间序列数据,如股票价格,其输入数据采用时间序列的形式。可以看出,网络接收到输入 x_t 后,隐藏层 h_t 的值就会确定,最终得到输出 y_t。除此之外,h_t 的影响因素不仅是 x_t,还有前一时刻的隐藏状态 h_{t-1},即

第 8 章 基于长短期记忆模型的路面服役性能评价方法

$$\begin{cases} y_t = g(Vh_t) \\ h_t = f(Ux_t + Wh_{t-1}) \end{cases} \tag{8.8}$$

式中，t 为时间序列；h_t、x_t、y_t 分别为隐藏状态、输入向量和输出向量；W、U、V 分别为 h_t、x_t、y_t 的权值。

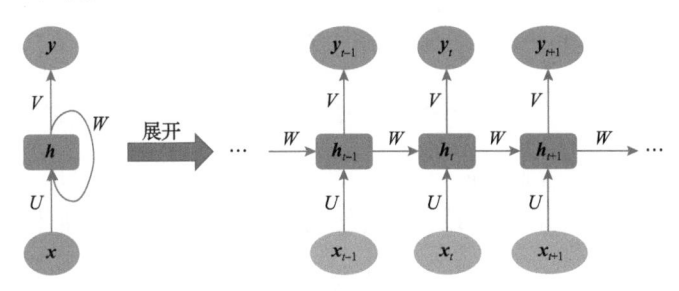

图 8.4　RNN 模型的递归结构

虽然 RNN 模型在处理时间序列数据方面是有效的，但其仍然存在因 BP 算法和长期依赖导致的梯度消失和爆炸问题。LSTM 模型的出现解决了这一问题，它是一种能够有效地捕获长期依赖关系的特殊 RNN 模型。LSTM 模型的递归结构如图 8.5 所示。它由一条传递信息并保持不变的传送带和三个控制数据流进出单元的非线性门组成。细胞状态是 LSTM 模型最重要的核心，它携带着之前所有状态的信息，每当它运行时，都会进行相应的操作来决定是丢弃还是添加信息。为此，LSTM 引入了 C_t 的概念，在特定的时间更新状态 (h_t)，并决定是否应该根据从输入到现在的状态来更新内部信息。此外，用于控制信息输入和输出的非线性门是遗忘门 f_t、输入门 i_t 和输出门 o_t。

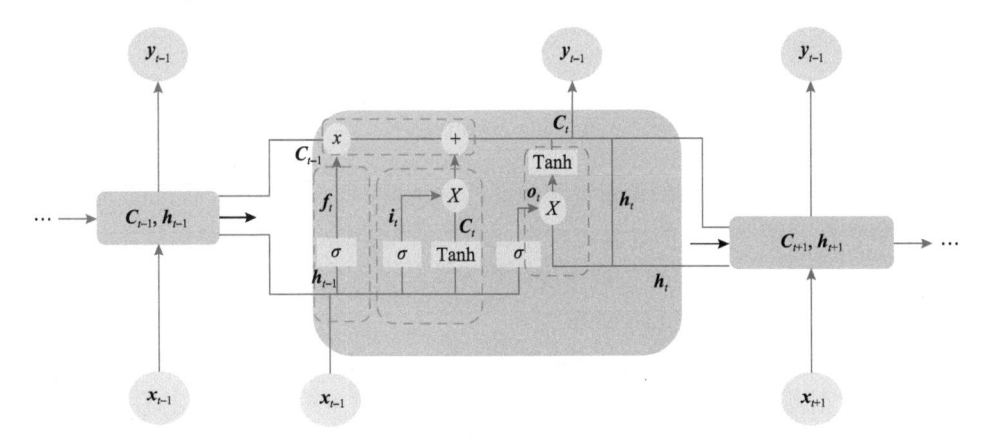

图 8.5　LSTM 模型的递归结构

遗忘门 f_t 通过将前一个状态 h_{t-1} 的输出和当前状态 x_t 的输入信息输入 s 型函

数中，生成一个 0~1 的值，再乘以当前状态和元素来确定有多少信息被丢弃或保留。0 表示完全丢弃，1 表示完全保留，即

$$f_t = \sigma(W_f \times [h_{t-1}, x_t] + b_f) \tag{8.9}$$

式中，b_f 为遗忘门的偏差；W_f 为遗忘门的权重；$\sigma(\cdot)$ 为激活函数。

输入门 i_t 决定哪些新信息被添加到细胞状态，即

$$i_t = \sigma(W_i \times [h_{t-1}, x_t] + b_i) \tag{8.10}$$

式中，W_i 为输入门的权重；b_i 为输入门的偏差。

这个过程大致分为两个阶段：通过使用 s 型函数来决定更新什么信息；根据式(8.11)创建候选单元，该单元在使用双曲正切函数更新单元状态时被计算。

$$\tilde{C} = \tanh(W_c \times [h_{t-1}, x_t] + b_c) \tag{8.11}$$

式中，W_c 为候选单元的权重；b_c 为候选单元的偏差。

将之前的细胞状态 C_{t-1} 和候选细胞状态合并，进而更新当前细胞状态 C_t，即

$$C_t = f_t \times C_{t-1} + i_t \times \tilde{C}_t \tag{8.12}$$

输出门 o_t 通过使用 s 型函数来决定单元格状态与输出部分的对应关系，即

$$o_t = \sigma(W_o \times [h_{t-1}, x_t] + b_o) \tag{8.13}$$

式中，b_o 为输出门的偏差；W_o 为输出门的权重。

输出门乘以使用双曲切线函数激活的细胞状态，以此更新特定的时间的状态 h_t，即

$$h_t = o_t \times \tanh(C_t) \tag{8.14}$$

LSTM 模型通过隐藏的变量计算最终的输出值，其方法类似于标准的 RNN 模型，但是它在隐藏层变量的计算过程中适当地使用非线性门来调整信息流。因此，使用 LSTM 模型处理梯度损失或梯度爆炸没有任何问题，即使是对于具有长过程序列的数据，本章也选择 LSTM 模型。

本章搭建了一种用于路面技术参数预测的 LSTM。在对模型进行训练之前，需要进行数据预处理，时间序列数据预处理方式如图 8.6 所示，确定输入长度和输出长度，以此将时间序列数据转换为带有特征和标签的监督学习数据。对于 MnRoad 环道路段，输入长度为 1，输出长度为 1，说明 $t+1$ 年的路面技术参数是基于 t 年的路面技术参数和影响变量进行预测的。对于 RIOHTRACK 环道路段，

输入长度为 5，输出长度为 2，说明 $t+1$ 和 $t+2$ 个月的路面技术参数是根据过去 5 个月 ($t-4\sim t$) 的技术参数和影响变量进行预测的。

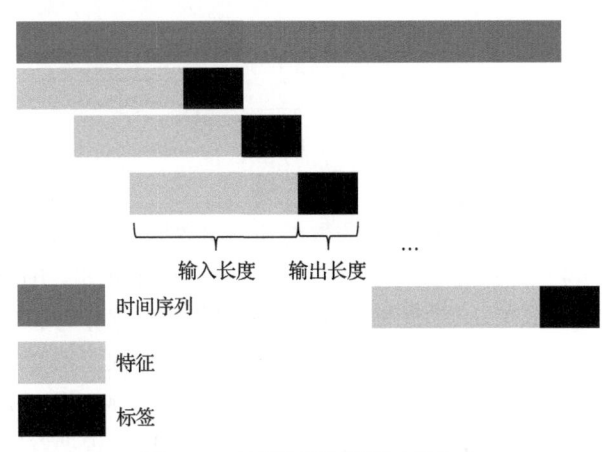

图 8.6　时间序列数据预处理方式

本章搭建的 LSTM 由两个 LSTM 层和一个最终的全连接层组成。LSTM 层通过递归网络对输入的顺序信息进行编码，采用的激活函数为修正线性单元函数 ReLU。全连接层从第二个 LSTM 层获取最终输出并输出一个大小为设置的输出长度的向量，采用的激活函数为线性函数。LSTM 超参数设置情况如表 8.4 所示。

表 8.4　LSTM 超参数设置情况

超参数类型	超参数设置
学习率	0.001
批量大小	16
迭代次数	100
优化器	Adam
损失函数	MSE

8.2.3　沥青路面技术参数预测结果

利用 8.2.2 节介绍的三种模型对沥青路面的国际平整度指数、车辙深度和路面横向力系数等技术参数进行预测。为了分析比较这三种模型的预测性能，本章选择 MSE、MAE 和 R^2 这三个回归评价指标。

$$\text{MSE} = \frac{1}{N}\sum_{i=1}^{N}(y_i - f_i)^2 \tag{8.15}$$

$$\mathrm{MAE} = \frac{1}{N}\sum_{i=1}^{N}|y_i - f_i| \tag{8.16}$$

$$R^2 = 1 - \frac{\sum_{i=1}^{N}(y_i - f_i)^2}{\sum_{i=1}^{N}(y_i - \bar{y})^2} \frac{1}{N}\sum_{i=1}^{N}|y_i - f_i| \tag{8.17}$$

式中，N 为样本数；f_i 和 y_i 分别为预测数据和真实数据；$\bar{y}$ 为真实数据的平均值。

本节采用 1994~2007 年在 MnRoad 环道沥青路面单元和 2016 年 12 月~2019 年 11 月在 RIOHTRACK 环道沥青路面单元上收集的数据作为训练集来开发预测模型，为了比较测量误差和维修操作引起的噪声对模型预测精度的影响，分别使用原始训练集和降噪后的训练集训练模型。之后，使用 2008 年 MnRoad 环道沥青路面单元及 2019 年 12 月和 2020 年 1 月 RIOHTRACK 环道沥青路面单元上的测量数据作为测试集对训练后的预测模型进行测试，将模型对测试集的预测结果与真实结果进行比较，以此来判断模型的预测性能。

1. BP 神经网络对沥青路面技术参数的预测结果

1) 原始训练集训练后模型的预测结果

原始数据训练的 BP 神经网络对技术参数的预测性能如图 8.7 所示。表 8.5 为原始数据训练的 BP 神经网络对技术参数预测的性能评价。可以看出：

(1) 对于 MnRoad 环道，BP 神经网络对路面技术参数的预测精度均较低，R^2 均在 0.6 以下。对于 RIOHTRACK 环道，BP 神经网络对路面平整度和车辙深度的预测性能较好，R^2 分别为 0.893 和 0.772，然而对于路面横向力系数没有预测能力。

(2) BP 神经网络对路面平整度的预测结果最好，总数据集的 R^2 为 0.753，MSE 和 MAE 分别为 0.276 和 0.317，然而对路面车辙深度的预测能力较差，总数据集的 R^2 为 0.263，MSE 和 MAE 分别为 1.973 和 0.999。

(3) 除此之外，该模型对路面横向力系数几乎没有预测能力，说明利用原始训练集训练的 BP 神经网络不适用于沥青路面技术参数的预测。

2) 降噪训练集训练后模型的预测结果

首先将训练集进行小波降噪处理，再利用处理后的训练集训练 BP 神经网络。降噪数据训练的 BP 神经网络对技术参数的预测性能如图 8.8 所示。降噪数据训练的 BP 神经网络对技术参数预测的性能评价如表 8.6 所示。可以看出，对训练集数据进行小波降噪处理无法有效提高 BP 神经网络对路面技术参数的预测精度，甚至降低了模型对某些技术参数的预测性能，如对 MnRoad 沥青路段的平整度和车辙深度的预测。

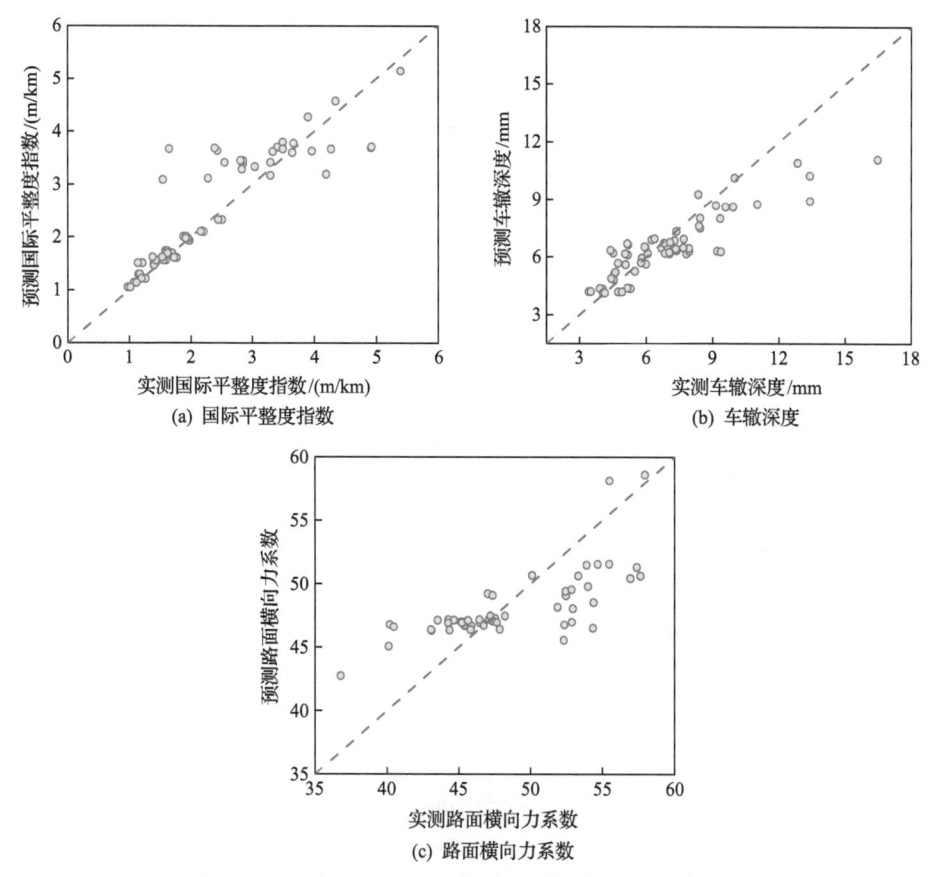

图 8.7 原始数据训练的 BP 神经网络对技术参数的预测性能

表 8.5 原始数据训练的 BP 神经网络对技术参数预测的性能评价

数据集	技术参数	R^2	MSE	MAE
MnRoad	国际平整度指数	0.257	0.643	0.627
	车辙深度	0.535	3.975	1.500
	路面横向力系数	0.258	23.029	4.384
RIOHTRACK	国际平整度指数	0.893	0.015	0.097
	车辙深度	0.722	0.550	0.642
	路面横向力系数	—	2.647	1.267
总数据集	国际平整度指数	0.753	0.276	0.317
	车辙深度	0.263	1.973	0.999
	路面横向力系数	—	11.114	2.562

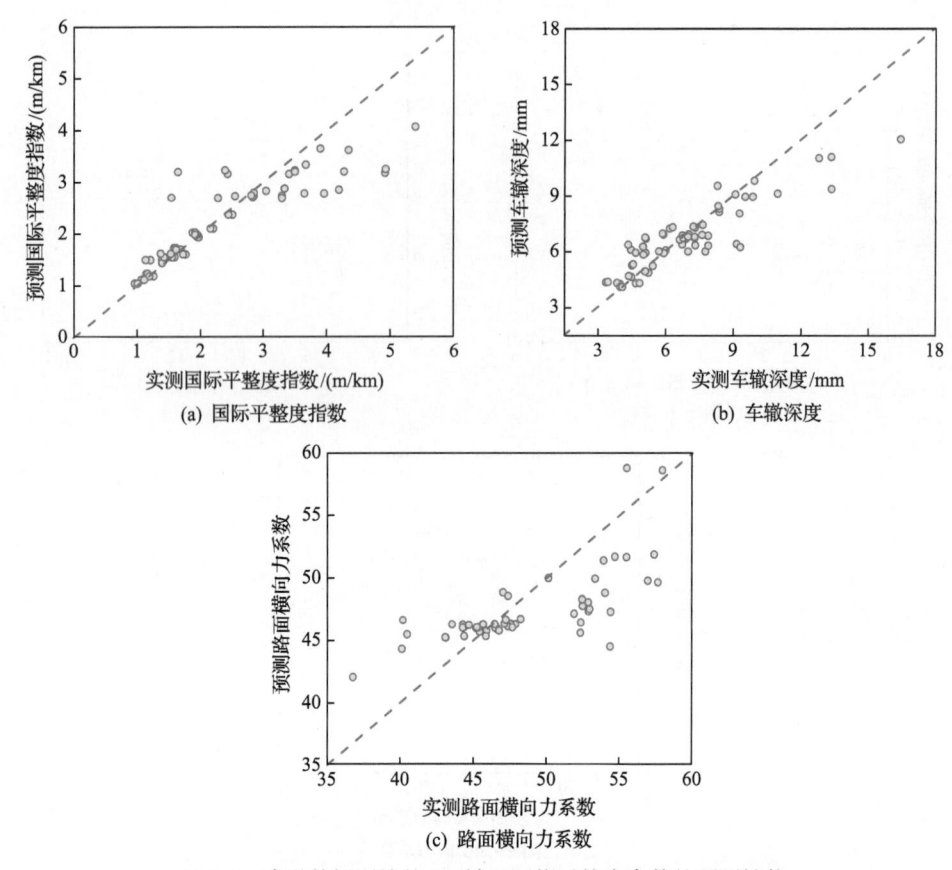

图 8.8　降噪数据训练的 BP 神经网络对技术参数的预测性能

表 8.6　降噪数据训练的 BP 神经网络对技术参数预测的性能评价

数据集	技术参数	R^2	MSE	MAE
MnRoad	国际平整度指数	0.158	0.728	0.679
	车辙深度	0.626	3.202	1.365
	路面横向力系数	0.128	27.049	4.754
RIOHTRACK	国际平整度指数	0.906	0.014	0.089
	车辙深度	0.766	0.463	0.523
	路面横向力系数	0.160	1.428	1.026
总数据集	国际平整度指数	0.490	0.310	0.334
	车辙深度	0.479	1.601	0.873
	路面横向力系数	—	12.071	2.575

2. ARIMAX 时间序列模型对沥青路面技术参数的预测结果

1)原始训练集训练后模型的预测结果

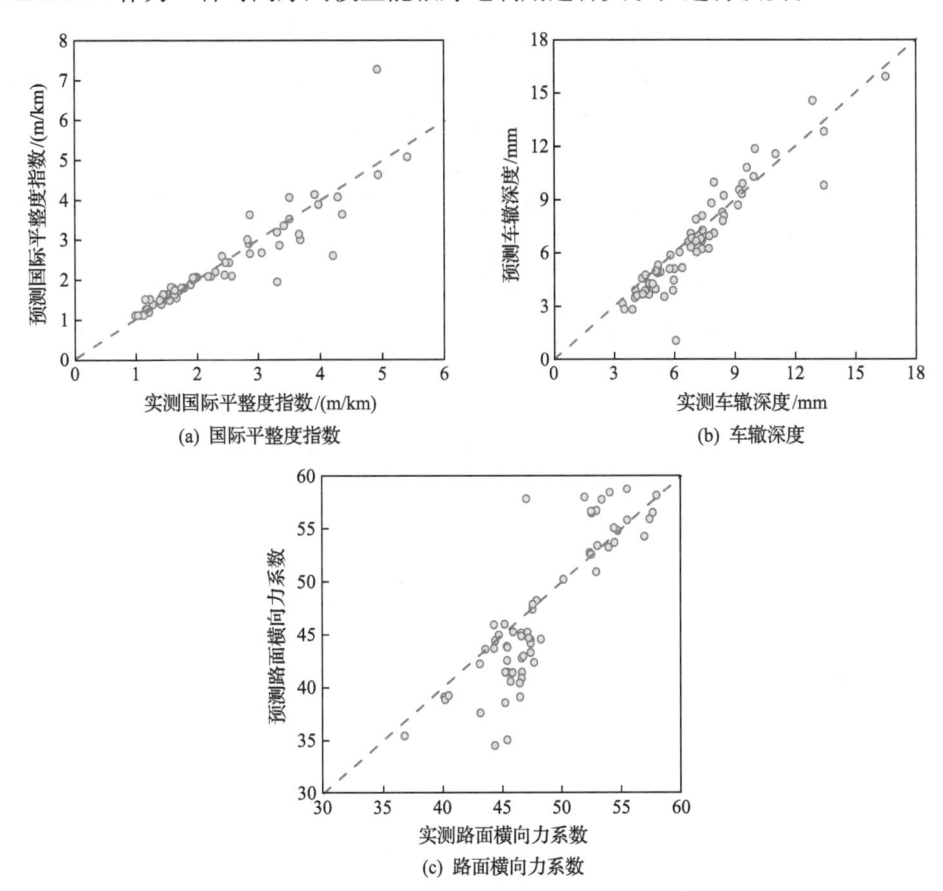

原始数据训练的 ARIMAX 时间序列模型对技术参数的预测性能如图 8.9 所示，原始数据训练的 ARIMAX 时间序列模型对技术参数预测的性能评价如表 8.7 所示。可以看出：

(1)对于 MnRoad 环道，ARIMAX 时间序列模型对路面车辙深度和横向力系数的预测效果较好，R^2 分别为 0.743 和 0.812，而对路面平整度的预测效果较差，R^2 为 0.422，对未来路面平整度的预测准确度不足。

(2)对于 RIOHTRACK 环道，ARIMAX 时间序列模型对路面平整度的预测精度却达到了 0.909，表现出良好的性能，这是由于该环道在数据收集期间平整度的变化不大，过往收集的平整度数据与要预测的平整度数据关联性很大，而 ARIMAX 作为一种时间序列模型能很好地利用这种关联性进行预测。

图 8.9 原始数据训练的 ARIMAX 时间序列模型对技术参数的预测性能

表 8.7 原始数据训练的 ARIMAX 时间序列模型对技术参数预测的性能评价

数据集	技术参数	R^2	MSE	MAE
MnRoad	国际平整度指数	0.422	0.500	0.463
	车辙深度	0.743	2.195	0.959
	路面横向力系数	0.812	5.843	1.732
RIOHTRACK	国际平整度指数	0.909	0.013	0.087
	车辙深度	0.691	0.613	0.648
	路面横向力系数	—	19.934	3.460
总数据集	国际平整度指数	0.823	0.215	0.243
	车辙深度	0.806	1.270	0.777
	路面横向力系数	0.353	14.081	2.742

（3）与 MnRoad 环道不同的是，在 RIOHTRACK 环道上 ARIMAX 时间序列模型对路面横向力系数几乎没有预测能力，说明该模型对于路面横向力预测没有较好的鲁棒性，但其对路面平整度和车辙深度的预测能力较好，R^2 均达到了 0.8 以上，MSE 分别为 0.215 和 1.270，MAE 分别为 0.243 和 0.777。

（4）ARIMAX 时间序列模型对横向力系数的预测能力较差，总数据集的 R^2 为 0.353，MSE 和 MAE 分别为 14.081 和 2.742。

2）降噪训练集训练后模型的预测结果

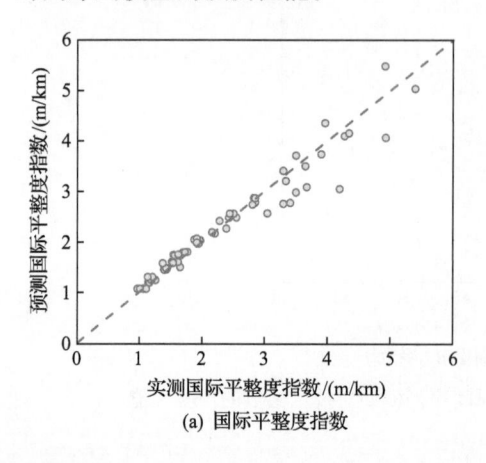

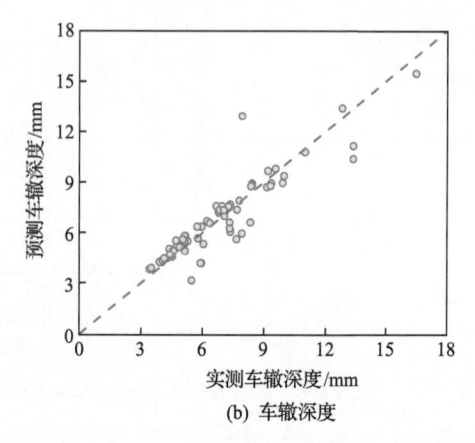

降噪数据训练的 ARIMAX 时间序列模型对技术参数的预测性能如图 8.10 所示。降噪数据训练的 ARIMAX 时间序列模型对技术参数预测的性能评价如表 8.8 所示。可以看出：

（1）对于任一环道来说，对训练集数据进行小波降噪处理有效地提升了 ARIMAX 时间序列模型的预测性能。

(a) 国际平整度指数

(b) 车辙深度

(c) 路面横向力系数

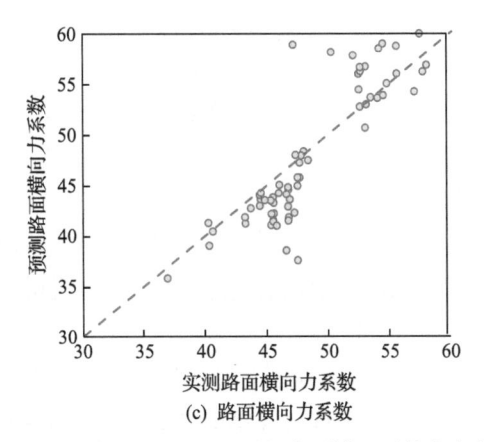

图 8.10 降噪数据训练的 ARIMAX 时间序列模型对技术参数的预测性能

表 8.8 降噪数据训练的 ARIMAX 时间序列模型对技术参数预测的性能评价

数据集	技术参数	R^2	MSE	MAE
MnRoad	国际平整度指数	0.808	0.166	0.301
	车辙深度	0.763	2.024	0.939
	路面横向力系数	0.725	8.540	2.178
RIOHTRACK	国际平整度指数	0.951	0.007	0.067
	车辙深度	0.706	0.582	0.583
	路面横向力系数	—	13.047	2.806
总数据集	国际平整度指数	0.940	0.073	0.164
	车辙深度	0.819	1.181	0.731
	路面横向力系数	0.443	12.117	2.591

(2) 对于平整度，模型的预测性能指标 R^2 提升了 14.2%，MSE 和 MAE 分别降低了 66.0%和 32.5%。

(3) 对于车辙深度，模型的预测性能指标 R^2 提升了 1.6%，MSE 和 MAE 分别降低了 7.0%和 5.9%。

(4) 对于横向力系数，模型的预测性能指标 R^2 提升了 25.5%，MSE 和 MAE 分别降低了 13.9%和 5.5%。

3. LSTM 时间序列模型对沥青路面技术参数的预测结果

1) 原始训练集训练后模型的预测结果

原始数据训练的 LSTM 时间序列模型对技术参数的预测性能如图 8.11 所示。

原始数据训练的 LSTM 时间序列模型对技术参数预测的性能评价如表 8.9 所示。可以看出：

（1）LSTM 时间序列模型对沥青路面技术参数的预测性能较好，除 RIOHTRACK 环道沥青路段横向力系数外，其余的预测性能指标 R^2 均在 0.9 左右。

（2）通过对 RIOHTRACK 环道沥青路段调查发现，测试集的路面横向力系数基本在区间[45,50]内，某个数据的预测结果和实际结果相差较大对整体 R^2 影响很大。LSTM 时间序列模型对路面横向力系数的预测已经足够准确，评估指标 MSE 和 MAE 分别仅为 0.688 和 0.622。

（3）总体而言，LSTM 时间序列模型对沥青路面平整度（R^2=0.954，MSE=0.056，MAE=0.144）、车辙深度（R^2=0.934，MSE=0.431，MAE=0.508）和横向力系数（R^2=0.961，MSE=0.697，MAE=0.842）的预测性能均较好。

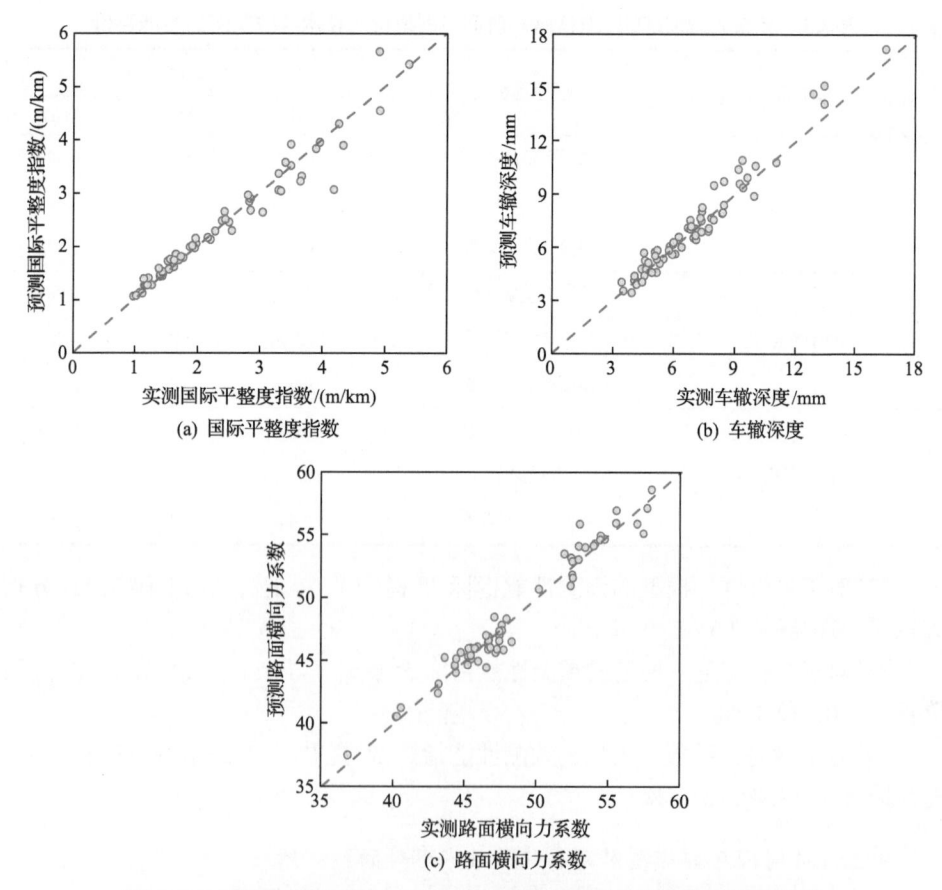

(a) 国际平整度指数

(b) 车辙深度

(c) 路面横向力系数

图 8.11 原始数据训练的 LSTM 时间序列模型对技术参数的预测性能

表 8.9 原始数据训练的 LSTM 时间序列模型对技术参数预测的性能评价

数据集	技术参数	R^2	MSE	MAE
MnRoad	国际平整度指数	0.860	0.121	0.242
	车辙深度	0.905	0.814	0.722
	路面横向力系数	0.966	1.059	0.804
RIOHTRACK	国际平整度指数	0.935	0.009	0.074
	车辙深度	0.920	0.160	0.356
	路面横向力系数	0.556	0.688	0.622
总数据集	国际平整度指数	0.954	0.056	0.144
	车辙深度	0.934	0.431	0.508
	路面横向力系数	0.961	0.697	0.842

2) 降噪训练集训练后模型的预测结果

为了进一步提升 LSTM 时间序列模型对路面技术参数预测的准确性，本章对原始测量的路面技术参数数据进行小波降噪预处理。降噪数据训练的 LSTM 时间序列模型对技术参数的预测性能如图 8.12 所示。降噪数据训练的 LSTM 时间序列模型对技术参数预测的性能评价如表 8.10 所示。可以看出，小波降噪处理提升了 LSTM 时间序列模型对车辙深度的预测精度，R^2 平均提升了 2.0%，MSE 降低了 28.1%，MAE 降低了 15.6%，但是并不能提高 LSTM 时间序列模型对平整度和横向力系数的预测精度甚至还有略微降低。这是因为小波降噪方法虽然可以降低原始数据中的噪声，但也会使实测数据发生畸变。与噪声相比，失真数据对 LSTM 时间序列模型的预测精度影响更大。

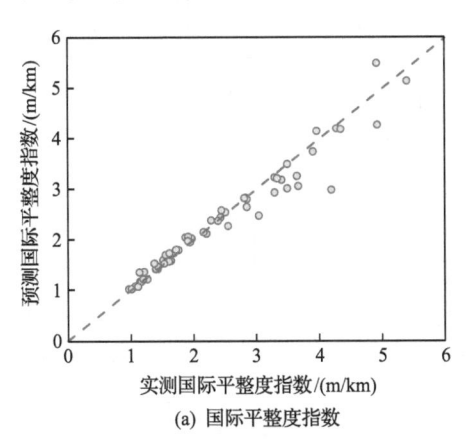

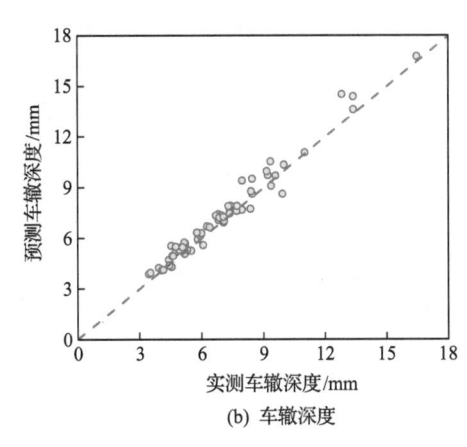

(a) 国际平整度指数

(b) 车辙深度

(c) 路面横向力系数

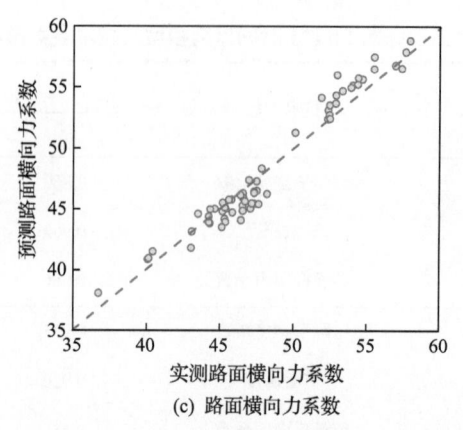

图 8.12　降噪数据训练的 LSTM 时间序列模型对技术参数的预测性能

表 8.10　降噪数据训练的 LSTM 时间序列模型对技术参数预测的性能评价

数据集	技术参数	R^2	MSE	MAE
MnRoad	国际平整度指数	0.840	0.138	0.253
	车辙深度	0.935	0.554	0.585
	路面横向力系数	0.951	1.529	1.040
RIOHTRACK	国际平整度指数	0.949	0.007	0.062
	车辙深度	0.931	0.136	0.318
	路面横向力系数	0.222	1.478	0.974
总数据集	国际平整度指数	0.949	0.062	0.142
	车辙深度	0.953	0.310	0.429
	路面横向力系数	0.931	1.499	1.002

8.3　沥青路面使用性能综合评价模型

为了能对路面的总体性能进行预测，本章基于收集的各项技术参数数据计算了路面技术状况指数（pavement quality index, PQI），并进一步建立了计算 PQI 等级的路面使用性能综合评价模型。本节综合设计规范法、熵权法和模糊评价法，选择对路面使用性能评价最严格的结果作为模型的标签值，将国际平整度指数、车辙深度和路面横向力系数三种路面技术参数作为输入变量，并基于 BP 神经网络建立路面使用性能综合评价模型。

8.3.1 沥青路面使用性能评价方法

1. 设计规范法

我国《公路技术状况评定标准》(JTG 5210—2018)[1]规定路面使用性能综合评价指标为路面技术状况指数 PQI，它综合考虑了多个单项指标，包括路面损坏状况指数(pavement condition index, PCI)、行驶质量指数(riding quality index, RQI)、车辙深度指数(rutting depth index, RDI)和抗滑性能指数(skidding resistance index, SRI)，而这四个单项指标又分别由破损率、国际平整度指数、车辙深度和路面横向力系数等技术参数确定，如式(8.18)~式(8.22)所示。

$$\begin{gathered} \mathrm{PCI} = 100 - a_0 \mathrm{DR}^{a_1} \\ \mathrm{DR} = \frac{\sum_{i=1}^{i_0} \omega_i A_i}{A} \times 100\% \end{gathered} \tag{8.18}$$

式中，a_0 的取值依据路面类型，沥青路面取 15，水泥路面取 10.66；a_1 的取值依据路面类型，沥青路面取 0.412，水泥路面取 0.461；A 为路面检测或调查面积(m^2)；A_i 为第 i 类路面损坏的累计面积(m^2)；DR 为路面破损率(%)；ω_i 为第 i 类路面损坏的权重。

$$\mathrm{RQI} = \frac{100}{1 + a_0 \mathrm{e}^{a_1 \mathrm{IRI}}} \tag{8.19}$$

式中，a_0 的取值依据路面等级，高速公路和一级公路取 0.026，其他等级公路取 0.0185；a_1 的取值依据路面等级，高速公路和一级公路取 0.65，其他等级公路取 0.58；IRI 为国际平整度指数(m/km)。

$$\mathrm{RDI} = \begin{cases} 100 - a_0 \mathrm{RD}, & \mathrm{RD} \leqslant \mathrm{RD}_a \\ 90 - a_1 (\mathrm{RD} - \mathrm{RD}_a), & \mathrm{RD}_a < \mathrm{RD} \leqslant \mathrm{RD}_b \\ 0, & \mathrm{RD} > \mathrm{RD}_b \end{cases} \tag{8.20}$$

式中，a_0 和 a_1 均为模型参数，取值分别为 1 和 3；RD 为车辙深度；RD_a 和 RD_b 均为车辙深度参数，取值分别为 10 和 40。

$$\mathrm{SRI} = \frac{100 - \mathrm{SRI}_{\min}}{1 + a_0 \mathrm{e}^{a_1 \mathrm{SFC}}} + \mathrm{SRI}_{\min} \tag{8.21}$$

式中，a_0 和 a_1 均为模型参数，取值分别为 28.6 和 –0.105；SFC 为路面横向力系数；

SRI$_{min}$ 为标定参数，取值为 35。

综合指标 PQI 由以上单项指标共同计算得到，因此该指标同时考虑了路面的功能性能、结构性能和安全性能等方面。

$$PQI = \omega_{PCI}PCI + \omega_{RQI}RQI + \omega_{RDI}RDI + \omega_{SRI}SRI \tag{8.22}$$

式中，ω_{PCI}、ω_{RQI}、ω_{RDI} 及 ω_{SRI} 为各单项指标的权重，其具体取值如表 8.11 所示。

表 8.11 PQI 分项指标权重表

权重	高速公路、一级公路	二、三、四级公路
ω_{PCI}	0.35	0.60
ω_{RQI}	0.30	0.40
ω_{RDI}	0.15	—
ω_{SRI}	0.10	—

计算得到 PQI 值的范围为 0~100，为了对路面进行更直观的评价，以确定不同程度的养护措施，将计算出的连续的 PQI 值转化为优、良、中、次、差五种不同的路面性能状态级别，如表 8.12 所示。

表 8.12 PQI 值评价等级分级标准

等级	优	良	中	次	差
PQI 值	≥ 90	80 ≤ PQI<90	70 ≤ PQI<80	60 ≤ PQI<70	<60

2. 熵权法

采用熵权法对沥青路面使用性能进行综合评价的基本原理与设计规范法一致，都是对路面的各单项性能指标(PCI、RQI、RDI 和 SRI)的权重进行计算。区别在于，设计规范法的单项指标权重是通过调查大量路面并结合专家评价后得出的，是保持不变的，这就势必会导致出现某种权重不适用的个别特殊情况的路面，与实际的评价结果产生较大偏差。而熵权法是基于客观数据计算权重，基于不同的数据可以得出不同的权重，其基本原理是根据指标提供信息量的多少来确定客观权重，指标提供信息量的多少用信息熵来表征，信息熵越小表示提供的信息量越多，在综合评价中所起的作用越大，其权重也就越大。相反，某个指标的信息熵越大表明提供的信息量越少，在综合评价中所起的作用越小，其权重也就越小。所以与设计规范法相比，熵权法更具有客观性和针对性，其具体的计算过程如下：

1) 数据处理

在对数据进行计算之前首先要对其进行标准化处理,以此来消除它们之间的量纲关系,使数据变得有可比性。本章采用 sklearn.preprocessing 库中的 MinMaxScaler 函数对数据进行标准化,将数据缩放到 0~1,即

$$y_{ij} = \frac{x_{ij} - \min(x_i)}{\max(x_i) - \min(x_i)} \tag{8.23}$$

式中,i 为第 i 个样本;j 为第 j 个指标;x 为原始数据;y 为标准化后的数据。

2) 信息熵计算

$$E_j = -\frac{1}{\ln n} \sum_{i=1}^{n} p_{ij} \ln p_{ij} \tag{8.24}$$

式中,E_j 为第 j 个指标的信息熵;n 为样本数;p_{ij} 为第 i 个样本第 j 个指标占所有样本中该项指标的比重。

$$p_{ij} = \frac{y_{ij}}{\sum_{i=1}^{n} y_{ij}} \tag{8.25}$$

如果 $p_{ij}=0$,则定义

$$\lim_{p_{ij} \to 0} p_{ij} \ln p_{ij} = 0 \tag{8.26}$$

3) 权重计算

$$\omega_j = \frac{1 - E_j}{k - \sum_{j=1}^{k} E_j} \tag{8.27}$$

式中,ω_j 为第 j 项指标的权重;k 为指标个数。

3. 模糊综合评价

路面的使用性能并非是一个界限分明的概念,它是优还是良,界限是十分模糊的,因此本章对路面进行评价时引入了模糊综合评价法。

模糊综合评价法的关键是创建一个隶属度矩阵 $C_{k \times n}$。为此,需要选择一个合适的隶属度函数,这与最终评价结果的精准性有着密切的关系。常用的隶属度函数有高斯函数、三角函数、梯形函数和岭型函数等,本章根据路面特性选择岭型

函数，表达式为

$$Y = \begin{cases} 0, & x \leqslant a \\ \dfrac{1}{2} + \dfrac{1}{2}\sin\dfrac{\pi}{b-a}\left(x - \dfrac{b+a}{2}\right), & a < x < b \\ 1, & b \leqslant x \leqslant c \\ \dfrac{1}{2} + \dfrac{1}{2}\sin\dfrac{\pi}{d-c}\left(x - \dfrac{d+c}{2}\right), & c < x < d \\ 0, & x \geqslant d \end{cases} \quad (8.28)$$

式中，a、b、c、d 为临界值；x 为各分项指标的具体数值；Y 为评价等级的隶属度。

8.3.2 建立沥青路面使用性能综合评价模型

1. 计算沥青路面使用性能综合指标

建立沥青路面使用性能综合评价模型的前提是知道路面使用性能综合指标的具体状态等级，并将其作为标签值进行训练。一般而言，综合指标的状态等级是专家对路面进行人为打分得到的，具有一定的主观性。本章综合上述三种方法对路面使用性能综合指标 PQI 分级，选择其中对路面评价最为严格的方法计算得出的综合指标状态等级作为标签值，建立一种较为严格的路面使用性能评价模型。

根据实际情况选择的沥青路面使用性能单项指标包括 RQI、RDI 和 SRI，比设计规范法少了 PCI 指标。为解决这一问题，本节根据设计规范法中规定的指标间的比重将总值 1 分配到选择的三个指标中，进而得到各单项指标的权重。除此之外，本节还基于熵权法计算沥青路面各单项指标的权重，具体流程是：先根据式 (8.23) 将单项指标数据标准化，然后根据式 (8.24) 和式 (8.25) 计算信息熵，最后根据式 (8.27) 得出各指标的权重。用 Python 编写相关程序实现整个流程，不同方法得出的各单项指标权重如表 8.13 所示。

表 8.13 不同方法得出的各单项指标权重

权重	设计规范法	熵权法
ω_{RQI}	0.55	0.10
ω_{RDI}	0.27	0.22
ω_{SRI}	0.18	0.68

与设计规范法不同的是，本章选取的 MnRoad 环道虽然路龄较长，但在路面使用性能恶化到一定程度之前就采取了一系列预防性养护措施，提高路面的使用

性能。而 RIOHTRACK 环道在 2015 年末建成，路面还没有恶化到次或差的等级。因此，依据客观数据，本节将表 8.12 中规定的 PQI 值的 5 个评价等级修改为 3 个，将 PQI 值小于 80 均归为中等级。

表 8.14 为不同方法得到的 PQI 值和状态等级，PQI 值的变化趋势如图 8.13 所示。

表 8.14　不同方法得到的 PQI 值和状态等级（MnRoad 1P 路段）

路龄/年	设计规范法 PQI	等级	熵权法 PQI	等级
1	96.24	优	96.30	优
2	95.97	优	95.98	优
3	95.61	优	95.61	优
4	95.49	优	94.05	优
5	95.04	优	92.92	优
6	94.79	优	92.70	优
7	94.59	优	92.23	优
8	94.01	优	91.93	优
9	93.59	优	91.67	优
10	92.65	优	91.30	优
11	92.05	优	91.56	优
12	91.89	优	90.79	优
13	90.82	优	90.49	优
14	89.89	良	90.21	优
15	88.20	良	89.79	良

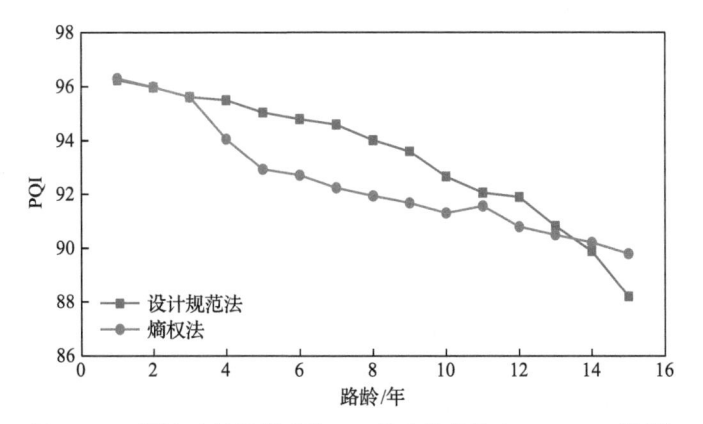

图 8.13　不同方法计算得到的 PQI 值变化趋势（MnRoad 1P 路段）

从图 8.13 可以看出，沥青路面的使用性能随着路龄的增加而降低，其中采用熵权法计算的 PQI 值普遍比采用设计规范法计算的低，这说明在大多数情况下，采用熵权法对路面进行评价更加严格。但是路面的使用性能并不是一个界限分明的概念，所以本章在此基础上引入了模糊综合评价方法。

为了计算每个单项指标的隶属度，本节规定 92.5 分位为沥青路面各单项指标优等级和良等级的分界线，87.5 分位为良等级和中等级的分界线。定义隶属度函数，根据各单项指标的具体数值得到隶属度矩阵 $C_{k\times n}$ 后，将其与上述设计规范法和熵权法得到的权重相乘后得到最终的评价结果 S。

$$S = [S_1 \ S_2 \ \cdots \ S_k] = [\omega_1 \ \omega_2 \ \cdots \ \omega_k] \begin{bmatrix} C_{11} & C_{12} & \cdots & C_{1m} \\ C_{21} & C_{22} & \cdots & C_{2m} \\ \vdots & \vdots & & \vdots \\ C_{k1} & C_{k2} & \cdots & C_{km} \end{bmatrix} \quad (8.29)$$

本节对沥青路面使用性能的综合评价等级共有四种结果，它们分别由设计规范法、熵权法以及设计规范法和熵权法分别与模糊综合评价法相结合的方法计算得到。综合上述四种方法得到的评价等级，选择对沥青路面使用性能最严格的评价结果作为最终评价等级，并将其作为训练后续模型的标签。表 8.15 为不同方法得到的路面评价等级。

表 8.15 不同方法得到的路面评价等级（MnRoad 1P 路段）

路龄/年	设计规范法	熵权法	模糊规范法	模糊熵权法	标签
1	优	优	优	优	优
2	优	优	优	优	优
3	优	优	优	优	优
4	优	优	优	优	优
5	优	优	优	优	优
6	优	优	优	优	优
7	优	优	优	优	优
8	优	优	优	优	优
9	优	优	优	优	优
10	优	优	优	优	优
11	优	优	优	优	优
12	优	优	优	优	优
13	优	优	优	优	优
14	良	优	良	良	良
15	良	良	良	良	良

2. BP 神经网络分类模型

1) BP 神经网络分类算法原理

本节基于 BP 神经网络建立沥青路面使用性能综合评价模型的过程主要由模型建立、训练和测试三个步骤组成。该模型最终输出路面的预测等级，预测等级包括优、良和中，说明建立的模型并非是输出连续值的回归模型，而是输出概率矩阵的分类模型，这种概率矩阵用于判断沥青路面处于哪种评价等级的概率最大。

2) 建立 BP 神经网络分类模型

BP 神经网络分类模型的建立是指根据具体要解决的任务，选择合适的输入变量和输出变量、隐藏层层数、各层节点数、激励函数以及学习率来构建 BP 分类模型。本章建立 BP 神经网络分类模型是为了对路面的使用性能进行综合评价，所以选择的输入变量为国际平整度指数、车辙深度和路面横向力系数三种技术参数，输出变量为之前得到的标签。BP 神经网络的模型结构如图 8.14 所示。

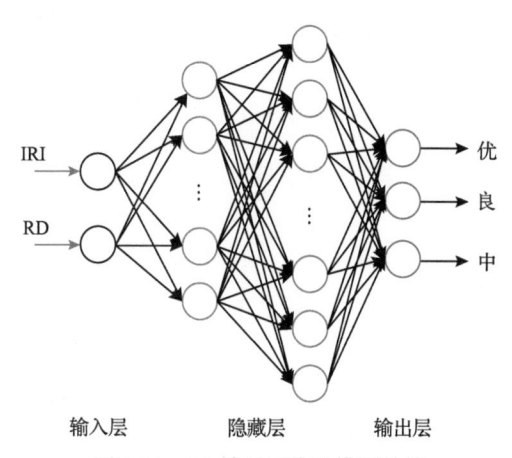

图 8.14　BP 神经网络的模型结构

输出变量为分类变量，并不是连续的值，因此本节构建的 BP 神经网络为分类模型。为了将输出变量中的优、良、中评价等级转换为计算机可识别的语言，采用 One-hot 编码对其进行处理，处理结果如表 8.16 所示。

表 8.16　One-hot 编码处理结果

原始标签	One-hot 编码
优	1,0,0
良	0,1,0
中	0,0,1

在确定了输入变量和输出变量后,输入层和输出层中的节点数量也间接被确定,此时还需要选择隐藏层层数、各层节点数、激励函数类型以及学习率的大小来确定神经网络的基本结构。隐藏层层数和各层节点数对 BP 神经网络的预测精度影响很大,如果数量太少,则网络学习效果不好,训练的准确性会受到影响;如果数量过多,则训练时间过长,可能会发生过拟合,即过分追求训练数据的准确性,降低了未参与网络训练的测试数据的拟合效果。除此之外,各层激励函数的选择对模型的性能也有重要影响。而学习率决定了模型的收敛速度,如果学习率过大,模型性能可能会在最优值附近振荡,永远无法达到最优解,如果学习率过小,收敛速度缓慢,训练时间过长。通过经验和对比,本节选择的 BP 神经网络分类模型超参数如表 8.17 所示,其中学习率指的是初始学习率,在训练过程中在初始学习率的基础上不断降低学习率,从而提高模型性能。

表 8.17 BP 神经网络分类模型超参数

超参数类型	超参数设置
隐藏层层数	2
隐藏层节点个数	第一层:10;第二层:20
激活函数	隐藏层:ReLU;输出层:SoftMax
学习率	0.01
批量大小	16
迭代次数	200
优化器	Adam
损失函数	MSE

3) BP 神经网络分类模型训练

选择合适的超参数后,即可开始神经网络的训练。在本节中,选择 MnRoad 环道沥青路面 1994~2007 年的数据和 RIOHTRACK 环道沥青路面 2016 年 12 月~2019 年 11 月的数据作为训练集,训练集被打乱后输入建立好的模型进行训练,BP 神经网络对路面使用性能评价的训练结果如图 8.15 所示。可以看出,模型在不断迭代中逐渐稳定,精度函数和损失函数逐渐达到一个稳定的数值且分别向 1 和 0 逼近,说明该模型的训练效果较好。

由于网络的初始参数是随机给出的,训练结果是高度随机的,因此将训练过程重复 50 次,以此得到一个相对稳定的测试结果。

4) BP 神经网络分类模型测试

完成网络训练之后,需要未参与训练的数据来测试网络的预测效果。在本节中,选择 MnRoad 环道沥青路面 2008 年的数据及 RIOHTRACK 环道沥青路面的

2019年12月和2020年1月的数据作为测试集输入训练好的网络中。为了直观地理解和观察预测效果，引入了如图8.16所示的BP神经网络对路面使用性能评价的测试结果，它的对角线表示正确预测的数量占总数的比例。

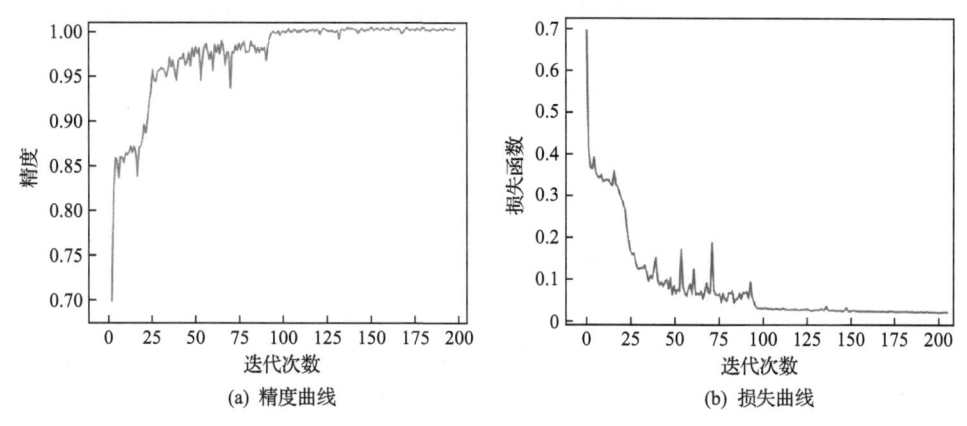

(a) 精度曲线

(b) 损失曲线

图 8.15　BP 神经网络对路面使用性能评价的训练结果

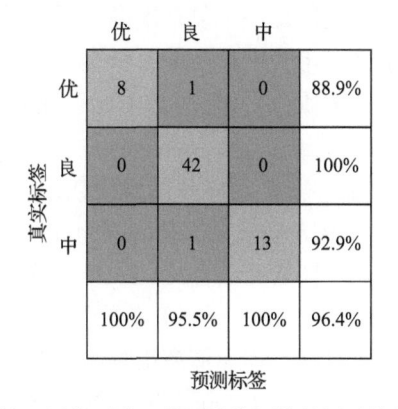

	优	良	中	
优	8	1	0	88.9%
良	0	42	0	100%
中	0	1	13	92.9%
	100%	95.5%	100%	96.4%

图 8.16　BP 神经网络对路面使用性能评价的测试结果(混淆矩阵)

BP 神经网络分类模型对沥青路面使用性能综合评价的精确度很高，综合预测精确度达到 96.4%，尤其是对良等级的预测精确度达到 100%，这是由于训练集中处于良等级的数据最多。因此，只要输入路面的平整度、车辙深度和横向力系数，该模型就能对路面的综合使用性能进行准确评价。

参 考 文 献

[1] 中华人民共和国交通运输部. 公路技术状况评定标准(JTG 5210—2018)[S]. 北京: 人民交通出版社, 2019.

第9章 交通基础设施无向网络建模与评估方法

交通基础设施在环境与荷载等复杂因素耦合作用下将不可避免地出现老化,使用性能和安全性能逐渐退化。为了应对区域内交通基础设施持续退化的问题,全国各省市每年都会花费大量的人力、物力对辖区内的交通基础设施进行全面检测评估,进而产生海量检测信息。然而,目前的检测维修均以单体结构为单位,忽视了其在时间和空间上的关联关系,导致检测信息的实际利用率不高。因此,国内外研究者致力于基于单体结构的服役状态科学地评估交通基础设施网络的服役性能,并指导网络级交通基础设施的维护决策制定。一方面,细致高效的网络建模是评估的基础。因建模过程简单、直观,交通基础设施无向网络是领域内研究的主流模型。然而,随着网络规模的增大,网络内各种影响信息繁杂,大规模交通基础设施无向网络的建模仍是一个复杂度高、耗时长的过程。另一方面,由于网络评估结果的好坏直接决定着维护决策及资金能否合理分配。脆弱性分析应用"破坏性等价于重要性"的原则,是网络中元素相对重要性评估的重要方法之一。

本章依托某区域内1772座桥梁2016年的检测数据(假定桥梁是交通基础设施网络中唯一的失效部件),建立大规模交通基础设施无向网络模型,分析其复杂网络特性;通过改进的 Dijkstra 算法并结合 ORDER-II 算法,基于贝叶斯网络提出计算大规模交通基础设施网络的 all-terminal 连通概率的有效算法[1];定义考虑网络中边的失效概率及其失效对网络连通概率影响的脆弱性指标,评估网络整体的脆弱性及网络中边的相对重要性,为交通基础设施网络整体与网络中单体服役状态评估和运营维护提供技术支撑;提出基于多级 k 路划分算法的大规模交通基础设施网络 all-terminal 连通概率求解方法,所提算法在相同或更高精确度下对于大规模交通基础设施网络连通概率的求解运算速度至少提高了约70%。由点到网,提出面向网络整体与单体的交通基础设施网络状态评估方法。

9.1 无向网络建模

网络模型的建立是进行交通基础设施网络评估与维护策略制定的基础。在网络建模的实际操作中,一个具体的网络(图)可抽象为一个由点集 V 和边集 E 组成的图,表示为

$$G = \{V, E\} \tag{9.1}$$

式中，E 中每条边都有 V 中一对节点与之相对应。

针对交通基础设施网络建模，主要有无向网络和有向网络两类。其中，无向网络模型中的边是无向的，指的是任意节点对 (i,j) 与 (j,i) 之间对应同一条边；而有向网络模型中的边是有向的，当存在一条由顶点 i 指向顶点 j 的边时，并不一定存在一条由顶点 j 指向顶点 i 的边，同时，对于有向边 (i,j)，顶点 i 称为起点，顶点 j 称为终点。

当前研究对交通基础设施网络的拓扑描述多数采用的是不考虑各边方向的无向网络模型，此类模型在构建速率与评估效率方面表现优异，特别是对节点稀疏的网络。因此，本节聚焦于无向网络模型，基于1772座桥梁的检测信息，由点到面建立了交通基础设施网络模型用以支撑后续的评估工作。

9.1.1 网络中桥梁检测情况

2016年对某区域桥梁进行了全面检查，检测内容包括桥梁所处路线编号、中心桩号、所处线路和交通流量等基础信息以及结构形式、技术状况等级、病害情况等桥梁服役现状。

交通基础设施网络中桥梁检测基本信息如表9.1和表9.2所示。从表9.1可以看出，1772座桥梁中约64%（1132座）的桥梁建于2000年之后，截至2016年服役时间少于20年，网络整体处于较年轻的状态，同时也说明桥梁的服役状态与其服役时间长短并没有明显的相关性，一些新建桥梁也体现出较差的服役性能。从表9.2可以看出，网络中超过87%（1544座）的桥梁为中小型桥梁，其中三、四、五类桥梁大约占14.9%（230座），比大型、特大型桥梁中三、四、五类桥梁占比（13.6%）高。这是由于在桥梁维护维修策略制定时，管理者通常更倾向于大型桥梁与特大型桥梁的服役状态维护。然而，单体桥梁的重要程度除与其自身属性有关外，也必然与其在交通基础设施网络中发挥的作用相关。因此，研究针对该交通基础设施网络服役状态评估方法与运营维护决策方法对该网络的可持续发展具有重要意义。

表9.1 不同建设年限桥梁检测基本信息

桥梁等级	1971年前	1971~1980年	1981~1990年	1991~2000年	2001~2010年	2010年后
一类桥梁	12	9	9	113	156	71
二类桥梁	14	36	64	226	656	136
三类桥梁	4	22	24	70	91	8
四类桥梁	2	6	5	11	10	1
五类桥梁	0	1	0	2	2	1

表 9.2 不同类型桥梁检测基本信息

桥梁等级	特大桥	大桥	中桥	小桥
一类桥梁	0	39	114	223
二类桥梁	3	155	366	611
三类桥梁	0	24	62	134
四类桥梁	0	7	11	17
五类桥梁	0	0	2	4

9.1.2 无向网络建模方法

目前，无向网络模型仍然是国内外实现交通基础设施网络拓扑描述的主流模型。在无向交通基础设施网络建模方面，现存的建模方法（如对偶法、原始法、基于图论的方法等）在建模过程中需要处理大量冗余信息，该类繁杂信息对小规模网络的建模过程影响较小，但当将其应用到大规模网络模型时将极大地增加建模的复杂度。

1. 无向网络拓扑图的建立

对于具有相同节点数与边数的图，当节点间的连边不同，或者连边相同但各边代表的意义不同时，可表征多种关系网络。例如，当连边指的是交通基础设施中的公路和桥梁时，即可表示交通基础设施网络；而当连边指的是地铁线路时，表示的是城市轨道交通网络。因此，在已知图中的节点以及节点之间连边的情况下，若重叠上附加在节点与边上的信息层，即可形成描述具体交通基础设施的网络模型。

为了描述节点和连边的具体连接属性，首先构建拓扑网络图层。通过定位该区域线路的位置与交点城市，将交点城市定义为节点，将节点间的线路定义为无向边，同时将所得拓扑网络图层与由线路和节点属性组成的信息网络图层重叠，即可得到加权无向网络模型。本节交通基础设施无向网络拓扑模型构建具体操作过程如下：

(1) 以各线路之间交点城市为节点，并对节点赋城市名称属性，用于区分不同的节点。

(2) 只考虑节点之间的直接连通特性，而不考虑节点之间线路的具体路线曲率变化情况。若节点间实际存在相互连通的路线，则在网络模型中认为两节点之间存在一条无向边，以一条连接两节点的直线表示，否则认为两节点之间没有边相连。

(3) 假设只考虑边上桥梁的失效作用，即认为边由可能失效的多座桥梁和连接各桥梁的不会失效的道路组成。

(4)以节点之间线路实际路径距离为边权值,建立加权无向网络模型,交通基础设施网络拓扑模型如图 9.1 所示,最终得到包含 40 个节点 68 条边的交通基础设施网络模型。

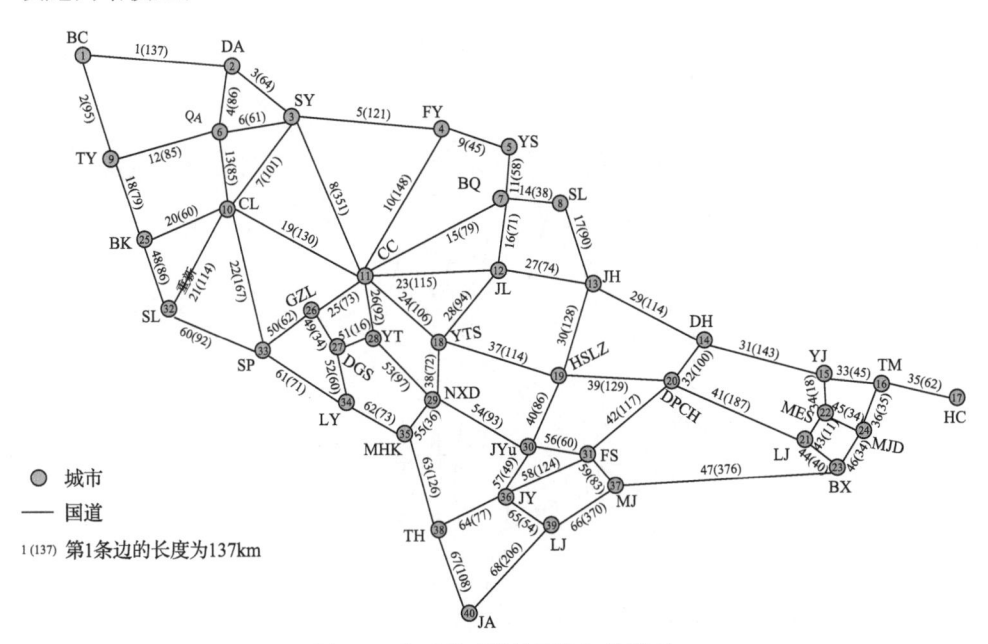

图 9.1 交通基础设施网络拓扑模型

信息网络图层中的节点和边的权值也可以根据研究内容的不同,选择城市的经济、政治、人口以及路径的直线距离、交通流量、通行时间等其他属性。当研究目的为网络行程时间可靠性时,需要交通流、路线长度等属性信息。当把关注点聚焦于网络中的桥梁进行桥梁网络相关研究时,路线上的桥梁数量与其评定等级等信息将是信息网络图层的必选属性。同时,由于信息网络图层涵盖了除节点与边的连接情况之外的所需的所有属性,节点以及连边所处的具体位置将不再是研究者关注的重点,因此释放节点和边的位置信息,图 9.1 所示的复杂交通基础设施网络可以转化为一个包含 40 个节点和 68 条边的简化无向网络模型,如图 9.2 所示。

图 9.3 为无向网络边上各等级桥梁数量分布情况。从图中可以看出,不同边上的桥梁数量分布极不均匀。边 62 有 100 多座桥梁,但边 18 和边 43 的桥梁数为 0。同时,结合图 9.1,它可以反映出所研究的交通基础设施网络的空间退化情况。网络的大多数边缘包含了很大比例的一类和二类桥梁,说明具有良好的服务性能。东北部山区的一些边,如边 32、边 36 和边 47,含有较大比例的三类、四类和五类桥梁,这种分区域的持续退化可能会发展成为网络的关键区域或边。

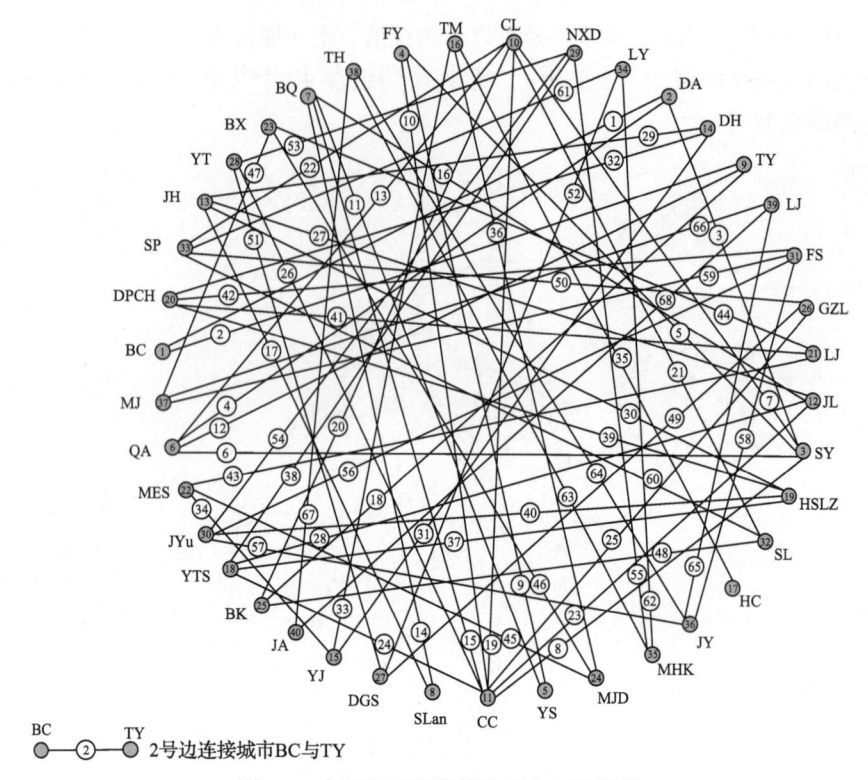

图 9.2 交通基础设施简化无向网络模型

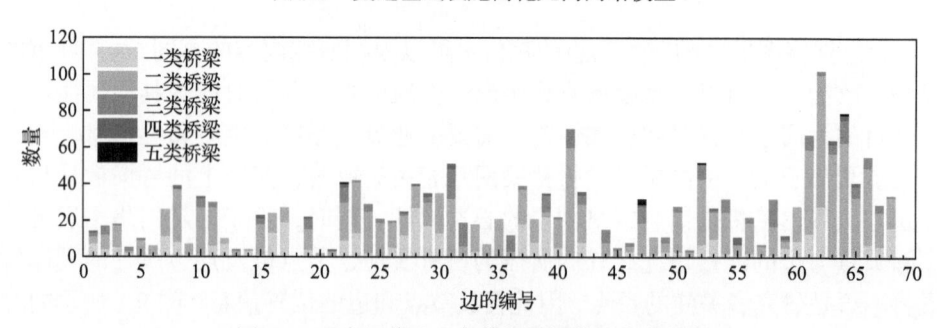

图 9.3 无向网络边上各等级桥梁数量分布情况

2. 无向网络边权赋值

本章假定桥梁是无向网络中唯一可能失效的部件,所以交通基础设施无向网络边的失效取决于该边上所有桥梁的可靠度指标。由于结构工程中不确定因素多、可统计性差、冗余度大,可靠度指标常被用来作为桥梁安全性的概率表达,指的是结构在规定的时间内、在规定的条件下完成预定功能的概率,主要与结构的设计安全等级和技术状况等级有关。依据《公路工程结构可靠性设计统一标准》(JTG 2120—2020)[2]，公路桥梁结构的设计安全等级反映了结构破坏可能产生的后果的严重程度，可按照桥涵结构进行划分。公路工程结构设计安全等级如表 9.3 所示。一般来说，大跨度桥梁的设计安全等级高于中小跨径桥梁。

表 9.3 公路工程结构设计安全等级

安全等级	破坏程度	适用对象
一级	很严重	各等级公路上的特大桥、大桥、中桥；高速公路、一级公路、二级公路、国防公路及城市附近交通繁忙公路上的小桥
二级	严重	三、四级公路上的小桥；高速公路、一级公路、国防公路及城市附近交通繁忙公路上的涵洞
三级	不严重	三、四级公路上的涵洞

在延性破坏条件下，基于 AASHTO 标准的桥梁结构构件可靠度指标与不同安全等级和技术状况等级之间存在相对应的关系。不同安全等级以及技术状况等级下桥梁结构构件可靠度区间如表 9.4 所示。

表 9.4 不同安全等级以及技术状况等级下桥梁结构构件可靠度区间

安全等级	技术状况等级				
	1 类	2 类	3 类	4 类	5 类
一级	≥4.7	≥4.41 <4.7	≥4.1 <4.41	≥4 <4.1	<4
二级	≥4.2	≥3.91 <4.2	≥3.6 <3.91	≥3.51 <3.6	<3.51
三级	≥3.7	≥3.41 <3.7	≥3.15 <3.41	<3.15	—

基于 AASHTO 标准定义的系统因子取值如表 9.5 所示。本节基于 AASHTO 标准定义的系统因子将各构件可靠度提升到系统可靠性层次。

表 9.5 基于 AASHTO 标准定义的系统因子取值

上部结构类型	系统因子
梁/桁架/拱构件之间是焊接	0.85
梁/桁架/拱构件之间是铆接	0.90
桁架桥有多个眼杆式构件	0.90
3 片梁组成的桥梁，梁间距 1828.8mm	0.85
4 片梁组成的桥梁，梁间距 ≤1219.2mm	0.95

续表

上部结构类型	系统因子
其他所有梁式桥和板桥	1.00
梁间距>3657.6mm且纵梁不连续	0.85
梁间距有冗余纵梁子系统	1.00

本节计算的各桥梁的可靠度并不是准确值，而是近似值。这种近似取法的出发点在于本节研究的核心内容是交通基础设施网络评估。同时，计算的失效概率指的是在当前正常使用条件下失效的概率，不考虑极端灾害天气（地震、洪水等）和船撞等特殊情况的影响。桥梁总体的失效概率 $P(\overline{B}_i)$ 可由其可靠度指标 β_{B_i} 得出，即

$$P(\overline{B}_i) = \Phi(-\beta_{B_i}) \tag{9.2}$$

式中，$\Phi(\cdot)$ 表示标准高斯分布。

假设只考虑边上桥梁的失效作用，即认为边由可能失效的多座桥梁和连接各桥梁的不会失效的道路组成。然而，在计算网络可靠性时，交通基础设施网络中大量的不可靠构件（桥梁）不可避免地会使一些基本算法失效。等效桥梁是一种简化大规模交通基础设施网络的有效方法，定义为一条边上的所有桥梁的串联组合，其失效概率为所有包含在内的桥梁都处于正常服役状态的事件概率的补集，即

$$P(\overline{\text{EqB}_i}) = 1 - \prod_{j}^{m_i}\left(1 - P(\overline{B}_{(i,j)})\right) \tag{9.3}$$

式中，$P(\overline{\text{EqB}_i})$ 为等效桥梁 i 的失效概率；$P(\overline{B}_{(i,j)})$ 为等效桥梁 i 中第 j 个实体桥梁的失效概率；m_i 为等效桥梁 i 中所含有的桥梁总数。

因此，等效桥梁的失效概率与所涉及桥梁的数量和各桥梁的失效概率有关。使用等效桥梁的定义，交通基础设施无向网络中元素数量可以将1772座桥梁的失效概率简化为68座等效桥梁的失效概率，如图9.4所示。这68座等效桥梁的失效概率可以作为权值，唯一地分配给网络中每一条边。从图中可以看出，边18和边43的失效概率均为0，因为在实际中这些边中没有桥梁。

在处理各边上桥梁数量时，由于存在左幅与右幅之分，本节可将其看成节点之间的双向连边。本节主要评估交通基础设施无向网络，所以不考虑网络中各边的方向性。因此，在实际操作时，当两节点之间连边上存在双幅桥时，分别计算节点间

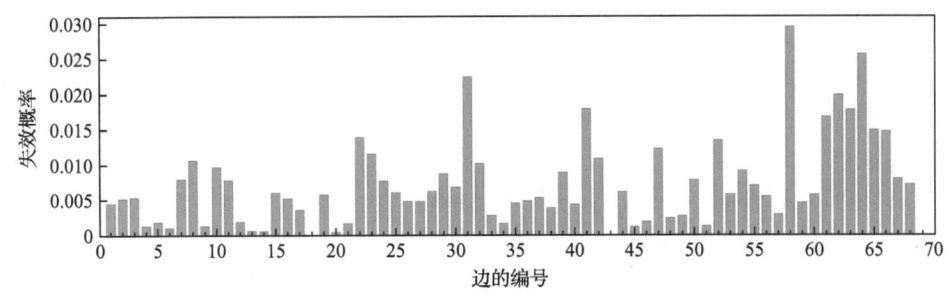

图 9.4　68 座等效桥梁的失效概率

双向的失效概率，取上下行两条边的均值作为该无向边的失效概率。例如，边 29 为连接节点 13 和 14 的线路，其间大桥存在左幅与右幅分开的现象，在计算包括右幅在内的边的可靠度时，先不考虑左幅，求出由节点 13 至节点 14 的线路的失效概率，再求包括大桥左幅在内的由节点 14 至节点 13 的线路的失效概率。考虑边的方向性以及边上桥梁的双幅桥的交通基础设施有向网络模型将在后续章节进行讲解。

3. 无向网络的计算机表示

在面对大规模交通基础设施网络评估等问题时，通常需要借助服务器进行计算处理。为了准确区分网络中不同的边与节点，需要对其进行统一编号。在对节点编号时，往往考虑的是节点的相对位置与相对重要程度，因而无需对其编号顺序进行特殊处理。本节采用按地理位置从北到南、先重点后次重点的顺序进行编号。在对边编号时，对于任意节点 i 与 $j(i<j)$，若其间存在一条无向边，则该边表示为 e_{ij}。同时，也可按照连接的节点从小到大的顺序进行编号，即对于任意节点 i_1、i_2、j_1 和 j_2，如果 $i_1 < i_2 < j_1 < j_2$，则其间边的编号大小为 $e_{i_1 j_1} < e_{i_1 j_2} < e_{i_2 j_1} < e_{i_2 j_2}$。网络的计算机表示最常用的是邻接矩阵和权值矩阵。其中，邻接矩阵用来表示网络的拓扑网络图层信息，权值矩阵用来表达信息网络图层中边的权值大小。

1) 邻接矩阵

对于具有 n 个节点的网络，可以用一个 $n \times n$ 的邻接矩阵 $A_{n \times n}$ 表示其连通关系。其中，第 i 行第 j 列上的元素 a_{ij} 定义为

$$a_{ij} = \begin{cases} 1, & 存在从节点\ i\ 到\ j\ 的边 \\ 0, & 不存在从节点\ i\ 到\ j\ 的边 \end{cases} \quad (9.4)$$

显然，无向网络的邻接矩阵为对称阵。因为对于无向网络，若任意节点 i 与节点 $j(i<j)$ 间存在一条无向边 e_{ij}，那么 $a_{ij} = a_{ji} = 1$。

2) 权值矩阵

在对真实网络系统进行计算机表示的过程中，除考虑节点之间的连通特性外，还需要考虑节点之间的连接强度与各节点的重要性程度，一般用节点与边的权值定义。

(1) 边权值矩阵。对于具有 n 个节点的网络，同样可以用一个 $n \times n$ 的权值矩阵 $W_{n \times n}$ 表征节点之间的连接强度。其中，第 i 行第 j 列上的元素 ω_{ij} 定义为

$$\omega_{ij} = \begin{cases} \omega_{ij}, & \text{节点对}(i,j)\text{之间存在权值为 } \omega_{ij} \text{ 的边} \\ 0, & i = j \\ \infty, & \text{节点对}(i,j)\text{之间没有边连接} \end{cases} \tag{9.5}$$

式中，ω_{ij} 为表征节点之间连边属性的值，如节点之间实际路线距离或欧氏距离等，或者无向网络边上等效桥梁的失效概率。

(2) 节点权值矩阵。对于需要对节点赋权值的网络，可以用一个 $\omega_n \times n$ 的矩阵表示。其中，ω_n 为涉及的点权值种类，n 为节点个数。在实际操作时，可将节点权值矩阵与边权值矩阵合并作为计算机的输入，即直接在边权值矩阵中增加 ω_n 行或列。

9.2 基于贝叶斯网络的无向网络脆弱性分析

在网络元素相对重要性评估方面，脆弱性分析应用逆向思维方法通过对比元素破坏前后网络性能的变化对网络进行评价。本节中无向网络边的脆弱性由"直接法"中的网络边（或称等效桥梁）的失效概率指标以及"间接法"中的网络边失效对网络的影响这两个方面进行评估，同时，结合网络中所有边的脆弱性可量化网络整体的脆弱性水平。假设任意一条边失效后无其他备选路径，那么在给定网络拓扑结构的情况下，交通基础设施网络的脆弱性指标 $V_{\text{bridge}}(i)$、$V_{\text{network}}(G)$ 分别表示为

$$V_{\text{bridge}}(i) = \left[P(C) - P(C \mid \overline{B}_i) \right] P(\overline{B}_i) \tag{9.6}$$

$$V_{\text{network}}(G) = \sum_{B_i}^{G} \left[P(C) - P(C \mid \overline{B}_i) \right] P(\overline{B}_i) \tag{9.7}$$

显然，$P(C) - P(C \mid \overline{B}_i)$ 从概率角度衡量了桥梁故障对交通基础设施网络连通性能的影响。如果桥梁故障直接导致网络边的失效，那么也会对网络整体的服役性能评估产生影响。桥梁失效概率衡量了桥梁失效事件本身发生的可能性。为了

权衡一种可能情况,即网络边失效对网络整体的性能影响大,但其失效事件本身的概率为 0 或近似为 0,从而导致其重要性可能最小。在结合桥梁的失效概率后,脆弱性指标成为一个从概率角度评价网络边相对重要性的合理指标,脆弱性指标较大的网络边(或称等效桥梁)对网络安全服役更为关键。

从式(9.6)和式(9.7)可以看出,脆弱性指标与等效桥梁失效概率和网络连通概率这两个变量直接相关。本节以脆弱性分析为落脚点,结合等效桥梁的失效概率估算结果。

9.2.1 无向网络全端连通概率分析

连通概率分析是评价交通基础设施网络性能的重要且有效的手段。然而,对于含有大量不可靠元素(桥梁)的大型网络,由于网络连通概率分析已被证明是 NP-hard 问题,其求解是极其困难的,且相关的应用实例仍然有限。目前网络连通概率分析方面多集中于解决 2-terminal 问题,也就是只考虑网络中两个指定节点(起点 origin、终点 destination,简称 OD)的连通性。但是,交通基础设施网络并不是简单的单一起点-终点问题,用户必然会在所有节点城市(或地点)之间相互流通,也就是 all-terminal 连通可靠性问题。同时,随着网络规模的扩大与研究节点的增加,连通概率求解所涉及的算法复杂度必然呈指数增长。因此,本节着力解决其中复杂度最高的全端连通概率问题,即网络中所有节点对之间能够相互连通的概率。

节点对之间的连通状态通常可以通过寻找其间所有最小路径来判断。最小路径指的是节点对间的一组由不重复顶点序列组成的可通行的路径,序列内每一对相邻节点间有且只有一条边相连。如果节点对间存在最小路径连接,则认为该节点对是连通的。显然,每个节点对之间可能存在多条可通行的最小路径,而最短路径被定义为最小路径中最短(或权值和最小)的路径。因此,网络整体全端连通状态定义为,如果由于网络中任何单个或多个边(等效桥梁)的故障,任何感兴趣的节点对断开,则认为该状态是不连通的,否则,认为该状态是连通的。于是,交通基础设施网络的全端连通概率可由其上感兴趣的节点对(NPS)、节点之间的最小路径(path)和不可靠元素(等效桥梁 EqB)表示,即

$$P(C) = P(\text{NPS全连通}) = \sum_{i=1}^{n} P(\text{NPS}, \text{path}, \text{EqB}) \tag{9.8}$$

贝叶斯网络是一种可视化网络连通概率与各元素不确定性关系的有效方法。所研究的交通基础设施网络连通概率的贝叶斯网络图如图 9.5 所示,从上到下为不可靠元素(EqB)、最小路径(path)、相关节点对(NPS)和网络连通概率之间的关系。其中,图中第一层(等效桥梁)的状态直接影响所有最小路径(第二层)能否通

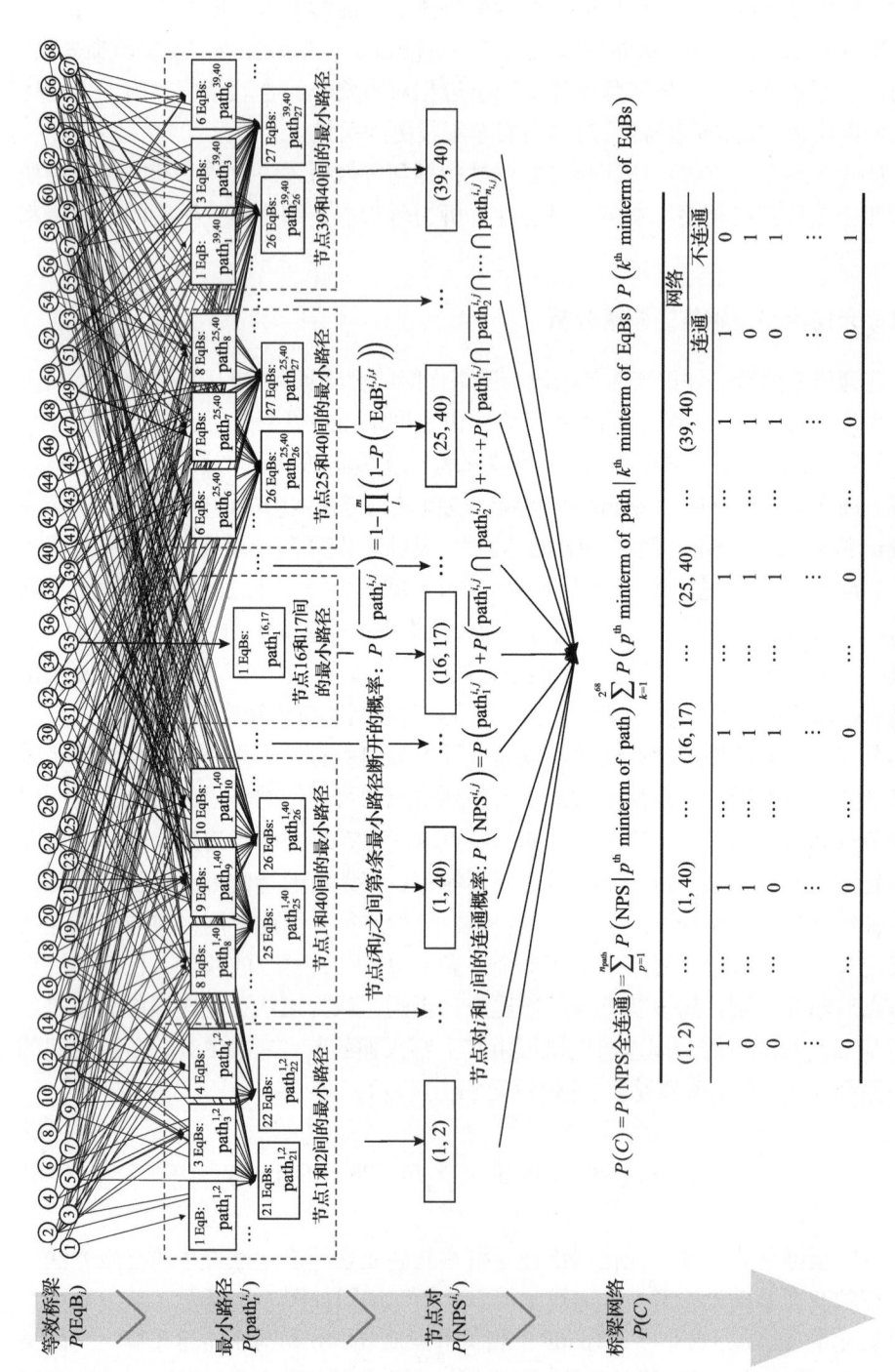

图 9.5 交通基础设施网络连通概率的贝叶斯网络图

行，所有节点对(第三层)的连通性取决于它们之间的最小路径(第二层)的状态，同时网络全端连通概率(第四层)是由网络中所有节点对(第三层)的连通与否决定的。图 9.5 中表达式的含义将在下面进行详细介绍。

传统的网络连通概率分析多基于寻找网络中所有的最小路径实现，通过判断所有节点对的连通与否计算网络整体的连通概率。假设节点对 (i,j) 之间的最小路径集为 $\text{path}^{i,j} = \left\{ \text{path}_1^{i,j}, \text{path}_2^{i,j}, \cdots, \text{path}_{n_{i,j}}^{i,j} \right\}$，其中 $n_{i,j}$ 为节点对间的最小路径总数，显然，可能存在多条最小路径同时经过同一条或多条路段(边)的情况，导致存在一个或多个共享的 EqB(s)，即 $\text{path}_q^{i,j} \cap \text{path}_s^{i,j} \neq \varnothing$。因此，基于容斥原理(including-excluding principle)，节点 i 和 j 之间的连通概率表示为

$$P\left(\text{NPS}^{i,j}\right) = \sum_{k=1}^{n_{i,j}} P\left(\text{path}_k^{i,j}\right) - \sum_{k=1}^{s} P\left(\text{path}_k^{i,j} \cap \text{path}_s^{i,j}\right) + \cdots \\ + (-1)^{n_{i,j}+1} P\left(\text{path}_1^{i,j} \cap \text{path}_2^{i,j} \cap \cdots \cap \text{path}_{n_{i,j}}^{i,j}\right) \tag{9.9}$$

式(9.9)可简化为不交和算法(sum-of-disjoint-products)，其计算的核心公式为

$$P\left(\text{NPS}^{i,j}\right) = P\left(\text{path}_1^{i,j}\right) + P\left(\overline{\text{path}_1^{i,j}} \cap \text{path}_2^{i,j}\right) + \cdots \\ + P\left(\overline{\text{path}_1^{i,j}} \cap \overline{\text{path}_2^{i,j}} \cap \cdots \cap \text{path}_{n_{i,j}}^{i,j}\right) \tag{9.10}$$

式中，$\overline{\text{path}_k^{i,j}}$ 代表节点 i 和 j 之间的第 k 条最小路径是断开的事件。

对于由 m 个 EqBs($\text{EqB}_l^{i,j,t}, l=1,2,\cdots,m$) 组成的最小路径 $\text{path}_t^{i,j}$，其故障概率可通过将其上所有 EqBs 视为一个串联系统确定，即 $P\left(\overline{\text{path}_t^{i,j}}\right) = 1 - \prod_l^m \left(1 - P\left(\overline{\text{EqB}_l^{i,j,t}}\right)\right)$。因此，式(9.8)所示的交通基础设施网络连通概率可以从贝叶斯网络的顶部到底部推导为

$$P(C) = P(\text{NPS}\text{全连通}) \\ = \sum_{p=1}^{n_{\text{path}}} P\left(\text{NPS} \mid p^{\text{th}} \text{ minterm of path}\right) \sum_{k=1}^{2^{68}} \left[P\left(p^{\text{th}} \text{ minterm of path} \mid k^{\text{th}} \text{ minterm of EqBs}\right) \right. \\ \left. \cdot P\left(k^{\text{th}} \text{ minterm of EqBs}\right) \right] \tag{9.11}$$

式中，minterm(最小项)是逻辑函数中的一个概念，对于 m 个二元变量$(x_1, x_2, \cdots,$

x_m),其值 X_i 可取为原变量或非变量两种情况之一,它们的最小项定义为 $X^x = X_1 X_2 \cdots X_m$。对于 m 个二元变量集,其最小项总数为 2^m 个,本节用来表示变量之间的状态组合(state combination),不同的状态组合意味着所有最小路径或 EqBs 分别处于不同的状态。因此,对于包含 68 个二态(失效或服役)EqBs 的交通基础设施网络,其状态组合总数量是 2^{68}。等效桥梁第 k 个最小项的状态概率 $P(k^{\text{th}} \text{ minterm of EqBs})$ 可以表示为

$$P(k^{\text{th}} \text{ minterm of EqBs}) = \prod_{f \in \text{failure EqBs set}} P\left(\overline{\text{EqB}_k^f}\right) \prod_{s \in \text{service EqBs set}} P\left(\text{EqB}_k^s\right) \quad (9.12)$$

从式(9.11)和式(9.12)可以看出,在所研究的交通基础设施无向网络中,C_{40}^2 组节点对之间的最小路径的数量是巨大的。考虑到如果某个节点对之间存在一条或多条最小路径,其中必有一条或几条(权值最小且相等)是最短路径。因此,本节提出节点对连通性判断的新思路,当且仅当节点对之间至少存在一条有限长度的最短路径时,该组节点对被认为是连通可靠的。这就将求解 C_{40}^2 组节点对之间成千上万条最小路径的问题转变为求解其间是否分别存在 C_{40}^2 条有限长度的最短路径的问题。式(9.11)可以简化为

$$P(C) = \sum_{k=1}^{2^{68}} P\left(\text{NPS} | k^{\text{th}} \text{ minterm of EqBs}\right) P\left(k^{\text{th}} \text{ minterm of EqBs}\right) \quad (9.13)$$

由式(9.13)可知,虽然经过简化,交通基础设施无向网络的元素数量从 1772 减小到 68,但枚举所有 2^{68} 种状态组合仍然是不现实的。因此,本节提出改进 ORDER-II-Dijkstra 算法用于计算桥梁网络的全端连通概率,其技术路线如图 9.6 所示。算法共分为两步:

(1)与传统算法无序地枚举出所有 2^{68} 种状态组合相比,首先使用 ORDER-II 算法,按照状态概率从大到小查找所有状态组合中最可能(概率最大)的状态组合及对应的概率 $P(k^{\text{th}} \text{ minterm of EqBs})$。

(2)通过改进传统的 Dijkstra 算法,判断上述步骤获得的每个状态组合下所有节点对间是否连通,如果连通,则 $P(\text{NPS} | k^{\text{th}} \text{ minterm of EqBs}) = 1$,否则为 0。

其中,改进 Dijkstra 算法将传统 Dijkstra 算法只能实现单一节点最短路径的搜索提升为求所有节点对间的最短路径以及最短路径距离,进而实现网络全端连通

性的判断。最后，应用式(9.13)计算上述两步结果的乘积之和，即为网络全端连通概率。

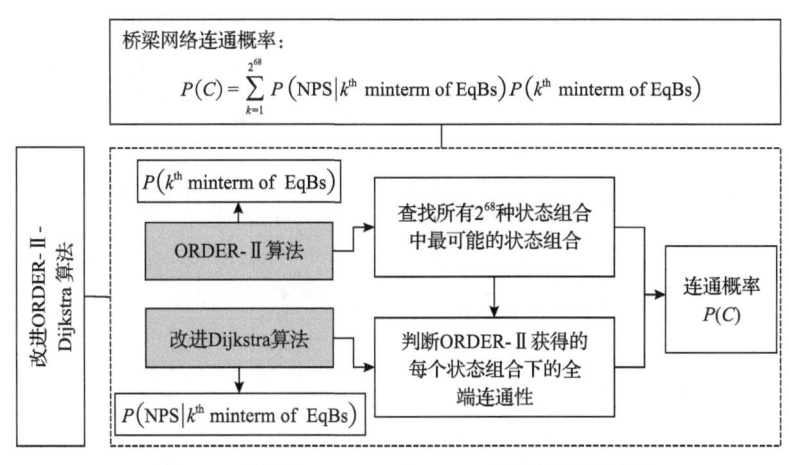

图 9.6 改进的 ORDER-Ⅱ-Dijkstra 算法技术路线

改进的 ORDER-Ⅱ-Dijkstra 算法流程图如图 9.7 所示。其中，给定网络中所有 EqBs 的数量 m，ORDER-Ⅱ算法应用最小堆(minimal heap)原理找到给定精度($0 \leqslant \alpha \leqslant 1$，或称保证率)下完备事件组 $\boldsymbol{S} = \{\mathrm{EqB}_1, \mathrm{EqB}_2, \cdots, \mathrm{EqB}_m\}$ 中最可能的子集。这里应用的最小堆是一个完整的二叉树，其上每个顶点的权重都不大于其子顶点(如果存在的话)，即根点的权重是该二叉树上所有顶点中最小的。本节将等效桥梁失效概率转换为计算权重，并按照由小到大的顺序重新排列。随后，算法应用最小堆原理找到一定比例的 $\boldsymbol{S}$ 子集(或称优先队列) $\mathrm{SS}_1, \mathrm{SS}_2, \cdots, \mathrm{SS}_i$ ($\mathrm{SS}_i \subset \boldsymbol{S}$)，使得对于所有 $j > i$，有 $w(\mathrm{SS}_j) \geqslant w(\mathrm{SS}_i)$，其中，$w(\mathrm{SS}_i)$ 是 SS_i 中所有元素的总权重，可以表示为

$$w(\mathrm{EqB}_i) = -\ln \frac{P(\overline{\mathrm{EqB}_i})}{1 - P(\overline{\mathrm{EqB}_i})} \tag{9.14}$$

如图 9.7 所示，通过向最小堆中添加部分筛选出的等效桥梁，不断更新当前步骤的最小堆，并提取根顶点作为该循环步骤得到的失效组合，同时删除根顶点形成新堆用于下一步的循环计算，直到所得状态组合概率总和达到给定保证率，停止循环，结束计算。对应到无向网络中，求得的 $\{\mathrm{SS}_i\}$ 包含该状态组合下失效的 EqBs 集合(failure EqBs set)，即包含在其中的 EqBs 都处于失效状态，位于补集 $\{\boldsymbol{S} - \mathrm{SS}_i\}$ 中的 EqBs 都处于服役状态(service EqBs set)，最终可根据式(9.13)得到对应的状态组合概率 $P(k^{\mathrm{th}} \text{ minterm of EqBs})$。同时，给定精度可以用来控制算法的循环次数及运行时间，本章取 $\alpha = 0.999$。

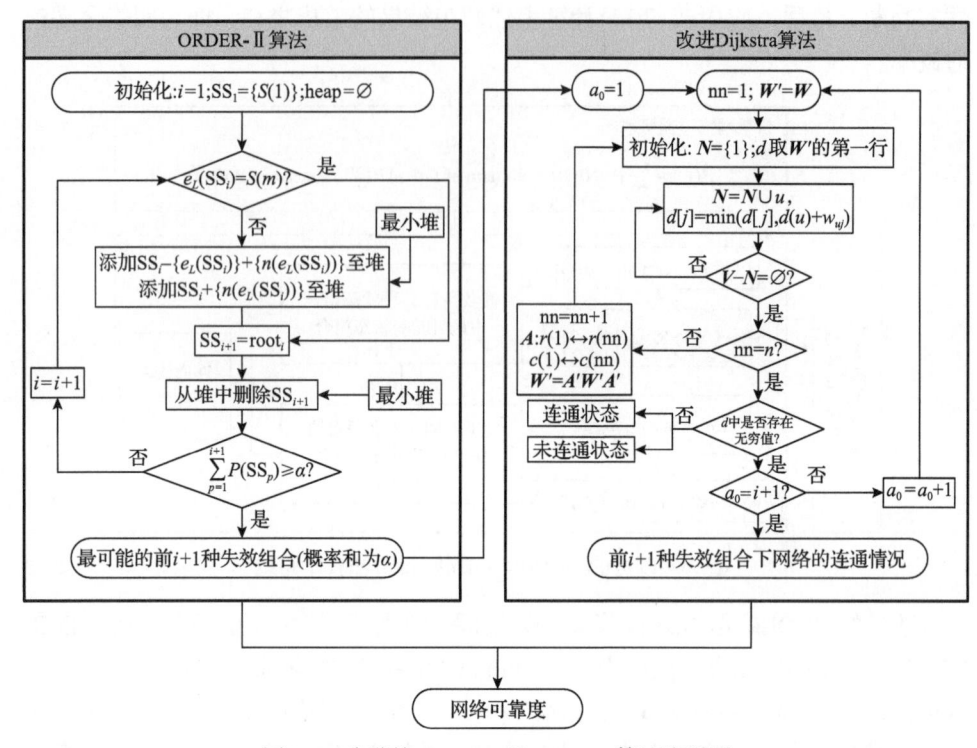

图 9.7 改进的 ORDER-Ⅱ-Dijkstra 算法流程图

n. 网络中的节点数量；$S(i)$. S 中的第 i 个 EqB；$e_L(SS_i)$. 子集 SS_i 中的最后一个元素；$root_i$. 步骤 i 得到的位于最小堆的根的子集；$SS_i - \{e_i\}$. 从 SS_i 删除元素 e_i 后得到的子集；$SS_i + \{e_i\}$. 从 SS_i 添加元素 e_i 后得到的子集；N. 已求得最短路径的节点集合；$d[j]$. 在当前步骤下节点 j 到源点的最短距离；u. $V-N$ 中最靠近源点的节点，即 $V-N$ 中 d 的最小值对应的节点；w_{uj}. 节点 u 到节点 j 的直接连接距离；V. 网络中所有节点的集合

Dijkstra 算法用于求解从一个顶点到其余各顶点的最短路径，它将权重矩阵 W 的第一个节点设置为固定原点节点作为默认值，并使用广度优先搜索算法从固定原点节点进行搜索。该算法不断更新最短路径集及其距离 d，直到它延伸到最后一个节点。将顶点集合分为已求出最短路径的顶点集合 N 和未确定出最短路径的顶点集合 $V-N$，并定义其中一个顶点为源节点，通过对比源节点到 $(V-N)$ 中各顶点的长度与源节点到 N 中末位节点再到 $V-N$ 中任何顶点的路径长度，更新 $V-N$ 中的最短路径，并依次将 $V-N$ 中的路径最小值对应的节点加入 N 中，直到 $V-N$ 为空集。改进的 Dijkstra 算法在 Dijkstra 算法的基础上通过改变权值矩阵，进而改变算法的起始节点，找到网络中所有起终点对之间的最短路径以及最短距离，用以判断网络的连通状态。在搜寻节点 i 到其他所有节点之间的最短距离时，首先将单位矩阵 A 行变换或者列变换转化为矩阵 A'，表示为

$$\begin{cases} I_i^r : r(1) \leftrightarrow r(i), I(1,:) \leftrightarrow I(i,:) \\ I_i^c : c(1) \leftrightarrow c(i), I(:,1) \leftrightarrow I(:,i) \end{cases}, \quad i = 2,3,\cdots,n \tag{9.15}$$

式中，$c(1) \leftrightarrow c(i)$ 为第 i 列与第 1 列之间的列变换；$r(1) \leftrightarrow r(i)$ 为第 i 行与第 1 行之间的行变换。

对权值矩阵进行转换，即

$$W_i' = I_i^r W I_i^c \tag{9.16}$$

式中，W 为网络的权值矩阵，取为节点之间的实际距离。

因此，先由 ORDER-Ⅱ 算法得出网络最可能的状态，然后应用 Dijkstra 算法判断各状态下网络整体的连通情况，应用式(9.13)即可求得网络的连通概率。在本节中，结合之前章节求得的等效桥梁的失效概率，并考虑了 99.9% 的最可能的 EqBs 状态组合，应用改进的 ORDER-Ⅱ-Dijkstra 算法得出交通基础设施网络的连通概率接近 0.99439。在这种情况下，该算法在 i7-8700 CPU 8GB RAM 配置中的计算速度约为 4.2h。

对于大规模网络，相比一些无法获得网络连通概率的准确甚至近似结果的算法(如枚举法、事件树和串并联模型等)，该算法的计算精度和速度是可以接受的。该交通基础设施网络连通概率结果表明，交通基础设施网络通常比其他类型的网络(如社会网络)更可靠，因为其在建设初期就预先配置了足够的冗余度。

9.2.2 无向网络脆弱性分析

根据式(9.7)计算得到该交通基础设施无向网络的脆弱性指标为 4.80×10^{-3}，分别计算各等效桥梁失效情况下网络整体的连通概率，并结合其失效概率，得到该无向网络中每个等效桥梁的脆弱性指标，如图 9.8 所示。从图 9.4 和图 9.8 可以看出，大部分等效桥梁的失效概率和脆弱性指标表现出几乎相同的趋势。然而，部分等效桥梁的失效概率与其重要程度展现出相反趋势。例如，等效桥梁 9 的失效概率比等效桥梁 57 低约 54%，而其脆弱性指标高出约 2%。究其根源发现，等效桥梁 9 的故障将导致"YS 城市"节点变成度为 1 的节点，导致网络连通性能显著降低。换句话说，基于失效概率指标，等效桥梁 9 的重要程度远远不及等效桥梁 57，但是综合考虑网络整体连通状态，由于等效桥梁 9 处于网络的关键位置，应提高对其服役状态的关注，这种复杂的重要性评估可以由本章提出的脆弱性指标实现。同时，结合图 9.3 可以看出，考虑到等效桥梁故障及其失效对网络连通性的影响，本章提出的脆弱性指标还可以识别出网络中技术状况等级为三类、四类、五类桥梁数量占比较高的边(边 32、36 和 47)。

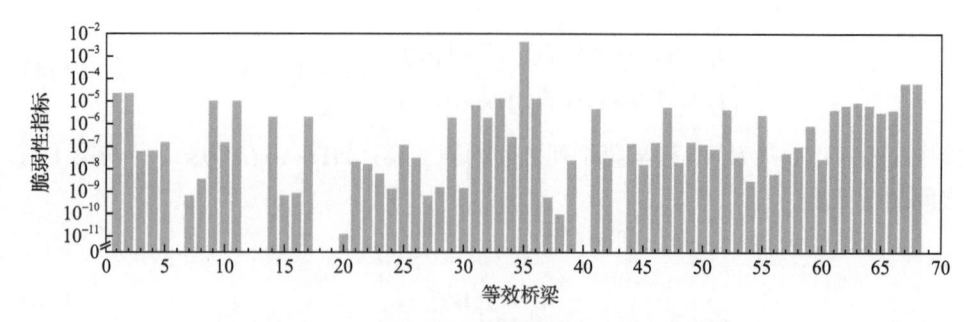

图 9.8　无向网络中每座等效桥梁的脆弱性指标

因此，从网络评估的角度来看，脆弱性指标对桥梁在大规模桥网中的相对重要性的排名比故障概率更合理。等效桥梁 35、67、68、1 和 2 的脆弱性指标相对较高。因此，其中相应的桥梁具有更高的重要性，在省级管理部门未来的维护策略中应予以强调。

9.3　基于网络分解的无向网络连通概率快速评估算法

交通基础设施网络连通概率是其性能评估的重点内容之一。目前，根据研究节点的数量，网络连通概率问题主要分为 2 端连通概率、k 端连通概率和全端连通概率三类。正常服役状态下，交通基础设施网络连通概率问题应属于最复杂的全端连通概率问题，因为出行者可能选择网络中任意一对节点作为出行的出发点与目的地。然而，网络的全端连通概率已被证明是 NP-hard 问题，目前广泛应用的求解方法存在计算耗时长、精度低等问题，如前面提出的改进 ORDER-II-Dijkstra 算法，其计算 1 次包含 40 个节点 68 条边的桥梁网络全端连通概率耗时超过 4h，虽然相较于其他传统算法有较大提升，但当涉及大规模网络结构设计或脆弱性分析等需要多次重复计算的问题时，耗时仍然非常长。因此，亟须研发一种在保证算法精度的情况下针对大规模桥梁网络全端连通概率的快速评估算法。

基于网络分解的思想，本节试图将原大规模网络分解为几个串联的子网络 (subnet)，通过评估分解出的规模较小的子网状态，找到子网状态与大规模网络连通概率之间的内在联系，以更短的时间和更高的精度实现原网络连通概率求解。依托前面构建的由 1772 座桥梁组成的无向网络模型，提出基于多级 k 路划分 (multilevel k-way graph partition) 的大规模无向网络全端连通概率求解方法，如图 9.9 所示[3]。首先，通过递归应用多级 k 路划分算法将大规模无向网络划分为几个规模大致相等且边割数量尽可能少的串联子网。然后，将分解后的网络连通概率求解分为两个步骤实现：子网评估和简化网络评估。在子网评估步骤中，分别判断考虑和不考虑边割的子网状态。研究发现，不同于现有的将网络状态二分为连通或

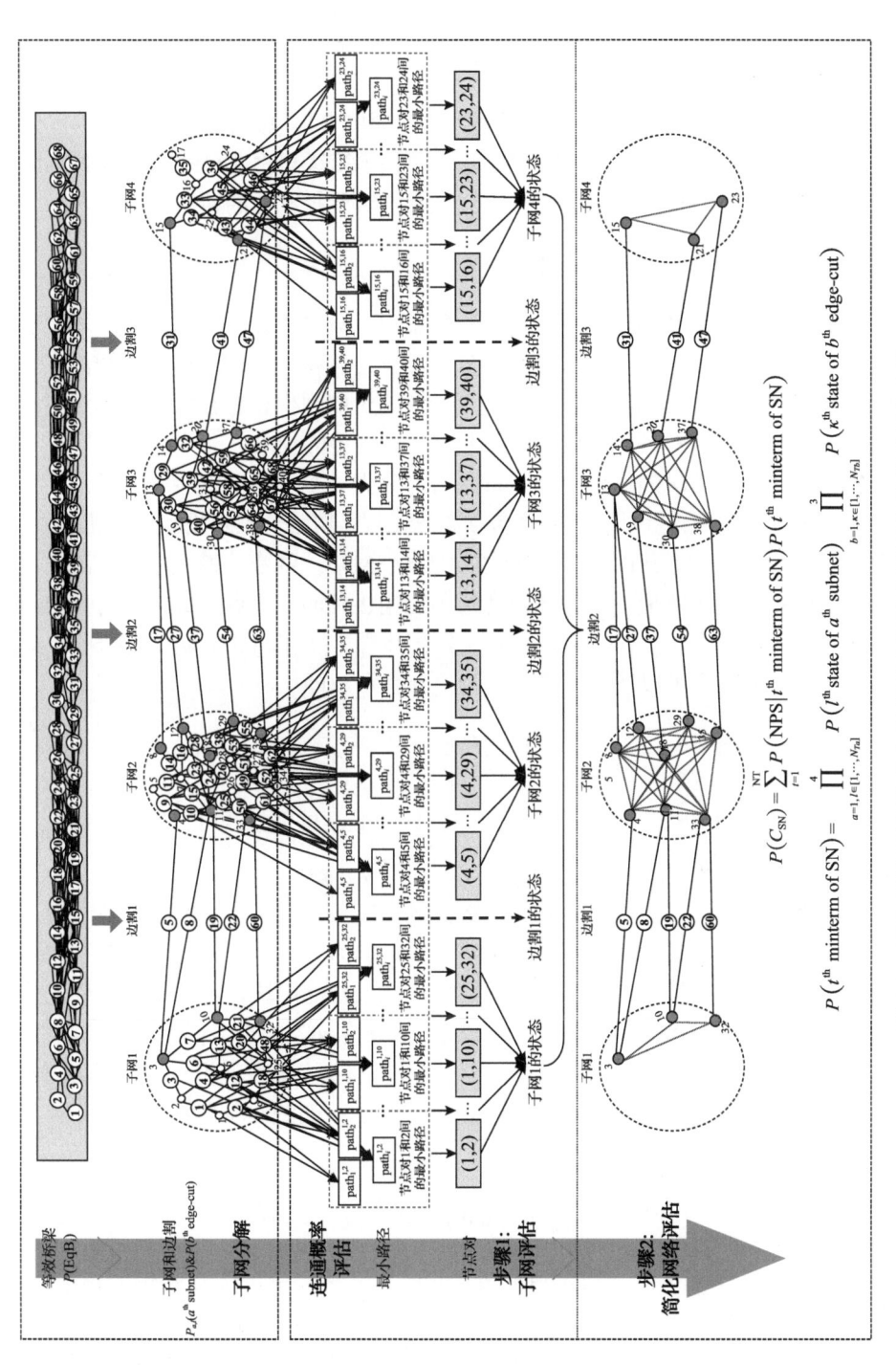

第 9 章 交通基础设施无向网络建模与评估方法 ·285·

$$P(t^{\text{th}} \text{ minterm of SN}) = \sum_{t=1}^{\text{NT}} P(\text{NPS}|t^{\text{th}} \text{ minterm of SN}) P(t^{\text{th}} \text{ minterm of SN})$$

$$P(C_{\text{SN}}) = \prod_{a=1, t \in [1, \cdots, N_{ta}]}^{4} P(t^{\text{th}} \text{ state of } a^{\text{th}} \text{ subnet}) \prod_{b=1, x \in [1, \cdots, N_{xb}]}^{3} P(k^{\text{th}} \text{ state of } b^{\text{th}} \text{ edge-cut})$$

图 9.9 基于多级路划分的大规模无向网络全端连通概率求解方法[3]

不连通的分类方法，只有将子网划分为1种连通与2种不连通状态，才能使其与原网络状态之间产生内在对应关系，并得到正确的连通概率。在简化网络评估步骤中，通过将子网的终端节点和边割视为一个新的简化串联网络，并通过分析其有限的状态集来计算连通概率，研究证明，该简化网络连通概率与原始桥梁网络具有一一对应关系。最后，针对同一无向网络模型，将本节提出算法与改进ORDER-Ⅱ-Dijkstra算法以及蒙特卡罗模拟的结果进行对比，证明本节所提算法的精度与效率。

9.3.1 递归多级 k 路网络分解算法

网络分解是进行网络评估最朴素的简化思想，其优势在于可以将原网络规模大幅缩小，同时分解出的子网可以并行分析计算，这将大大缩短运行时间。实践证明，计算时间与网络规模直接相关，当分解的子网规模相差较大时，算法时间必然由规模最大的子网决定，从而导致并行计算优势的损失。

多级 k 路划分算法的主要目标是将网络划分为 k 个规模大致相等的子网，且使子网之间的连边数最小，主要内容包含粗化阶段、初始分割阶段和反粗化阶段。其中，粗化阶段通过寻找网络中的最大匹配缩小网络。网络的最大匹配需满足以下两个条件：①最大匹配中的任意两个边不能连接到同一节点；②将任何其他边添加到该最大匹配会使条件①失效。每个匹配步骤中，在相邻节点 i 和 $j(i>j)$ 之间，边的匹配过程可以通过邻接矩阵的更新表示，即

$$A^{\text{update}}_{(n-1)\times(n-1)} = I^r_{(n-1)\times n} \cdot A_{n\times n} \cdot \left(I^r_{(n-1)\times n}\right)', \quad A^{\text{update}}(j,j) = 0 \tag{9.17}$$

式中，A^{update} 为 i 和 $j(i>j)$ 之间的边经过匹配后更新的邻接矩阵。单位矩阵 $I_{n\times n}$ 通过将第 i 行加到第 j 行后删除第 i 行换转化为 $I^r_{(n-1)\times n}$。

在初始划分阶段，粗化后的缩小网络会被直接划分为 k 个大致相等的子网。因为含有小于 k 个节点的缩小网络无法进一步分解为 k 个子网，所以当缩小网络中的节点数足够小或等于 k 时，结束该阶段。在反粗化阶段，通常采用贪婪优化算法将分解得到的 k 个小网络依次解压（映射）回原始网络。同时，为了尽量减少子网之间边割内的连边数量，反粗化阶段的优化通常采用贪婪优化算法，该算法随机选择子网 a 中的节点 v 并将其移动到满足以下任意一个条件的子网 b 中，表示为

$$\begin{cases} D^{\text{ext}}_b(v) > D^{\text{int}}_a(v) \\ D^{\text{ext}}_b(v) = D^{\text{int}}_a(v) \text{ and } W(a) - W(b) > w(v) \end{cases} \tag{9.18}$$

式中，$D^{\text{ext}}_b(v)$ 为节点 v 从子网 a 到子网 b 的最大出度；$D^{\text{int}}_a(v)$ 为子网 a 中节点 v 的入度；$W(a)$ 和 $W(b)$ 分别为子网 a 和 b 的总权重；$w(v)$ 为节点 v 的权重。

为简化计算，通过递归地多次应用多级 k 路划分算法将大型无向网络分解为几

个串联的子网，从而形成几个串联子网，如图 9.10 所示。其中，奇数数量的子网可以通过控制初始分割阶段分解出的子网规模，将网络划分为几个规模成比例的子网。

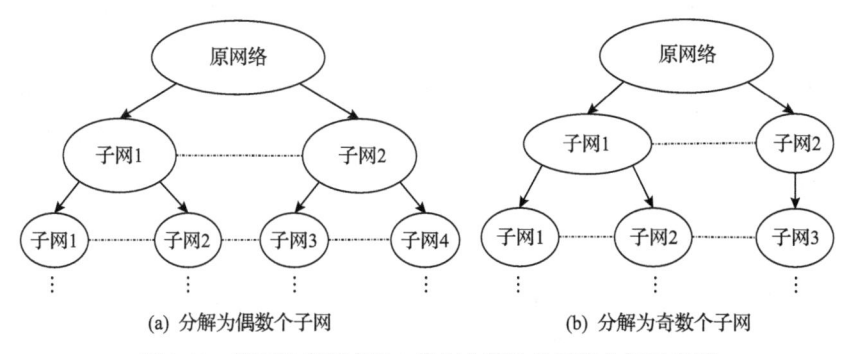

(a) 分解为偶数个子网　　　　(b) 分解为奇数个子网

图 9.10　递归地应用多级 k 路划分算法的网络分解示意图

考虑到所研究的桥梁网络规模，对其进行三次分解($k=2$)，将原始的桥梁网络分解为 7 个串联的部分：4 个规模大致相等的子网和由子网间连边组成的 3 组分割，无向网络的网络分解结果如图 9.11 所示。算法从计算由 68 个不可靠元素的状态组合转为计算 4 个串联子网和 3 组边割的状态。显然，有效的网络划分可以简化网络连通概率的计算复杂度。

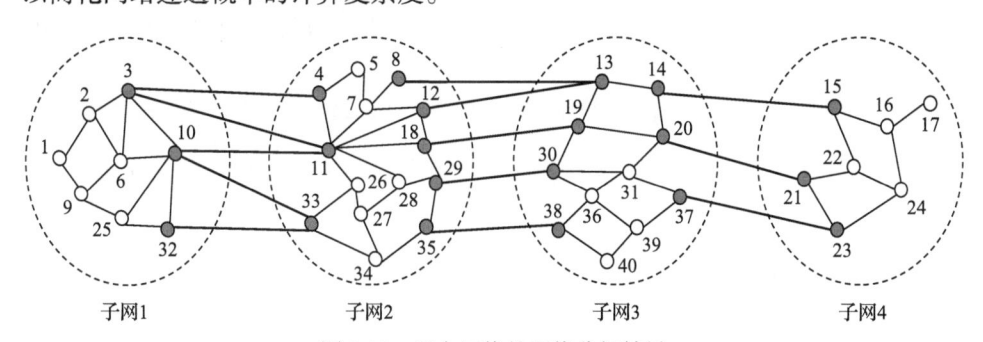

图 9.11　无向网络的网络分解结果

网络分解的精确解本身也是一个 NP-hard 问题。对于同一个较大规模的无向网络，可能存在数百种不同的分解结果。不同的分解方法甚至同一分解方法都可能会产生不同的分解结果，而要找到某个完美的全局最优分解是很困难的，这也是多级 k 路划分算法只能获得几个规模大致相等而不是绝对相等的子网的根本原因。因此，本节求得的最终分解结果是从获得的多个不同分解结果中人为选择出来的。换句话说，本节提出的针对分解后的无向网络全端连通概率求解方法不仅适用于本节所示的分解结果，而且适用于基于其他所有分解方法所得的分解结果，只要分解出的子网满足串联连接即可。该算法的运算效率取决于分解出的子网规模以及边割的数量。

在完成有效的网络分解后，如何科学地分析分解出的子网状态，并将原网络的状态与分解出的子网和边割的状态联系起来是基于网络分解的桥梁网络连通概率分析的难点和重点。由于分解后的各部分组成了一个串联体系，其连通概率也可以应用串联系统求解方法，分别计算串联的子网以及边割的状态，再进行合并求解。其中，含边数量少的边割状态概率的求解是容易实现的。评估的主要挑战在于准确定义与计算各子网的状态与状态概率，找到子网状态和网络整体状态之间的内在联系。

9.3.2 子网评估

在子网评估步骤中，图 9.9 的第二层从上到下为每个子网的 EqB、子网和边割、最小路径(path)和 NPS 之间的关系，则含有 n_a 个节点、m_a 个 EqBs 的子网 a 的全端连通概率推导过程([n; m] = [8 14 11 7; 12 20 15 8]为分解后的桥网络)可以表示为

$$\begin{aligned} & P\left(\text{the } a^{\text{th}} \text{ subnet is connected}\right) \\ &= P\left(\text{all NPS}_a \text{ in the } a^{\text{th}} \text{ subnet are connected}\right) \\ &= \sum_{k=1}^{2^{m_a}} P\left(\text{NPS}_a \middle| k^{\text{th}} \text{ minterm of EqBs}_a\right) P\left(k^{\text{th}} \text{ minterm of EqBs}_a\right) \end{aligned} \quad (9.19)$$

式中，$P\left(k^{\text{th}} \text{ minterm of EqBs}_a\right)$ 为子网 a 第 k 个 ($k=1,2,\cdots,2^{m_a}$) 最小项的概率；$P\left(\text{NPS}_a \middle| k^{\text{th}} \text{ minterm of EqBs}_a\right) = 1$ 或 0 为该第 k 个最小项的连通/不连通状态。

$$P\left(k^{\text{th}} \text{ minterm of EqBs}_a\right) = \prod_{f \in \text{failure EqBs}_a \text{ set}} P\left(\overline{\text{EqB}_{a,k}^f}\right) \prod_{s \in \text{safe EqBs}_a \text{ set}} P\left(\text{EqB}_{a,k}^s\right)$$

与原网络的 2^{68} 个状态组合和 C_{40}^2 组节点对相比，子网 a 的最小项 (2^{m_a}) 和节点对 ($C_{n_a}^2$) 的数量将大幅减少，这将极大地提高算法的计算效率。

子网的全端连通概率可以由 9.2.1 节提出的改进 ORDER-Ⅱ-Dijkstra 算法得到，即首先应用 ORDER-Ⅱ算法枚举子网最可能的状态组合，再应用改进 Dijkstra 算法判断各状态组合下子网的连通情况(连通或不连通)。但是在具体操作时发现，应用这种传统的二元状态定义方法，无论如何都得不到原网络连通概率的近似解。经过大量的研究探索发现，子网的故障失效并不意味着原网络必然会不连通。这是由于进行子网评估的最终目的是计算原始大规模桥梁网络的连通概率，因此在对每个子网的状态组合进行分析分类时，不能忽视其与原始网络之间的关系。以图 9.12 所示的子网 1 的两个典型状态组合为例，详细说明子网状态与原网络的相关关系。

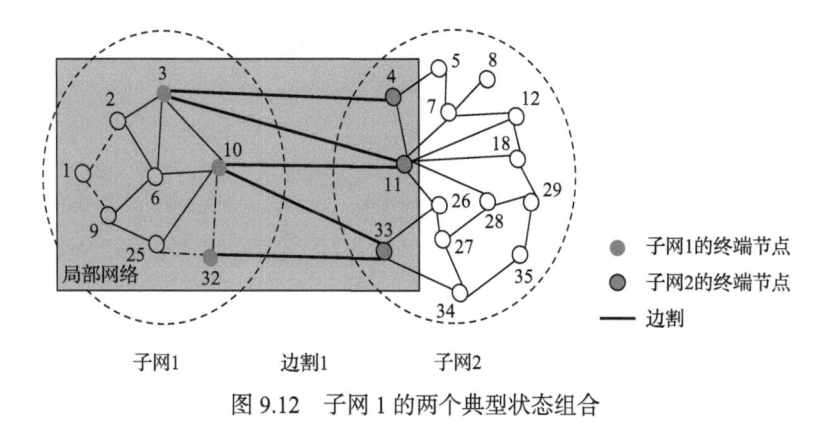

图 9.12 子网 1 的两个典型状态组合

考虑图 9.12 所示的子网 1 中虚线边断开、其他边完好的状态组合，显然节点 1 变成了一个孤点，不再与网络中的其他任何节点连接，导致网络整体处于不连通状态，这种子网失效的状态组合将直接导致网络整体失效。在点划线边断开、其他边(包括虚线边)完好的状态组合下，节点 32 在子网 1 内是孤点，但是宏观上看仍可以通过边割 1 以及其他子网中的边和节点重新连接起来。虽然子网失效，但网络整体却有可能处于连通状态。换句话说，虽然每个子网都是所求原始无向网络串联系统的一部分，但内部路径是平行的。由于存在其他子网和子网之间的连接边，一个子网的故障并不意味着原网络必然会故障。子网不连通是原始网络不连通的一个不必要且不充分条件。因此，在对子网的每个最小项进行分类时，不同于传统的连通性二元分类(连通或不连通)方法，为了计算原桥梁网络连通概率的真实值，需要将子网状态重新定义为 1 种连通与 2 种不连通状态：子网连通网络整体可能连通(CCS)、子网不连通但网络整体可能连通(DCS)、子网不连通且网络整体不连通(DDS)三种。计算每个子网 3 种不同状态的流程图如图 9.13 所示。在针对子网的某个最小项 t 进行判断时，可以将最小项的邻接矩阵作为输入，直接应用改进 Dijkstra 算法判断全端连通性。这里应用的子网原始邻接矩阵 $A_{n_a \times n_a}^{\text{min}t,\, t}$ 用于描述最小项 t 中各节点连接情况，此时的连接情况不考虑与子网连接的其他子网和边割。如果子网的最小项 t 依据其原始邻接矩阵被判定为不连通的状态，则需要借助构造的局部网络(local network)，将所有被判断为不连通的最小项分为 DCS 和 DDS 两个部分。

局部网络是本节为了定义子网状态而提出的，用来描述与子网紧密相连的边割以及其他子网的连接情况网络，指的是所求子网、与该子网直接连接的边割以及与该边割直接相连的其他子网的终端节点的组合(如图 9.12 灰色框内的节点与边)。而终端节点(terminal nodes, TN)是指与边割直接相连的子网内的节点(如图 9.12 中的节点 3、10、32、4、11、33)。同时，为了清楚描述各最小项 t 对应的局部网络

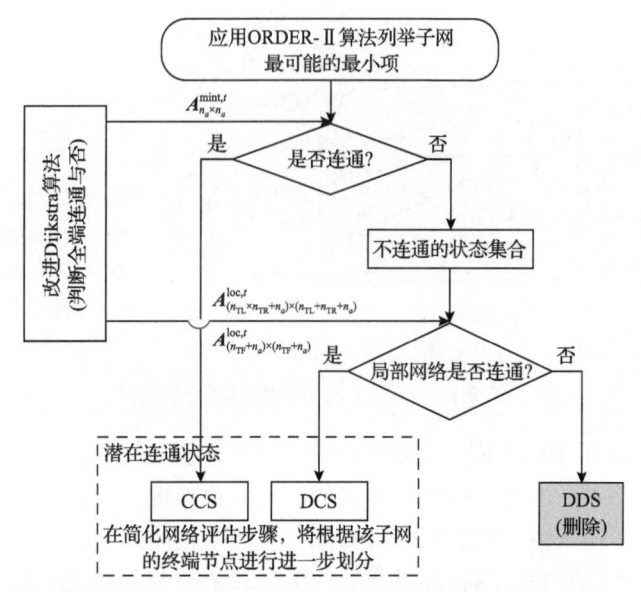

图 9.13 计算每个子网 3 种不同状态的流程图

内部节点之间的连接情况,构造了局部网络的邻接矩阵 $A^{loc,t}$。那么,已知局部网络的邻接矩阵 $A^{loc,t}$,即可应用改进 Dijkstra 算法进行连通性的第二次判断。值得注意的是,$A^{loc,t}$ 根据局部网络中的节点连接情况定义,分为以下两种情况:

(1) 对于含有 n_a 个节点和 m_a 个 EqBs 的子网 a,如果该子网位于分解出的串联体系的首端或末端(对于桥梁网络,$a=1$ 或 4),则只有一个包含 n_{TF} 个终端节点的其他子网,以及一组包含 m_{TF} 条边的边割与其直接相连。如图 9.11 所示,对于子网 1,$n_{TF}=3$ 指的是节点[4 11 33],$m_{TF}=5$ 指的是边[5 8 19 22 60];对于子网 4,$n_{TF}=3$ 指的是节点[14 20 37],$m_{TF}=3$ 指的是边[31 41 47]。此步骤的连通性判断只关注子网 a 的连通性,因此假定 n_{TF} 个相邻子网的终端节点之间相互连通,同时假定边割中的 m_{TF} 条边完好,则子网 a 的最小项 t 对应的局部网络的邻接矩阵可表示为

$$A^{loc,t}_{(n_{TF}+n_a)\times(n_{TF}+n_a)} = \begin{bmatrix} \begin{matrix} 0 & 1 & \cdots & 1 \\ 1 & 0 & \cdots & 1 \\ \vdots & \vdots & & \vdots \\ 1 & 1 & \cdots & 0 \end{matrix}_{n_{TF}\times n_{TF}} & A^{NC,t}_{n_{TF}\times n_a} \\ \left(A^{NC,t}_{n_{TF}\times n_a}\right)^T & A^{mint,t}_{n_a\times n_a} \end{bmatrix}_{(n_{TF}+n_a)\times(n_{TF}+n_a)} \quad (9.20)$$

式中,$n_{TF}\times n_{TF}$ 维(0-1)矩阵表示的是 n_{TF} 个相邻子网的终端节点之间的连接情况,

是一个除了对角线元素为 0 其余全为 1 的矩阵，表示终端节点之间彼此连通；$A_{n_{\mathrm{TF}} \times n_a}^{\mathrm{NC},t}$ 表示 n_{TF} 个终端节点与子网 a 的 n_a 个节点之间通过边割连接的邻接矩阵，如果所求子网中的节点 i 与相邻子网的终端节点 j 通过某条边割直接相连，那么 $A_{n_{\mathrm{TF}} \times n_a}^{\mathrm{NC},t}(j,i)=1$，否则 $A_{n_{\mathrm{TF}} \times n_a}^{\mathrm{NC},t}(j,i)=0$。

(2) 对于含有 n_a 个节点和 m_a 个等效桥梁的子网 a，如果该子网位于分解出的串联体系的中间位置（对于桥梁网络，$a=2$ 或 3），那么相邻子网的 n_{TL} 和 n_{TR} 个终端节点以及分别包含 m_{TL} 和 m_{TR} 条边的边割位于该子网的两侧。如图 9.11 所示，对于子网 2，$n_{\mathrm{TL}}=3$ 和 $n_{\mathrm{TR}}=4$ 分别指的是节点[3 10 32]和[13 19 30 38]；对于子网 3，$n_{\mathrm{TL}}=5$ 和 $n_{\mathrm{TR}}=3$ 分别指的是节点[8 12 18 29 35]和[15 21 23]。该类子网 a 的最小项 t 对应的局部网络的邻接矩阵可表示为

$$A_{(n_{\mathrm{TL}}+n_{\mathrm{TR}}+n_a) \times (n_{\mathrm{TL}}+n_{\mathrm{TR}}+n_a)}^{\mathrm{loc},t} = \begin{bmatrix} \begin{bmatrix} 0 & 1 & \cdots & 1 \\ 1 & 0 & \cdots & 1 \\ \vdots & \vdots & & \vdots \\ 1 & 1 & \cdots & 0 \end{bmatrix}_{n_{\mathrm{TL}} \times n_{\mathrm{TL}}} & A_{n_{\mathrm{TL}} \times n_a}^{\mathrm{NC1},t} & 0_{n_{\mathrm{TL}} \times n_{\mathrm{TR}}} \\ \left(A_{n_{\mathrm{TL}} \times n_a}^{\mathrm{NC1},t}\right)^{\mathrm{T}} & A_{n_a \times n_a}^{\mathrm{mint},t} & A_{n_a \times n_{\mathrm{TR}}}^{\mathrm{NC2},t} \\ 0_{n_{\mathrm{TR}} \times n_{\mathrm{TL}}} & \left(A_{n_a \times n_{\mathrm{TR}}}^{\mathrm{NC2},t}\right)^{\mathrm{T}} & \begin{bmatrix} 0 & 1 & \cdots & 1 \\ 1 & 0 & \cdots & 1 \\ \vdots & \vdots & & \vdots \\ 1 & 1 & \cdots & 0 \end{bmatrix}_{n_{\mathrm{TR}} \times n_{\mathrm{TR}}} \end{bmatrix}$$

(9.21)

如图 9.13 所示，如果局部网络被判定为连通，则相应的最小项将被重新定义为子网不连通但网络整体可能连通状态，这是子网潜在连通状态的另一部分；否则，被判定为子网不连通且网络整体不连通状态。值得注意的是，在计算网络连通概率时，只需考虑可能导致原网络运行良好的子网部分状态（CCS 和 DCS），而无需考虑必然导致网络失效的状态，因此可直接删除导致整个网络处于不连通的 DDS 状态。

对于含有 m_a 个等效桥梁的子网 a，首先应用 ORDER-Ⅱ 算法从所有 2^{m_a} 个状态组合中提取最可能的最小项，提取出的最小项的状态概率之和为算法的保证率。然后按照如图 9.13 所示的流程图，应用改进 Dijkstra 算法判断各最小项分别属于 CCS、DCS 和 DDS 三种状态中的哪一种。其中，CCS 状态依据子网最小项的原始邻接矩阵 $A_{n_a \times n_a}^{\mathrm{mint},t}$，通过查找使子网全端连通的最小项实现，DCS 和 DDS 状态

则是根据最小项对应的局部网络的邻接矩阵 $A^{\text{loc},t}$ 判断,实现原始子网不连通的最小项的二分类。最后将同种状态下的最小项概率进行求和获得子网的状态概率(P_{CCS}、P_{DCS} 和 P_{DDS})。

对于 9.1 节建立的交通基础设施无向网络,表 9.6 列出了其 4 个子网的三种状态的概率,以及各状态包含的最小项数量在所有最小项中的占比,整个过程仅需约 1min。如表所示,在后续网络整体连通概率评估中,可以直接删除的位于 4 个子网中 DDS 状态的最小项数量占比分别为 61.133%、2.053%、8.452%和 73.438%,这将是缩短算法运行时间的关键。

表 9.6 桥梁网络 4 个子网的状态概率

	子网 1	子网 2	子网 3	子网 4
保证率	1.00	0.999999	0.9999999	1.00
P_{CCS}	0.9999726 (20.801%)	0.999038 (75.994%)	0.999205 (46.896%)	0.995421 (8.984%)
P_{DCS}	4.120331×10^{-6} (18.066%)	9.458623×10^{-4} (21.953%)	7.3352323×10^{-4} (44.652%)	2.436552×10^{-5} (17.578%)
P_{DDS}	2.325097×10^{-5} (61.133%)	1.497785×10^{-5} (2.053%)	6.122608×10^{-5} (8.452%)	4.554474×10^{-3} (73.438%)

注:括号中百分数指各状态包含的最小项数量在所有最小项中的占比。

9.3.3 简化网络评估

为了建立子网状态和所研究的桥梁网络状态之间的关系,进而计算桥梁网络整体的连通概率,本节只需考虑子网状态中属于潜在连通状态(CCS 和 DCS)的最小项。对于属于潜在连通状态的某个最小项,子网内所有节点可能会被分成一定数量的连通分支(connected component),其中,同一连通分支内的节点之间有路径连接,不同分支间的节点之间被断开。对应到提取出的几个终端节点,如果所有终端节点属于同一个连通分支,那么它们之间彼此连通;如果所有终端节点属于不同的连通分支,那么同一分支内的终端节点彼此连接,不同分支之间的终端节点保持断开。因此,对于子网 a,其所有潜在连通状态可以进一步划分为 $N_{\text{T}a}$ 个部分,其中每部分中的子网状态与其终端节点状态一致。于是,终端节点的第 l 个状态概率 $P\left(l^{\text{th}} \text{state of } a^{\text{th}} \text{ subnet}\right)$ $(l=1,2,\cdots,N_{\text{T}a})$ 为

$$P\left(l^{\text{th}} \text{state of } a^{\text{th}} \text{ subnet}\right) = \sum_{k=1}^{\text{PCS/DCS}} \left[P\left(l^{\text{th}} \text{ state of terminal nodes} \middle| k^{\text{th}} \text{ minterm of EqBs}_a \right) \right.$$
$$\left. \cdot P\left(k^{\text{th}} \text{ minterm of EqBs}_a \right) \right]$$

(9.22)

式中，$P\left(l^{\text{th}} \text{ state of terminal nodes} \mid k^{\text{th}} \text{ minterm of EqBs}_a\right)=1$ 或 0 分别对应子网 a 的最小项 t 属于或者不属于终端节点第 l 个状态的概率，该判断是在只考虑子网内的边与节点而不考虑其他边割与子网连接的情况下完成的。

因此，由于 4 个子网络之间串联连接，其所有终端节点的状态总数为

$$\text{NS} = \prod_{a=1}^{4} N_{\text{T}a} = 5 \times 163 \times 64 \times 5 = 260800$$

同理，边割 b 的第 κ 种状态概率可以表示为

$$P\left(\kappa^{\text{th}} \text{ state of } b^{\text{th}} \text{edge-cut}\right) = \prod_{f \in \text{failure EqBs}_b \text{ set}} P\left(\overline{\text{EqB}_{b,\kappa}^{f}}\right) \prod_{s \in \text{safe EqBs}_b \text{ set}} P\left(\text{EqB}_{b,\kappa}^{s}\right)$$
(9.23)

对于所研究的无向网络，其分解出的 3 个边割的状态数量为

$$\text{NE} = \prod_{b=1}^{3} N_{\text{T}b} = 2^5 \times 2^5 \times 2^3 = 8192$$

将子网的终端节点和边割进行合并即可得到最终的简化网络模型(simplified network，SN)。考虑到子网和边割的状态，该简化网络最小项的概率 $P\left(t^{\text{th}} \text{ minterm of SN}\right)$ ($t=1, 2, \cdots, \text{NT}$) 可表示为

$$P\left(t^{\text{th}} \text{ minterm of SN}\right)$$
$$= \prod_{a=1, l \in [1, \cdots, N_{\text{T}a}]}^{4} P\left(l^{\text{th}} \text{state of } a^{\text{th}} \text{ subnet}\right) \prod_{b=1, \kappa \in [1, \cdots, N_{\text{T}b}]}^{3} P\left(\kappa^{\text{th}} \text{ state of } b^{\text{th}} \text{ edge-cut}\right)$$
(9.24)

式中，$P\left(\kappa^{\text{th}} \text{ state of } b^{\text{th}} \text{ edge-cut}\right)$ 为边割 b 的第 κ 种状态的概率；$P\left(t^{\text{th}} \text{ minterm of SN}\right)$ 为简化网络的第 t 个最小项的概率。简化网络共有 $\text{NT}=\text{NS} \times \text{NE}=260800 \times 8192$ 个最小项。

简化网络任一最小项对应的终端节点之间的连接情况可以通过构造邻接矩阵 $A^{\text{nss},t}$ 表示：

$$A^{\text{nss},t} = \begin{bmatrix} A^{\text{subnet 1}}_{n_{\text{T}1} \times \sum\limits_{a=1}^{4} n_{\text{T}a}} & \cdots & A^{\text{subnet } a}_{n_{\text{T}a} \times \sum\limits_{a=1}^{4} n_{\text{T}a}} & \cdots \end{bmatrix}_{\sum\limits_{a=1}^{4} n_{\text{T}a} \times \sum\limits_{a=1}^{4} n_{\text{T}a}}$$
(9.25)

式中，$A^{\text{nss},t}$ 可以由表示任意子网 a 内 $n_{\text{T}a}$ 个终端节点之间的连接情况的矩阵

$A_{n_{Ta} \times n_{Ta}}^{Ta}$ 以及表示子网 a 与其他子网终端节点之间由于边割的存在而连接的矩阵 $A_{n_{Ta} \times \sum_{c=1,c\neq a}^{4} n_{Tc}}^{\text{subnet }a}$ 决定。如果子网 a 的终端节点 i 与其他子网 c 的终端节点 j 通过某条边割直接相连，那么 $A_{n_{Ta} \times \sum_{c=1,c\neq a}^{4} n_{Tc}}^{\text{subnet }a}(i,j)=1$，否则 $A_{n_{Ta} \times \sum_{c=1,c\neq a}^{4} n_{Tc}}^{\text{subnet }a}(i,j)=0$。同时，矩阵 $A^{\text{nss},t}$ 的维度由所有子网的终端节点总数决定，即 $\sum_{c=1,c\neq a}^{4} n_{Ta} \times \sum_{c=1,c\neq a}^{4} n_{Ta}$，其中对于桥梁网络，$\sum_{c=1,c\neq a}^{4} n_{Ta}=3+8+7+3=21$。简化网络全端连通与否也可以通过改进 Dijkstra 算法实现，由于该简化网络同时也是一个串联体系，其连通概率也可以应用串联系统求解方法，通过对所有 NT 个最小项的概率求和实现：

$$P(C_{\text{SN}})=\sum_{t=1}^{\text{NT}} P\left(\text{NPS}\,\middle|\, t^{\text{th}} \text{ minterm of SN}\right) P\left(t^{\text{th}} \text{ minterm of SN}\right) \quad (9.26)$$

研究表明，该简化网络的连通状态概率与所求的原大规模网络模型具有一一对应关系，式(9.26)求得的该简化网络连通概率即为原网络的连通概率。表 9.7 为基于网络分解算法、蒙特卡罗模拟算法和改进 ORDER-Ⅱ-Dijkstra 算法的结果比较。结果显示，三种算法的计算结果一致，能够相互佐证算法的正确性。同时，在 i7-8700 CPU、8GB RAM 配置的设备下，当保证率为 99.9% 时，改进 ORDER-Ⅱ-Dijkstra 算法计算耗时为 4.2h。在保证率基本相同的情况下，本节提出的网络分解算法仅需 1.6h，节省了 60% 以上的时间。同时，蒙特卡罗模拟算法若想达到与本节所提算法相同的保证率(99.99979%)，至少需要重复 196.6 万次模拟，耗时 22.7h，而本节提出的网络分解算法只需 5h 即可完成计算。在保证率 99.99979% 的情况下，该桥梁网络的连通概率为 0.995338。

表 9.7 基于网络分解算法、蒙特卡罗模拟算法和改进 ORDER-Ⅱ-Dijkstra 算法的结果比较

网络分解算法			蒙特卡罗模拟算法	改进 ORDER-Ⅱ-Dijkstra 算法		
保证率/%	连通概率	运行时间/h	运行时间/h	保证率/%	连通概率	运行时间/h
99.90696	0.994414	1.6	—	99.90000	0.994390	4.2
99.99979	0.995338	5	22.7	—	—	—

参 考 文 献

[1] Wang J, Fang K, Li S, et al. Bayesian network-based vulnerability assessment of a large-scale bridge network using improved ORDER-Ⅱ-Dijkstra algorithm[J]. Structure and Infrastructure Engineering, 2021, 17(6): 809-820.

[2] 中华人民共和国交通运输部. 公路工程结构可靠性设计统一标准(JTG 2120—2020)[S]. 北京: 人民交通出版社, 2020.

[3] Li S, Wang J, He S. Connectivity probability evaluation of a large-scale highway bridge network using network decomposition[J]. Reliability Engineering & System Safety, 2023, 236: 109191.

第10章　交通基础设施有向网络建模与评估方法

随着城市的建设与发展，交通基础设施网络特别是城市交通基础设施网络规模也越来越大，越来越复杂。因此，如何评估复杂的大规模网络一直是国内外研究的重点。研究者对交通基础设施网络的拓扑描述鲜少考虑网络中各边的双向连接问题，均采用不考虑网络内边方向性的无向网络模型。但是，在实际的交通基础设施网络中，两节点城市(或地点)间的交通流必然存在不同运行方向。当两节点间为双车道时，节点间应为双向的道路(或边)连接；而当节点间为单车道时，节点间应为有明确方向的单边连接；当多个节点间由城市高架桥直接连接时，随着城市高架桥规模的增大，这些节点之间的连接边将越来越复杂。这些复杂的节点连接情况在以往的无向网络模型中并没有被解释与涵盖，这必然会损失交通基础设施网络的一部分重要的内在属性，使所建立的网络模型难以贴合实际情况，进而难以准确评估该实际交通基础设施网络状态，真实地反映出该网络的性能。

在考虑了边的方向性之后，其连通概率评估变得更加困难。已有的研究主要集中在只考虑各边之间的单向连接情况的小规模(小于20个节点)有向网络研究。同时，在网络连通性概率分析中，包括有向和无向的连通性概率分析，通常假设所有边都独立工作和失效，也就是直接将边上所有桥梁(包括单幅桥和双幅桥)独立地串联在各边上，假设网络中的所有边都独立工作和失效。然而，独立失效假设在大多数情况下是不现实的。对于交通基础设施网络，边的相关性通常定义为：如果两条不同边中的一条发生故障，将直接导致另一条边同时发生故障，那么这两条边是相关的，而不是独立的。对于交通基础设施网络，相邻道路上的多座桥梁很可能受到同一环境或灾害的影响，同时退化或失效。此外，网络中的边可能由单幅桥和双幅桥连接。由于单幅桥直接坐落在上下行两条边上，其失效将导致两条边同时失效。但是，在进行网络可靠度计算时，当涉及相关性和有向网络问题时，几乎所有评估网络连通概率的方法都难以实现，因为几乎所有算法都是基于边的失效无关假设，包括容斥原理、事件树、故障树等。

针对复杂城市交通基础设施网络难以描述及求解的问题，本章以某市区主干道为研究对象，细致地描述了网络中单行道、单/双幅桥与高架桥等的存在导致的边的方向性问题，以及方向性引发的边的失效相关性描述问题[1]；基于我国某个城市主干道以及连接地点，并充分考虑网络中边的失效相关性与运行方向性，当网络中边的方向性与失效相关性被恰当地表达与描述时，蒙特卡罗方法可以在一定程度上解决复杂的有向网络连通概率评估问题，因此提出基于蒙特卡罗方法的大规模城市交通基础设施网络建模方法与 all-terminal 连通概率分析模型。

10.1 有向网络建模

现实交通基础设施网络中随处可见单幅桥和双幅桥两种不同类型的桥梁。单向道上单/双幅桥的不同连接如图 10.1 所示。单幅桥直接坐落在上下行两条边上（见图 10.1(a)），其失效将导致两条边同时失效，边与边之间将不再是独立失效。双幅桥由上下行两座不直接相连的桥并列排列，并非是串联（见图 10.1(b)）。此外，网络中还存在如单幅桥和双幅桥交错排列的复杂情况（见图 10.1(c)）。

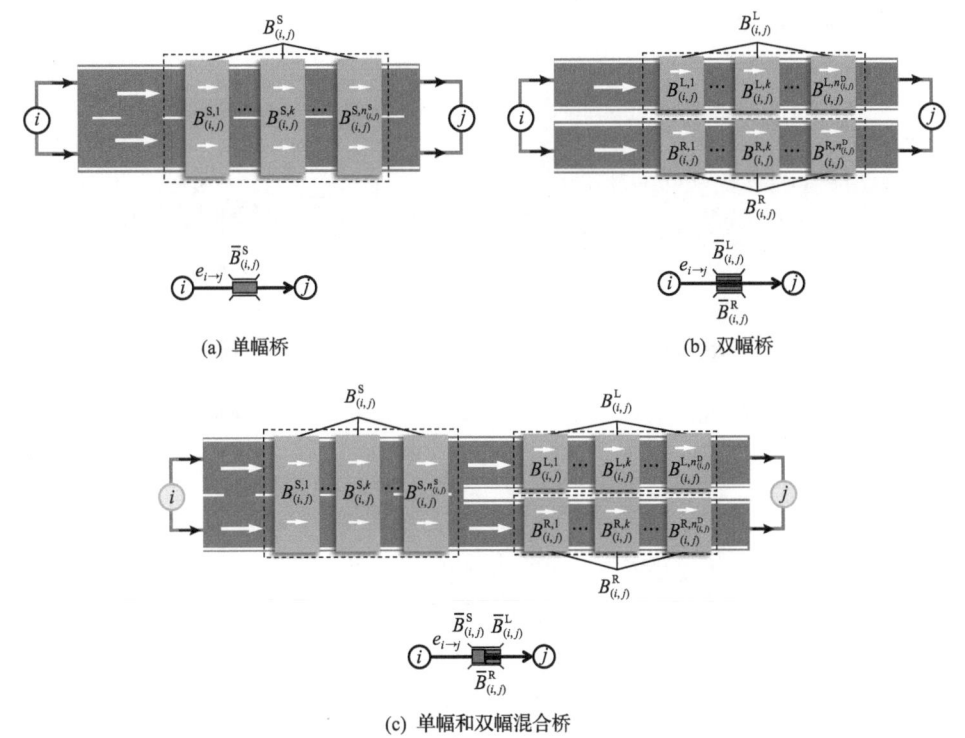

(a) 单幅桥

(b) 双幅桥

(c) 单幅和双幅混合桥

图 10.1　单向道上单/双幅桥的不同连接

因此，在进行有向网络建模时，仍然按照 9.1 节的建模规则，首先为所研究的区域桥梁网络构建具有一定节点数和边的有向拓扑图，再为相应的节点和边分配属性信息。

10.1.1 有向网络拓扑图的建立

在建立有向网络拓扑图时，考虑实际道路及桥梁位置等信息，节点和边分别表示感兴趣的主要交叉点以及之间的道路。本章交通基础设施有向网络建模遵循以下准则：

(1) 将街道的实际交叉口提取为网络的节点，不考虑高架桥引起的上下交错的虚拟交叉口。

(2) 根据节点间道路和桥梁的实际交通流方向提取道路作为拓扑模型的有向边。当节点 i 到节点 j 由一条单行道连接时，对应的边为单向边 ($e_{i \to j}$)，如图 10.1 所示，使用单向箭头表示；当节点 i 到节点 j 之间由双向道连接时，双向道上单/双幅桥的不同连接情况如图 10.2 所示，将其抽象为方向相反的一对边 $(e_{i \to j}, e_{j \to i})$，使用相反箭头表示。

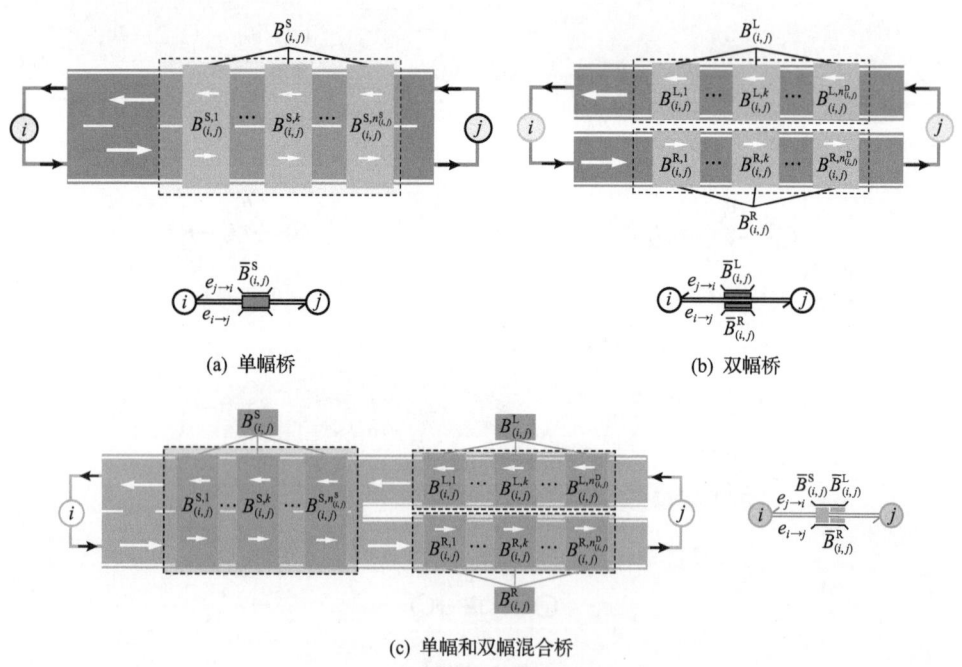

(a) 单幅桥

(b) 双幅桥

(c) 单幅和双幅混合桥

图 10.2 双向道上单/双幅桥的不同连接

(3) 对于从节点 i 到节点 j 的单行道，可能分布着不同数量的单幅桥和双幅桥或单幅和双幅桥串联的情况。实际中某地点是使用单幅桥还是双幅桥取决于地形、交通流量和城市规划等多种因素。由于施工和服务条件不同，双幅桥的上下游桥梁性能不可能完全相同，导致评估状态不同。

(4) 对于上述单行道,如果仅存在 $n_{(i,j)}^{\mathrm{S}}$ 座单幅桥(见图 10.1(a)),则第 k 个单幅桥可以表示为 $B_{(i,j)}^{\mathrm{S},k}\left(k=1,2,\cdots,n_{(i,j)}^{\mathrm{S}}\right)$。为简单起见,本节同样采用等效桥梁概念,定义为同一边上一系列桥梁的总和,等效单幅桥表示为 $\bar{B}_{(i,j)}^{\mathrm{S}}$。如果该单行道上只有 $n_{(i,j)}^{\mathrm{D}}$ 座双幅桥(见图 10.1(b)),则第 k 座双幅桥的左幅和右幅桥分别表示为 $B_{(i,j)}^{\mathrm{L},k}$ 和 $B_{(i,j)}^{\mathrm{R},k}$ $\left(k=1,2,\cdots,n_{(i,j)}^{\mathrm{D}}\right)$,相应的等效桥分别表示为 $\bar{B}_{(i,j)}^{\mathrm{L}}$ 和 $\bar{B}_{(i,j)}^{\mathrm{R}}$。如果其上坐落有 $n_{(i,j)}^{\mathrm{S}}$ 座单幅桥和 $n_{(i,j)}^{\mathrm{D}}$ 座双幅桥,则等效桥如图 10.1(c)所示。

(5) 对于双行道,同样也可能存在单幅桥、双幅桥或单幅和双幅混合桥。桥梁的定义和符号以及相应的等效桥梁与单行道基本相同,唯一不同的是双幅桥梁的左幅桥 $B_{(i,j)}^{\mathrm{L},k}$ 和右幅桥 $B_{(i,j)}^{\mathrm{R},k}\left(k=1,2,\cdots,n_{(i,j)}^{\mathrm{D}}\right)$(见图 10.2(b)、(c))和单幅桥 $B_{(i,j)}^{\mathrm{S},k}\left(k=1,2,\cdots,n_{(i,j)}^{\mathrm{S}}\right)$(见图 10.2(a)、(c))所承载的交通流量方向不同。

10.1.2 有向网络边权赋值

假设桥梁是该交通基础设施网络中唯一可能失效的元件,因此其失效概率是分配给网络边的关键信息。假设一个节点对 (i,j) 由多个单幅桥串联连接(见图 10.2(a))或由多个单幅桥和双幅桥交错连接(见图 10.2(c)),任何单幅桥的失效都会同时导致相应的上行边 $e_{i \to j}$ 和下行边 $e_{j \to i}$ 失效。因此,由于单幅桥的存在,相应边不再服从无向网络模型的独立失效假设。但是,如果节点对 (i,j) 由多个双幅桥连接,上行边 $e_{i \to j}$ 和下行边 $e_{j \to i}$ 的故障状态将是独立的。

为了描述有向桥梁网络中不同的边缘依赖关系,提出了一个扩展网络模型,即

$$G=(V,E_1,E_2,\cdots,E_m) \tag{10.1}$$

式中,V 表示感兴趣的节点集;$E_m(m=0,1,\cdots,6)$ 表示节点对之间具有相同类型的等效连接的第 m 个边集。

扩展网络模型将网络模型中的所有边 E 进一步分为七类:只含单幅桥的单向边(E_1)、只含双幅桥的单向边(E_2)、同时含单幅桥和双幅桥的单向边(E_3)、只含单幅桥的双向边(E_4)、只含双幅桥的双向边(E_5)、同时含单幅桥和双幅桥的双向边(E_6)、边缘上没有桥的边(E_0)。由于不同类型桥的失效对边的失效有显著影响,三种不同类型的等效桥 $\bar{B}_{(i,j)}^{\mathrm{S}}$、$\bar{B}_{(i,j)}^{\mathrm{L}}$ 以及 $\bar{B}_{(i,j)}^{\mathrm{R}}$ 节点对 (i,j)(见图 10.1 和图 10.2)的失效概率可以表示为

$$\begin{cases} P\left(\overline{B}_{(i,j)}^{\text{S}}\right) = 1 - \prod_{k=1}^{n_{(i,j)}^{\text{S}}} \left[1 - P\left(\overline{B}_{(i,j)}^{\text{S},k}\right)\right] \\ P\left(\overline{B}_{(i,j)}^{\text{L}}\right) = 1 - \prod_{k=1}^{n_{(i,j)}^{\text{D}}} \left[1 - P\left(\overline{B}_{(i,j)}^{\text{L},k}\right)\right] \\ P\left(\overline{B}_{(i,j)}^{\text{R}}\right) = 1 - \prod_{k=1}^{n_{(i,j)}^{\text{D}}} \left[1 - P\left(\overline{B}_{(i,j)}^{\text{R},k}\right)\right] \end{cases} \quad (10.2)$$

式中，每座在役桥梁的失效概率 $P\left(\overline{B}_{(i,j)}^{\text{S},k}\right)$、$P\left(\overline{B}_{(i,j)}^{\text{L},k}\right)$ 和 $P\left(\overline{B}_{(i,j)}^{\text{R},k}\right)$ 由其安全等级和评估状态决定。

每个边集 $E_m(m=0,1,\cdots,6)$ 对应的状态概率为：

(1) 只含单幅桥的单向边 (E_1)。当单向边由几个单幅桥串联连接时 (见图 10.1(a))，该连边的失效概率 $P\left(\overline{e}_{i\to j}\right)$ 与相应的等效桥 $\overline{B}_{(i,j)}^{\text{S}}$ 一致。如果 $B_{(i,j)}^{\text{S}}$ 失效，单向边将不可避免地失效，反之亦然。因此，该类单向边的失效和不失效概率为

$$\begin{cases} P\left(\overline{e}_{i\to j}\right) = P\left(\overline{B}_{(i,j)}^{\text{S}}\right) \\ P\left(e_{i\to j}\right) = 1 - P\left(\overline{B}_{(i,j)}^{\text{S}}\right) \end{cases} \quad (10.3)$$

(2) 只含双幅桥的单向边 (E_2)。如图 10.1(b) 所示，节点 i 和 j 之间的单向边由几个双幅桥串联连接，所有串联的双幅桥都可以简化为两个等效桥：$\overline{B}_{(i,j)}^{\text{L}}$ 和 $\overline{B}_{(i,j)}^{\text{R}}$。因此，该类单向边的失效和不失效概率为

$$\begin{cases} P\left(\overline{e}_{i\to j}\right) = P\left(\overline{B}_{(i,j)}^{\text{L}}\right) P\left(\overline{B}_{(i,j)}^{\text{R}}\right) \\ P\left(e_{i\to j}\right) = 1 - P\left(\overline{B}_{(i,j)}^{\text{L}}\right) P\left(\overline{B}_{(i,j)}^{\text{R}}\right) \end{cases} \quad (10.4)$$

(3) 同时含单幅桥和双幅桥的单向边 (E_3)。当边缘由多个单幅桥和双幅桥交错时，所有单幅桥可以减少到一个等效桥 $\overline{B}_{(i,j)}^{\text{S}}$，双幅桥的左右幅桥可以简化为两个等效桥：$\overline{B}_{(i,j)}^{\text{L}}$ 和 $\overline{B}_{(i,j)}^{\text{R}}$ (见图 10.1(c))。因此，该类单向边的失效和不失效概率为

$$\begin{cases} P\left(\overline{e}_{i\to j}\right) = 1 - \left[1 - P\left(\overline{B}_{(i,j)}^{\text{S}}\right)\right]\left[1 - P\left(\overline{B}_{(i,j)}^{\text{L}}\right)P\left(\overline{B}_{(i,j)}^{\text{R}}\right)\right] \\ P\left(e_{i\to j}\right) = \left[1 - P\left(\overline{B}_{(i,j)}^{\text{S}}\right)\right]\left[1 - P\left(\overline{B}_{(i,j)}^{\text{L}}\right)P\left(\overline{B}_{(i,j)}^{\text{R}}\right)\right] \end{cases} \quad (10.5)$$

(4) 只含单幅桥的双向边(E_4)。如图 10.2(a)所示，节点(i,j)对由几个单幅桥串联起来，这些单幅桥可以用等效桥$\bar{B}_{(i,j)}^{S}$来近似描述，任何单幅桥的失效都会导致被调查的边缘对同时失效。因此，该类边的失效和不失效概率为

$$\begin{cases} P(\bar{e}_{i \to j}, \bar{e}_{j \to i}) = P(\bar{B}_{(i,j)}^{S}) \\ P(\bar{e}_{i \to j}, e_{j \to i}) = 0 \\ P(e_{i \to j}, \bar{e}_{j \to i}) = 0 \\ P(e_{i \to j}, e_{j \to i}) = 1 - P(\bar{B}_{(i,j)}^{S}) \end{cases} \quad (10.6)$$

(5) 只含双幅桥的双向边(E_5)。当节点对由几个双幅桥串联起来时(见图 10.2(b))，由于双幅桥的桥面是分离的，上下行边可以独立运行。因此，该类边的失效和不失效概率为

$$\begin{cases} P(\bar{e}_{i \to j}, \bar{e}_{j \to i}) = P(\bar{B}_{(i,j)}^{R})P(\bar{B}_{(i,j)}^{L}) \\ P(\bar{e}_{i \to j}, e_{j \to i}) = P(\bar{B}_{(i,j)}^{R})[1 - P(\bar{B}_{(i,j)}^{L})] \\ P(e_{i \to j}, \bar{e}_{j \to i}) = [1 - P(\bar{B}_{(i,j)}^{R})]P(\bar{B}_{(i,j)}^{L}) \\ P(e_{i \to j}, e_{j \to i}) = [1 - P(\bar{B}_{(i,j)}^{R})][1 - P(\bar{B}_{(i,j)}^{L})] \end{cases} \quad (10.7)$$

(6) 同时含单幅桥和双幅桥的双向边(E_6)。在该类边集中，节点对由多个单幅桥和双幅桥连接，如图 10.2(c)所示。任何单幅桥的故障都会导致上行和下行边缘同时失效，而如果其中一座双幅桥发生故障，则只有相应的边会失效。因此，这种双向边的失效是部分相关的，其失效和不失效概率为

$$\begin{cases} P(\bar{e}_{i \to j}, \bar{e}_{j \to i}) = P(\bar{B}_{(i,j)}^{S}) + [1 - P(\bar{B}_{(i,j)}^{S})]P(\bar{B}_{(i,j)}^{L})P(\bar{B}_{(i,j)}^{R}) \\ P(\bar{e}_{i \to j}, e_{j \to i}) = [1 - P(\bar{B}_{(i,j)}^{S})]P(\bar{B}_{(i,j)}^{L})[1 - P(\bar{B}_{(i,j)}^{R})] \\ P(e_{i \to j}, \bar{e}_{j \to i}) = [1 - P(\bar{B}_{(i,j)}^{S})][1 - P(\bar{B}_{(i,j)}^{L})]P(\bar{B}_{(i,j)}^{R}) \\ P(e_{i \to j}, e_{j \to i}) = [1 - P(\bar{B}_{(i,j)}^{S})][1 - P(\bar{B}_{(i,j)}^{L})][1 - P(\bar{B}_{(i,j)}^{R})] \end{cases} \quad (10.8)$$

(7) 边缘上没有桥的边(E_0)。此类边集中边的失效概率设置为 0。

以上七类边集中的边和边对概率的计算框架如图 10.3 所示。基于每个桥的失效概率，可使用式(10.2)求得三种等效桥梁的失效概率，然后可使用式(10.3)～式(10.8)得到单/双向边的失效和不失效概率。

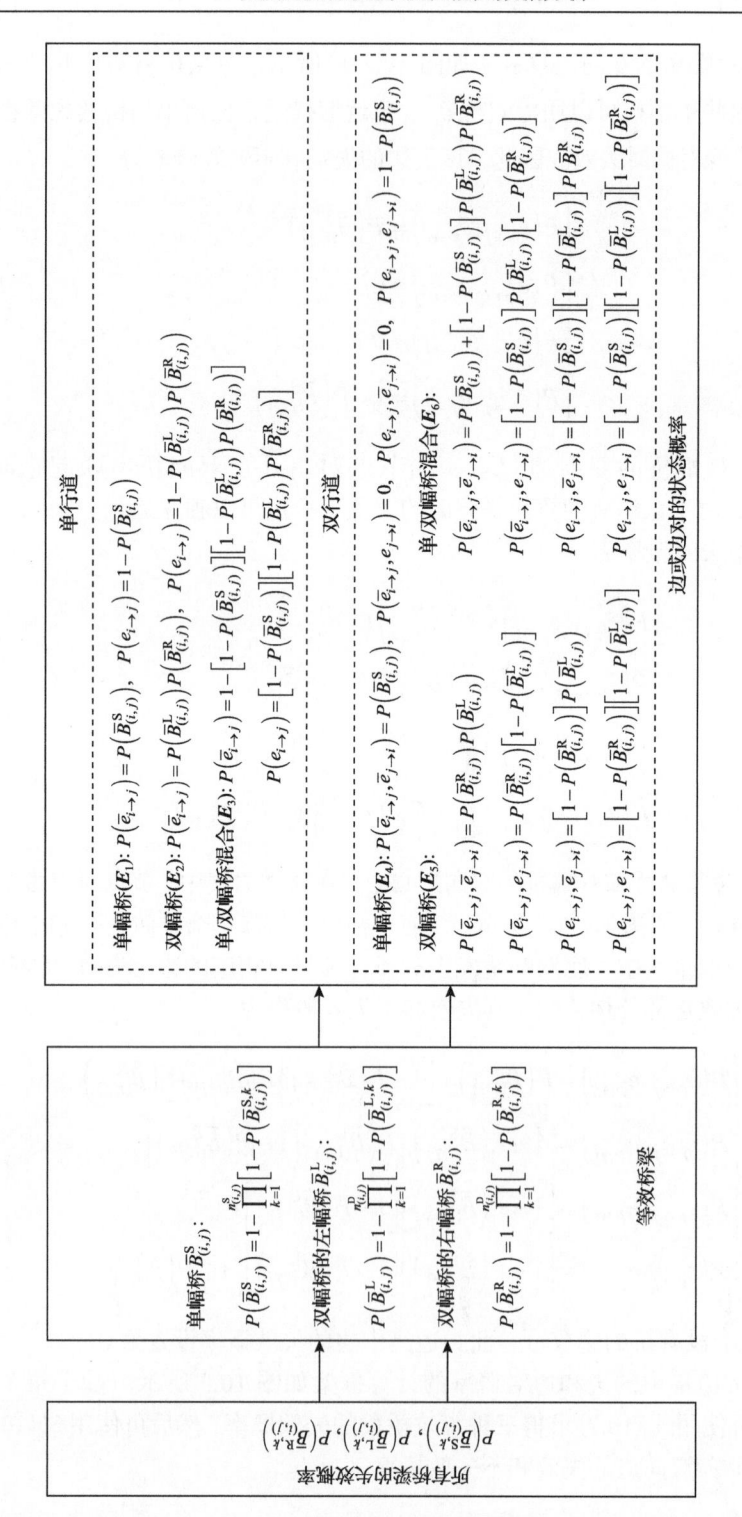

图 10.3 边或边对概率的计算框架

因此，将边和边对状态概率分配到有向拓扑网络图层后，即完成了交通基础设施有向网络模型的构建。

10.2 有向桥梁网络连通概率分析

对于有向网络，当基于网络中所有最小路径求解时，网络中同样存在成百上千条最小路径。同时，当上行和下行边缘非独立失效时，处理多个最小路径之间的概率和不同交叉点非常复杂。因此，基于条件概率和状态枚举方法简化了有向网络连通概率的计算，即

$P(G) = P(\text{all node pairs (NPS) are connected to each other})$

$$= \sum_{k=1}^{N_1 \times N_2} \left[P\left(\text{NPS} | k^{\text{th}} \text{state combination}(i,j)\right) P\left(k^{\text{th}} \text{state combination}(i,j)\right) \right] \quad (10.9)$$

$P(\text{state of node pair}(i,j), \boldsymbol{E}_m)$

$$= \begin{cases} P\left(e_{i \to j} \vee \overline{e}_{i \to j}, \boldsymbol{E}_m\right), & m = 1,2,3 \\ P\left(\left[e_{i \to j}, e_{j \to i}\right] \vee \left[\overline{e}_{i \to j}, e_{j \to i}\right] \vee \left[e_{i \to j}, \overline{e}_{j \to i}\right] \vee \left[\overline{e}_{i \to j}, \overline{e}_{j \to i}\right], \boldsymbol{E}_m\right), & m = 4,5,6 \\ 1, & m = 0 \end{cases}$$

(10.10)

式中，$P\left(\text{NPS} | k^{\text{th}} \text{state combination}(i,j)\right)$ 和 $P\left(k^{\text{th}} \text{state combination}(i,j)\right)$ 为给定所有等效桥梁节点对 (i,j) 的所有集合组合状态下有向桥梁网络的状态。

对于具有成百上千座单幅和双幅等效桥梁的有向桥梁网络，该联合概率可能有数千万个取值。考虑到不同节点对之间的边应该是独立的，通过扩展桥梁网络模型，对桥梁网络上的所有等效桥梁进行进一步分类，并将其概率分配给相应的边。如果有 n_1 个单向边和 n_2 个双向边对，则状态组合的总数将为 $N_1 \times N_2 = 2^{n_1} \times 4^{n_2}$。此外，每个状态组合的概率 $P(\text{state combination}(i,j))$ 可以通过将网络中这 7 个边集中所有边或边对的概率 $P(\text{state of node pair}(i,j), \boldsymbol{E}_m)$ 相乘来获得。

有向桥梁网络的连通概率通过以下三个步骤获得：①分别枚举和乘以这 7 个不同边集中的所有边或边对状态及其相应的概率 $P(\text{state of node pair}(i,j), \boldsymbol{E}_m)$；②判断拟建桥梁网络的连接状态 $P\left(\text{NPS} | \text{state combination}(i,j)\right)$；③将在步骤①中获得的状态组合中导致桥梁网络连通的概率进行求和。本节分别应用蒙特卡罗模拟和改进 Dijkstra 算法进行状态组合枚举和网络连通与否的判断，其中改进 Dijkstra 算法即为网络连通性判断的有效算法。

10.2.1 有向桥梁网络的状态枚举算法

根据式(10.3)~式(10.8)，每个边集中节点对的状态被简化为离散型随机变量。蒙特卡罗模拟的前提是生成离散型随机变量的采样值[2]，在独立重复抽样测试之后，当模拟次数 N 足够大，可以模拟所有 $N_1 \times N_2 = 2^{n_1} \times 4^{n_2}$ 状态概率时，连通的有向桥梁网络出现的频率将是后续连通性概率分析的无偏估计。采样过程的伪代码如表 10.1 所示。

表 10.1 采样过程的伪代码

算法 sampling $(N, n_1 + n_2)$	/* 离散型随机变量的采样方法 */

Input: N 为模拟抽样次数； n_S 和 n_D 分别为网络中单向边和双向边对的总数量。
Initialize: $X(N, n_S+n_D) = \text{NaN}$
for s from 1 to N /* 第 s 次抽样 */
  for t from 1 to n_S+n_D /* 第 t 条(组)单向边(双向边对) */
    $r \leftarrow U(0,1)$ /*提取在区间(0,1)上的均匀分布随机数 r*/
    switch E_m
      case the tth edge or edge pair belongs to E_0
        $X[s, t] \leftarrow 1$ /*第 t 条(组)单向边(双向边对)处于完好状态*/
    case the tth edge or edge pair belongs to $E_1, E_2,$ or E_3
      if $0 < r < P(\overline{e}_{i \to j})$ then
        $X[s, t] \leftarrow 0$ /* 边 $e_{i \to j}$ 失效 */
      else
        $X[s, t] \leftarrow 1$
      end if
    case the tth edge or edge pair belongs to $E_4, E_5,$ or E_6
      if $0 < r < P(\overline{e}_{i \to j}, \overline{e}_{j \to i})$ then
        $X[s, t] \leftarrow [0, 0]$ /* 边对 $(e_{i \to j}, e_{j \to i})$ 全部失效 */
      else if $P(\overline{e}_{i \to j}, \overline{e}_{j \to i}) < r < P(\overline{e}_{i \to j}, \overline{e}_{j \to i}) + P(e_{i \to j}, \overline{e}_{j \to i})$
        $X[s, t] \leftarrow [1, 0]$ /*边 $e_{i \to j}$ 完好但边 $e_{j \to i}$ 失效 */
      else if $P(\overline{e}_{i \to j}, \overline{e}_{j \to i}) + P(e_{i \to j}, \overline{e}_{j \to i}) + P(\overline{e}_{i \to j}, e_{j \to i}) < r < 1$
        $X[s, t] \leftarrow [1, 1]$ /* 边对 $(e_{i \to j}, e_{j \to i})$ 全部完好*/
      else

续表

算法 sampling $(N, n_1 + n_2)$	/* 离散型随机变量的采样方法 */
$\quad\quad\quad\quad X[s, t] \leftarrow [0, 1]$	/* 边 $e_{i \to j}$ 失效但边 $e_{j \to i}$ 完好 */
$\quad\quad\quad$ end if	
$\quad\quad$ end switch	
$\quad$ end for	
end for	
return X (X 为以连续的方式存储 N 次抽样下各边 $e_{i \to j}$ 或边对 $(e_{i \to j}, e_{j \to i})$ 的状态)	

最后，通过对桥梁网络连通状态组合的概率进行求和生成连接概率，如式(10.9)所示。同时，基于中心极限定理，可以通过绝对误差 δ 和相对误差 β 来确定连通性概率分析的精度，即

$$\begin{cases} \delta \leqslant u_{1-\frac{\alpha}{2}} \dfrac{1}{\sqrt{N-1}} \sqrt{P(G)[1-P(G)]} \\ \beta \leqslant u_{1-\frac{\alpha}{2}} \dfrac{1}{\sqrt{N-1}} \sqrt{\dfrac{1-P(G)}{P(G)}} \end{cases} \quad (10.11)$$

式中，$u_{1-\frac{\alpha}{2}}$ 为标准正态分布 $N(0,1)$ 的 $1-\dfrac{\alpha}{2}$ 下分位数。

10.2.2 有向边的重要性指标

本节提出采用重要性指标 $\gamma(i, j)$ 来表征有向桥梁网络节点对 (i, j) 之间各边 $e_{i \to j}$ 或边对 $(e_{i \to j}, e_{j \to i})$ 的相对重要性，这对制定各桥梁的维护计划和有限资金的分配具有重要意义。重要性指标考虑了每个边的失效概率（$P(\overline{e}_{i \to j})$ 或 $P(\overline{e}_{i \to j}, e_{j \to i}) + P(\overline{e}_{i \to j}, \overline{e}_{j \to i})$）及其失效对网络连接概率的影响（$P(\overline{G}|\overline{e}_{i \to j})$ 或 $P(\overline{G}|\overline{e}_{i \to j}, e_{j \to i}) + P(\overline{G}|\overline{e}_{i \to j}, \overline{e}_{j \to i})$），其中事件的发生频率近似为概率的无偏估计。因此，一个边的重要性越大，其故障对网络性能的影响就越大，即

$$\begin{aligned} \gamma(e_{i \to j}) &= P(\overline{G}, \overline{e}_{i \to j}) = P(\overline{G}|\overline{e}_{i \to j}) P(\overline{e}_{i \to j}) \\ &= \dfrac{\mathrm{Num}(\overline{G}|\overline{e}_{i \to j})}{N} P(\overline{e}_{i \to j}), \quad m = 1, 2, 3 \end{aligned} \quad (10.12\mathrm{a})$$

$$\gamma(e_{i\to j}) = P(\overline{G}, \overline{e}_{i\to j}, e_{j\to i}) + P(\overline{G}, \overline{e}_{i\to j}, \overline{e}_{j\to i})$$
$$= P(\overline{G}|\overline{e}_{i\to j}, e_{j\to i})P(\overline{e}_{i\to j}, e_{j\to i}) + P(\overline{G}|\overline{e}_{i\to j}, \overline{e}_{j\to i})P(\overline{e}_{i\to j}, \overline{e}_{j\to i})$$
$$= \frac{\text{Num}(\overline{G}|\overline{e}_{i\to j}, e_{j\to i})}{N}P(\overline{e}_{i\to j}, e_{j\to i}) + \frac{\text{Num}(\overline{G}|\overline{e}_{i\to j}, \overline{e}_{j\to i})}{N}P(\overline{e}_{i\to j}, \overline{e}_{j\to i}), \quad m=4,5,6$$
(10.12b)

式中，$\text{Num}(\overline{G}|\cdot)$ 为给定 N 个样本中边 $e_{i\to j}$ 或边对 $(e_{i\to j}, e_{j\to i})$ 状态下桥梁网络连通的状态个数。

10.3 实例分析：有向城市桥梁网络模型

某市交通主管部门连续五年(2014~2018年)对管辖区域内主要道路上的 299 座桥梁进行了定期检查和状况评估，包括桥梁的服役状态、桥梁类型、安全等级等基本指标。该市桥梁的物理位置和各边方向如图 10.4 所示。此外，基于建设和服役状态评估信息，获得了相应桥梁的失效概率。

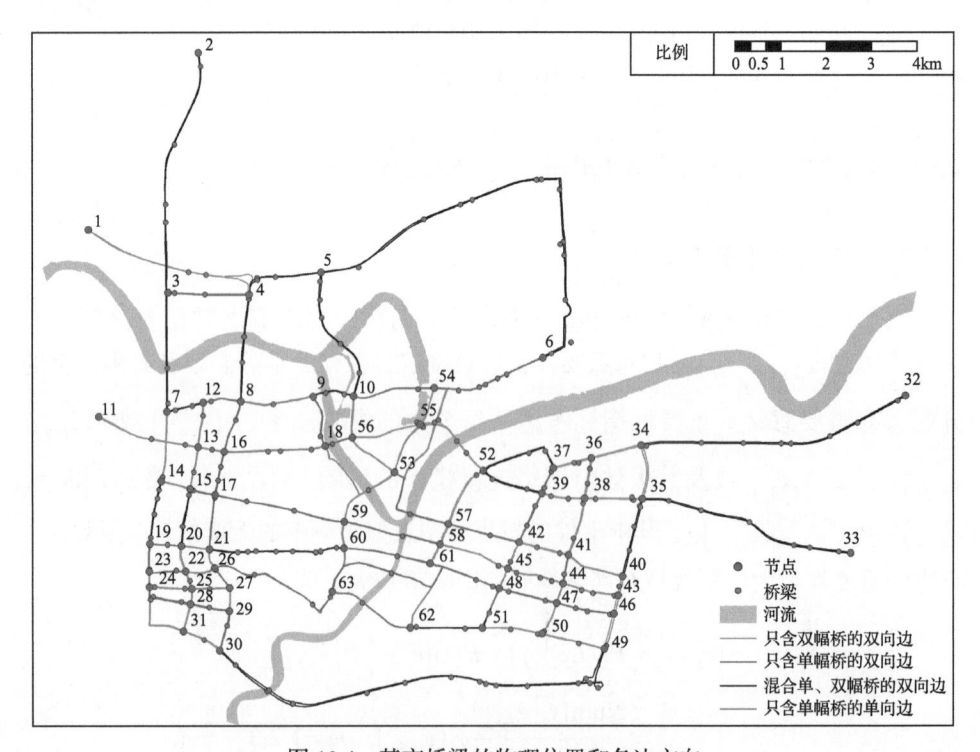

图 10.4 某市桥梁的物理位置和各边方向

根据五年的检查和评估结果，该市不同评估等级的桥梁数量如图 10.5 所示。可以看出，在 2014~2018 年，分别有 91%、89.6%、92%、95.7%和 94%的桥梁处于较好的一级和二级状况。因此，整个桥梁网络处于相对年轻的状态，同时五年间桥梁的性能并不是持续下降的，而是在维护和退化的作用下上下波动。

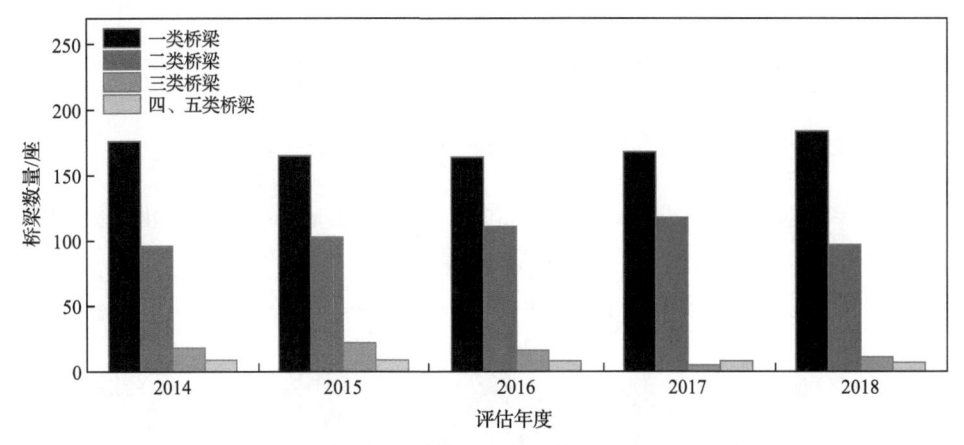

图 10.5 某市不同评估等级的桥梁数量(2014~2018 年)

10.3.1 有向城市桥梁网络建模

根据该市 299 座实际桥梁的检测信息，在充分还原所有节点之间的道路走向和桥梁类型的基础上，按照 10.1.1 节所述规则建立了拓扑网络模型，力求最大限度地模拟出该桥梁网络的实际服役状态，所建立的交通基础设施有向网络拓扑模型如图 10.6 所示。拓扑模型包含 63 个节点和 216 个有向边，其中包括 107 个双向边对和两个单向边。

所研究有向城市桥梁网络的拓扑模型包含 2 个单幅桥单向边和 32 个单幅桥双向边对，失效概率可以使用式(10.3)和式(10.6)计算，其中 2 个单向边和 10 个典型的单幅桥双向边对的失效概率如图 10.7 所示。从图中可以看出，单向边 27、双向边对(32,33)和(169,170)的失效概率较低，这是因为它们都只包含一座被评估为完好状态(一类)的桥梁。同时，边对(213,214)的失效概率波动明显，并保持在相对较低的水平。这是由于其所处桥址横跨河流且位于优先选择路线，更频繁的河水冲刷和交通流量大导致其性能退化速度更快，因此在服役周期内获得了较高的关注度和及时维护，导致其服役状态波动明显。

建立的拓扑模型还包含 29 条带有双幅桥的双向边，其中 4 个典型的具有双幅桥的双向边对的状态概率如图 10.8 所示。从图中可以看出，2016 年，边对(131,132)的(1,1)状态概率突然下降，并在 2017 年回升，原因是其上的 4 座桥梁的状况等级在当年全都从一类降为二类,并在 2017 年进行了维修和维护。同时,边对 (40, 41) 的 (1, 1) 状态概率较高,这是因为其上的桥梁数量较少 (2 座),同时相应的安全等级和状况等级也较高。

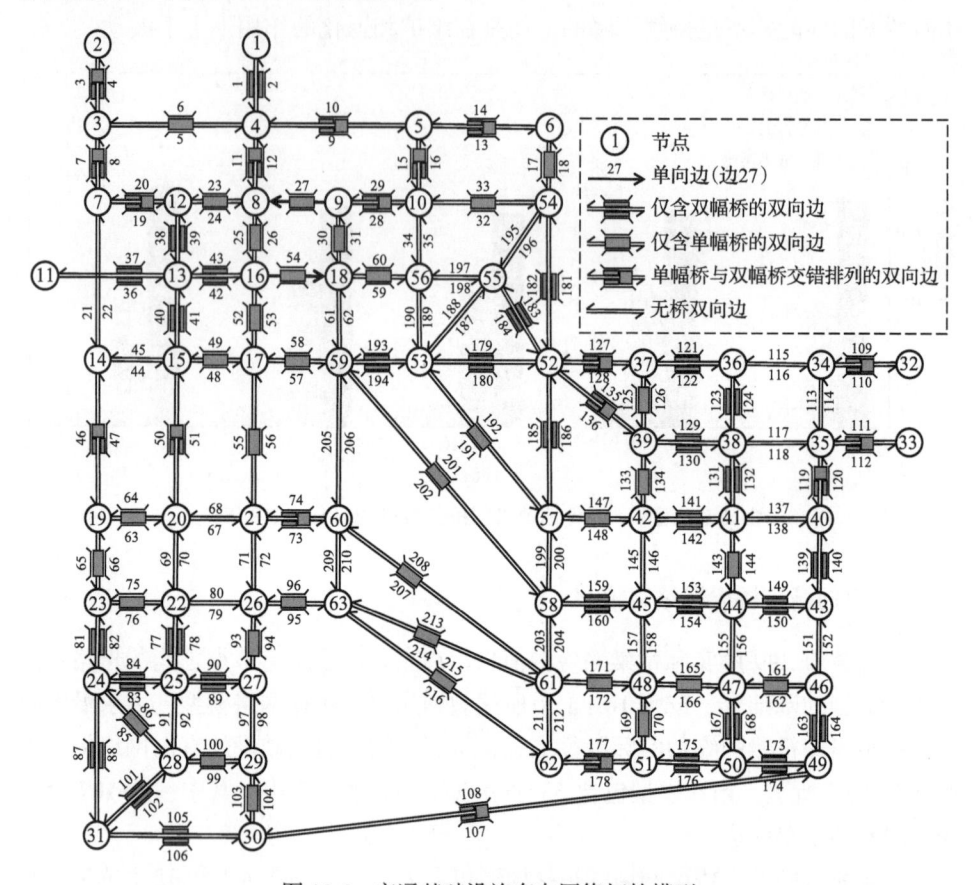

图 10.6　交通基础设施有向网络拓扑模型

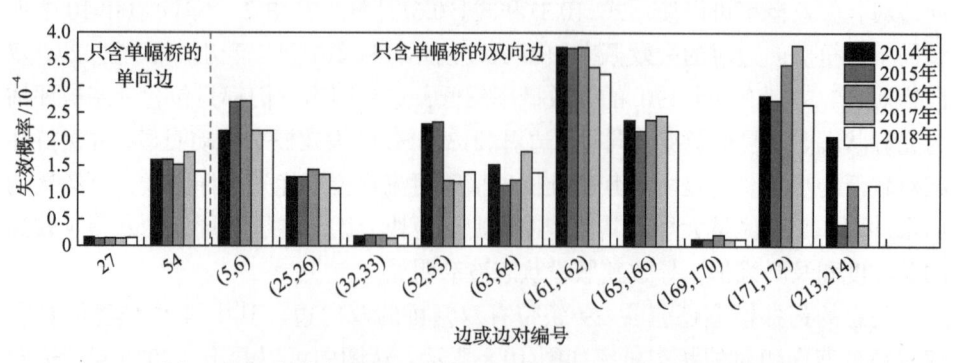

图 10.7　2 个单向边和 10 个典型的单幅桥双向边对的失效概率

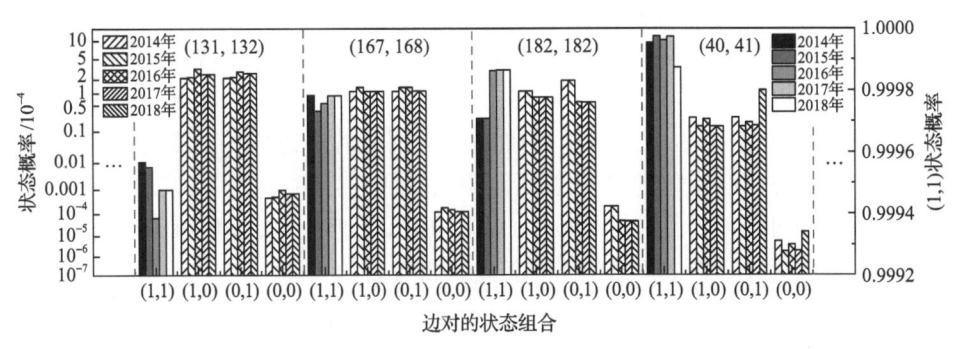

图 10.8　4 个典型的具有双幅桥的双向边对的状态概率

建立的拓扑模型包含 18 对含有混合单/双幅桥的双向边，其状态概率可以使用式(10.8)计算，5 个典型的混合单/双幅桥的双向边对的状态概率如图 10.9 所示。从图中可以看出，边对(111,112)的状态概率变化较大，原因是其上被评估为危险状态(五类)的两座桥梁在 2015 年进行了大规模的维修。边对(177,178)的(0,0)状态概率在 2016 年大幅增加，原因是其上的一座桥梁在当年恶化为危险状态。边对(15,16)和(109,110)的(1,1)状态概率相对其他边对较低，因为这两个边对上的桥梁数量较多，分别为 10 座和 15 座。同时，边对(109,110)上的所有桥梁都处于较好的服役状态(一类或二类)。

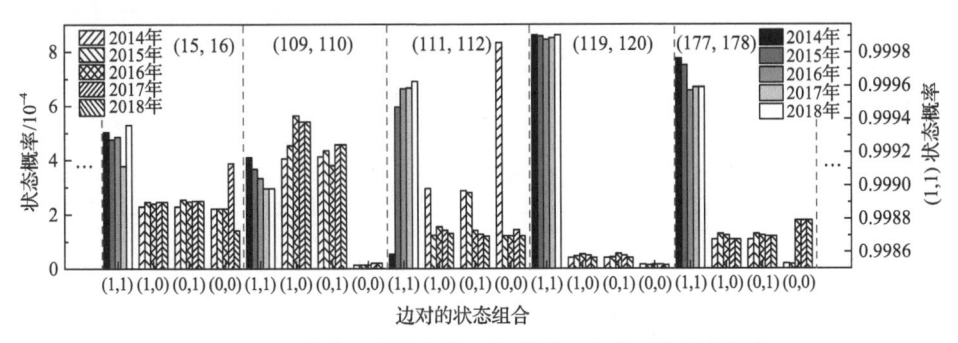

图 10.9　5 个典型的混合单/双幅桥的双向边对的状态概率

上述拓扑模型包含 56 条失效概率为零的有向边，这些边上没有桥梁，所以这些边没有绘制在直方图中。

10.3.2　有向相关桥梁网络评估

在计算出所有边和边对的状态概率后，使用 10.2.1 节提出的抽样方法枚举网络的状态组合，并判断抽样结果中的每个样本是否为全端连通。同时，将被判断为全连通的样本在所有样本中出现的次数记录下来，其出现频率将作为该有向城市桥梁网络连通概率的无偏估计值。

图 10.10 为某市有向桥梁网络评估结果。从图 10.10(a)可以看出，当模拟次数为 350 万次时，五年间连通概率分别收敛于 0.9995220、0.9995113、0.9995096、0.9995128 和 0.9995047。随着时间的推移，该网络的连通概率会发生波动，因为其上所有桥梁在持续退化的同时也在不断进行维护。同时，当 $1-\alpha/2$ 取 0.95 时，绝对误差和相对误差的收敛速度较快（见图 10.10(b)和(c)），表明该方法具有较高的精度，可以为设计新的网络级维护策略提供重要的指导。

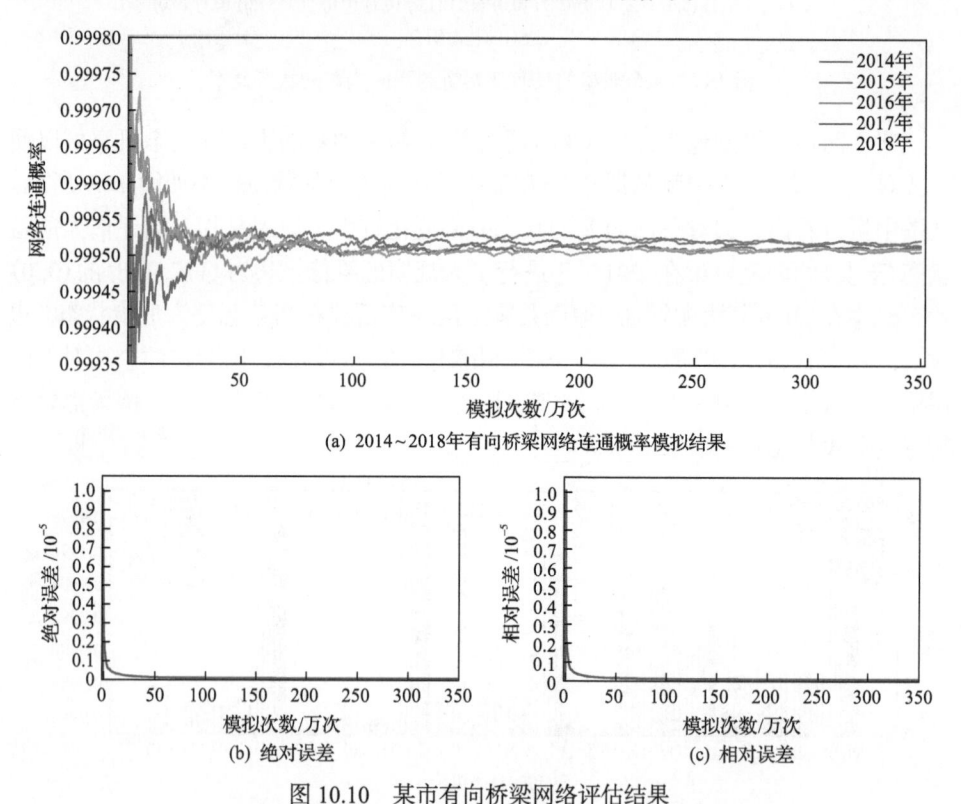

(a) 2014～2018年有向桥梁网络连通概率模拟结果

(b) 绝对误差

(c) 相对误差

图 10.10　某市有向桥梁网络评估结果

参 考 文 献

[1] Li S, Wang J, He S. Connectivity probability evaluation of a large-scale highway bridge network using network decomposition[J]. Reliability Engineering & System Safety, 2023, 236: 109191.

[2] Wang J, Zhang Y, Li S, et al. Directed network-based connectivity probability evaluation for urban bridges[J]. Reliability Engineering & System Safety, 2024, 241: 109622.

甲午战争与近代中国丛书

晚清海军兴衰史

戚其章 著

济南出版社

图书在版编目（CIP）数据

晚清海军兴衰史 / 戚其章著. -- 济南：济南出版社，2024.11. -- （甲午战争与近代中国丛书）.
ISBN 978-7-5488-6817-0
Ⅰ.E295.2
中国国家版本馆 CIP 数据核字第 2024TG9630 号

晚清海军兴衰史
WANQING HAIJUN XINGSHUAI SHI
戚其章 著

出 版 人 谢金岭
责任编辑 赵志坚 孙亚男 李文文
装帧设计 谭 正

出版发行 济南出版社
地　　址 山东省济南市二环南路1号（250002）
总 编 室 0531-86131715
印　　刷 济南新先锋彩印有限公司
版　　次 2024年11月第1版
印　　次 2024年11月第1次印刷
开　　本 165mm×230mm 16开
印　　张 33
字　　数 428千字
书　　号 ISBN 978-7-5488-6817-0
定　　价 128.00元

如有印装质量问题 请与出版社出版部联系调换
电话：0531-86131736

版权所有 盗版必究

出版说明

甲午战争是中国近代史上的重大事件,成为中国近代民族觉醒的重要转折点。2024年为甲午战争爆发130周年。济南出版社隆重推出甲午战争研究专家戚其章先生的"甲午战争与近代中国丛书",包括《甲午战争》《北洋舰队》《晚清海军兴衰史》《甲午战争国际关系史》《国际法视角下的甲午战争》《甲午日谍秘史》等6册。

《甲午战争》从战争缘起、丰岛疑云、平壤之役、黄海鏖兵、辽东烽火、舰队覆没、马关议和、台海风云等关键事件入手,以辩证的目光对关键问题和历史人物进行评述,解开了诸多历史的谜题。

《北洋舰队》主要讲述了北洋舰队从创建到覆没的全过程,以客观的辩证的历史角度,展示了丁汝昌、刘步蟾、林泰曾、杨用霖、邓世昌等爱国将领的形象,表现了北洋舰队抗击日军侵略的英勇顽强的爱国主义精神。

《晚清海军兴衰史》细致地叙述了晚清时期清政府创办海军的历程,从战略角度分析了北洋海军失败的原因,现在看来仍然振聋发聩。

《甲午战争国际关系史》从国际关系的角度,论述了清政府的乞和心态和列强的"调停"过程,突出表现了清政府的腐败无能和列强蛮横贪婪的真实面目，指出列强所谓的"调停"只是为了本国利益，并非为了和平，清政府的乞和行为是注定不会成功的。

《国际法视角下的甲午战争》把法理研究与历史考究有机地结合起来，把争论百年的甲午战争责任问题放在国际法的平台上，进行全面、系统、客观、公正的整理与评论，是一部具有历史责任感和国际法学术观的著作。

《甲午日谍秘史》对日本间谍在甲午战前及战争中的活动进行揭露和分析，明确这场侵略战争对中国人民造成了严重伤害，完全是非正义的，因此对这场侵略战争中的日本间谍，应该予以严正的批判和谴责。

"甲午战争与近代中国丛书"全面客观地评述了甲午战争的背景、过程和影响，教育引导新时代的我们勿忘国耻、牢记使命，把历史悲痛化为奋斗强国的不竭动力。

甲午战争是一本沉甸甸的历史教科书，让我们在深刻的反思中始终保持清醒，凝聚信心和力量，肩负起时代赋予的光荣使命。